中华人民共和国
新法规汇编

2021
第1辑

司 法 部 编

中国法制出版社

编辑说明

一、《中华人民共和国新法规汇编》是国家出版的法律、行政法规汇编正式版本，是刊登报国务院备案并予以登记的部门规章的指定出版物。

二、本汇编收集的内容包括：上一个月内由全国人民代表大会及其常务委员会通过的法律和有关法律问题的决定，国务院公布的行政法规和国务院文件，报国务院备案并予以登记的部门规章，最高人民法院和最高人民检察院公布的司法解释。另外，还收入了上一个月内报国务院备案并予以登记的地方性法规和地方政府规章目录。

三、本汇编所收的内容，按下列分类顺序编排：法律，行政法规，国务院文件，国务院部门规章，司法解释。每类中按公布的时间顺序排列。报国务院备案并予以登记的地方性法规和地方政府规章目录按1987年国务院批准的行政区划顺序排列；同一行政区域报备两件以上者，按公布时间顺序排列。

四、本汇编每年出版12辑，每月出版1辑。本辑为2021年度第1辑，收入2020年12月份内公布的法律4件、行政法规2件、国务院文件6件、报国务院备案并经审查予以登记编号的部门规章17件、司法解释10件，补收2020年11月份内公布的国务院文件1件，共计40件。

五、本汇编在编辑出版过程中，得到了国务院有关部门和有关方面以及广大读者的大力支持和协助，在此谨致谢意。

司法部

2021年1月

目 录

编辑说明 …………………………………………………………………… (*1*)

法 律

中华人民共和国预防未成年人犯罪法 ………………………………… (1)
中华人民共和国长江保护法 …………………………………………… (11)
中华人民共和国刑法修正案（十一） ………………………………… (27)
中华人民共和国国防法 ………………………………………………… (38)

行政法规

政府督查工作条例 ……………………………………………………… (49)
企业名称登记管理规定 ………………………………………………… (52)

国务院文件

国务院办公厅关于建立健全养老服务综合监管制度促进养老服务
　高质量发展的意见 …………………………………………………… (56)
国务院办公厅关于进一步完善失信约束制度构建诚信建设长效机
　制的指导意见 ………………………………………………………… (63)
国务院办公厅关于印发《公共企事业单位信息公开规定制定办
　法》的通知 …………………………………………………………… (68)
国务院办公厅关于建设第三批大众创业万众创新示范基地的通知 …… (70)
国务院办公厅关于促进养老托育服务健康发展的意见 ……………… (75)
国务院关于实施动产和权利担保统一登记的决定 …………………… (83)
国务院办公厅关于进一步优化地方政务服务便民热线的指导意见 …… (85)

国务院部门规章

报废机动车回收管理办法实施细则 …………………………………… (92)

关于废止《化肥淡季商业储备管理办法》等文件的决定 ……………（102）
对外援助项目咨询服务单位资格认定办法……………………………（102）
文化和旅游部关于废止《文化统计管理办法》和《旅游统计管理办法》的决定……………………………………………………（107）
保险代理人监管规定…………………………………………………（107）
中国银保监会信托公司行政许可事项实施办法……………………（129）
核动力厂营运单位核安全报告规定…………………………………（146）
煤矿重大事故隐患判定标准…………………………………………（153）
生态环境部建设项目环境影响报告书（表）审批程序规定 ………（160）
国家危险废物名录（2021 年版） …………………………………（164）
升放气球管理办法……………………………………………………（216）
雷电防护装置设计审核和竣工验收规定……………………………（221）
中国气象局关于修改《雷电防护装置检测资质管理办法》的决定…（240）
雷电防护装置检测资质管理办法……………………………………（243）
气象行政规范性文件管理办法………………………………………（254）
建设项目环境影响评价分类管理名录（2021 年版） ……………（259）
法律职业资格管理办法………………………………………………（311）
志愿服务记录与证明出具办法（试行） …………………………（315）

司法解释

最高人民法院关于审理食品安全民事纠纷案件适用法律若干问题的解释（一） ……………………………………………………（319）
最高人民法院关于适用《中华人民共和国民法典》时间效力的若干规定……………………………………………………………（321）
最高人民法院关于废止部分司法解释及相关规范性文件的决定……（325）
最高人民法院关于适用《中华人民共和国民法典》婚姻家庭编的解释（一）……………………………………………………………（335）
最高人民法院关于适用《中华人民共和国民法典》继承编的解释（一） ……………………………………………………………（346）
最高人民法院关于适用《中华人民共和国民法典》物权编的解释（一） ……………………………………………………………（351）
最高人民法院关于审理建设工程施工合同纠纷案件适用法律问题的解释（一） ……………………………………………………（354）
最高人民法院关于审理劳动争议案件适用法律问题的解释（一） …（360）

最高人民法院关于新民间借贷司法解释适用范围问题的批复 …………（368）
最高人民法院关于适用《中华人民共和国民法典》有关担保制度的解释 ……………………………………………………………………（369）

附：
一、2020 年 12 月份报国务院备案并予以登记的地方性法规、自治条例、单行条例和地方政府规章目录 ………………………………（386）
二、2020 年 12 月份公布，本汇编未收的司法解释目录 ………………（406）
三、2020 年明令废止的法律 ……………………………………………（407）
四、2020 年明令废止的行政法规 ………………………………………（408）
五、2020 年明令废止的部门规章 ………………………………………（410）

法　律

中华人民共和国
预防未成年人犯罪法

（1999年6月28日第九届全国人民代表大会常务委员会第十次会议通过　根据2012年10月26日第十一届全国人民代表大会常务委员会第二十九次会议《关于修改〈中华人民共和国预防未成年人犯罪法〉的决定》修正　2020年12月26日第十三届全国人民代表大会常务委员会第二十四次会议修订　2020年12月26日中华人民共和国主席令第64号公布　自2021年6月1日起施行）

目　录

第一章　总　　则
第二章　预防犯罪的教育
第三章　对不良行为的干预
第四章　对严重不良行为的矫治
第五章　对重新犯罪的预防
第六章　法律责任
第七章　附　　则

第一章　总　　则

第一条　为了保障未成年人身心健康，培养未成年人良好品行，有效预防未成年人违法犯罪，制定本法。

第二条　预防未成年人犯罪，立足于教育和保护未成年人相结合，坚持预防为主、提前干预，对未成年人的不良行为和严重不良行为及时进行分级预防、干预和矫治。

第三条 开展预防未成年人犯罪工作,应当尊重未成年人人格尊严,保护未成年人的名誉权、隐私权和个人信息等合法权益。

第四条 预防未成年人犯罪,在各级人民政府组织下,实行综合治理。

国家机关、人民团体、社会组织、企业事业单位、居民委员会、村民委员会、学校、家庭等各负其责、相互配合,共同做好预防未成年人犯罪工作,及时消除滋生未成年人违法犯罪行为的各种消极因素,为未成年人身心健康发展创造良好的社会环境。

第五条 各级人民政府在预防未成年人犯罪方面的工作职责是:

(一)制定预防未成年人犯罪工作规划;

(二)组织公安、教育、民政、文化和旅游、市场监督管理、网信、卫生健康、新闻出版、电影、广播电视、司法行政等有关部门开展预防未成年人犯罪工作;

(三)为预防未成年人犯罪工作提供政策支持和经费保障;

(四)对本法的实施情况和工作规划的执行情况进行检查;

(五)组织开展预防未成年人犯罪宣传教育;

(六)其他预防未成年人犯罪工作职责。

第六条 国家加强专门学校建设,对有严重不良行为的未成年人进行专门教育。专门教育是国民教育体系的组成部分,是对有严重不良行为的未成年人进行教育和矫治的重要保护处分措施。

省级人民政府应当将专门教育发展和专门学校建设纳入经济社会发展规划。县级以上地方人民政府成立专门教育指导委员会,根据需要合理设置专门学校。

专门教育指导委员会由教育、民政、财政、人力资源社会保障、公安、司法行政、人民检察院、人民法院、共产主义青年团、妇女联合会、关心下一代工作委员会、专门学校等单位,以及律师、社会工作者等人员组成,研究确定专门学校教学、管理等相关工作。

专门学校建设和专门教育具体办法,由国务院规定。

第七条 公安机关、人民检察院、人民法院、司法行政部门应当由专门机构或者经过专业培训、熟悉未成年人身心特点的专门人员负责预防未成年人犯罪工作。

第八条 共产主义青年团、妇女联合会、工会、残疾人联合会、关心下一代工作委员会、青年联合会、学生联合会、少年先锋队以及有关社会组织,应当协助各级人民政府及其有关部门、人民检察院和人民法院做好预防未成年人犯罪工作,为预防未成年人犯罪培育社会力量,提供支持服务。

第九条 国家鼓励、支持和指导社会工作服务机构等社会组织参与预防未成年人犯罪相关工作，并加强监督。

第十条 任何组织或者个人不得教唆、胁迫、引诱未成年人实施不良行为或者严重不良行为，以及为未成年人实施上述行为提供条件。

第十一条 未成年人应当遵守法律法规及社会公共道德规范，树立自尊、自律、自强意识，增强辨别是非和自我保护的能力，自觉抵制各种不良行为以及违法犯罪行为的引诱和侵害。

第十二条 预防未成年人犯罪，应当结合未成年人不同年龄的生理、心理特点，加强青春期教育、心理关爱、心理矫治和预防犯罪对策的研究。

第十三条 国家鼓励和支持预防未成年人犯罪相关学科建设、专业设置、人才培养及科学研究，开展国际交流与合作。

第十四条 国家对预防未成年人犯罪工作有显著成绩的组织和个人，给予表彰和奖励。

第二章 预防犯罪的教育

第十五条 国家、社会、学校和家庭应当对未成年人加强社会主义核心价值观教育，开展预防犯罪教育，增强未成年人的法治观念，使未成年人树立遵纪守法和防范违法犯罪的意识，提高自我管控能力。

第十六条 未成年人的父母或者其他监护人对未成年人的预防犯罪教育负有直接责任，应当依法履行监护职责，树立优良家风，培养未成年人良好品行；发现未成年人心理或者行为异常的，应当及时了解情况并进行教育、引导和劝诫，不得拒绝或者怠于履行监护职责。

第十七条 教育行政部门、学校应当将预防犯罪教育纳入学校教学计划，指导教职员工结合未成年人的特点，采取多种方式对未成年学生进行有针对性的预防犯罪教育。

第十八条 学校应当聘任从事法治教育的专职或者兼职教师，并可以从司法和执法机关、法学教育和法律服务机构等单位聘请法治副校长、校外法治辅导员。

第十九条 学校应当配备专职或者兼职的心理健康教育教师，开展心理健康教育。学校可以根据实际情况与专业心理健康机构合作，建立心理健康筛查和早期干预机制，预防和解决学生心理、行为异常问题。

学校应当与未成年学生的父母或者其他监护人加强沟通，共同做好未成年学生心理健康教育；发现未成年学生可能患有精神障碍的，应当立即告知其父母或者其他监护人送相关专业机构诊治。

第二十条 教育行政部门应当会同有关部门建立学生欺凌防控制度。学校应当加强日常安全管理，完善学生欺凌发现和处置的工作流程，严格排查并及时消除可能导致学生欺凌行为的各种隐患。

第二十一条 教育行政部门鼓励和支持学校聘请社会工作者长期或者定期进驻学校，协助开展道德教育、法治教育、生命教育和心理健康教育，参与预防和处理学生欺凌等行为。

第二十二条 教育行政部门、学校应当通过举办讲座、座谈、培训等活动，介绍科学合理的教育方法，指导教职员工、未成年学生的父母或者其他监护人有效预防未成年人犯罪。

学校应当将预防犯罪教育计划告知未成年学生的父母或者其他监护人。未成年学生的父母或者其他监护人应当配合学校对未成年学生进行有针对性的预防犯罪教育。

第二十三条 教育行政部门应当将预防犯罪教育的工作效果纳入学校年度考核内容。

第二十四条 各级人民政府及其有关部门、人民检察院、人民法院、共产主义青年团、少年先锋队、妇女联合会、残疾人联合会、关心下一代工作委员会等应当结合实际，组织、举办多种形式的预防未成年人犯罪宣传教育活动。有条件的地方可以建立青少年法治教育基地，对未成年人开展法治教育。

第二十五条 居民委员会、村民委员会应当积极开展有针对性的预防未成年人犯罪宣传活动，协助公安机关维护学校周围治安，及时掌握本辖区内未成年人的监护、就学和就业情况，组织、引导社区社会组织参与预防未成年人犯罪工作。

第二十六条 青少年宫、儿童活动中心等校外活动场所应当把预防犯罪教育作为一项重要的工作内容，开展多种形式的宣传教育活动。

第二十七条 职业培训机构、用人单位在对已满十六周岁准备就业的未成年人进行职业培训时，应当将预防犯罪教育纳入培训内容。

第三章 对不良行为的干预

第二十八条 本法所称不良行为，是指未成年人实施的不利于其健康成长的下列行为：

（一）吸烟、饮酒；

（二）多次旷课、逃学；

（三）无故夜不归宿、离家出走；

（四）沉迷网络；

（五）与社会上具有不良习性的人交往，组织或者参加实施不良行为的团伙；

（六）进入法律法规规定未成年人不宜进入的场所；

（七）参与赌博、变相赌博，或者参加封建迷信、邪教等活动；

（八）阅览、观看或者收听宣扬淫秽、色情、暴力、恐怖、极端等内容的读物、音像制品或者网络信息等；

（九）其他不利于未成年人身心健康成长的不良行为。

第二十九条　未成年人的父母或者其他监护人发现未成年人有不良行为的，应当及时制止并加强管教。

第三十条　公安机关、居民委员会、村民委员会发现本辖区内未成年人有不良行为的，应当及时制止，并督促其父母或者其他监护人依法履行监护职责。

第三十一条　学校对有不良行为的未成年学生，应当加强管理教育，不得歧视；对拒不改正或者情节严重的，学校可以根据情况予以处分或者采取以下管理教育措施：

（一）予以训导；

（二）要求遵守特定的行为规范；

（三）要求参加特定的专题教育；

（四）要求参加校内服务活动；

（五）要求接受社会工作者或者其他专业人员的心理辅导和行为干预；

（六）其他适当的管理教育措施。

第三十二条　学校和家庭应当加强沟通，建立家校合作机制。学校决定对未成年学生采取管理教育措施的，应当及时告知其父母或者其他监护人；未成年学生的父母或者其他监护人应当支持、配合学校进行管理教育。

第三十三条　未成年学生偷窃少量财物，或者有殴打、辱骂、恐吓、强行索要财物等学生欺凌行为，情节轻微的，可以由学校依照本法第三十一条规定采取相应的管理教育措施。

第三十四条　未成年学生旷课、逃学的，学校应当及时联系其父母或者其他监护人，了解有关情况；无正当理由的，学校和未成年学生的父母或者其他监护人应当督促其返校学习。

第三十五条　未成年人无故夜不归宿、离家出走的，父母或者其他监护人、所在的寄宿制学校应当及时查找，必要时向公安机关报告。

收留夜不归宿、离家出走未成年人的，应当及时联系其父母或者其他监护人、所在学校；无法取得联系的，应当及时向公安机关报告。

第三十六条 对夜不归宿、离家出走或者流落街头的未成年人，公安机关、公共场所管理机构等发现或者接到报告后，应当及时采取有效保护措施，并通知其父母或者其他监护人、所在的寄宿制学校，必要时应当护送其返回住所、学校；无法与其父母或者其他监护人、学校取得联系的，应当护送未成年人到救助保护机构接受救助。

第三十七条 未成年人的父母或者其他监护人、学校发现未成年人组织或者参加实施不良行为的团伙，应当及时制止；发现该团伙有违法犯罪嫌疑的，应当立即向公安机关报告。

第四章 对严重不良行为的矫治

第三十八条 本法所称严重不良行为，是指未成年人实施的有刑法规定、因不满法定刑事责任年龄不予刑事处罚的行为，以及严重危害社会的下列行为：

（一）结伙斗殴，追逐、拦截他人，强拿硬要或者任意损毁、占用公私财物等寻衅滋事行为；

（二）非法携带枪支、弹药或者弩、匕首等国家规定的管制器具；

（三）殴打、辱骂、恐吓，或者故意伤害他人身体；

（四）盗窃、哄抢、抢夺或者故意损毁公私财物；

（五）传播淫秽的读物、音像制品或者信息等；

（六）卖淫、嫖娼，或者进行淫秽表演；

（七）吸食、注射毒品，或者向他人提供毒品；

（八）参与赌博赌资较大；

（九）其他严重危害社会的行为。

第三十九条 未成年人的父母或者其他监护人、学校、居民委员会、村民委员会发现有人教唆、胁迫、引诱未成年人实施严重不良行为的，应当立即向公安机关报告。公安机关接到报告或者发现有上述情形的，应当及时依法查处；对人身安全受到威胁的未成年人，应当立即采取有效保护措施。

第四十条 公安机关接到举报或者发现未成年人有严重不良行为的，应当及时制止，依法调查处理，并可以责令其父母或者其他监护人消除或者减轻违法后果，采取措施严加管教。

第四十一条 对有严重不良行为的未成年人，公安机关可以根据具体情况，采取以下矫治教育措施：

（一）予以训诫；

（二）责令赔礼道歉、赔偿损失；

（三）责令具结悔过；

（四）责令定期报告活动情况；

（五）责令遵守特定的行为规范，不得实施特定行为、接触特定人员或者进入特定场所；

（六）责令接受心理辅导、行为矫治；

（七）责令参加社会服务活动；

（八）责令接受社会观护，由社会组织、有关机构在适当场所对未成年人进行教育、监督和管束；

（九）其他适当的矫治教育措施。

第四十二条　公安机关在对未成年人进行矫治教育时，可以根据需要邀请学校、居民委员会、村民委员会以及社会工作服务机构等社会组织参与。

未成年人的父母或者其他监护人应当积极配合矫治教育措施的实施，不得妨碍阻挠或者放任不管。

第四十三条　对有严重不良行为的未成年人，未成年人的父母或者其他监护人、所在学校无力管教或者管教无效的，可以向教育行政部门提出申请，经专门教育指导委员会评估同意后，由教育行政部门决定送入专门学校接受专门教育。

第四十四条　未成年人有下列情形之一的，经专门教育指导委员会评估同意，教育行政部门会同公安机关可以决定将其送入专门学校接受专门教育：

（一）实施严重危害社会的行为，情节恶劣或者造成严重后果；

（二）多次实施严重危害社会的行为；

（三）拒不接受或者配合本法第四十一条规定的矫治教育措施；

（四）法律、行政法规规定的其他情形。

第四十五条　未成年人实施刑法规定的行为、因不满法定刑事责任年龄不予刑事处罚的，经专门教育指导委员会评估同意，教育行政部门会同公安机关可以决定对其进行专门矫治教育。

省级人民政府应当结合本地的实际情况，至少确定一所专门学校按照分校区、分班级等方式设置专门场所，对前款规定的未成年人进行专门矫治教育。

前款规定的专门场所实行闭环管理，公安机关、司法行政部门负责未成年人的矫治工作，教育行政部门承担未成年人的教育工作。

第四十六条　专门学校应当在每个学期适时提请专门教育指导委员会对

接受专门教育的未成年学生的情况进行评估。对经评估适合转回普通学校就读的，专门教育指导委员会应当向原决定机关提出书面建议，由原决定机关决定是否将未成年学生转回普通学校就读。

原决定机关决定将未成年学生转回普通学校的，其原所在学校不得拒绝接收；因特殊情况，不适宜转回原所在学校的，由教育行政部门安排转学。

第四十七条 专门学校应当对接受专门教育的未成年人分级分类进行教育和矫治，有针对性地开展道德教育、法治教育、心理健康教育，并根据实际情况进行职业教育；对没有完成义务教育的未成年人，应当保证其继续接受义务教育。

专门学校的未成年学生的学籍保留在原学校，符合毕业条件的，原学校应当颁发毕业证书。

第四十八条 专门学校应当与接受专门教育的未成年人的父母或者其他监护人加强联系，定期向其反馈未成年人的矫治和教育情况，为父母或者其他监护人、亲属等看望未成年人提供便利。

第四十九条 未成年人及其父母或者其他监护人对本章规定的行政决定不服的，可以依法提起行政复议或者行政诉讼。

第五章 对重新犯罪的预防

第五十条 公安机关、人民检察院、人民法院办理未成年人刑事案件，应当根据未成年人的生理、心理特点和犯罪的情况，有针对性地进行法治教育。

对涉及刑事案件的未成年人进行教育，其法定代理人以外的成年亲属或者教师、辅导员等参与有利于感化、挽救未成年人的，公安机关、人民检察院、人民法院应当邀请其参加有关活动。

第五十一条 公安机关、人民检察院、人民法院办理未成年人刑事案件，可以自行或者委托有关社会组织、机构对未成年犯罪嫌疑人或者被告人的成长经历、犯罪原因、监护、教育等情况进行社会调查；根据实际需要并经未成年犯罪嫌疑人、被告人及其法定代理人同意，可以对未成年犯罪嫌疑人、被告人进行心理测评。

社会调查和心理测评的报告可以作为办理案件和教育未成年人的参考。

第五十二条 公安机关、人民检察院、人民法院对于无固定住所、无法提供保证人的未成年人适用取保候审的，应当指定合适成年人作为保证人，必要时可以安排取保候审的未成年人接受社会观护。

第五十三条 对被拘留、逮捕以及在未成年犯管教所执行刑罚的未成年人，应当与成年人分别关押、管理和教育。对未成年人的社区矫正，应当与成年人分别进行。

对有上述情形且没有完成义务教育的未成年人，公安机关、人民检察院、人民法院、司法行政部门应当与教育行政部门相互配合，保证其继续接受义务教育。

第五十四条 未成年犯管教所、社区矫正机构应当对未成年犯、未成年社区矫正对象加强法治教育，并根据实际情况对其进行职业教育。

第五十五条 社区矫正机构应当告知未成年社区矫正对象安置帮教的有关规定，并配合安置帮教工作部门落实或者解决未成年社区矫正对象的就学、就业等问题。

第五十六条 对刑满释放的未成年人，未成年犯管教所应当提前通知其父母或者其他监护人按时接回，并协助落实安置帮教措施。没有父母或者其他监护人、无法查明其父母或者其他监护人的，未成年犯管教所应当提前通知未成年人原户籍所在地或者居住地的司法行政部门安排人员按时接回，由民政部门或者居民委员会、村民委员会依法对其进行监护。

第五十七条 未成年人的父母或者其他监护人和学校、居民委员会、村民委员会对接受社区矫正、刑满释放的未成年人，应当采取有效的帮教措施，协助司法机关以及有关部门做好安置帮教工作。

居民委员会、村民委员会可以聘请思想品德优秀，作风正派，热心未成年人工作的离退休人员、志愿者或其他人员协助做好前款规定的安置帮教工作。

第五十八条 刑满释放和接受社区矫正的未成年人，在复学、升学、就业等方面依法享有与其他未成年人同等的权利，任何单位和个人不得歧视。

第五十九条 未成年人的犯罪记录依法被封存的，公安机关、人民检察院、人民法院和司法行政部门不得向任何单位或者个人提供，但司法机关因办案需要或者有关单位根据国家有关规定进行查询的除外。依法进行查询的单位和个人应当对相关记录信息予以保密。

未成年人接受专门矫治教育、专门教育的记录，以及被行政处罚、采取刑事强制措施和不起诉的记录，适用前款规定。

第六十条 人民检察院通过依法行使检察权，对未成年人重新犯罪预防工作等进行监督。

第六章 法律责任

第六十一条 公安机关、人民检察院、人民法院在办理案件过程中发现实施严重不良行为的未成年人的父母或者其他监护人不依法履行监护职责的，应当予以训诫，并可以责令其接受家庭教育指导。

第六十二条 学校及其教职员工违反本法规定，不履行预防未成年人犯罪工作职责，或者虐待、歧视相关未成年人的，由教育行政等部门责令改正，通报批评；情节严重的，对直接负责的主管人员和其他直接责任人员依法给予处分。构成违反治安管理行为的，由公安机关依法予以治安管理处罚。

教职员工教唆、胁迫、引诱未成年人实施不良行为或者严重不良行为，以及品行不良、影响恶劣的，教育行政部门、学校应当依法予以解聘或者辞退。

第六十三条 违反本法规定，在复学、升学、就业等方面歧视相关未成年人的，由所在单位或者教育、人力资源社会保障等部门责令改正；拒不改正的，对直接负责的主管人员或者其他直接责任人员依法给予处分。

第六十四条 有关社会组织、机构及其工作人员虐待、歧视接受社会观护的未成年人，或者出具虚假社会调查、心理测评报告的，由民政、司法行政等部门对直接负责的主管人员或者其他直接责任人员依法给予处分，构成违反治安管理行为的，由公安机关予以治安管理处罚。

第六十五条 教唆、胁迫、引诱未成年人实施不良行为或者严重不良行为，构成违反治安管理行为的，由公安机关依法予以治安管理处罚。

第六十六条 国家机关及其工作人员在预防未成年人犯罪工作中滥用职权、玩忽职守、徇私舞弊的，对直接负责的主管人员和其他直接责任人员，依法给予处分。

第六十七条 违反本法规定，构成犯罪的，依法追究刑事责任。

第七章　附　　则

第六十八条 本法自2021年6月1日起施行。

中华人民共和国长江保护法

（2020年12月26日第十三届全国人民代表大会常务委员会第二十四次会议通过　2020年12月26日中华人民共和国主席令第65号公布　自2021年3月1日起施行）

目　录

第一章　总　　则
第二章　规划与管控
第三章　资源保护
第四章　水污染防治
第五章　生态环境修复
第六章　绿色发展
第七章　保障与监督
第八章　法律责任
第九章　附　　则

第一章　总　　则

第一条　为了加强长江流域生态环境保护和修复，促进资源合理高效利用，保障生态安全，实现人与自然和谐共生、中华民族永续发展，制定本法。

第二条　在长江流域开展生态环境保护和修复以及长江流域各类生产生活、开发建设活动，应当遵守本法。

本法所称长江流域，是指由长江干流、支流和湖泊形成的集水区域所涉及的青海省、四川省、西藏自治区、云南省、重庆市、湖北省、湖南省、江西省、安徽省、江苏省、上海市，以及甘肃省、陕西省、河南省、贵州省、广西壮族自治区、广东省、浙江省、福建省的相关县级行政区域。

第三条　长江流域经济社会发展，应当坚持生态优先、绿色发展，共抓大保护、不搞大开发；长江保护应当坚持统筹协调、科学规划、创新驱动、系统治理。

第四条　国家建立长江流域协调机制，统一指导、统筹协调长江保护工作，审议长江保护重大政策、重大规划，协调跨地区跨部门重大事项，督促检查长江保护重要工作的落实情况。

第五条 国务院有关部门和长江流域省级人民政府负责落实国家长江流域协调机制的决策，按照职责分工负责长江保护相关工作。

长江流域地方各级人民政府应当落实本行政区域的生态环境保护和修复、促进资源合理高效利用、优化产业结构和布局、维护长江流域生态安全的责任。

长江流域各级河湖长负责长江保护相关工作。

第六条 长江流域相关地方根据需要在地方性法规和政府规章制定、规划编制、监督执法等方面建立协作机制，协同推进长江流域生态环境保护和修复。

第七条 国务院生态环境、自然资源、水行政、农业农村和标准化等有关主管部门按照职责分工，建立健全长江流域水环境质量和污染物排放、生态环境修复、水资源节约集约利用、生态流量、生物多样性保护、水产养殖、防灾减灾等标准体系。

第八条 国务院自然资源主管部门会同国务院有关部门定期组织长江流域土地、矿产、水流、森林、草原、湿地等自然资源状况调查，建立资源基础数据库，开展资源环境承载能力评价，并向社会公布长江流域自然资源状况。

国务院野生动物保护主管部门应当每十年组织一次野生动物及其栖息地状况普查，或者根据需要组织开展专项调查，建立野生动物资源档案，并向社会公布长江流域野生动物资源状况。

长江流域县级以上地方人民政府农业农村主管部门会同本级人民政府有关部门对水生生物产卵场、索饵场、越冬场和洄游通道等重要栖息地开展生物多样性调查。

第九条 国家长江流域协调机制应当统筹协调国务院有关部门在已经建立的台站和监测项目基础上，健全长江流域生态环境、资源、水文、气象、航运、自然灾害等监测网络体系和监测信息共享机制。

国务院有关部门和长江流域县级以上地方人民政府及其有关部门按照职责分工，组织完善生态环境风险报告和预警机制。

第十条 国务院生态环境主管部门会同国务院有关部门和长江流域省级人民政府建立健全长江流域突发生态环境事件应急联动工作机制，与国家突发事件应急体系相衔接，加强对长江流域船舶、港口、矿山、化工厂、尾矿库等发生的突发生态环境事件的应急管理。

第十一条 国家加强长江流域洪涝干旱、森林草原火灾、地质灾害、地震等灾害的监测预报预警、防御、应急处置与恢复重建体系建设，提高防灾、减灾、抗灾、救灾能力。

第十二条　国家长江流域协调机制设立专家咨询委员会，组织专业机构和人员对长江流域重大发展战略、政策、规划等开展科学技术等专业咨询。

国务院有关部门和长江流域省级人民政府及其有关部门按照职责分工，组织开展长江流域建设项目、重要基础设施和产业布局相关规划等对长江流域生态系统影响的第三方评估、分析、论证等工作。

第十三条　国家长江流域协调机制统筹协调国务院有关部门和长江流域省级人民政府建立健全长江流域信息共享系统。国务院有关部门和长江流域省级人民政府及其有关部门应当按照规定，共享长江流域生态环境、自然资源以及管理执法等信息。

第十四条　国务院有关部门和长江流域县级以上地方人民政府及其有关部门应当加强长江流域生态环境保护和绿色发展的宣传教育。

新闻媒体应当采取多种形式开展长江流域生态环境保护和绿色发展的宣传教育，并依法对违法行为进行舆论监督。

第十五条　国务院有关部门和长江流域县级以上地方人民政府及其有关部门应当采取措施，保护长江流域历史文化名城名镇名村，加强长江流域文化遗产保护工作，继承和弘扬长江流域优秀特色文化。

第十六条　国家鼓励、支持单位和个人参与长江流域生态环境保护和修复、资源合理利用、促进绿色发展的活动。

对在长江保护工作中做出突出贡献的单位和个人，县级以上人民政府及其有关部门应当按照国家有关规定予以表彰和奖励。

第二章　规划与管控

第十七条　国家建立以国家发展规划为统领，以空间规划为基础，以专项规划、区域规划为支撑的长江流域规划体系，充分发挥规划对推进长江流域生态环境保护和绿色发展的引领、指导和约束作用。

第十八条　国务院和长江流域县级以上地方人民政府应当将长江保护工作纳入国民经济和社会发展规划。

国务院发展改革部门会同国务院有关部门编制长江流域发展规划，科学统筹长江流域上下游、左右岸、干支流生态环境保护和绿色发展，报国务院批准后实施。

长江流域水资源规划、生态环境保护规划等依照有关法律、行政法规的规定编制。

第十九条 国务院自然资源主管部门会同国务院有关部门组织编制长江流域国土空间规划,科学有序统筹安排长江流域生态、农业、城镇等功能空间,划定生态保护红线、永久基本农田、城镇开发边界,优化国土空间结构和布局,统领长江流域国土空间利用任务,报国务院批准后实施。涉及长江流域国土空间利用的专项规划应当与长江流域国土空间规划相衔接。

长江流域县级以上地方人民政府组织编制本行政区域的国土空间规划,按照规定的程序报经批准后实施。

第二十条 国家对长江流域国土空间实施用途管制。长江流域县级以上地方人民政府自然资源主管部门依照国土空间规划,对所辖长江流域国土空间实施分区、分类用途管制。

长江流域国土空间开发利用活动应当符合国土空间用途管制要求,并依法取得规划许可。对不符合国土空间用途管制要求的,县级以上人民政府自然资源主管部门不得办理规划许可。

第二十一条 国务院水行政主管部门统筹长江流域水资源合理配置、统一调度和高效利用,组织实施取用水总量控制和消耗强度控制管理制度。

国务院生态环境主管部门根据水环境质量改善目标和水污染防治要求,确定长江流域各省级行政区域重点污染物排放总量控制指标。长江流域水质超标的水功能区,应当实施更严格的污染物排放总量削减要求。企业事业单位应当按照要求,采取污染物排放总量控制措施。

国务院自然资源主管部门负责统筹长江流域新增建设用地总量控制和计划安排。

第二十二条 长江流域省级人民政府根据本行政区域的生态环境和资源利用状况,制定生态环境分区管控方案和生态环境准入清单,报国务院生态环境主管部门备案后实施。生态环境分区管控方案和生态环境准入清单应当与国土空间规划相衔接。

长江流域产业结构和布局应当与长江流域生态系统和资源环境承载能力相适应。禁止在长江流域重点生态功能区布局对生态系统有严重影响的产业。禁止重污染企业和项目向长江中上游转移。

第二十三条 国家加强对长江流域水能资源开发利用的管理。因国家发展战略和国计民生需要,在长江流域新建大中型水电工程,应当经科学论证,并报国务院或者国务院授权的部门批准。

对长江流域已建小水电工程,不符合生态保护要求的,县级以上地方人民政府应当组织分类整改或者采取措施逐步退出。

第二十四条 国家对长江干流和重要支流源头实行严格保护,设立国家公园等自然保护地,保护国家生态安全屏障。

第二十五条　国务院水行政主管部门加强长江流域河道、湖泊保护工作。长江流域县级以上地方人民政府负责划定河道、湖泊管理范围,并向社会公告,实行严格的河湖保护,禁止非法侵占河湖水域。

第二十六条　国家对长江流域河湖岸线实施特殊管制。国家长江流域协调机制统筹协调国务院自然资源、水行政、生态环境、住房和城乡建设、农业农村、交通运输、林业和草原等部门和长江流域省级人民政府划定河湖岸线保护范围,制定河湖岸线保护规划,严格控制岸线开发建设,促进岸线合理高效利用。

禁止在长江干支流岸线一公里范围内新建、扩建化工园区和化工项目。

禁止在长江干流岸线三公里范围内和重要支流岸线一公里范围内新建、改建、扩建尾矿库;但是以提升安全、生态环境保护水平为目的的改建除外。

第二十七条　国务院交通运输主管部门会同国务院自然资源、水行政、生态环境、农业农村、林业和草原主管部门在长江流域水生生物重要栖息地科学划定禁止航行区域和限制航行区域。

禁止船舶在划定的禁止航行区域内航行。因国家发展战略和国计民生需要,在水生生物重要栖息地禁止航行区域内航行的,应当由国务院交通运输主管部门商国务院农业农村主管部门同意,并应当采取必要措施,减少对重要水生生物的干扰。

严格限制在长江流域生态保护红线、自然保护地、水生生物重要栖息地水域实施航道整治工程;确需整治的,应当经科学论证,并依法办理相关手续。

第二十八条　国家建立长江流域河道采砂规划和许可制度。长江流域河道采砂应当依法取得国务院水行政主管部门有关流域管理机构或者县级以上地方人民政府水行政主管部门的许可。

国务院水行政主管部门有关流域管理机构和长江流域县级以上地方人民政府依法划定禁止采砂区和禁止采砂期,严格控制采砂区域、采砂总量和采砂区域内的采砂船舶数量。禁止在长江流域禁止采砂区和禁止采砂期从事采砂活动。

国务院水行政主管部门会同国务院有关部门组织长江流域有关地方人民政府及其有关部门开展长江流域河道非法采砂联合执法工作。

第三章　资源保护

第二十九条　长江流域水资源保护与利用,应当根据流域综合规划,优先满足城乡居民生活用水，保障基本生态用水，并统筹农业、工业用水以及航运等需要。

第三十条 国务院水行政主管部门有关流域管理机构商长江流域省级人民政府依法制定跨省河流水量分配方案，报国务院或者国务院授权的部门批准后实施。制定长江流域跨省河流水量分配方案应当征求国务院有关部门的意见。长江流域省级人民政府水行政主管部门制定本行政区域的长江流域水量分配方案，报本级人民政府批准后实施。

国务院水行政主管部门有关流域管理机构或者长江流域县级以上地方人民政府水行政主管部门依据批准的水量分配方案，编制年度水量分配方案和调度计划，明确相关河段和控制断面流量水量、水位管控要求。

第三十一条 国家加强长江流域生态用水保障。国务院水行政主管部门会同国务院有关部门提出长江干流、重要支流和重要湖泊控制断面的生态流量管控指标。其他河湖生态流量管控指标由长江流域县级以上地方人民政府水行政主管部门会同本级人民政府有关部门确定。

国务院水行政主管部门有关流域管理机构应当将生态水量纳入年度水量调度计划，保证河湖基本生态用水需求，保障枯水期和鱼类产卵期生态流量、重要湖泊的水量和水位，保障长江河口咸淡水平衡。

长江干流、重要支流和重要湖泊上游的水利水电、航运枢纽等工程应当将生态用水调度纳入日常运行调度规程，建立常规生态调度机制，保证河湖生态流量；其下泄流量不符合生态流量泄放要求的，由县级以上人民政府水行政主管部门提出整改措施并监督实施。

第三十二条 国务院有关部门和长江流域地方各级人民政府应当采取措施，加快病险水库除险加固，推进堤防和蓄滞洪区建设，提升洪涝灾害防御工程标准，加强水工程联合调度，开展河道泥沙观测和河势调查，建立与经济社会发展相适应的防洪减灾工程和非工程体系，提高防御水旱灾害的整体能力。

第三十三条 国家对跨长江流域调水实行科学论证，加强控制和管理。实施跨长江流域调水应当优先保障调出区域及其下游区域的用水安全和生态安全，统筹调出区域和调入区域用水需求。

第三十四条 国家加强长江流域饮用水水源地保护。国务院水行政主管部门会同国务院有关部门制定长江流域饮用水水源地名录。长江流域省级人民政府水行政主管部门会同本级人民政府有关部门制定本行政区域的其他饮用水水源地名录。

长江流域省级人民政府组织划定饮用水水源保护区，加强饮用水水源保护，保障饮用水安全。

第三十五条 长江流域县级以上地方人民政府及其有关部门应当合理布局饮用水水源取水口，制定饮用水安全突发事件应急预案，加强饮用水备用应急水源建设，对饮用水水源的水环境质量进行实时监测。

第三十六条 丹江口库区及其上游所在地县级以上地方人民政府应当按照饮用水水源地安全保障区、水质影响控制区、水源涵养生态建设区管理要求，加强山水林田湖草整体保护，增强水源涵养能力，保障水质稳定达标。

第三十七条 国家加强长江流域地下水资源保护。长江流域县级以上地方人民政府及其有关部门应当定期调查评估地下水资源状况，监测地下水水量、水位、水环境质量，并采取相应风险防范措施，保障地下水资源安全。

第三十八条 国务院水行政主管部门会同国务院有关部门确定长江流域农业、工业用水效率目标，加强用水计量和监测设施建设；完善规划和建设项目水资源论证制度；加强对高耗水行业、重点用水单位的用水定额管理，严格控制高耗水项目建设。

第三十九条 国家统筹长江流域自然保护地体系建设。国务院和长江流域省级人民政府在长江流域重要典型生态系统的完整分布区、生态环境敏感区以及珍贵野生动植物天然集中分布区和重要栖息地、重要自然遗迹分布区等区域，依法设立国家公园、自然保护区、自然公园等自然保护地。

第四十条 国务院和长江流域省级人民政府应当依法在长江流域重要生态区、生态状况脆弱区划定公益林，实施严格管理。国家对长江流域天然林实施严格保护，科学划定天然林保护重点区域。

长江流域县级以上地方人民政府应当加强对长江流域草原资源的保护，对具有调节气候、涵养水源、保持水土、防风固沙等特殊作用的基本草原实施严格管理。

国务院林业和草原主管部门和长江流域省级人民政府林业和草原主管部门会同本级人民政府有关部门，根据不同生态区位、生态系统功能和生物多样性保护的需要，发布长江流域国家重要湿地、地方重要湿地名录及保护范围，加强对长江流域湿地的保护和管理，维护湿地生态功能和生物多样性。

第四十一条 国务院农业农村主管部门会同国务院有关部门和长江流域省级人民政府建立长江流域水生生物完整性指数评价体系，组织开展长江流域水生生物完整性评价，并将结果作为评估长江流域生态系统总体状况的重要依据。长江流域水生生物完整性指数应当与长江流域水环境质量标准相衔接。

第四十二条 国务院农业农村主管部门和长江流域县级以上地方人民政府应当制定长江流域珍贵、濒危水生野生动植物保护计划，对长江流域珍贵、濒危水生野生动植物实行重点保护。

国家鼓励有条件的单位开展对长江流域江豚、白鱀豚、白鲟、中华鲟、长江鲟、鯮、鲥、四川白甲鱼、川陕哲罗鲑、胭脂鱼、鳤、圆口铜鱼、多鳞白甲鱼、华鲮、鲈鲤和葛仙米、弧形藻、眼子菜、水菜花等水生野生动植物生境特征和种群动态的研究，建设人工繁育和科普教育基地，组织开展水生生物救护。

禁止在长江流域开放水域养殖、投放外来物种或者其他非本地物种种质资源。

第四章　水污染防治

第四十三条　国务院生态环境主管部门和长江流域地方各级人民政府应当采取有效措施，加大对长江流域的水污染防治、监管力度，预防、控制和减少水环境污染。

第四十四条　国务院生态环境主管部门负责制定长江流域水环境质量标准，对国家水环境质量标准中未作规定的项目可以补充规定；对国家水环境质量标准中已经规定的项目，可以作出更加严格的规定。制定长江流域水环境质量标准应当征求国务院有关部门和有关省级人民政府的意见。长江流域省级人民政府可以制定严于长江流域水环境质量标准的地方水环境质量标准，报国务院生态环境主管部门备案。

第四十五条　长江流域省级人民政府应当对没有国家水污染物排放标准的特色产业、特有污染物，或者国家有明确要求的特定水污染源或者水污染物，补充制定地方水污染物排放标准，报国务院生态环境主管部门备案。

有下列情形之一的，长江流域省级人民政府应当制定严于国家水污染物排放标准的地方水污染物排放标准，报国务院生态环境主管部门备案：

（一）产业密集、水环境问题突出的；

（二）现有水污染物排放标准不能满足所辖长江流域水环境质量要求的；

（三）流域或者区域水环境形势复杂，无法适用统一的水污染物排放标准的。

第四十六条　长江流域省级人民政府制定本行政区域的总磷污染控制方案，并组织实施。对磷矿、磷肥生产集中的长江干支流，有关省级人民政府应当制定更加严格的总磷排放管控要求，有效控制总磷排放总量。

磷矿开采加工、磷肥和含磷农药制造等企业，应当按照排污许可要求，采取有效措施控制总磷排放浓度和排放总量；对排污口和周边环境进行总磷监测，依法公开监测信息。

第四十七条　长江流域县级以上地方人民政府应当统筹长江流域城乡污

水集中处理设施及配套管网建设,并保障其正常运行,提高城乡污水收集处理能力。

长江流域县级以上地方人民政府应当组织对本行政区域的江河、湖泊排污口开展排查整治,明确责任主体,实施分类管理。

在长江流域江河、湖泊新设、改设或者扩大排污口,应当按照国家有关规定报经有管辖权的生态环境主管部门或者长江流域生态环境监督管理机构同意。对未达到水质目标的水功能区,除污水集中处理设施排污口外,应当严格控制新设、改设或者扩大排污口。

第四十八条 国家加强长江流域农业面源污染防治。长江流域农业生产应当科学使用农业投入品,减少化肥、农药施用,推广有机肥使用,科学处置农用薄膜、农作物秸秆等农业废弃物。

第四十九条 禁止在长江流域河湖管理范围内倾倒、填埋、堆放、弃置、处理固体废物。长江流域县级以上地方人民政府应当加强对固体废物非法转移和倾倒的联防联控。

第五十条 长江流域县级以上地方人民政府应当组织对沿河湖垃圾填埋场、加油站、矿山、尾矿库、危险废物处置场、化工园区和化工项目等地下水重点污染源及周边地下水环境风险隐患开展调查评估,并采取相应风险防范和整治措施。

第五十一条 国家建立长江流域危险货物运输船舶污染责任保险与财务担保相结合机制。具体办法由国务院交通运输主管部门会同国务院有关部门制定。

禁止在长江流域水上运输剧毒化学品和国家规定禁止通过内河运输的其他危险化学品。长江流域县级以上地方人民政府交通运输主管部门会同本级人民政府有关部门加强对长江流域危险化学品运输的管控。

第五章 生态环境修复

第五十二条 国家对长江流域生态系统实行自然恢复为主、自然恢复与人工修复相结合的系统治理。国务院自然资源主管部门会同国务院有关部门编制长江流域生态环境修复规划,组织实施重大生态环境修复工程,统筹推进长江流域各项生态环境修复工作。

第五十三条 国家对长江流域重点水域实行严格捕捞管理。在长江流域水生生物保护区全面禁止生产性捕捞;在国家规定的期限内,长江干流和重要支流、大型通江湖泊、长江河口规定区域等重点水域全面禁止天然渔业资源的生产性捕捞。具体办法由国务院农业农村主管部门会同国务院有关部门制定。

国务院农业农村主管部门会同国务院有关部门和长江流域省级人民政府加强长江流域禁捕执法工作，严厉查处电鱼、毒鱼、炸鱼等破坏渔业资源和生态环境的捕捞行为。

长江流域县级以上地方人民政府应当按照国家有关规定做好长江流域重点水域退捕渔民的补偿、转产和社会保障工作。

长江流域其他水域禁捕、限捕管理办法由县级以上地方人民政府制定。

第五十四条 国务院水行政主管部门会同国务院有关部门制定并组织实施长江干流和重要支流的河湖水系连通修复方案，长江流域省级人民政府制定并组织实施本行政区域的长江流域河湖水系连通修复方案，逐步改善长江流域河湖连通状况，恢复河湖生态流量，维护河湖水系生态功能。

第五十五条 国家长江流域协调机制统筹协调国务院自然资源、水行政、生态环境、住房和城乡建设、农业农村、交通运输、林业和草原等部门和长江流域省级人民政府制定长江流域河湖岸线修复规范，确定岸线修复指标。

长江流域县级以上地方人民政府按照长江流域河湖岸线保护规划、修复规范和指标要求，制定并组织实施河湖岸线修复计划，保障自然岸线比例，恢复河湖岸线生态功能。

禁止违法利用、占用长江流域河湖岸线。

第五十六条 国务院有关部门会同长江流域有关省级人民政府加强对三峡库区、丹江口库区等重点库区消落区的生态环境保护和修复，因地制宜实施退耕还林还草还湿，禁止施用化肥、农药，科学调控水库水位，加强库区水土保持和地质灾害防治工作，保障消落区良好生态功能。

第五十七条 长江流域县级以上地方人民政府林业和草原主管部门负责组织实施长江流域森林、草原、湿地修复计划，科学推进森林、草原、湿地修复工作，加大退化天然林、草原和受损湿地修复力度。

第五十八条 国家加大对太湖、鄱阳湖、洞庭湖、巢湖、滇池等重点湖泊实施生态环境修复的支持力度。

长江流域县级以上地方人民政府应当组织开展富营养化湖泊的生态环境修复，采取调整产业布局规模、实施控制性水工程统一调度、生态补水、河湖连通等综合措施，改善和恢复湖泊生态系统的质量和功能；对氮磷浓度严重超标的湖泊，应当在影响湖泊水质的汇水区，采取措施削减化肥用量，禁止使用含磷洗涤剂，全面清理投饵、投肥养殖。

第五十九条 国务院林业和草原、农业农村主管部门应当对长江流域数量急剧下降或者极度濒危的野生动植物和受到严重破坏的栖息地、天然集中分布区、破碎化的典型生态系统制定修复方案和行动计划，修建迁地保护设施，建立野生动植物遗传资源基因库，进行抢救性修复。

在长江流域水生生物产卵场、索饵场、越冬场和洄游通道等重要栖息地应当实施生态环境修复和其他保护措施。对鱼类等水生生物洄游产生阻隔的涉水工程应当结合实际采取建设过鱼设施、河湖连通、生态调度、灌江纳苗、基因保存、增殖放流、人工繁育等多种措施，充分满足水生生物的生态需求。

第六十条 国务院水行政主管部门会同国务院有关部门和长江河口所在地人民政府按照陆海统筹、河海联动的要求，制定实施长江河口生态环境修复和其他保护措施方案，加强对水、沙、盐、潮滩、生物种群的综合监测，采取有效措施防止海水入侵和倒灌，维护长江河口良好生态功能。

第六十一条 长江流域水土流失重点预防区和重点治理区的县级以上地方人民政府应当采取措施，防治水土流失。生态保护红线范围内的水土流失地块，以自然恢复为主，按照规定有计划地实施退耕还林还草还湿；划入自然保护地核心保护区的永久基本农田，依法有序退出并予以补划。

禁止在长江流域水土流失严重、生态脆弱的区域开展可能造成水土流失的生产建设活动。确因国家发展战略和国计民生需要建设的，应当经科学论证，并依法办理审批手续。

长江流域县级以上地方人民政府应当对石漠化的土地因地制宜采取综合治理措施，修复生态系统，防止土地石漠化蔓延。

第六十二条 长江流域县级以上地方人民政府应当因地制宜采取消除地质灾害隐患、土地复垦、恢复植被、防治污染等措施，加快历史遗留矿山生态环境修复工作，并加强对在建和运行中矿山的监督管理，督促采矿权人切实履行矿山污染防治和生态环境修复责任。

第六十三条 长江流域中下游地区县级以上地方人民政府应当因地制宜在项目、资金、人才、管理等方面，对长江流域江河源头和上游地区实施生态环境修复和其他保护措施给予支持，提升长江流域生态脆弱区实施生态环境修复和其他保护措施的能力。

国家按照政策支持、企业和社会参与、市场化运作的原则，鼓励社会资本投入长江流域生态环境修复。

第六章　绿色发展

第六十四条 国务院有关部门和长江流域地方各级人民政府应当按照长

江流域发展规划、国土空间规划的要求，调整产业结构，优化产业布局，推进长江流域绿色发展。

第六十五条 国务院和长江流域地方各级人民政府及其有关部门应当协同推进乡村振兴战略和新型城镇化战略的实施，统筹城乡基础设施建设和产业发展，建立健全全民覆盖、普惠共享、城乡一体的基本公共服务体系，促进长江流域城乡融合发展。

第六十六条 长江流域县级以上地方人民政府应当推动钢铁、石油、化工、有色金属、建材、船舶等产业升级改造，提升技术装备水平；推动造纸、制革、电镀、印染、有色金属、农药、氮肥、焦化、原料药制造等企业实施清洁化改造。企业应当通过技术创新减少资源消耗和污染物排放。

长江流域县级以上地方人民政府应当采取措施加快重点地区危险化学品生产企业搬迁改造。

第六十七条 国务院有关部门会同长江流域省级人民政府建立开发区绿色发展评估机制，并组织对各类开发区的资源能源节约集约利用、生态环境保护等情况开展定期评估。

长江流域县级以上地方人民政府应当根据评估结果对开发区产业产品、节能减排措施等进行优化调整。

第六十八条 国家鼓励和支持在长江流域实施重点行业和重点用水单位节水技术改造，提高水资源利用效率。

长江流域县级以上地方人民政府应当加强节水型城市和节水型园区建设，促进节水型行业产业和企业发展，并加快建设雨水自然积存、自然渗透、自然净化的海绵城市。

第六十九条 长江流域县级以上地方人民政府应当按照绿色发展的要求，统筹规划、建设与管理，提升城乡人居环境质量，建设美丽城镇和美丽乡村。

长江流域县级以上地方人民政府应当按照生态、环保、经济、实用的原则因地制宜组织实施厕所改造。

国务院有关部门和长江流域县级以上地方人民政府及其有关部门应当加强对城市新区、各类开发区等使用建筑材料的管理，鼓励使用节能环保、性能高的建筑材料，建设地下综合管廊和管网。

长江流域县级以上地方人民政府应当建设废弃土石渣综合利用信息平台，加强对生产建设活动废弃土石渣收集、清运、集中堆放的管理，鼓励开展综合利用。

第七十条 长江流域县级以上地方人民政府应当编制并组织实施养殖水

域滩涂规划,合理划定禁养区、限养区、养殖区,科学确定养殖规模和养殖密度;强化水产养殖投入品管理,指导和规范水产养殖、增殖活动。

第七十一条 国家加强长江流域综合立体交通体系建设,完善港口、航道等水运基础设施,推动交通设施互联互通,实现水陆有机衔接、江海直达联运,提升长江黄金水道功能。

第七十二条 长江流域县级以上地方人民政府应当统筹建设船舶污染物接收转运处置设施、船舶液化天然气加注站,制定港口岸电设施、船舶受电设施建设和改造计划,并组织实施。具备岸电使用条件的船舶靠港应当按照国家有关规定使用岸电,但使用清洁能源的除外。

第七十三条 国务院和长江流域县级以上地方人民政府对长江流域港口、航道和船舶升级改造,液化天然气动力船舶等清洁能源或者新能源动力船舶建造,港口绿色设计等按照规定给予资金支持或者政策扶持。

国务院和长江流域县级以上地方人民政府对长江流域港口岸电设施、船舶受电设施的改造和使用按照规定给予资金补贴、电价优惠等政策扶持。

第七十四条 长江流域地方各级人民政府加强对城乡居民绿色消费的宣传教育,并采取有效措施,支持、引导居民绿色消费。

长江流域地方各级人民政府按照系统推进、广泛参与、突出重点、分类施策的原则,采取回收押金、限制使用易污染不易降解塑料用品、绿色设计、发展公共交通等措施,提倡简约适度、绿色低碳的生活方式。

第七章 保障与监督

第七十五条 国务院和长江流域县级以上地方人民政府应当加大长江流域生态环境保护和修复的财政投入。

国务院和长江流域省级人民政府按照中央与地方财政事权和支出责任划分原则,专项安排长江流域生态环境保护资金,用于长江流域生态环境保护和修复。国务院自然资源主管部门会同国务院财政、生态环境等有关部门制定合理利用社会资金促进长江流域生态环境修复的政策措施。

国家鼓励和支持长江流域生态环境保护和修复等方面的科学技术研究开发和推广应用。

国家鼓励金融机构发展绿色信贷、绿色债券、绿色保险等金融产品,为长江流域生态环境保护和绿色发展提供金融支持。

第七十六条 国家建立长江流域生态保护补偿制度。

国家加大财政转移支付力度,对长江干流及重要支流源头和上游的水源涵养地等生态功能重要区域予以补偿。具体办法由国务院财政部门会同国务院有关部门制定。

国家鼓励长江流域上下游、左右岸、干支流地方人民政府之间开展横向生态保护补偿。

国家鼓励社会资金建立市场化运作的长江流域生态保护补偿基金;鼓励相关主体之间采取自愿协商等方式开展生态保护补偿。

第七十七条 国家加强长江流域司法保障建设,鼓励有关单位为长江流域生态环境保护提供法律服务。

长江流域各级行政执法机关、人民法院、人民检察院在依法查处长江保护违法行为或者办理相关案件过程中,发现存在涉嫌犯罪行为的,应当将犯罪线索移送具有侦查、调查职权的机关。

第七十八条 国家实行长江流域生态环境保护责任制和考核评价制度。上级人民政府应当对下级人民政府生态环境保护和修复目标完成情况等进行考核。

第七十九条 国务院有关部门和长江流域县级以上地方人民政府有关部门应当依照本法规定和职责分工,对长江流域各类保护、开发、建设活动进行监督检查,依法查处破坏长江流域自然资源、污染长江流域环境、损害长江流域生态系统等违法行为。

公民、法人和非法人组织有权依法获取长江流域生态环境保护相关信息,举报和控告破坏长江流域自然资源、污染长江流域环境、损害长江流域生态系统等违法行为。

国务院有关部门和长江流域地方各级人民政府及其有关部门应当依法公开长江流域生态环境保护相关信息,完善公众参与程序,为公民、法人和非法人组织参与和监督长江流域生态环境保护提供便利。

第八十条 国务院有关部门和长江流域地方各级人民政府及其有关部门对长江流域跨行政区域、生态敏感区域和生态环境违法案件高发区域以及重大违法案件,依法开展联合执法。

第八十一条 国务院有关部门和长江流域省级人民政府对长江保护工作不力、问题突出、群众反映集中的地区,可以约谈所在地区县级以上地方人民政府及其有关部门主要负责人,要求其采取措施及时整改。

第八十二条 国务院应当定期向全国人民代表大会常务委员会报告长江流域生态环境状况及保护和修复工作等情况。

长江流域县级以上地方人民政府应当定期向本级人民代表大会或者其常务委员会报告本级人民政府长江流域生态环境保护和修复工作等情况。

第八章　法律责任

第八十三条　国务院有关部门和长江流域地方各级人民政府及其有关部门违反本法规定，有下列行为之一的，对直接负责的主管人员和其他直接责任人员依法给予警告、记过、记大过或者降级处分；造成严重后果的，给予撤职或者开除处分，其主要负责人应当引咎辞职：

（一）不符合行政许可条件准予行政许可的；

（二）依法应当作出责令停业、关闭等决定而未作出的；

（三）发现违法行为或者接到举报不依法查处的；

（四）有其他玩忽职守、滥用职权、徇私舞弊行为的。

第八十四条　违反本法规定，有下列行为之一的，由有关主管部门按照职责分工，责令停止违法行为，给予警告，并处一万元以上十万元以下罚款；情节严重的，并处十万元以上五十万元以下罚款：

（一）船舶在禁止航行区域内航行的；

（二）经同意在水生生物重要栖息地禁止航行区域内航行，未采取必要措施减少对重要水生生物干扰的；

（三）水利水电、航运枢纽等工程未将生态用水调度纳入日常运行调度规程的；

（四）具备岸电使用条件的船舶未按照国家有关规定使用岸电的。

第八十五条　违反本法规定，在长江流域开放水域养殖、投放外来物种或者其他非本地物种种质资源的，由县级以上人民政府农业农村主管部门责令限期捕回，处十万元以下罚款；造成严重后果的，处十万元以上一百万元以下罚款；逾期不捕回的，由有关人民政府农业农村主管部门代为捕回或者采取降低负面影响的措施，所需费用由违法者承担。

第八十六条　违反本法规定，在长江流域水生生物保护区内从事生产性捕捞，或者在长江干流和重要支流、大型通江湖泊、长江河口规定区域等重点水域禁捕期间从事天然渔业资源的生产性捕捞的，由县级以上人民政府农业农村主管部门没收渔获物、违法所得以及用于违法活动的渔船、渔具和其他工具，并处一万元以上五万元以下罚款；采取电鱼、毒鱼、炸鱼等方式捕捞，或者有其他严重情节的，并处五万元以上五十万元以下罚款。

收购、加工、销售前款规定的渔获物的，由县级以上人民政府农业农村、市场监督管理等部门按照职责分工，没收渔获物及其制品和违法所得，并处货值金额十倍以上二十倍以下罚款；情节严重的，吊销相关生产经营许可证或者责令关闭。

第八十七条 违反本法规定,非法侵占长江流域河湖水域,或者违法利用、占用河湖岸线的,由县级以上人民政府水行政、自然资源等主管部门按照职责分工,责令停止违法行为,限期拆除并恢复原状,所需费用由违法者承担,没收违法所得,并处五万元以上五十万元以下罚款。

第八十八条 违反本法规定,有下列行为之一的,由县级以上人民政府生态环境、自然资源等主管部门按照职责分工,责令停止违法行为,限期拆除并恢复原状,所需费用由违法者承担,没收违法所得,并处五十万元以上五百万元以下罚款,对直接负责的主管人员和其他直接责任人员处五万元以上十万元以下罚款;情节严重的,报经有批准权的人民政府批准,责令关闭:

(一)在长江干支流岸线一公里范围内新建、扩建化工园区和化工项目的;

(二)在长江干流岸线三公里范围内和重要支流岸线一公里范围内新建、改建、扩建尾矿库的;

(三)违反生态环境准入清单的规定进行生产建设活动的。

第八十九条 长江流域磷矿开采加工、磷肥和含磷农药制造等企业违反本法规定,超过排放标准或者总量控制指标排放含磷水污染物的,由县级以上人民政府生态环境主管部门责令停止违法行为,并处二十万元以上二百万元以下罚款,对直接负责的主管人员和其他直接责任人员处五万元以上十万元以下罚款;情节严重的,责令停产整顿,或者报经有批准权的人民政府批准,责令关闭。

第九十条 违反本法规定,在长江流域水上运输剧毒化学品和国家规定禁止通过内河运输的其他危险化学品的,由县级以上人民政府交通运输主管部门或者海事管理机构责令改正,没收违法所得,并处二十万元以上二百万元以下罚款,对直接负责的主管人员和其他直接责任人员处五万元以上十万元以下罚款;情节严重的,责令停业整顿,或者吊销相关许可证。

第九十一条 违反本法规定,在长江流域未依法取得许可从事采砂活动,或者在禁止采砂区和禁止采砂期从事采砂活动的,由国务院水行政主管部门有关流域管理机构或者县级以上地方人民政府水行政主管部门责令停止违法行为,没收违法所得以及用于违法活动的船舶、设备、工具,并处货值金额二倍以上二十倍以下罚款;货值金额不足十万元的,并处二十万元以上二百万元以下罚款;已经取得河道采砂许可证的,吊销河道采砂许可证。

第九十二条 对破坏长江流域自然资源、污染长江流域环境、损害长江流域生态系统等违法行为,本法未作行政处罚规定的,适用有关法律、行政法规的规定。

第九十三条 因污染长江流域环境、破坏长江流域生态造成他人损害的,侵权人应当承担侵权责任。

违反国家规定造成长江流域生态环境损害的，国家规定的机关或者法律规定的组织有权请求侵权人承担修复责任、赔偿损失和有关费用。

第九十四条 违反本法规定，构成犯罪的，依法追究刑事责任。

第九章 附 则

第九十五条 本法下列用语的含义：

（一）本法所称长江干流，是指长江源头至长江河口，流经青海省、四川省、西藏自治区、云南省、重庆市、湖北省、湖南省、江西省、安徽省、江苏省、上海市的长江主河段；

（二）本法所称长江支流，是指直接或者间接流入长江干流的河流，支流可以分为一级支流、二级支流等；

（三）本法所称长江重要支流，是指流域面积一万平方公里以上的支流，其中流域面积八万平方公里以上的一级支流包括雅砻江、岷江、嘉陵江、乌江、湘江、沅江、汉江和赣江等。

第九十六条 本法自2021年3月1日起施行。

中华人民共和国刑法修正案（十一）

（2020年12月26日第十三届全国人民代表大会常务委员会第二十四次会议通过 2020年12月26日中华人民共和国主席令第66号公布 自2021年3月1日起施行）

一、将刑法第十七条修改为："已满十六周岁的人犯罪，应当负刑事责任。

"已满十四周岁不满十六周岁的人，犯故意杀人、故意伤害致人重伤或者死亡、强奸、抢劫、贩卖毒品、放火、爆炸、投放危险物质罪的，应当负刑事责任。

"已满十二周岁不满十四周岁的人，犯故意杀人、故意伤害罪，致人死亡或者以特别残忍手段致人重伤造成严重残疾，情节恶劣，经最高人民检察院核准追诉的，应当负刑事责任。

"对依照前三款规定追究刑事责任的不满十八周岁的人，应当从轻或者减轻处罚。

"因不满十六周岁不予刑事处罚的，责令其父母或者其他监护人加以管教；在必要的时候，依法进行专门矫治教育。"

二、在刑法第一百三十三条之一后增加一条，作为第一百三十三条之二："对行驶中的公共交通工具的驾驶人员使用暴力或者抢控驾驶操纵装置，干扰公共交通工具正常行驶，危及公共安全的，处一年以下有期徒刑、拘役或者管制，并处或者单处罚金。

"前款规定的驾驶人员在行驶的公共交通工具上擅离职守，与他人互殴或者殴打他人，危及公共安全的，依照前款的规定处罚。

"有前两款行为，同时构成其他犯罪的，依照处罚较重的规定定罪处罚。"

三、将刑法第一百三十四条第二款修改为："强令他人违章冒险作业，或者明知存在重大事故隐患而不排除，仍冒险组织作业，因而发生重大伤亡事故或者造成其他严重后果的，处五年以下有期徒刑或者拘役；情节特别恶劣的，处五年以上有期徒刑。"

四、在刑法第一百三十四条后增加一条，作为第一百三十四条之一："在生产、作业中违反有关安全管理的规定，有下列情形之一，具有发生重大伤亡事故或者其他严重后果的现实危险的，处一年以下有期徒刑、拘役或者管制：

"（一）关闭、破坏直接关系生产安全的监控、报警、防护、救生设备、设施，或者篡改、隐瞒、销毁其相关数据、信息的；

"（二）因存在重大事故隐患被依法责令停产停业、停止施工、停止使用有关设备、设施、场所或者立即采取排除危险的整改措施，而拒不执行的；

"（三）涉及安全生产的事项未经依法批准或者许可，擅自从事矿山开采、金属冶炼、建筑施工，以及危险物品生产、经营、储存等高度危险的生产作业活动的。"

五、将刑法第一百四十一条修改为："生产、销售假药的，处三年以下有期徒刑或者拘役，并处罚金；对人体健康造成严重危害或者有其他严重情节的，处三年以上十年以下有期徒刑，并处罚金；致人死亡或者有其他特别严重情节的，处十年以上有期徒刑、无期徒刑或者死刑，并处罚金或者没收财产。

"药品使用单位的人员明知是假药而提供给他人使用的，依照前款的规定处罚。"

六、将刑法第一百四十二条修改为："生产、销售劣药，对人体健康造成严重危害的，处三年以上十年以下有期徒刑，并处罚金；后果特别严重的，处十年以上有期徒刑或者无期徒刑，并处罚金或者没收财产。

"药品使用单位的人员明知是劣药而提供给他人使用的，依照前款的规定处罚。"

七、在刑法第一百四十二条后增加一条，作为第一百四十二条之一："违反药品管理法规，有下列情形之一，足以严重危害人体健康的，处三年以下有期徒刑或者拘役，并处或者单处罚金；对人体健康造成严重危害或者有其他严重情节的，处三年以上七年以下有期徒刑，并处罚金：

“（一）生产、销售国务院药品监督管理部门禁止使用的药品的；

“（二）未取得药品相关批准证明文件生产、进口药品或者明知是上述药品而销售的；

“（三）药品申请注册中提供虚假的证明、数据、资料、样品或者采取其他欺骗手段的；

“（四）编造生产、检验记录的。

“有前款行为，同时又构成本法第一百四十一条、第一百四十二条规定之罪或者其他犯罪的，依照处罚较重的规定定罪处罚。”

八、将刑法第一百六十条修改为：“在招股说明书、认股书、公司、企业债券募集办法等发行文件中隐瞒重要事实或者编造重大虚假内容，发行股票或者公司、企业债券、存托凭证或者国务院依法认定的其他证券，数额巨大、后果严重或者有其他严重情节的，处五年以下有期徒刑或者拘役，并处或者单处罚金；数额特别巨大、后果特别严重或者有其他特别严重情节的，处五年以上有期徒刑，并处罚金。

“控股股东、实际控制人组织、指使实施前款行为的，处五年以下有期徒刑或者拘役，并处或者单处非法募集资金金额百分之二十以上一倍以下罚金；数额特别巨大、后果特别严重或者有其他特别严重情节的，处五年以上有期徒刑，并处非法募集资金金额百分之二十以上一倍以下罚金。

“单位犯前两款罪的，对单位判处非法募集资金金额百分之二十以上一倍以下罚金，并对其直接负责的主管人员和其他直接责任人员，依照第一款的规定处罚。”

九、将刑法第一百六十一条修改为：“依法负有信息披露义务的公司、企业向股东和社会公众提供虚假的或者隐瞒重要事实的财务会计报告，或者对依法应当披露的其他重要信息不按照规定披露，严重损害股东或者其他人利益，或者有其他严重情节的，对其直接负责的主管人员和其他直接责任人员，处五年以下有期徒刑或者拘役，并处或者单处罚金；情节特别严重的，处五年以上十年以下有期徒刑，并处罚金。

“前款规定的公司、企业的控股股东、实际控制人实施或者组织、指使实施前款行为的，或者隐瞒相关事项导致前款规定的情形发生的，依照前款的规定处罚。

“犯前款罪的控股股东、实际控制人是单位的，对单位判处罚金，并对其直接负责的主管人员和其他直接责任人员，依照第一款的规定处罚。”

十、将刑法第一百六十三条第一款修改为:“公司、企业或者其他单位的工作人员,利用职务上的便利,索取他人财物或者非法收受他人财物,为他人谋取利益,数额较大的,处三年以下有期徒刑或者拘役,并处罚金;数额巨大或者有其他严重情节的,处三年以上十年以下有期徒刑,并处罚金;数额特别巨大或者有其他特别严重情节的,处十年以上有期徒刑或者无期徒刑,并处罚金。”

十一、将刑法第一百七十五条之一第一款修改为:“以欺骗手段取得银行或者其他金融机构贷款、票据承兑、信用证、保函等,给银行或者其他金融机构造成重大损失的,处三年以下有期徒刑或者拘役,并处或者单处罚金;给银行或者其他金融机构造成特别重大损失或者有其他特别严重情节的,处三年以上七年以下有期徒刑,并处罚金。”

十二、将刑法第一百七十六条修改为:“非法吸收公众存款或者变相吸收公众存款,扰乱金融秩序的,处三年以下有期徒刑或者拘役,并处或者单处罚金;数额巨大或者有其他严重情节的,处三年以上十年以下有期徒刑,并处罚金;数额特别巨大或者有其他特别严重情节的,处十年以上有期徒刑,并处罚金。

“单位犯前款罪的,对单位判处罚金,并对其直接负责的主管人员和其他直接责任人员,依照前款的规定处罚。

“有前两款行为,在提起公诉前积极退赃退赔,减少损害结果发生的,可以从轻或者减轻处罚。”

十三、将刑法第一百八十二条第一款修改为:“有下列情形之一,操纵证券、期货市场,影响证券、期货交易价格或者证券、期货交易量,情节严重的,处五年以下有期徒刑或者拘役,并处或者单处罚金;情节特别严重的,处五年以上十年以下有期徒刑,并处罚金:

“(一)单独或者合谋,集中资金优势、持股或者持仓优势或者利用信息优势联合或者连续买卖的;

“(二)与他人串通,以事先约定的时间、价格和方式相互进行证券、期货交易的;

“(三)在自己实际控制的帐户之间进行证券交易,或者以自己为交易对象,自买自卖期货合约的;

“(四)不以成交为目的,频繁或者大量申报买入、卖出证券、期货合约并撤销申报的;

“(五)利用虚假或者不确定的重大信息,诱导投资者进行证券、期货交易的;

“(六)对证券、证券发行人、期货交易标的公开作出评价、预测或者投资建议，同时进行反向证券交易或者相关期货交易的；

“（七）以其他方法操纵证券、期货市场的。”

十四、将刑法第一百九十一条修改为：“为掩饰、隐瞒毒品犯罪、黑社会性质的组织犯罪、恐怖活动犯罪、走私犯罪、贪污贿赂犯罪、破坏金融管理秩序犯罪、金融诈骗犯罪的所得及其产生的收益的来源和性质，有下列行为之一的，没收实施以上犯罪的所得及其产生的收益，处五年以下有期徒刑或者拘役，并处或者单处罚金；情节严重的，处五年以上十年以下有期徒刑，并处罚金：

“（一）提供资金帐户的；

“（二）将财产转换为现金、金融票据、有价证券的；

“（三）通过转帐或者其他支付结算方式转移资金的；

“（四）跨境转移资产的；

“（五）以其他方法掩饰、隐瞒犯罪所得及其收益的来源和性质的。

“单位犯前款罪的，对单位判处罚金，并对其直接负责的主管人员和其他直接责任人员，依照前款的规定处罚。”

十五、将刑法第一百九十二条修改为：“以非法占有为目的，使用诈骗方法非法集资，数额较大的，处三年以上七年以下有期徒刑，并处罚金；数额巨大或者有其他严重情节的，处七年以上有期徒刑或者无期徒刑，并处罚金或者没收财产。

“单位犯前款罪的，对单位判处罚金，并对其直接负责的主管人员和其他直接责任人员，依照前款的规定处罚。”

十六、将刑法第二百条修改为：“单位犯本节第一百九十四条、第一百九十五条规定之罪的，对单位判处罚金，并对其直接负责的主管人员和其他直接责任人员，处五年以下有期徒刑或者拘役，可以并处罚金；数额巨大或者有其他严重情节的，处五年以上十年以下有期徒刑，并处罚金；数额特别巨大或者有其他特别严重情节的，处十年以上有期徒刑或者无期徒刑，并处罚金。”

十七、将刑法第二百一十三条修改为：“未经注册商标所有人许可，在同一种商品、服务上使用与其注册商标相同的商标，情节严重的，处三年以下有期徒刑，并处或者单处罚金；情节特别严重的，处三年以上十年以下有期徒刑，并处罚金。”

十八、将刑法第二百一十四条修改为：“销售明知是假冒注册商标的商品，违法所得数额较大或者有其他严重情节的，处三年以下有期徒刑，并处或者单处罚金；违法所得数额巨大或者有其他特别严重情节的，处三年以上十年以下有期徒刑，并处罚金。”

十九、将刑法第二百一十五条修改为：“伪造、擅自制造他人注册商标标识或者销售伪造、擅自制造的注册商标标识，情节严重的，处三年以下有期徒刑，并处或者单处罚金；情节特别严重的，处三年以上十年以下有期徒刑，并处罚金。”

二十、将刑法第二百一十七条修改为：“以营利为目的，有下列侵犯著作权或者与著作权有关的权利的情形之一，违法所得数额较大或者有其他严重情节的，处三年以下有期徒刑，并处或者单处罚金；违法所得数额巨大或者有其他特别严重情节的，处三年以上十年以下有期徒刑，并处罚金：

“（一）未经著作权人许可，复制发行、通过信息网络向公众传播其文字作品、音乐、美术、视听作品、计算机软件及法律、行政法规规定的其他作品的；

“（二）出版他人享有专有出版权的图书的；

“（三）未经录音录像制作者许可，复制发行、通过信息网络向公众传播其制作的录音录像的；

“（四）未经表演者许可，复制发行录有其表演的录音录像制品，或者通过信息网络向公众传播其表演的；

“（五）制作、出售假冒他人署名的美术作品的；

“（六）未经著作权人或者与著作权有关的权利人许可，故意避开或者破坏权利人为其作品、录音录像制品等采取的保护著作权或者与著作权有关的权利的技术措施的。”

二十一、将刑法第二百一十八条修改为：“以营利为目的，销售明知是本法第二百一十七条规定的侵权复制品，违法所得数额巨大或者有其他严重情节的，处五年以下有期徒刑，并处或者单处罚金。”

二十二、将刑法第二百一十九条修改为：“有下列侵犯商业秘密行为之一，情节严重的，处三年以下有期徒刑，并处或者单处罚金；情节特别严重的，处三年以上十年以下有期徒刑，并处罚金：

“（一）以盗窃、贿赂、欺诈、胁迫、电子侵入或者其他不正当手段获取权利人的商业秘密的；

“（二）披露、使用或者允许他人使用以前项手段获取的权利人的商业秘密的；

“（三）违反保密义务或者违反权利人有关保守商业秘密的要求，披露、使用或者允许他人使用其所掌握的商业秘密的。

“明知前款所列行为，获取、披露、使用或者允许他人使用该商业秘密的，以侵犯商业秘密论。

“本条所称权利人，是指商业秘密的所有人和经商业秘密所有人许可的商业秘密使用人。”

二十三、在刑法第二百一十九条后增加一条，作为第二百一十九条之一：“为境外的机构、组织、人员窃取、刺探、收买、非法提供商业秘密的，处五年以下有期徒刑，并处或者单处罚金；情节严重的，处五年以上有期徒刑，并处罚金。”

二十四、将刑法第二百二十条修改为：“单位犯本节第二百一十三条至第二百一十九条之一规定之罪的，对单位判处罚金，并对其直接负责的主管人员和其他直接责任人员，依照本节各该条的规定处罚。”

二十五、将刑法第二百二十九条修改为：“承担资产评估、验资、验证、会计、审计、法律服务、保荐、安全评价、环境影响评价、环境监测等职责的中介组织的人员故意提供虚假证明文件，情节严重的，处五年以下有期徒刑或者拘役，并处罚金；有下列情形之一的，处五年以上十年以下有期徒刑，并处罚金：

“（一）提供与证券发行相关的虚假的资产评估、会计、审计、法律服务、保荐等证明文件，情节特别严重的；

“（二）提供与重大资产交易相关的虚假的资产评估、会计、审计等证明文件，情节特别严重的；

“（三）在涉及公共安全的重大工程、项目中提供虚假的安全评价、环境影响评价等证明文件，致使公共财产、国家和人民利益遭受特别重大损失的。

“有前款行为，同时索取他人财物或者非法收受他人财物构成犯罪的，依照处罚较重的规定定罪处罚。

“第一款规定的人员，严重不负责任，出具的证明文件有重大失实，造成严重后果的，处三年以下有期徒刑或者拘役，并处或者单处罚金。”

二十六、将刑法第二百三十六条修改为：“以暴力、胁迫或者其他手段强奸妇女的，处三年以上十年以下有期徒刑。

“奸淫不满十四周岁的幼女的，以强奸论，从重处罚。

“强奸妇女、奸淫幼女，有下列情形之一的，处十年以上有期徒刑、无期徒刑或者死刑：

“（一）强奸妇女、奸淫幼女情节恶劣的；

“（二）强奸妇女、奸淫幼女多人的；

“（三）在公共场所当众强奸妇女、奸淫幼女的；

“（四）二人以上轮奸的；

“（五）奸淫不满十周岁的幼女或者造成幼女伤害的；

“（六）致使被害人重伤、死亡或者造成其他严重后果的。”

二十七、在刑法第二百三十六条后增加一条，作为第二百三十六条之一：“对已满十四周岁不满十六周岁的未成年女性负有监护、收养、看护、教育、医疗等特殊职责的人员，与该未成年女性发生性关系的，处三年以下有期徒刑；情节恶劣的，处三年以上十年以下有期徒刑。

“有前款行为，同时又构成本法第二百三十六条规定之罪的，依照处罚较重的规定定罪处罚。”

二十八、将刑法第二百三十七条第三款修改为：“猥亵儿童的，处五年以下有期徒刑；有下列情形之一的，处五年以上有期徒刑：

“（一）猥亵儿童多人或者多次的；

“（二）聚众猥亵儿童的，或者在公共场所当众猥亵儿童，情节恶劣的；

“（三）造成儿童伤害或者其他严重后果的；

“（四）猥亵手段恶劣或者有其他恶劣情节的。”

二十九、将刑法第二百七十一条第一款修改为：“公司、企业或者其他单位的工作人员，利用职务上的便利，将本单位财物非法占为己有，数额较大的，处三年以下有期徒刑或者拘役，并处罚金；数额巨大的，处三年以上十年以下有期徒刑，并处罚金；数额特别巨大的，处十年以上有期徒刑或者无期徒刑，并处罚金。”

三十、将刑法第二百七十二条修改为：“公司、企业或者其他单位的工作人员，利用职务上的便利，挪用本单位资金归个人使用或者借贷给他人，数额较大、超过三个月未还的，或者虽未超过三个月，但数额较大、进行营利活动的，或者进行非法活动的，处三年以下有期徒刑或者拘役；挪用本单位资金数额巨大的，处三年以上七年以下有期徒刑；数额特别巨大的，处七年以上有期徒刑。

“国有公司、企业或者其他国有单位中从事公务的人员和国有公司、企业或者其他国有单位委派到非国有公司、企业以及其他单位从事公务的人员有前款行为的，依照本法第三百八十四条的规定定罪处罚。

“有第一款行为，在提起公诉前将挪用的资金退还的，可以从轻或者减轻处罚。其中，犯罪较轻的，可以减轻或者免除处罚。”

三十一、将刑法第二百七十七条第五款修改为：“暴力袭击正在依法执行职务的人民警察的，处三年以下有期徒刑、拘役或者管制；使用枪支、管制刀具，或者以驾驶机动车撞击等手段，严重危及其人身安全的，处三年以上七年以下有期徒刑。”

三十二、在刑法第二百八十条之一后增加一条，作为第二百八十条之二：“盗用、冒用他人身份，顶替他人取得的高等学历教育入学资格、公务员录用资格、就业安置待遇的，处三年以下有期徒刑、拘役或者管制，并处罚金。

“组织、指使他人实施前款行为的，依照前款的规定从重处罚。

“国家工作人员有前两款行为，又构成其他犯罪的，依照数罪并罚的规定处罚。”

三十三、在刑法第二百九十一条之一后增加一条，作为第二百九十一条之二：“从建筑物或者其他高空抛掷物品，情节严重的，处一年以下有期徒刑、拘役或者管制，并处或者单处罚金。

“有前款行为，同时构成其他犯罪的，依照处罚较重的规定定罪处罚。”

三十四、在刑法第二百九十三条后增加一条，作为第二百九十三条之一：“有下列情形之一，催收高利放贷等产生的非法债务，情节严重的，处三年以下有期徒刑、拘役或者管制，并处或者单处罚金：

“（一）使用暴力、胁迫方法的；

“（二）限制他人人身自由或者侵入他人住宅的；

“（三）恐吓、跟踪、骚扰他人的。”

三十五、在刑法第二百九十九条后增加一条，作为第二百九十九条之一：“侮辱、诽谤或者以其他方式侵害英雄烈士的名誉、荣誉，损害社会公共利益，情节严重的，处三年以下有期徒刑、拘役、管制或者剥夺政治权利。”

三十六、将刑法第三百零三条修改为：“以营利为目的，聚众赌博或者以赌博为业的，处三年以下有期徒刑、拘役或者管制，并处罚金。

“开设赌场的，处五年以下有期徒刑、拘役或者管制，并处罚金；情节严重的，处五年以上十年以下有期徒刑，并处罚金。

“组织中华人民共和国公民参与国（境）外赌博，数额巨大或者有其他严重情节的，依照前款的规定处罚。”

三十七、将刑法第三百三十条第一款修改为：“违反传染病防治法的规定，有下列情形之一，引起甲类传染病以及依法确定采取甲类传染病预防、控制措施的传染病传播或者有传播严重危险的，处三年以下有期徒刑或者拘役；后果特别严重的，处三年以上七年以下有期徒刑：

“（一）供水单位供应的饮用水不符合国家规定的卫生标准的；

“（二）拒绝按照疾病预防控制机构提出的卫生要求，对传染病病原体污染的污水、污物、场所和物品进行消毒处理的；

“（三）准许或者纵容传染病病人、病原携带者和疑似传染病病人从事国务院卫生行政部门规定禁止从事的易使该传染病扩散的工作的；

“（四）出售、运输疫区中被传染病病原体污染或者可能被传染病病原体污染的物品，未进行消毒处理的；

“（五）拒绝执行县级以上人民政府、疾病预防控制机构依照传染病防治法提出的预防、控制措施的。”

三十八、在刑法第三百三十四条后增加一条，作为第三百三十四条之一：

"违反国家有关规定，非法采集我国人类遗传资源或者非法运送、邮寄、携带我国人类遗传资源材料出境，危害公众健康或者社会公共利益，情节严重的，处三年以下有期徒刑、拘役或者管制，并处或者单处罚金；情节特别严重的，处三年以上七年以下有期徒刑，并处罚金。"

三十九、在刑法第三百三十六条后增加一条，作为第三百三十六条之一："将基因编辑、克隆的人类胚胎植入人体或者动物体内，或者将基因编辑、克隆的动物胚胎植入人体内，情节严重的，处三年以下有期徒刑或者拘役，并处罚金；情节特别严重的，处三年以上七年以下有期徒刑，并处罚金。"

四十、将刑法第三百三十八条修改为："违反国家规定，排放、倾倒或者处置有放射性的废物、含传染病病原体的废物、有毒物质或者其他有害物质，严重污染环境的，处三年以下有期徒刑或者拘役，并处或者单处罚金；情节严重的，处三年以上七年以下有期徒刑，并处罚金；有下列情形之一的，处七年以上有期徒刑，并处罚金：

"（一）在饮用水水源保护区、自然保护地核心保护区等依法确定的重点保护区域排放、倾倒、处置有放射性的废物、含传染病病原体的废物、有毒物质，情节特别严重的；

"（二）向国家确定的重要江河、湖泊水域排放、倾倒、处置有放射性的废物、含传染病病原体的废物、有毒物质，情节特别严重的；

"（三）致使大量永久基本农田基本功能丧失或者遭受永久性破坏的；

"（四）致使多人重伤、严重疾病，或者致人严重残疾、死亡的。

"有前款行为，同时构成其他犯罪的，依照处罚较重的规定定罪处罚。"

四十一、在刑法第三百四十一条中增加一款作为第三款："违反野生动物保护管理法规，以食用为目的非法猎捕、收购、运输、出售第一款规定以外的在野外环境自然生长繁殖的陆生野生动物，情节严重的，依照前款的规定处罚。"

四十二、在刑法第三百四十二条后增加一条，作为第三百四十二条之一："违反自然保护地管理法规，在国家公园、国家级自然保护区进行开垦、开发活动或者修建建筑物，造成严重后果或者有其他恶劣情节的，处五年以下有期徒刑或者拘役，并处或者单处罚金。

"有前款行为，同时构成其他犯罪的，依照处罚较重的规定定罪处罚。"

四十三、在刑法第三百四十四条后增加一条，作为第三百四十四条之一："违反国家规定，非法引进、释放或者丢弃外来入侵物种，情节严重的，处三年以下有期徒刑或者拘役，并处或者单处罚金。"

四十四、在刑法第三百五十五条后增加一条，作为第三百五十五条之一："引诱、教唆、欺骗运动员使用兴奋剂参加国内、国际重大体育竞赛，或者明知运动员参加上述竞赛而向其提供兴奋剂，情节严重的，处三年以下有期徒刑或者拘役，并处罚金。

“组织、强迫运动员使用兴奋剂参加国内、国际重大体育竞赛的，依照前款的规定从重处罚。”

四十五、将刑法第四百零八条之一第一款修改为：“负有食品药品安全监督管理职责的国家机关工作人员，滥用职权或者玩忽职守，有下列情形之一，造成严重后果或者有其他严重情节的，处五年以下有期徒刑或者拘役；造成特别严重后果或者有其他特别严重情节的，处五年以上十年以下有期徒刑：

“（一）瞒报、谎报食品安全事故、药品安全事件的；

“（二）对发现的严重食品药品安全违法行为未按规定查处的；

“（三）在药品和特殊食品审批审评过程中，对不符合条件的申请准予许可的；

“（四）依法应当移交司法机关追究刑事责任不移交的；

“（五）有其他滥用职权或者玩忽职守行为的。”

四十六、将刑法第四百三十一条第二款修改为：“为境外的机构、组织、人员窃取、刺探、收买、非法提供军事秘密的，处五年以上十年以下有期徒刑；情节严重的，处十年以上有期徒刑、无期徒刑或者死刑。”

四十七、将刑法第四百五十条修改为：“本章适用于中国人民解放军的现役军官、文职干部、士兵及具有军籍的学员和中国人民武装警察部队的现役警官、文职干部、士兵及具有军籍的学员以及文职人员、执行军事任务的预备役人员和其他人员。”

四十八、本修正案自2021年3月1日起施行。

中华人民共和国国防法

（1997年3月14日第八届全国人民代表大会第五次会议通过　根据2009年8月27日第十一届全国人民代表大会常务委员会第十次会议《关于修改部分法律的决定》修正　2020年12月26日第十三届全国人民代表大会常务委员会第二十四次会议修订　2020年12月26日中华人民共和国主席令第67号公布　自2021年1月1日起施行）

目　　录

第一章　总　　则
第二章　国家机构的国防职权
第三章　武装力量
第四章　边防、海防、空防和其他重大安全领域防卫
第五章　国防科研生产和军事采购
第六章　国防经费和国防资产
第七章　国防教育
第八章　国防动员和战争状态
第九章　公民、组织的国防义务和权利
第十章　军人的义务和权益
第十一章　对外军事关系
第十二章　附　　则

第一章　总　　则

第一条　为了建设和巩固国防，保障改革开放和社会主义现代化建设的顺利进行，实现中华民族伟大复兴，根据宪法，制定本法。

第二条　国家为防备和抵抗侵略，制止武装颠覆和分裂，保卫国家主权、统一、领土完整、安全和发展利益所进行的军事活动，以及与军事有关的政治、经济、外交、科技、教育等方面的活动，适用本法。

第三条　国防是国家生存与发展的安全保障。

国家加强武装力量建设，加强边防、海防、空防和其他重大安全领域防卫

建设，发展国防科研生产，普及全民国防教育，完善国防动员体系，实现国防现代化。

第四条 国防活动坚持以马克思列宁主义、毛泽东思想、邓小平理论、“三个代表”重要思想、科学发展观、习近平新时代中国特色社会主义思想为指导，贯彻习近平强军思想，坚持总体国家安全观，贯彻新时代军事战略方针，建设与我国国际地位相称、与国家安全和发展利益相适应的巩固国防和强大武装力量。

第五条 国家对国防活动实行统一的领导。

第六条 中华人民共和国奉行防御性国防政策，独立自主、自力更生地建设和巩固国防，实行积极防御，坚持全民国防。

国家坚持经济建设和国防建设协调、平衡、兼容发展，依法开展国防活动，加快国防和军队现代化，实现富国和强军相统一。

第七条 保卫祖国、抵抗侵略是中华人民共和国每一个公民的神圣职责。

中华人民共和国公民应当依法履行国防义务。

一切国家机关和武装力量、各政党和各人民团体、企业事业组织、社会组织和其他组织，都应当支持和依法参与国防建设，履行国防职责，完成国防任务。

第八条 国家和社会尊重、优待军人，保障军人的地位和合法权益，开展各种形式的拥军优属活动，让军人成为全社会尊崇的职业。

中国人民解放军和中国人民武装警察部队开展拥政爱民活动，巩固军政军民团结。

第九条 中华人民共和国积极推进国际军事交流与合作，维护世界和平，反对侵略扩张行为。

第十条 对在国防活动中作出贡献的组织和个人，依照有关法律、法规的规定给予表彰和奖励。

第十一条 任何组织和个人违反本法和有关法律，拒绝履行国防义务或者危害国防利益的，依法追究法律责任。

公职人员在国防活动中，滥用职权、玩忽职守、徇私舞弊的，依法追究法律责任。

第二章 国家机构的国防职权

第十二条 全国人民代表大会依照宪法规定，决定战争和和平的问题，并行使宪法规定的国防方面的其他职权。

全国人民代表大会常务委员会依照宪法规定，决定战争状态的宣布，决定全国总动员或者局部动员，并行使宪法规定的国防方面的其他职权。

第十三条 中华人民共和国主席根据全国人民代表大会的决定和全国人民代表大会常务委员会的决定，宣布战争状态，发布动员令，并行使宪法规定的国防方面的其他职权。

第十四条 国务院领导和管理国防建设事业，行使下列职权：

（一）编制国防建设的有关发展规划和计划；

（二）制定国防建设方面的有关政策和行政法规；

（三）领导和管理国防科研生产；

（四）管理国防经费和国防资产；

（五）领导和管理国民经济动员工作和人民防空、国防交通等方面的建设和组织实施工作；

（六）领导和管理拥军优属工作和退役军人保障工作；

（七）与中央军事委员会共同领导民兵的建设，征兵工作，边防、海防、空防和其他重大安全领域防卫的管理工作；

（八）法律规定的与国防建设事业有关的其他职权。

第十五条 中央军事委员会领导全国武装力量，行使下列职权：

（一）统一指挥全国武装力量；

（二）决定军事战略和武装力量的作战方针；

（三）领导和管理中国人民解放军、中国人民武装警察部队的建设，制定规划、计划并组织实施；

（四）向全国人民代表大会或者全国人民代表大会常务委员会提出议案；

（五）根据宪法和法律，制定军事法规，发布决定和命令；

（六）决定中国人民解放军、中国人民武装警察部队的体制和编制，规定中央军事委员会机关部门、战区、军兵种和中国人民武装警察部队等单位的任务和职责；

（七）依照法律、军事法规的规定，任免、培训、考核和奖惩武装力量成员；

（八）决定武装力量的武器装备体制，制定武器装备发展规划、计划，协同国务院领导和管理国防科研生产；

（九）会同国务院管理国防经费和国防资产；

（十）领导和管理人民武装动员、预备役工作；

（十一）组织开展国际军事交流与合作；

（十二）法律规定的其他职权。

第十六条 中央军事委员会实行主席负责制。

第十七条 国务院和中央军事委员会建立协调机制,解决国防事务的重大问题。

中央国家机关与中央军事委员会机关有关部门可以根据情况召开会议,协调解决有关国防事务的问题。

第十八条 地方各级人民代表大会和县级以上地方各级人民代表大会常务委员会在本行政区域内,保证有关国防事务的法律、法规的遵守和执行。

地方各级人民政府依照法律规定的权限,管理本行政区域内的征兵、民兵、国民经济动员、人民防空、国防交通、国防设施保护,以及退役军人保障和拥军优属等工作。

第十九条 地方各级人民政府和驻地军事机关根据需要召开军地联席会议,协调解决本行政区域内有关国防事务的问题。

军地联席会议由地方人民政府的负责人和驻地军事机关的负责人共同召集。军地联席会议的参加人员由会议召集人确定。

军地联席会议议定的事项,由地方人民政府和驻地军事机关根据各自职责和任务分工办理,重大事项应当分别向上级报告。

第三章 武装力量

第二十条 中华人民共和国的武装力量属于人民。它的任务是巩固国防,抵抗侵略,保卫祖国,保卫人民的和平劳动,参加国家建设事业,全心全意为人民服务。

第二十一条 中华人民共和国的武装力量受中国共产党领导。武装力量中的中国共产党组织依照中国共产党章程进行活动。

第二十二条 中华人民共和国的武装力量,由中国人民解放军、中国人民武装警察部队、民兵组成。

中国人民解放军由现役部队和预备役部队组成,在新时代的使命任务是为巩固中国共产党领导和社会主义制度,为捍卫国家主权、统一、领土完整,为维护国家海外利益,为促进世界和平与发展,提供战略支撑。现役部队是国家的常备军,主要担负防卫作战任务,按照规定执行非战争军事行动任务。预备役部队按照规定进行军事训练、执行防卫作战任务和非战争军事行动任务;根据国家发布的动员令,由中央军事委员会下达命令转为现役部队。

中国人民武装警察部队担负执勤、处置突发社会安全事件、防范和处置恐怖活动、海上维权执法、抢险救援和防卫作战以及中央军事委员会赋予的其他任务。

民兵在军事机关的指挥下，担负战备勤务、执行非战争军事行动任务和防卫作战任务。

第二十三条 中华人民共和国的武装力量必须遵守宪法和法律。

第二十四条 中华人民共和国武装力量建设坚持走中国特色强军之路，坚持政治建军、改革强军、科技强军、人才强军、依法治军，加强军事训练，开展政治工作，提高保障水平，全面推进军事理论、军队组织形态、军事人员和武器装备现代化，构建中国特色现代作战体系，全面提高战斗力，努力实现党在新时代的强军目标。

第二十五条 中华人民共和国武装力量的规模应当与保卫国家主权、安全、发展利益的需要相适应。

第二十六条 中华人民共和国的兵役分为现役和预备役。军人和预备役人员的服役制度由法律规定。

中国人民解放军、中国人民武装警察部队依照法律规定实行衔级制度。

第二十七条 中国人民解放军、中国人民武装警察部队在规定岗位实行文职人员制度。

第二十八条 中国人民解放军军旗、军徽是中国人民解放军的象征和标志。中国人民武装警察部队旗、徽是中国人民武装警察部队的象征和标志。

公民和组织应当尊重中国人民解放军军旗、军徽和中国人民武装警察部队旗、徽。

中国人民解放军军旗、军徽和中国人民武装警察部队旗、徽的图案、样式以及使用管理办法由中央军事委员会规定。

第二十九条 国家禁止任何组织或者个人非法建立武装组织，禁止非法武装活动，禁止冒充军人或者武装力量组织。

第四章　边防、海防、空防和其他重大安全领域防卫

第三十条 中华人民共和国的领陆、领水、领空神圣不可侵犯。国家建设强大稳固的现代边防、海防和空防，采取有效的防卫和管理措施，保卫领陆、领水、领空的安全，维护国家海洋权益。

国家采取必要的措施，维护在太空、电磁、网络空间等其他重大安全领域的活动、资产和其他利益的安全。

第三十一条 中央军事委员会统一领导边防、海防、空防和其他重大安全领域的防卫工作。

中央国家机关、地方各级人民政府和有关军事机关，按照规定的职权范围，分工负责边防、海防、空防和其他重大安全领域的管理和防卫工作，共同维护国家的安全和利益。

第三十二条 国家根据边防、海防、空防和其他重大安全领域防卫的需要，加强防卫力量建设，建设作战、指挥、通信、测控、导航、防护、交通、保障等国防设施。各级人民政府和军事机关应当依照法律、法规的规定，保障国防设施的建设，保护国防设施的安全。

第五章 国防科研生产和军事采购

第三十三条 国家建立和完善国防科技工业体系，发展国防科研生产，为武装力量提供性能先进、质量可靠、配套完善、便于操作和维修的武器装备以及其他适用的军用物资，满足国防需要。

第三十四条 国防科技工业实行军民结合、平战结合、军品优先、创新驱动、自主可控的方针。

国家统筹规划国防科技工业建设，坚持国家主导、分工协作、专业配套、开放融合，保持规模适度、布局合理的国防科研生产能力。

第三十五条 国家充分利用全社会优势资源，促进国防科学技术进步，加快技术自主研发，发挥高新技术在武器装备发展中的先导作用，增加技术储备，完善国防知识产权制度，促进国防科技成果转化，推进科技资源共享和协同创新，提高国防科研能力和武器装备技术水平。

第三十六条 国家创造有利的环境和条件，加强国防科学技术人才培养，鼓励和吸引优秀人才进入国防科研生产领域，激发人才创新活力。

国防科学技术工作者应当受到全社会的尊重。国家逐步提高国防科学技术工作者的待遇，保护其合法权益。

第三十七条 国家依法实行军事采购制度，保障武装力量所需武器装备和物资、工程、服务的采购供应。

第三十八条 国家对国防科研生产实行统一领导和计划调控；注重发挥市场机制作用，推进国防科研生产和军事采购活动公平竞争。

国家为承担国防科研生产任务和接受军事采购的组织和个人依法提供必要的保障条件和优惠政策。地方各级人民政府应当依法对承担国防科研生产任务和接受军事采购的组织和个人给予协助和支持。

承担国防科研生产任务和接受军事采购的组织和个人应当保守秘密，及时高效完成任务，保证质量，提供相应的服务保障。

国家对供应武装力量的武器装备和物资、工程、服务,依法实行质量责任追究制度。

第六章 国防经费和国防资产

第三十九条 国家保障国防事业的必要经费。国防经费的增长应当与国防需求和国民经济发展水平相适应。

国防经费依法实行预算管理。

第四十条 国家为武装力量建设、国防科研生产和其他国防建设直接投入的资金、划拨使用的土地等资源,以及由此形成的用于国防目的的武器装备和设备设施、物资器材、技术成果等属于国防资产。

国防资产属于国家所有。

第四十一条 国家根据国防建设和经济建设的需要,确定国防资产的规模、结构和布局,调整和处分国防资产。

国防资产的管理机构和占有、使用单位,应当依法管理国防资产,充分发挥国防资产的效能。

第四十二条 国家保护国防资产不受侵害,保障国防资产的安全、完整和有效。

禁止任何组织或者个人破坏、损害和侵占国防资产。未经国务院、中央军事委员会或者国务院、中央军事委员会授权的机构批准,国防资产的占有、使用单位不得改变国防资产用于国防的目的。国防资产中的技术成果,在坚持国防优先、确保安全的前提下,可以根据国家有关规定用于其他用途。

国防资产的管理机构或者占有、使用单位对不再用于国防目的的国防资产,应当按照规定报批,依法改作其他用途或者进行处置。

第七章 国防教育

第四十三条 国家通过开展国防教育,使全体公民增强国防观念、强化忧患意识、掌握国防知识、提高国防技能、发扬爱国主义精神,依法履行国防义务。

普及和加强国防教育是全社会的共同责任。

第四十四条 国防教育贯彻全民参与、长期坚持、讲求实效的方针,实行经常教育与集中教育相结合、普及教育与重点教育相结合、理论教育与行为教育相结合的原则。

第四十五条　国防教育主管部门应当加强国防教育的组织管理，其他有关部门应当按照规定的职责做好国防教育工作。

军事机关应当支持有关机关和组织开展国防教育工作，依法提供有关便利条件。

一切国家机关和武装力量、各政党和各人民团体、企业事业组织、社会组织和其他组织，都应当组织本地区、本部门、本单位开展国防教育。

学校的国防教育是全民国防教育的基础。各级各类学校应当设置适当的国防教育课程，或者在有关课程中增加国防教育的内容。普通高等学校和高中阶段学校应当按照规定组织学生军事训练。

公职人员应当积极参加国防教育，提升国防素养，发挥在全民国防教育中的模范带头作用。

第四十六条　各级人民政府应当将国防教育纳入国民经济和社会发展计划，保障国防教育所需的经费。

第八章　国防动员和战争状态

第四十七条　中华人民共和国的主权、统一、领土完整、安全和发展利益遭受威胁时，国家依照宪法和法律规定，进行全国总动员或者局部动员。

第四十八条　国家将国防动员准备纳入国家总体发展规划和计划，完善国防动员体制，增强国防动员潜力，提高国防动员能力。

第四十九条　国家建立战略物资储备制度。战略物资储备应当规模适度、储存安全、调用方便、定期更换，保障战时的需要。

第五十条　国家国防动员领导机构、中央国家机关、中央军事委员会机关有关部门按照职责分工，组织国防动员准备和实施工作。

一切国家机关和武装力量、各政党和各人民团体、企业事业组织、社会组织、其他组织和公民，都必须依照法律规定完成国防动员准备工作；在国家发布动员令后，必须完成规定的国防动员任务。

第五十一条　国家根据国防动员需要，可以依法征收、征用组织和个人的设备设施、交通工具、场所和其他财产。

县级以上人民政府对被征收、征用者因征收、征用所造成的直接经济损失，按照国家有关规定给予公平、合理的补偿。

第五十二条　国家依照宪法规定宣布战争状态，采取各种措施集中人力、物力和财力，领导全体公民保卫祖国、抵抗侵略。

第九章　公民、组织的国防义务和权利

第五十三条　依照法律服兵役和参加民兵组织是中华人民共和国公民的光荣义务。

各级兵役机关和基层人民武装机构应当依法办理兵役工作，按照国务院和中央军事委员会的命令完成征兵任务，保证兵员质量。有关国家机关、人民团体、企业事业组织、社会组织和其他组织，应当依法完成民兵和预备役工作，协助完成征兵任务。

第五十四条　企业事业组织和个人承担国防科研生产任务或者接受军事采购，应当按照要求提供符合质量标准的武器装备或者物资、工程、服务。

企业事业组织和个人应当按照国家规定在与国防密切相关的建设项目中贯彻国防要求，依法保障国防建设和军事行动的需要。车站、港口、机场、道路等交通设施的管理、运营单位应当为军人和军用车辆、船舶的通行提供优先服务，按照规定给予优待。

第五十五条　公民应当接受国防教育。

公民和组织应当保护国防设施，不得破坏、危害国防设施。

公民和组织应当遵守保密规定，不得泄露国防方面的国家秘密，不得非法持有国防方面的秘密文件、资料和其他秘密物品。

第五十六条　公民和组织应当支持国防建设，为武装力量的军事训练、战备勤务、防卫作战、非战争军事行动等活动提供便利条件或者其他协助。

国家鼓励和支持符合条件的公民和企业投资国防事业，保障投资者的合法权益并依法给予政策优惠。

第五十七条　公民和组织有对国防建设提出建议的权利，有对危害国防利益的行为进行制止或者检举的权利。

第五十八条　民兵、预备役人员和其他公民依法参加军事训练，担负战备勤务、防卫作战、非战争军事行动等任务时，应当履行自己的职责和义务；国家和社会保障其享有相应的待遇，按照有关规定对其实行抚恤优待。

公民和组织因国防建设和军事活动在经济上受到直接损失的，可以依照国家有关规定获得补偿。

第十章　军人的义务和权益

第五十九条　军人必须忠于祖国，忠于中国共产党，履行职责，英勇战斗，

不怕牺牲,捍卫祖国的安全、荣誉和利益。

第六十条 军人必须模范地遵守宪法和法律,遵守军事法规,执行命令,严守纪律。

第六十一条 军人应当发扬人民军队的优良传统,热爱人民,保护人民,积极参加社会主义现代化建设,完成抢险救灾等任务。

第六十二条 军人应当受到全社会的尊崇。

国家建立军人功勋荣誉表彰制度。

国家采取有效措施保护军人的荣誉、人格尊严,依照法律规定对军人的婚姻实行特别保护。

军人依法履行职责的行为受法律保护。

第六十三条 国家和社会优待军人。

国家建立与军事职业相适应、与国民经济发展相协调的军人待遇保障制度。

第六十四条 国家建立退役军人保障制度,妥善安置退役军人,维护退役军人的合法权益。

第六十五条 国家和社会抚恤优待残疾军人,对残疾军人的生活和医疗依法给予特别保障。

因战、因公致残或者致病的残疾军人退出现役后,县级以上人民政府应当及时接收安置,并保障其生活不低于当地的平均生活水平。

第六十六条 国家和社会优待军人家属,抚恤优待烈士家属和因公牺牲、病故军人的家属。

第十一章　对外军事关系

第六十七条 中华人民共和国坚持互相尊重主权和领土完整、互不侵犯、互不干涉内政、平等互利、和平共处五项原则,维护以联合国为核心的国际体系和以国际法为基础的国际秩序,坚持共同、综合、合作、可持续的安全观,推动构建人类命运共同体,独立自主地处理对外军事关系,开展军事交流与合作。

第六十八条 中华人民共和国遵循以联合国宪章宗旨和原则为基础的国际关系基本准则,依照国家有关法律运用武装力量,保护海外中国公民、组织、机构和设施的安全,参加联合国维和、国际救援、海上护航、联演联训、打击恐怖主义等活动,履行国际安全义务,维护国家海外利益。

第六十九条 中华人民共和国支持国际社会实施的有利于维护世界和地

区和平、安全、稳定的与军事有关的活动,支持国际社会为公正合理地解决国际争端以及国际军备控制、裁军和防扩散所做的努力,参与安全领域多边对话谈判,推动制定普遍接受、公正合理的国际规则。

第七十条 中华人民共和国在对外军事关系中遵守同外国、国际组织缔结或者参加的有关条约和协定。

第十二章 附 则

第七十一条 本法所称军人,是指在中国人民解放军服现役的军官、军士、义务兵等人员。

本法关于军人的规定,适用于人民武装警察。

第七十二条 中华人民共和国特别行政区的防务,由特别行政区基本法和有关法律规定。

第七十三条 本法自 2021 年 1 月 1 日起施行。

行政法规

政府督查工作条例

（2020年12月1日国务院第116次常务会议通过　2020年12月26日中华人民共和国国务院令第733号公布　自2021年2月1日起施行）

第一条　为了加强和规范政府督查工作，保障政令畅通，提高行政效能，推进廉政建设，健全行政监督制度，制定本条例。

第二条　本条例所称政府督查，是指县级以上人民政府在法定职权范围内根据工作需要组织开展的监督检查。

第三条　政府督查工作应当坚持和加强党的领导，以人民为中心，服务大局、实事求是，推进依法行政，推动政策落实和问题解决，力戒形式主义、官僚主义。

第四条　政府督查内容包括：

（一）党中央、国务院重大决策部署落实情况；

（二）上级和本级人民政府重要工作部署落实情况；

（三）督查对象法定职责履行情况；

（四）本级人民政府所属部门和下级人民政府的行政效能。

第五条　政府督查对象包括：

（一）本级人民政府所属部门；

（二）下级人民政府及其所属部门；

（三）法律、法规授权的具有管理公共事务职能的组织；

（四）受行政机关委托管理公共事务的组织。

上级人民政府可以对下一级人民政府及其所属部门开展督查，必要时可以对所辖各级人民政府及其所属部门开展督查。

第六条　国务院办公厅指导全国政府督查工作，组织实施国务院督查工作。国务院办公厅督查机构承担国务院督查有关具体工作。

县级以上地方人民政府督查机构组织实施本级人民政府督查工作。县级以上地方人民政府督查机构设置的形式和规格，按照机构编制管理有关规定办理。

国务院办公厅督查机构和县级以上地方人民政府督查机构统称政府督查机构。

第七条 县级以上人民政府可以指定所属部门按照指定的事项、范围、职责、期限开展政府督查。

县级以上人民政府所属部门未经本级人民政府指定，不得开展政府督查。

第八条 县级以上人民政府根据工作需要，可以派出督查组。督查组按照本级人民政府确定的督查事项、范围、职责、期限开展政府督查。督查组对本级人民政府负责。

督查组实行组长负责制，组长由本级人民政府确定。

可以邀请人大代表、政协委员、政府参事和专家学者等参加督查组。

第九条 督查人员应当具备与其从事的督查工作相适应的政治素质、工作作风、专业知识、业务能力和法律素养，遵守宪法和法律，忠于职守、秉公持正，清正廉洁、保守秘密，自觉接受监督。

政府督查机构应当对督查人员进行政治、理论和业务培训。

第十条 政府督查机构履行职责所必需的经费，应当列入本级预算。

第十一条 政府督查机构根据本级人民政府的决定或者本级人民政府行政首长在职权范围内作出的指令，确定督查事项。

政府督查机构根据党中央、国务院重大决策部署，上级和本级人民政府重要工作部署，以及掌握的线索，可以提出督查工作建议，经本级人民政府行政首长批准后，确定督查事项。

第十二条 政府督查可以采取以下方式：

（一）要求督查对象自查、说明情况；

（二）听取督查对象汇报；

（三）开展检查、访谈、暗访；

（四）组织座谈、听证、统计、评估；

（五）调阅、复制与督查事项有关的资料；

（六）通过信函、电话、媒体等渠道收集线索；

（七）约谈督查对象负责人或者相关责任人；

（八）运用现代信息技术手段开展“互联网+督查”。

第十三条 政府督查工作需要协助的，有关行政机关应当在职权范围内予以协助。

第十四条 县级以上人民政府可以组织开展综合督查、专项督查、事件调查、日常督办、线索核查等政府督查工作。

第十五条 开展政府督查工作应当制定督查方案，明确督查内容、对象和范围；应当严格控制督查频次和时限，科学运用督查方式，严肃督查纪律，提前培训督查人员。

政府督查工作应当严格执行督查方案，不得随意扩大督查范围、变更督查对象和内容，不得干预督查对象的正常工作，严禁重复督查、多头督查、越权督查。

第十六条 县级以上人民政府在政府督查工作结束后应当作出督查结论。与督查对象有关的督查结论应当向督查对象反馈。

督查结论应当事实清楚，证据充分，客观公正。

第十七条 督查对象对督查结论有异议的，可以自收到该督查结论之日起30日内，向作出该督查结论的人民政府申请复核。收到申请的人民政府应当在30日内作出复核决定。参与作出督查结论的工作人员在复核中应当回避。

第十八条 对于督查结论中要求整改的事项，督查对象应当按要求整改。政府督查机构可以根据工作需要，对整改情况进行核查。

第十九条 政府督查机构可以根据督查结论，提出改变或者撤销本级或者下级人民政府及其所属部门不适当的决定、命令等规范性文件的建议，报本级人民政府或者本级人民政府行政首长。

第二十条 政府督查机构可以针对督查结论中反映的突出问题开展调查研究，真实准确地向本级人民政府或者本级人民政府行政首长报告调查研究情况。

第二十一条 政府督查机构可以根据督查结论或者整改核查结果，提出对督查对象依法依规进行表扬、激励、批评等建议，经本级人民政府或者本级人民政府行政首长批准后组织实施。

政府督查机构可以根据督查结论或者整改核查结果，提出对督查对象依法依规追究责任的建议，经本级人民政府或者本级人民政府行政首长批准后，交有权机关调查处理。

第二十二条 政府督查应当加强与行政执法监督、备案审查监督等的协调衔接。

第二十三条 督查工作中发现公职人员涉嫌贪污贿赂、失职渎职等职务违法或者职务犯罪的问题线索，政府督查机构应当移送监察机关，由监察机关依法调查处置；发现涉嫌其他犯罪的问题线索，移送司法机关依法处理。

第二十四条 政府督查机构及督查人员违反本条例规定，滥用职权、徇私舞弊、玩忽职守的，泄露督查过程中所知悉的国家秘密、商业秘密、个人隐私的，或者违反廉政规定的，对负有责任的领导人员和直接责任人员依法依规给予处理；构成犯罪的，依法追究刑事责任。

第二十五条 督查对象及其工作人员不得阻碍督查工作，不得隐瞒实情、弄虚作假，不得伪造、隐匿、毁灭证据。有上述情形的，由政府督查机构责令改正；情节严重的，依法依规追究责任。

第二十六条 对督查人员或者提供线索、反映情况的单位和个人进行威胁、打击、报复、陷害的，依法依规追究责任。

第二十七条 县级以上人民政府及其所属部门依照有关法律法规开展的其他监督检查，按照有关法律法规规定执行。

第二十八条 本条例自2021年2月1日起施行。

企业名称登记管理规定

（1991年5月6日国务院批准 1991年7月22日国家工商行政管理局令第7号发布 根据2012年11月9日《国务院关于修改和废止部分行政法规的决定》修订 2020年12月14日国务院第118次常务会议修订通过 2020年12月28日中华人民共和国国务院令第734号公布 自2021年3月1日起施行）

第一条 为了规范企业名称登记管理，保护企业的合法权益，维护社会经济秩序，优化营商环境，制定本规定。

第二条 县级以上人民政府市场监督管理部门（以下统称企业登记机关）负责中国境内设立企业的企业名称登记管理。

国务院市场监督管理部门主管全国企业名称登记管理工作，负责制定企业名称登记管理的具体规范。

省、自治区、直辖市人民政府市场监督管理部门负责建立本行政区域统一的企业名称申报系统和企业名称数据库，并向社会开放。

第三条 企业登记机关应当不断提升企业名称登记管理规范化、便利化水平，为企业和群众提供高效、便捷的服务。

第四条 企业只能登记一个企业名称，企业名称受法律保护。

第五条 企业名称应当使用规范汉字。民族自治地方的企业名称可以同时使用本民族自治地方通用的民族文字。

第六条 企业名称由行政区划名称、字号、行业或者经营特点、组织形式组成。跨省、自治区、直辖市经营的企业,其名称可以不含行政区划名称;跨行业综合经营的企业,其名称可以不含行业或者经营特点。

第七条 企业名称中的行政区划名称应当是企业所在地的县级以上地方行政区划名称。市辖区名称在企业名称中使用时应当同时冠以其所属的设区的市的行政区划名称。开发区、垦区等区域名称在企业名称中使用时应当与行政区划名称连用,不得单独使用。

第八条 企业名称中的字号应当由两个以上汉字组成。

县级以上地方行政区划名称、行业或者经营特点不得作为字号,另有含义的除外。

第九条 企业名称中的行业或者经营特点应当根据企业的主营业务和国民经济行业分类标准标明。国民经济行业分类标准中没有规定的,可以参照行业习惯或者专业文献等表述。

第十条 企业应当根据其组织结构或者责任形式,依法在企业名称中标明组织形式。

第十一条 企业名称不得有下列情形:

(一)损害国家尊严或者利益;

(二)损害社会公共利益或者妨碍社会公共秩序;

(三)使用或者变相使用政党、党政军机关、群团组织名称及其简称、特定称谓和部队番号;

(四)使用外国国家(地区)、国际组织名称及其通用简称、特定称谓;

(五)含有淫秽、色情、赌博、迷信、恐怖、暴力的内容;

(六)含有民族、种族、宗教、性别歧视的内容;

(七)违背公序良俗或者可能有其他不良影响;

(八)可能使公众受骗或者产生误解;

(九)法律、行政法规以及国家规定禁止的其他情形。

第十二条 企业名称冠以"中国"、"中华"、"中央"、"全国"、"国家"等字词,应当按照有关规定从严审核,并报国务院批准。国务院市场监督管理部门负责制定具体管理办法。

企业名称中间含有"中国"、"中华"、"全国"、"国家"等字词的,该字词应当是行业限定语。

使用外国投资者字号的外商独资或者控股的外商投资企业,企业名称中可以含有"(中国)"字样。

第十三条 企业分支机构名称应当冠以其所从属企业的名称,并缀以"分公司"、"分厂"、"分店"等字词。境外企业分支机构还应当在名称中标明该企业的国籍及责任形式。

第十四条 企业集团名称应当与控股企业名称的行政区划名称、字号、行业或者经营特点一致。控股企业可以在其名称的组织形式之前使用“集团”或者“(集团)”字样。

第十五条 有投资关系或者经过授权的企业,其名称中可以含有另一个企业的名称或者其他法人、非法人组织的名称。

第十六条 企业名称由申请人自主申报。

申请人可以通过企业名称申报系统或者在企业登记机关服务窗口提交有关信息和材料,对拟定的企业名称进行查询、比对和筛选,选取符合本规定要求的企业名称。

申请人提交的信息和材料应当真实、准确、完整,并承诺因其企业名称与他人企业名称近似侵犯他人合法权益的,依法承担法律责任。

第十七条 在同一企业登记机关,申请人拟定的企业名称中的字号不得与下列同行业或者不使用行业、经营特点表述的企业名称中的字号相同:

(一)已经登记或者在保留期内的企业名称,有投资关系的除外;

(二)已经注销或者变更登记未满1年的原企业名称,有投资关系或者受让企业名称的除外;

(三)被撤销设立登记或者被撤销变更登记未满1年的原企业名称,有投资关系的除外。

第十八条 企业登记机关对通过企业名称申报系统提交完成的企业名称予以保留,保留期为2个月。设立企业依法应当报经批准或者企业经营范围中有在登记前须经批准的项目的,保留期为1年。

申请人应当在保留期届满前办理企业登记。

第十九条 企业名称转让或者授权他人使用的,相关企业应当依法通过国家企业信用信息公示系统向社会公示。

第二十条 企业登记机关在办理企业登记时,发现企业名称不符合本规定的,不予登记并书面说明理由。

企业登记机关发现已经登记的企业名称不符合本规定的,应当及时纠正。其他单位或者个人认为已经登记的企业名称不符合本规定的,可以请求企业登记机关予以纠正。

第二十一条 企业认为其他企业名称侵犯本企业名称合法权益的,可以向人民法院起诉或者请求为涉嫌侵权企业办理登记的企业登记机关处理。

企业登记机关受理申请后,可以进行调解;调解不成的,企业登记机关应当自受理之日起3个月内作出行政裁决。

第二十二条 利用企业名称实施不正当竞争等行为的,依照有关法律、行政法规的规定处理。

第二十三条 使用企业名称应当遵守法律法规,诚实守信,不得损害他人合法权益。

人民法院或者企业登记机关依法认定企业名称应当停止使用的,企业应当自收到人民法院生效的法律文书或者企业登记机关的处理决定之日起30日内办理企业名称变更登记。名称变更前,由企业登记机关以统一社会信用代码代替其名称。企业逾期未办理变更登记的,企业登记机关将其列入经营异常名录;完成变更登记后,企业登记机关将其移出经营异常名录。

第二十四条 申请人登记或者使用企业名称违反本规定的,依照企业登记相关法律、行政法规的规定予以处罚。

企业登记机关对不符合本规定的企业名称予以登记,或者对符合本规定的企业名称不予登记的,对直接负责的主管人员和其他直接责任人员,依法给予行政处分。

第二十五条 农民专业合作社和个体工商户的名称登记管理,参照本规定执行。

第二十六条 本规定自2021年3月1日起施行。

国务院文件

国务院办公厅关于建立健全养老服务综合监管制度促进养老服务高质量发展的意见

（2020 年 11 月 26 日　国办发〔2020〕48 号）

党中央、国务院高度重视发展养老服务，着力构建居家社区机构相协调、医养康养相结合的养老服务体系，取得明显成效。为深入贯彻落实党的十九大和十九届二中、三中、四中、五中全会精神，深化“放管服”改革，加快形成高效规范、公平竞争的养老服务统一市场，建立健全养老服务综合监管制度，坚持公正监管、规范执法，不断优化营商环境，引导和激励养老服务机构诚信守法经营、积极转型升级、持续优化服务，更好适应养老服务高质量发展要求，更好满足人民群众日益增长的养老服务需求，经国务院同意，现提出以下意见。

一、明确监管重点

（一）加强质量安全监管。按照“谁审批谁监管、谁主管谁监管”原则，引导养老服务机构（包括养老机构、居家社区养老服务机构。居家社区养老服务机构的认定办法由民政部另行制定）立足长期安全运营，落实安全责任，主动防范消除本机构在建筑、消防、食品、医疗卫生等方面的安全风险和隐患。民政部门会同住房城乡建设部门加强养老服务机构建筑使用安全检查，及时发现安全隐患，督促养老服务机构采取修缮、更换等措施整改消除。民政部门会同消防救援机构、住房城乡建设等有关部门抓好养老服务机构消防安全整治，摸清消防安全状况，建立隐患、整改、责任“三个清单”，对重大火灾隐患要提请政府挂牌督办、推动整改。督促指导养老服务机构落实食品安全责任，加强食品安全日常监督管理，开展养老服务机构食品安全风险监测。加强对养老机构内设医疗机构依法执业医疗，服务质量安全，采购和使用药品、耗材、医疗器械等相关产品的监督管理。

（二）加强从业人员监管。引导从业人员（包括养老服务机构的法定代表人、主要负责人、管理人员以及养老护理员等相关人员)自觉养成良好品行、掌握专业技能,提升服务质量和水平。养老服务机构应当制定员工守则,定期组织从业人员进行职业道德教育培训,提升从业人员职业道德水平。养老服务机构中从事医疗护理、康复治疗、消防管理等服务的专业技术人员,应当具备相关资格。加强养老护理员岗前职业技能培训及岗位职业技能提升培训,积极开展养老护理员职业技能等级认定工作。加强院校内老年服务与管理人才培养,实施职业技能水平评价。严格末端监督执法,依法依规加强对有关培训评价组织和职业技能等级证书的监管,防止出现乱培训、滥发证现象。依法依规从严惩处养老服务机构欺老、虐老等侵害老年人合法权益的行为,对相关责任人实施行业禁入措施。

(三)加强涉及资金监管。引导养老服务机构以合法合规方式筹集和使用养老服务涉及资金。加强对养老服务机构申领使用政府提供的建设运营补贴资金的监督管理,定期对养老服务机构申领使用补贴资金信息的真实性、准确性进行抽查、核查,依法打击以虚报冒领等方式骗取补贴资金的行为。加大对涉及使用财政资金的养老服务重点建设项目实施过程的真实性、合法性、效益性跟踪审计问效力度。加强对政府购买养老服务的监督管理,依法查处弄虚作假、挤占挪用等违法违规行为。加大对养老机构医保基金使用情况的监督管理力度,保障医保基金安全。加强对养老服务机构预收服务费用的规范管理。加强对金融机构开展养老服务领域金融产品、服务方式创新的监管。加大对以养老服务为名非法集资的风险排查力度,做好政策宣传和风险提示,依法打击养老服务机构以养老服务为名的非法集资活动。

(四)加强运营秩序监管。引导养老服务机构不断优化内部管理、规范服务行为,合理规避风险、妥善处置纠纷。养老机构应当在各出入口、接待大厅、值班室、楼道、食堂等公共场所和部位安装视频监控。养老机构应当建立健全内部管理档案,妥善保管异常事件报告、紧急呼叫记录、值班记录、交接班记录、门卫记录、视频监控记录等原始资料。严禁利用养老服务机构设施和场地开展与养老服务无关的活动,依法查处向老年人欺诈销售各类产品和服务的违法行为。依法查处养老服务设施用地单位未经批准改变规划确定的土地用途,以及非营利性养老服务机构擅自转让、出租、抵押划拨土地使用权的行为。指导养老机构按照国家有关规定和当事方协议约定提供服务,建立纠纷协商调解机制,引导老年人及其代理人依法维权。完善养老服务市场主体退出机制,指导退出的养老服务机构妥善做好老年人的服务协议解除、安置等工作,切实保障老年人合法权益。加强对民办非营利性养老服务机构退出财产处置的监管,防止因关联关系、利益输送、内部人控制等造成财产流失或者转移。

依法打击无证无照从事养老服务的行为，对未依法取得营业执照以市场主体名义从事养老服务经营活动的，按照《无证无照经营查处办法》的有关规定查处；未经登记擅自以社会服务机构名义开展养老服务活动的，由民政部门依法查处；未经登记管理机关核准登记，擅自以事业单位法人名义开展养老服务活动的，由事业单位登记管理机关依法采取措施予以制止，并给予行政处罚。

（五）加强突发事件应对。引导养老服务机构增强风险防范意识和应对处置能力，尽可能减少突发事件造成的损失。建立完善养老服务机构突发事件的预防与应急准备、监测与预警、应急处置与救援、事后恢复与重建等工作机制。养老服务机构要依法制定自然灾害、事故灾难、公共卫生事件等突发事件应急预案，在场所内配备报警装置和必要的应急救援设备、设施，开展有关突发事件应急知识的宣传普及活动和必要的应急演练。养老服务机构要全面落实传染病疫情防控要求，坚持预防为主，指导老年人做好个人防护。养老服务机构发生或者可能发生传染病暴发或者流行、不明原因的群体性疾病、重大食物中毒事件的，应当依照《中华人民共和国突发事件应对法》、《中华人民共和国传染病防治法》、《突发公共卫生事件应急条例》等相关要求，向所在地县级卫生健康主管部门、疾病预防控制机构和民政部门报告，并在有关部门和机构指导下采取卫生处理、隔离等预防控制措施。养老服务机构发生生产安全事故的，应当依照生产安全事故报告和调查处理相关要求，向事故发生地县级以上应急管理部门和民政部门报告。

二、落实监管责任

（六）强化政府主导责任。优化政府职责体系，深化养老服务领域“放管服”改革，充分发挥政府在制度建设、行业规划、行政执法等方面的主导作用。深化行政执法体制改革，最大限度减少不必要的行政执法事项。各相关部门要按照职责分工依法履行业务指导和监管职责，实行清单式监管，明确监管事项、监管措施、监管依据、监管流程，监管结果要及时、准确、规范向社会公开。

（七）压实机构主体责任。养老服务机构要坚持党的领导、加强党的建设，符合条件的要按照应建尽建原则及时建立党组织，充分发挥基层党组织战斗堡垒作用和党员先锋模范作用。养老服务机构对依法登记、备案承诺、履约服务、质量安全、应急管理、消防安全等承担主体责任，其主要负责人是第一责任人。养老服务机构应当不断提高养老服务、安全管理、风险防控、纠纷解决的能力和水平。

（八）发挥行业自律和社会监督作用。养老服务领域行业组织要积极推行行业信用承诺制度，健全行业自律规约，规范会员生产和经营行为，加强会员信用管理，推动行业自律体系建设；制定行业职业道德准则，规范从业人员职业行为，积极协调解决养老服务纠纷。加大养老服务领域信息公开力度，建立养老服务质量信息公开清单制度，督促养老服务机构通过书面告知、在机构显要位置设置公示栏等方式，主动公开其基本信息、规章制度、服务项目、收费标准等事项，畅通群众监督渠道。优化养老服务投诉举报受理流程，实现“民政牵头、归口负责”。坚持正面宣传和舆论监督相结合，宣传报道应实事求是、表述严谨，对捏造事实、制造谣言、造成严重社会影响的，依法追究有关人员责任。

三、创新监管方式

（九）加强协同监管。健全各部门协调配合机制，实现违法线索互联、监管标准互通、处理结果互认，避免多头多层重复执法，切实减轻养老服务机构和从业人员负担。民政部门在监督检查中发现养老服务机构存在建筑、消防、食品、医疗卫生、环境保护、特种设备等方面安全隐患，应当立即督促养老服务机构采取措施消除隐患，并书面告知相关部门；对安全隐患突出或者情况紧急需要立即处置的，应当依法责令养老服务机构停业整顿或者采取紧急措施处置，并通知相关部门到场处理；对应当采取行政强制措施或者行政强制执行的，应当通知具备相应执法权限的部门或者申请人民法院依法处理。探索乡镇综合执法有效形式，将养老服务综合监管纳入由省级政府统一制定的赋权清单，建立健全乡镇政府与县级执法部门的协作机制。建立以“双随机、一公开”监管为基本手段、以重点监管为补充、以信用监管为基础的新型监管机制。省级相关部门要制定养老服务随机抽查事项清单，结合监管特点和需要，制定完善抽查工作细则，就抽查比例和频次、抽查方式、检查内容、检查流程等事项作出规定；统筹建立检查对象名录库和执法检查人员名录库，必要时可以吸纳检测机构、科研院所等参与。

（十）加强信用监管。依法依规实施守信联合激励和失信联合惩戒，引导养老服务机构诚信守法经营。以加强信用监管为着力点，创新监管理念、监管制度和监管方式，建立健全贯穿养老服务机构全生命周期，衔接事前、事中、事后全监管环节的新型监管机制。建立养老机构备案信用承诺制度，推动形成标准公开、规则公平、预期明确、各负其责的治理模式。备案申请人应当就养老机构按照建筑、消防、食品、医疗卫生等法律法规和国家有关标准开展服务活动提交书面承诺并向社会公开，将书面承诺履约情况记入信用记录；对违反承诺的，依法依规实施惩戒。全面建立养老服务市场主体信用记录，以统一社会信用代码为标识，整合形成完整的市场主体信用记录，并通过“信用中国”网站、国家企业信用信息公示系统或中国政府网及相关部门门户网站等渠道依法依规向社会公开，实现对违法失信行为信息的在线披露和信息共享。探索开展养老服务机构公共信用综合评价，相关部门要将“双随机、一公开”监管与评价结果相结合，根据养老服务机构信用等级高低采取差异化监管措施。

（十一）加强信息共享。大力推行“互联网+监管”，充分运用大数据等新技术手段，实现监管规范化、精准化、智能化，减少人为因素，实现公正监管，减少对监管对象的扰动。统筹运用养老服务领域政务数据资源和社会数据资源，推进数据统一和开放共享。民政部门要依托“金民工程”，及时采集养老服务机构基本信息、服务质量、运营情况、安全管理、补贴发放，以及养老护理员等从业人员职业技能等级、从业经历、职业信用等数据信息，形成养老服务机构组织信息基本数据集和养老从业人员基本数据集。卫生健康部门要依托基本公共卫生服务老年人健康管理项目，及时采集老年人健康管理信息，形成健康档案基本数据集。各部门要将涉及老年人相关信息向国家人口基础信息库汇聚，公安部门要依托国家人口基础信息库，形成老年人基本信息数据集。人力资源社会保障部门要依托社会保障卡应用推广工作，实现老年人社会保障信息在养老服务领域共享复用。加强养老服务机构信息联动机制，有关部门要将养老服务机构登记、备案、抽查检查结果、行政处罚、奖惩情况等信息，按照经营性质分别在中国社会组织公共服务平台、国家企业信用信息公示系统、事业单位在线网进行公示，形成养老服务主体登记和行政监管基本数据集。依托全国一体化政务服务平台和国家“互联网+监管”系统推进有关基本数据集共享，推动技术对接、数据汇聚和多场景使用，实现跨地区互通互认、信息一站式查询和综合监管“一张网”。

（十二）发挥标准规范引领作用。建立健全养老服务标准和评价体系，实施养老机构服务质量、安全基本规范等标准，引领养老服务高质量发展。养老服务设施应严格执行国家工程建设技术标准规范。养老机构内设医疗机构的，应当遵守《养老机构医务室基本标准（试行）》等相关要求。加快完善居家上门服务规范，提高社区养老设施设备配置和服务标准化水平。健全养老服务标准化组织体系，推进民政部门组建养老服务标准化技术委员会，加快研究制定养老服务质量、安全基本规范等方面地方标准。推动建立政府主导制定的标准与市场主体制定的标准协同发展、协调配套的新型标准体系，鼓励行业组织等社会团体制定发布养老服务和产品的团体标准，鼓励养老服务机构制定具有竞争力的企业标准，向高品质、多样化升级，助力培育养老服务新业态。

四、加强保障和落实

（十三）加强组织领导。坚持党对养老服务工作的全面领导，把党的领导贯穿到养老服务综合监管全过程。各地区、各相关部门要认真落实党中央、国务院相关决策部署，按照本意见提出的各项措施和要求，制定配套措施，科学配置监管资源、统筹部署抓好落实。依托养老服务部际联席会议制度加强部门统筹协调,民政部要会同有关部门跟踪了解、督促检查本意见落实情况,确保各项措施落地见效。

(十四)提升执法水平。全面推行行政执法三项制度,强化对行政执法权力的制约和监督。加强行政执法人员业务培训,规范执法检查、立案、调查、审查、决定等程序和行为,提高行政执法人员的业务能力和执法水平。推动人财物等监管资源向基层下沉,加强依法履职所需的技术、设备、经费等方面的保障,推进执法装备标准化建设,提高现代科技手段在执法办案中的应用水平。

(十五)加大宣传力度。按照"谁执法谁普法"普法责任制要求,积极开展养老服务法治宣传教育。加强舆论引导,把推动养老服务综合监管工作与保障老年人合法权益和实现养老服务高质量发展相结合,积极营造敬老、爱老、助老社会氛围。各地区各部门要通过多种途径、采取多种形式宣传监管职责、措施、工作进展情况和成效,鼓励和引导全社会参与,推动形成关心、支持养老服务综合监管、促进养老服务高质量发展的良好氛围。

附件:养老服务综合监管相关部门职责分工

附件

养老服务综合监管相关部门职责分工

发展改革部门依法负责对中央预算内投资支持的养老服务项目建设资金实施管理,对普惠性养老项目实施评估。

教育部门依照权限负责管理监督考核院校内(技工院校除外)职业技能等级证书的实施。

公安部门依法负责查处扰乱养老服务机构工作秩序,故意伤害、虐待老年人等侵犯老年人人身权利,以及以养老服务为名实施非法集资和诈骗等侵犯老年人财产权利的违法犯罪行为。加强人口管理信息的共享应用,提升行业监管能力和服务管理效率。

民政部门依法负责对养老服务机构服务质量、安全、运营的监督管理,推进养老服务标准化体系建设,开展养老服务机构信用监管,以及对社会服务机构性质的养老服务机构和养老服务领域行业组织的登记管理和业务指导监督工作。

财政部门负责会同发展改革部门、民政部门依法对养老服务机构建设补贴和运营补贴资金使用情况、政府购买养老服务进行监督管理。

人力资源社会保障部依法负责会同民政部建立完善养老护理员国家职业技能标准，依照职责权限做好院校外和技工院校的职业技能等级证书的监督管理。推动社会保障卡在养老服务领域应用，加强老年人社会保障公共服务的信息共享。

自然资源部门依法负责对养老服务机构规划用地等进行监督检查。

生态环境部门依法负责对养老服务机构环境影响评价的审批或者备案，对养老服务机构污染物排放情况进行监督检查。

住房城乡建设部门依法负责对养老服务设施工程建设质量安全的监督管理，依法负责养老服务设施工程建设标准规范的执行监督。

卫生健康部门依法负责养老机构设立医疗机构的审批或者备案，对医疗机构的执业活动和医疗卫生服务质量进行监督管理。依法负责指导养老服务机构聚集性传染病处置、突发公共卫生事件的医疗卫生救援和应急工作。依法负责采集、汇聚、存储、应用、共享老年人基本健康医疗数据。

应急管理部门负责按程序提请本级安全生产委员会将养老服务安全生产监督管理工作纳入对本级政府有关部门和下级人民政府年度安全生产考核。消防救援机构依法负责对养老服务机构实施消防监督检查。

审计部门依法负责对财政资金的使用情况、政府购买养老服务进行监督检查。

市场监管部门依法负责查处养老服务机构不执行政府定价、政府指导价和不按规定明码标价等价格违法行为，推动养老服务标准化工作，对营利性养老机构进行登记管理，对养老服务机构的特种设备安全、食品安全进行监督检查。

医疗保障部门依法负责对纳入医保定点的养老机构内设医疗机构医保基金的使用进行监督管理。

银保监部门依法负责对银行业、保险业金融机构参与养老服务市场相关行为进行监督管理。指导和督促银行、保险机构做好对涉嫌非法集资风险的排查。

事业单位登记管理机关依法负责对公办养老机构进行登记管理。

国务院办公厅关于进一步完善失信约束制度构建诚信建设长效机制的指导意见

（2020年12月7日　国办发〔2020〕49号）

为深入贯彻落实党中央、国务院关于推进诚信建设的要求，认真落实《优化营商环境条例》等相关规定，进一步明确信用信息范围，依法依规实施失信惩戒，完善失信主体信用修复机制，提高社会信用体系建设法治化、规范化水平，经国务院同意，现提出如下意见。

一、总体要求

以习近平新时代中国特色社会主义思想为指导，全面贯彻落实党的十九大和十九届二中、三中、四中、五中全会精神，坚持稳中求进工作总基调，坚持遵循法治轨道，着力构建诚信建设长效机制，按照依法依规、保护权益、审慎适度、清单管理的总体思路，进一步规范和健全失信行为认定、记录、归集、共享、公开、惩戒和信用修复等机制，推动社会信用体系迈入高质量发展的新阶段，更好发挥社会信用体系在支撑"放管服"改革和政府职能转变、营造公平诚信的市场环境和社会环境等方面的积极作用。

在社会信用体系建设工作推进和实践探索中，要把握好以下重要原则：一是严格依法依规，失信行为记录、严重失信主体名单认定和失信惩戒等事关个人、企业等各类主体切身利益，必须严格在法治轨道内运行。二是准确界定范围，准确界定信用信息和严重失信主体名单认定范围，合理把握失信惩戒措施，坚决防止不当使用甚至滥用。三是确保过惩相当，按照失信行为发生的领域、情节轻重、影响程度等，严格依法分别实施不同类型、不同力度的惩戒措施，切实保护信用主体合法权益。四是借鉴国际经验，既立足我国国情，又充分参考国际惯例，在社会关注度高、认识尚不统一的领域慎重推进信用体系建设，推动相关措施与国际接轨。

二、科学界定公共信用信息纳入范围和程序

（一）明确界定公共信用信息范围。将行政机关及法律、法规授权的具有管理公共事务职能的组织等（以下统称行政机关）掌握的特定行为信息纳入公共信用信息，必须严格以法律、法规或者党中央、国务院政策文件为依据，并实行目录制管理。社会信用体系建设部际联席会议（以下简称部际联席会议）牵头单位会同有关部门依法依规编制并定期更新全国公共信用信息基础目录，部际联席会议成员单位和其他有关部门可依法依规提出拟纳入目录信息的建议,部际联席会议牵头单位梳理汇总目录,征求各地区、各有关部门和相关市场主体、行业协会商会、法律服务机构、专家学者和社会公众意见,提请部际联席会议审定后向社会公布并组织实施。各地可依据地方性法规,参照全国公共信用信息基础目录的制定程序,制定适用于本地的公共信用信息补充目录。

(二)严格规范失信行为认定依据。行政机关认定失信行为必须以具有法律效力的文书为依据。可认定失信行为的依据包括:生效的司法裁判文书和仲裁文书、行政处罚和行政裁决等行政行为决定文书,以及法律、法规或者党中央、国务院政策文件规定可作为失信行为认定依据的其他文书。行政机关认定失信行为后应当如实记录失信信息。

三、规范公共信用信息共享公开范围和程序

(三)规范公共信用信息共享范围和程序。公共信用信息是否可共享及在何种范围内共享,应当根据合法、必要原则确定,并在编制公共信用信息目录时一并明确。完善信息共享机制,推动全国信用信息共享平台与国家企业信用信息公示系统以及相关部门信用信息系统实现互联互通、数据共享,对于可共享数据要明确采集部门,做到"一口采集、充分共享"。

(四)依法依规确定公共信用信息公开范围。公共信用信息是否可公开应当根据合法、必要原则确定,并在编制公共信用信息目录时一并明确。公共信用信息公开不得侵犯商业秘密和个人隐私,法律、法规另有规定的从其规定。公开个人相关信息的,必须有明确的法律、法规或者国务院决定、命令作为依据或经本人同意,并进行必要脱敏处理。

(五)加强对公共信用信息公开渠道的统筹管理。公共信用信息的认定部门应当按照政府信息公开或其他有关规定,在本部门门户网站、本级政府门户网站或其他指定的网站公开相关信息。"信用中国"网站、国家企业信用信息公示系统要按照有关规定,将所归集的应当公开的公共信用信息进行统一公开,并与公共信用信息认定部门公开的内容、期限保持一致。

四、规范严重失信主体名单认定标准和程序

(六)严格限定严重失信主体名单设列领域范围。设列严重失信主体名单的领域,必须以法律、法规或者党中央、国务院政策文件为依据,任何部门(单位)不得擅自增加或扩展。设列严重失信主体名单的范围,严格按照《国务院关于建立完善守信联合激励和失信联合惩戒制度加快推进社会诚信建设的指导意见》(国发〔2016〕33 号)规定,限制为严重危害人民群众身体健康和生命安全、严重破坏市场公平竞争秩序和社会正常秩序、拒不履行法定义务严重影响司法机关和行政机关公信力、拒不履行国防义务等严重违法失信行为的责任主体。

（七）严格规范严重失信主体名单认定标准。在全国范围内实施的严重失信主体名单制度，其名单认定标准应当以法律、行政法规或者党中央、国务院政策文件形式确定，暂不具备条件的可由该领域主管（监管）部门以部门规章形式确定，认定标准应当充分征求部际联席会议牵头单位及其他有关部门、相关市场主体、行业协会商会、法律服务机构、专家学者和社会公众意见，公开征求意见期限不少于30日。认定标准应当通过“信用中国”网站及该领域主管（监管）部门指定的网站公开。认定标准应当一并明确名单移出条件、程序以及救济措施。认定标准制定部门应当定期组织对标准执行效果进行第三方评估并及时修订。仅在地方范围内实施的严重失信主体名单制度，其名单认定标准应当由地方性法规规定。

（八）严格履行严重失信主体名单认定程序。行政机关在作出认定严重失信主体名单决定前，应当告知当事人作出决定的事由、依据和当事人依法享有的权利；当事人提出异议的，应当予以核实并在规定时限内反馈结果。将市场主体列入严重失信主体名单，应当由认定部门依托相应的行政决定文书，载明事由、依据、失信惩戒措施提示、移出条件和程序以及救济措施等，必要时也可由认定部门单独制作认定严重失信主体名单的决定文书。严重失信主体名单原则上应当由县级以上（含县级）人民政府有关部门按照相关标准认定，法律、法规和部门规章另有规定的从其规定。

五、依法依规开展失信惩戒

（九）依法依规确定失信惩戒措施。对失信主体采取减损权益或增加义务的惩戒措施，必须基于具体的失信行为事实，直接援引法律、法规或者党中央、国务院政策文件为依据，并实行清单制管理。部际联席会议牵头单位会同有关部门依法依规编制并定期更新全国失信惩戒措施基础清单，部际联席会议成员单位和其他有关部门可依法依规提出拟纳入清单失信惩戒措施的建议，部际联席会议牵头单位梳理汇总清单，征求各地区、各有关部门和相关市场主体、行业协会商会、法律服务机构、专家学者和社会公众意见，提请部际联席会议审定后向社会公布并组织实施。各地可依据地方性法规，参照全国失信惩戒措施基础清单的制定程序，制定适用于本地的失信惩戒措施补充清单。任何部门（单位）不得强制要求金融机构、信用服务机构、行业协会商会、新闻媒体等惩戒失信主体。

（十）确保过惩相当。按照合法、关联、比例原则，依照失信惩戒措施清单，根据失信行为的性质和严重程度，采取轻重适度的惩戒措施，防止小过重惩。任何部门（单位）不得以现行规定对失信行为惩戒力度不足为由，在法律、法规或者党中央、国务院政策文件规定外增设惩戒措施或在法定惩戒标准上加重惩戒。

六、健全和完善信用修复机制

(十一)建立健全信用修复配套机制。相关行业主管(监管)部门应当建立有利于自我纠错、主动自新的信用修复机制。除法律、法规和党中央、国务院政策文件明确规定不可修复的失信信息外,失信主体按要求纠正失信行为、消除不良影响的,均可申请信用修复。相关部门(单位)应当制定信用修复的具体规定,明确修复方式和程序。符合修复条件的,要按照有关规定及时将其移出严重失信主体名单,终止共享公开相关失信信息,或者对相关失信信息进行标注、屏蔽或删除。

(十二)提高信用修复效率。加强信用修复信息共享,加快建立完善协同联动、"一网通办"机制,切实解决"信用修复难"问题。相关行业主管(监管)部门以及全国信用信息共享平台、"信用中国"网站应当明确专门人员负责信用修复工作,在规定时限内办结符合条件的信用修复申请,不得以任何形式向申请信用修复的主体收取费用。

七、加强信息安全和隐私保护

(十三)加强信用信息安全管理。各级公共信用信息系统要按照保护市场主体权益的要求,明确信息查询使用权限和程序,建立完善信息查询使用登记和审查制度,防止信息泄露,对故意或因工作失误泄露信息的,要依法依规严格追究相关单位和人员责任。严肃查处泄露、篡改、毁损、窃取信用信息或利用信用信息谋私等行为,严厉打击借社会信用体系建设名义非法收集、买卖信用信息的违法行为。

(十四)加大个人隐私保护力度。各地区、各有关部门应当遵循合法、正当、必要、最小化原则,严格按照公共信用信息目录收集使用个人信用信息,明示收集使用信息的目的、方式和范围并经本人同意,法律、法规另有规定的从其规定。禁止任何单位和个人未经授权、强制授权或一次授权终身收集使用个人信用信息。加大对非法获取、传播、利用以及泄露、篡改、毁损、窃取、出售个人信息等行为的查处力度。相关部门要对金融机构、征信机构、互联网企业、大数据企业、移动应用程序运营企业实施重点监管,严格规范其收集、存储、使用、加工、传输、提供和公开个人信息等行为。

八、着力加强信用法治建设

(十五)加快推动信用法律法规建设。坚持遵循法治轨道,加快研究推进社会信用方面法律法规的立法进程,理顺失信惩戒与行政管理措施的关系,夯实法治基础。现行法律、法规对失信行为惩戒力度不足、确有必要加大惩戒力度的，各地区、各有关部门应当及时提出修法建议，确保失信惩戒严格依法依规开展。

（十六）严格依法依规推动社会信用体系建设。依法依规严格规范信用信息采集、共享、公开范围，严格规范严重失信主体名单认定、失信惩戒和信用修复工作，确保社会信用体系建设各项工作在法治轨道运行。对未成年人失信行为、受自然灾害或疫情等不可抗力影响导致的失信行为以及非主观故意、轻微失信行为，应宽容审慎进行认定、记录和惩戒。坚决查处和打击各类侵权行为，依法依规保护信用信息安全、商业秘密和个人隐私，依法依规保护各类信用主体合法权益。

九、加强组织实施保障

落实主体责任。各行业主管（监管）部门要切实履行本行业信用监管主体责任，依法依规做好失信行为认定、记录、归集、共享、公开、惩戒和信用修复等工作，部际联席会议牵头单位要协调司法机关以及其他已获明确授权的责任单位做好相关工作。地方各级社会信用体系建设牵头单位要切实履行统筹协调职责，对本区域内社会信用体系建设工作加强规范指导。

强化追责问责。对在公共信用信息目录外违法违规记录、共享、公开信用信息，在失信惩戒措施清单外违法违规实施惩戒措施，以及不按标准和程序擅自认定严重失信主体名单、不按规定及时办理信用修复等行为，要依法依规追究相关单位和人员责任。

加强宣传解读。鼓励各类媒体积极开展诚信宣传教育，深入报道诚实守信的先进典型，对失信行为和事件开展建设性舆论监督，倡导诚实守信。充分发挥有关部门、行业协会商会、专家学者、新闻媒体等作用，及时阐释和解读信用政策，积极回应各界关切，强化正面引导，营造良好舆论环境。

把握时间节点。各地区、各有关部门要按照本意见要求，对已经出台的失信行为认定、记录、归集、共享、公开、惩戒和信用修复等措施进行梳理评估，对不符合本意见要求的要及时规范。对有明确依据可继续保留的严重失信主体名单制度设置过渡期，在2021年底前按本意见要求对需要调整的名单认定标准和程序进行更新，过渡期后与本意见要求不符的一律废止。

国务院办公厅关于印发《公共企事业单位信息公开规定制定办法》的通知

（2020年12月7日　国办发〔2020〕50号）

《公共企事业单位信息公开规定制定办法》已经国务院同意，现印发给你们，请认真贯彻执行。

公共企事业单位信息公开规定制定办法

第一条　为了建立健全公共企事业单位信息公开制度，深入推进公共企事业单位信息公开，加强对公共企事业单位的监督管理，提升公共企事业单位服务水平，更好维护人民群众切身利益，助力优化营商环境，根据《中华人民共和国政府信息公开条例》有关规定，制定本办法。

第二条　国务院有关主管部门应当根据《中华人民共和国政府信息公开条例》第五十五条和本办法的要求，制定或者修订教育、卫生健康、供水、供电、供气、供热、环境保护、公共交通等领域的公共企事业单位信息公开规定。

全国政府信息公开工作主管部门根据经济社会发展情况和工作实际，逐步扩大本办法适用范围。

第三条　制定公共企事业单位信息公开规定，要以习近平新时代中国特色社会主义思想为指导，坚持以人民为中心的发展思想，坚持依法依规、便民实用、稳步推进的原则。

第四条　公共企事业单位信息公开规定应当对适用主体作出界定，可以普遍适用于本领域所有公共企事业单位，也可以只适用于本领域部分公共企事业单位。条件具备的，可以列出适用主体清单。

公共企事业单位信息公开规定适用主体重点包括：具有市场支配地位、公共属性较强、直接关系人民群众身体健康和生命安全的公共企事业单位，或者与服务对象之间信息不对称问题突出、需要重点加强监管的公共企事业单位。

第五条　公共企事业单位信息公开的方式，以主动公开为主，原则上不采取依申请公开的方式。公共企事业单位信息公开规定对依申请公开作出规定的，应当明确办理期限、处理方式、监督救济渠道等内容，确保依申请公开程序具备可操作性。

公共企事业单位信息公开规定应当要求公共企事业单位设置信息公开咨询窗口，建立健全相应工作机制，加强沟通协商，限时回应关切，优化咨询服务，满足服务对象以及社会公众的个性化信息需求。信息公开咨询窗口设置方式，以开通热线电话或者网站互动交流平台、接受现场咨询等为主，注重与公共企事业单位客户服务热线、移动客户端等的融合，避免不当增加公共企事业单位负担。

第六条 公共企事业单位信息公开规定应当根据实际情况灵活确定公开渠道，并对加强日常管理维护提出要求。在确定公开渠道时，应当坚持务实管用、因地因事制宜的原则，防止“一刀切”。

第七条 公共企事业单位信息公开规定应当以清单方式明确列出公开内容及时限要求，并根据实际情况动态调整。

在确定公开内容时，应当坚持既尽力而为又量力而行，重点包括下列信息：

（一）与人民群众日常生产生活密切相关的办事服务信息；

（二）对营商环境影响较大的信息；

（三）直接关系服务对象切身利益的信息；

（四）事关生产安全和消费者人身财产安全的信息；

（五）社会舆论关注度高、反映问题较多的信息；

（六）其他应当公开的重要信息。

公开内容原则上以长期公开为主，如果涉及公示等阶段性公开的内容，应当予以区分并作出专门规定。

第八条 公共企事业单位信息公开的监督方式，以向各级主管部门申诉为主，原则上不包括申请行政复议或者提起行政诉讼。法律、行政法规另有规定的，从其规定。

各级主管部门应当建立专门工作制度，明确处理期限，依法及时处理对有关公共企事业单位信息公开的申诉。

第九条 公共企事业单位信息公开规定应当包括专门的责任条款，通过通报批评、责令整改、行政处罚等方式强化责任落实。公共企事业单位信息公开规定设定的行政处罚，以相关法律、行政法规授予有关主管部门的行政处罚权为依据。

第十条 制定公共企事业单位信息公开规定，应当坚持科学立法、民主立法，充分听取服务对象、公共企事业单位、行业协会、群众代表、专家学者等各方面意见，积极采纳合理建议。

第十一条 公共企事业单位信息公开规定应当妥善处理好信息公开与国

家秘密、公共安全、产业安全、商业秘密、个人信息保护等其他重要利益的关系，注意区分信息公开与业务查询服务事项。

第十二条 公共企事业单位信息公开规定应当加强与上市公司信息披露、企业信息公示等相关制度的衔接，综合考虑法律、行政法规、规章关于本领域公共企事业单位信息公开的规定。

第十三条 公共企事业单位信息公开规定应当以规章的形式制定。制定规章条件暂不成熟的，可以先制定规范性文件，并在条件成熟后尽快制定规章。

第十四条 本办法由全国政府信息公开工作主管部门负责解释。

第十五条 本办法自2021年1月1日起施行。

国务院办公厅关于建设第三批大众创业万众创新示范基地的通知

（2020年12月9日 国办发〔2020〕51号）

为贯彻落实《政府工作报告》部署，更好发挥大众创业万众创新示范基地对促改革、稳就业、强动能的带动作用，进一步推动大众创业万众创新向纵深发展，更大程度激发市场活力和社会创造力，以新动能支撑保就业保市场主体，经国务院同意，决定在部分地区、企业、高校和科研院所建设第三批双创示范基地。现将有关事项通知如下：

一、总体要求

双创示范基地建设要以习近平新时代中国特色社会主义思想为指导，深入贯彻党的十九大和十九届二中、三中、四中、五中全会精神，认真落实党中央、国务院决策部署，坚持问题导向、目标导向，围绕做好“六稳”工作、落实“六保”任务，深入实施创新驱动发展战略，支持创新创业主体积极应对疫情影响，强化功能定位，更好发挥示范带动作用，助力经济高质量发展。

二、推动双创示范基地特色化、功能化、专业化发展

第三批双创示范基地要按照创业就业、融通创新、精益创业、全球化创业等差异化功能定位，强化区域覆盖、功能布局、协同发展，增强示范功能和带动效应。

一是聚焦稳就业和激发市场主体活力，着力打造创业就业的重要载体。深化“放管服”改革，推动在社会服务领域运用“互联网平台+创业单元”新模式促进创新，有效支撑科研人员、大学生、返乡农民工、退役军人、下岗失业人员以及其他各类社会群体开展创新创业，促进创业带动就业、多渠道灵活就业，每年带动形成一定规模的创业就业。

二是聚焦保障产业链供应链安全，着力打造融通创新的引领标杆。加快推进科技与经济深度融合、创新链与产业链协同布局、科技成果转化与应用体系建设紧密结合，推动产业链上下游、大中小企业融通创新，形成体系化融通创新格局。

三是聚焦支持创新型中小微企业成长为创新重要发源地，着力打造精益创业的集聚平台。大力弘扬科学家精神、劳动精神和工匠精神，倡导敬业、精益、专注、宽容失败的创新创业文化，构建专业化、全链条的创新创业服务体系，增强持续创新创业能力，加快培育成长型初创企业、"隐形冠军"企业和"专精特新"中小企业。

四是聚焦深化开放创新合作，着力打造全球化创业的重要节点。探索搭建创新创业国际化平台，深度参与全球创新创业合作，创新国际合作模式，培育创新创业国际化品牌，不断拓展创新创业国际合作空间。

三、加强组织领导

各有关部门要加强对双创示范基地的协调指导和日常管理，充分发挥推进大众创业万众创新部际联席会议制度统筹作用，加大对双创示范基地建设的支持力度。双创示范基地所在地人民政府要加强领导，把双创示范基地建设作为做好"六稳"工作、落实"六保"任务的重要抓手和载体，及时出台有针对性的支持政策，及时跟踪协调解决问题困难，切实抓实抓好、抓出成效。第三批双创示范基地要围绕建设重点制定具体方案，健全组织管理机构、统筹协调机制、运行监测体系，加强专职人员队伍建设，在创新创业体制机制等方面大胆探索，营造良好的创新创业生态。

四、开展监测评估

国家发展改革委要会同有关方面进一步健全双创示范基地长效管理运行机制，加强对双创示范基地的运行监测和绩效评估，根据功能定位分类适时开展第三方评估，形成一批可复制推广的改革经验并推动在更大范围实施。要建立健全双创示范基地动态调整机制，对示范成效明显、带动能力强的给予适当表彰激励，对工作推动效果差、示范作用不明显的及时调整退出。

附件：第三批双创示范基地名单（92 个）

附件

第三批双创示范基地名单(92 个)

一、创业就业方向(25 个)

山西省晋城经济技术开发区

吉林省辽源经济开发区

黑龙江省牡丹江经济技术开发区

同济大学国家大学科技园

江苏省南京市江北新区

安徽省马鞍山慈湖高新技术产业开发区

江西省景德镇市珠山区(陶溪川)

山东省莱西市

河南省郑州市金水区

湖北省武汉市硚口区

湖南省株洲高新技术产业开发区

广西壮族自治区南宁市横县

重庆市大渡口区

四川省自贡高新技术产业开发区

云南省大理白族自治州宾川县

西藏自治区昌都市昌都经济开发区

西北工业大学国家大学科技园

甘肃省张掖市甘州区

新疆维吾尔自治区喀什经济开发区

新疆生产建设兵团石河子经济技术开发区

西安交通大学

重庆大学

厦门大学

北京航空航天大学

北京理工大学

二、融通创新方向(27 个)

北京市中关村国家自主创新示范区丰台园

天津市天津港保税区

辽宁省大连经济技术开发区

吉林省长春汽车经济技术开发区
黑龙江省大庆高新技术产业开发区
江苏省盐城高新技术产业开发区
浙江省湖州莫干山高新技术产业开发区
浙江省宁波市北仑区
安徽省合肥经济技术开发区
福建省泉州市晋江市
福建省海峡两岸青年就业创业基地
河南省郑州高新技术产业开发区
湖北省宜昌高新技术产业开发区
湖南省衡阳高新技术产业开发区
广东省惠州仲恺高新技术产业开发区
广西壮族自治区柳州高新技术产业开发区
重庆市重庆经济技术开发区
四川省宜宾临港经济技术开发区
陕西省宝鸡高新技术产业开发区
宁夏回族自治区石嘴山市大武口区
新疆维吾尔自治区昌吉国家农业科技园区
广东省农垦集团公司
重庆市涪陵榨菜集团股份有限公司
山东四君子集团有限公司
中国华润有限公司
中国石油天然气集团有限公司
中国一重集团有限公司

三、精益创业方向(32 个)

北京经济技术开发区
天津市东丽区
河北省石家庄高新技术产业开发区
内蒙古自治区呼和浩特市新城区
辽宁省抚顺高新技术产业开发区
辽宁省大连市甘井子区
吉林省吉林高新技术产业开发区
黑龙江省哈尔滨市南岗区
上海市长宁区虹桥智谷

浙江省杭州高新技术产业开发区
浙江省宁波高新技术产业开发区
安徽省蚌埠高新技术产业开发区
福建省福州软件园
福建省厦门生物医药港
山东省济南高新技术产业开发区
山东省青岛蓝谷高新技术产业开发区
河南省洛阳高新技术产业开发区
湖北省襄阳高新技术产业开发区
湖南省岳阳市城陵矶新港区
广东省珠海高新技术产业开发区
广东省深圳市龙岗区
广西壮族自治区桂林高新技术产业开发区
重庆市重庆高新技术产业开发区
四川省成都高新技术产业开发区
贵州省贵阳市南明区
陕西省西安高新技术产业开发区
青海省西宁市城北区
新疆维吾尔自治区乌鲁木齐经济技术开发区
工业和信息化部电子第五研究所
中国科学院自动化研究所
中国科学院苏州生物医学工程技术研究所
中国科学院微电子研究所
四、全球化创业方向(8 个)
北京市中关村国家自主创新示范区朝阳园
上海市静安国际创新走廊
江苏省苏州工业园区
浙江省嘉兴市嘉善县
福建省东侨经济技术开发区
广东省东莞松山湖高新技术产业开发区
海南自由贸易港博鳌乐城国际医疗旅游先行区
南方科技大学科技园区

国务院办公厅关于促进养老托育服务健康发展的意见

（2020 年 12 月 14 日　国办发〔2020〕52 号）

促进养老托育服务健康发展，有利于改善民生福祉，有利于促进家庭和谐，有利于培育经济发展新动能。为贯彻落实党中央、国务院决策部署，更好发挥各级政府作用，更充分激发社会力量活力，更好实现社会效益和经济效益相统一，持续提高人民群众的获得感、幸福感、安全感，经国务院同意，现提出以下意见。

一、健全老有所养、幼有所育的政策体系

（一）分层次加强科学规划布局。根据“一老一小”人口分布和结构变化，科学谋划“十四五”养老托育服务体系，促进服务能力提质扩容和区域均衡布局。省级人民政府要将养老托育纳入国民经济和社会发展规划统筹推进，并制定“十四五”养老托育专项规划或实施方案。建立常态化督查机制，督促专项规划或实施方案的编制和实施，确保新建住宅小区与配套养老托育服务设施同步规划、同步建设、同步验收、同步交付。

（二）统筹推进城乡养老托育发展。强化政府保基本兜底线职能，健全基本养老服务体系。优化乡村养老设施布局，整合区域内服务资源，开展社会化管理运营，不断拓展乡镇敬老院服务能力和辐射范围。完善老年人助餐服务体系，加强农村老年餐桌建设。探索在脱贫地区和城镇流动人口集聚区设置活动培训场所，依托基层力量提供集中托育、育儿指导、养护培训等服务，加强婴幼儿身心健康、社会交往、认知水平等方面早期发展干预。

（三）积极支持普惠性服务发展。大力发展成本可负担、方便可及的普惠性养老托育服务。引导各类主体提供普惠性服务，支持非营利性机构发展，综合运用规划、土地、住房、财政、投资、融资、人才等支持政策，扩大服务供给，提高服务质量，提升可持续发展能力。优化养老托育营商环境，推进要素市场制度建设，实现要素价格市场决定、流动自主有序、配置高效公平，促进公平竞争。

（四）强化用地保障和存量资源利用。在年度建设用地供应计划中保障养老托育用地需求，并结合实际安排在合理区位。调整优化并适当放宽土地和规划要求，支持各类主体利用存量低效用地和商业服务用地等开展养老托育

服务。在不违反国家强制性标准和规定前提下,各地可结合实际制定存量房屋和设施改造为养老托育场所设施的建设标准、指南和实施办法。建立健全“一事一议”机制,定期集中处置存量房屋和设施改造手续办理、邻避民扰等问题。在城市居住社区建设补短板和城镇老旧小区改造中统筹推进养老托育服务设施建设,鼓励地方探索将老旧小区中的国企房屋和设施以适当方式转交政府集中改造利用。支持在社区综合服务设施开辟空间用于“一老一小”服务,探索允许空置公租房免费提供给社会力量供其在社区为老年人开展助餐助行、日间照料、康复护理、老年教育等服务。支持将各类房屋和设施用于发展养老托育,鼓励适当放宽最长租赁期限。非独立场所按照相关安全标准改造建设托育点并通过验收的,不需变更土地和房屋性质。

(五)推动财税支持政策落地。各地要建立工作协同机制,加强部门信息互通共享,确保税费优惠政策全面、及时惠及市场主体。同步考虑公建服务设施建设与后期运营保障,加强项目支出规划管理。完善运营补贴激励机制,引导养老服务机构优先接收经济困难的失能失智、高龄、计划生育特殊家庭老年人。对吸纳符合条件劳动者的养老托育机构按规定给予社保补贴。

(六)提高人才要素供给能力。加强老年医学、老年护理、社会工作、婴幼儿发展与健康管理、婴幼儿保育等学科专业建设,结合行业发展动态优化专业设置,完善教学标准,加大培养力度。按照国家职业技能标准和行业企业评价规范,加强养老托育从业人员岗前培训、岗位技能提升培训、转岗转业培训和创业培训。加大脱贫地区相关技能培训力度,推动大城市养老托育服务需求与脱贫地区劳动力供给有效对接。深化校企合作,培育产教融合型企业,支持实训基地建设,推行养老托育“职业培训包”和“工学一体化”培训模式。

二、扩大多方参与、多种方式的服务供给

(七)增强家庭照护能力。支持优质机构、行业协会开发公益课程,利用互联网平台等免费开放,依托居委会、村委会等基层力量提供养老育幼家庭指导服务,帮助家庭成员提高照护能力。建立常态化指导监督机制,加强政策宣传引导,强化家庭赡养老年人和监护婴幼儿的主体责任,落实监护人对孤寡老人、遗弃儿童的监护责任。

(八)优化居家社区服务。发展集中管理运营的社区养老和托育服务网络,支持具备综合功能的社区服务设施建设,引导专业化机构进社区、进家庭。建立家庭托育点登记备案制度,研究出台家庭托育点管理办法,明确登记管理、人员资质、服务规模、监督管理等制度规范,鼓励开展互助式服务。

(九)提升公办机构服务水平。加强公办和公建民营养老机构建设,坚持公益属性,切实满足特困人员集中供养需求。建立入住综合评估制度,结合服务能力适当拓展服务对象，重点为经济困难的失能失智、高龄、计划生育特殊家庭老年人提供托养服务。完善公建民营机制，打破以价格为主的筛选标准，综合从业信誉、服务水平、可持续性等质量指标，引进养老托育运营机构早期介入、全程参与项目工程建设，探索开展连锁化运营。

（十）推动培训疗养资源转型发展养老服务。按照"应改尽改、能转则转"的原则，将转型发展养老服务作为党政机关和国有企事业单位所属培训疗养机构改革的主要方向。各地要加大政策支持和协调推进力度，集中解决资产划转、改变土地用途、房屋报建、规划衔接等困难，确保转养老服务项目2022年底前基本投入运营。鼓励培训疗养资源丰富、养老需求较大的中东部地区先行突破，重点推进。

（十一）拓宽普惠性服务供给渠道。实施普惠养老托育专项行动，发挥中央预算内投资引领作用，以投资换机制，引导地方政府制定支持性"政策包"，带动企业提供普惠性"服务包"，建设一批普惠性养老服务机构和托育服务机构。推动有条件的用人单位以单独或联合相关单位共同举办的方式，在工作场所为职工提供托育服务。支持大型园区建设服务区内员工的托育设施。

（十二）引导金融机构提升服务质效。鼓励政府出资产业投资基金及市场化的创业投资基金、私募股权基金等按照市场化、法治化原则，加大对养老托育领域的投资力度。创新信贷支持方式，在依法合规、风险可控、商业可持续前提下，推进应收账款质押贷款，探索收费权质押贷款，落实好信贷人员尽职免责政策。鼓励金融机构合理确定贷款期限，灵活提供循环贷款、年审制贷款、分期还本付息等多种贷款产品和服务。扩大实施养老产业专项企业债券和养老项目收益债券，支持合理灵活设置债券期限、选择权及还本付息方式，鼓励发行可续期债券。引导保险等金融机构探索开发有针对性的金融产品，向养老托育行业提供增信支持。支持保险机构开发相关责任险及养老托育机构运营相关保险。

三、打造创新融合、包容开放的发展环境

（十三）促进康养融合发展。支持面向老年人的健康管理、预防干预、养生保健、健身休闲、文化娱乐、旅居养老等业态深度融合。发挥中医药独特优势，促进中医药资源广泛服务老年人群体。支持各类机构举办老年大学、参与老年教育，推动举办"老年开放大学"、"网上老年大学"，搭建全国老年教育资源共享和公共服务平台。

（十四）深化医养有机结合。发展养老服务联合体，支持根据老年人健康状况在居家、社区、机构间接续养老。为居家老年人提供上门医疗卫生服务，构建失能老年人长期照护服务体系。有效利用社区卫生服务机构、乡镇卫生

院等基层医疗资源,开展社区医养结合能力提升行动。针对公共卫生突发事件,提升养老机构应急保障能力,增设隔离功能并配备必要的防控物资和设备,加强工作人员应急知识培训。

(十五)强化产品研发和创新设计。健全以企业为主体的创新体系,鼓励采用新技术、新工艺、新材料、新装备,增强以质量和信誉为核心的品牌意识,建立健全企业知识产权管理体系,推进高价值专利培育和商标品牌建设,培育养老托育服务、乳粉奶业、动画设计与制作等行业民族品牌。促进"一老一小"用品制造业设计能力提升,完善创新设计生态系统。

(十六)促进用品制造提质升级。逐步完善养老托育服务和相关用品标准体系,加强标准制修订,强化标准实施推广,探索建立老年用品认证制度。推进互联网、大数据、人工智能、5G等信息技术和智能硬件的深度应用,促进养老托育用品制造向智能制造、柔性生产等数字化方式转型。推进智能服务机器人后发赶超,启动康复辅助器具应用推广工程,实施智慧老龄化技术推广应用工程,构建安全便捷的智能化养老基础设施体系。鼓励国内外多方共建养老托育产业合作园区,加强市场、规则、标准方面的软联通,打造制造业创新示范高地。

(十七)培育智慧养老托育新业态。创新发展健康咨询、紧急救护、慢性病管理、生活照护、物品代购等智慧健康养老服务。发展"互联网+养老服务",充分考虑老年群体使用感受,研究开发适老化智能产品,简化应用程序使用步骤及操作界面,引导帮助老年人融入信息化社会,创新"子女网上下单、老人体验服务"等消费模式,鼓励大型互联网企业全面对接养老服务需求,支持优质养老机构平台化发展,培育区域性、行业性综合信息平台。发展互联网直播互动式家庭育儿服务,鼓励开发婴幼儿养育课程、父母课堂等。

(十八)加强宜居环境建设。普及公共基础设施无障碍建设,鼓励有条件的地区结合城镇老旧小区改造加装电梯。加强母婴设施配套,在具备条件的公共场所普遍设置专席及绿色通道。引导房地产项目开发充分考虑养老育幼需求。指导各地加快推进老年人居家适老化改造。以满足老年人生活需求和营造婴幼儿成长环境为导向,推动形成一批具有示范意义的活力发展城市和社区。

四、完善依法从严、便利高效的监管服务

(十九)完善养老托育服务综合监管体系。以养老托育机构质量安全、从业人员、运营秩序等方面为重点加强监管。落实政府在制度建设、行业规划、行政执法等方面的监管责任,实行监管清单式管理,明确监管事项、监管依据、监管措施、监管流程,监管结果及时向社会公布。养老托育机构对依法登记、备案承诺、履约服务、质量安全、应急管理、消防安全等承担主体责任。健全行业自律规约，加强正面宣传引导和社会舆论监督，加快构建以信用为基础的新型监管机制。

（二十）切实防范各类风险。加强突发事件应对，建立完善养老托育机构突发事件预防与应急准备、监测与预警、应急处置与救援、事后恢复与重建等工作机制。将养老托育纳入公共安全重点保障范围，支持服务机构安全平稳运转。完善退出机制，建立机构关停等特殊情况应急处置机制。严防“一老一小”领域以虚假投资、欺诈销售、高额返利等方式进行的非法集资，保护消费者合法权益。

（二十一）优化政务服务环境。完善机构设立办事指南，优化办事流程，实施并联服务，明确办理时限，推进“马上办、网上办、就近办”。制定养老托育政务服务事项清单，推进同一事项无差别受理、同标准办理，力争实现“最多跑一次”。推进养老托育政务服务的“好差评”工作，完善评价规则，加强评价结果运用，改进提升政务服务质量。

（二十二）积极发挥多方合力。支持公益慈善类社会组织参与，鼓励机构开发志愿服务项目，建立健全“一老一小”志愿服务项目库。引导互联网平台等社会力量建立养老托育机构用户评价体系。以普惠为导向建立多元主体参与的养老和托育产业合作平台，在要素配置、行业自律、质量安全、国际合作等方面积极作为。发挥行业协会商会等社会组织积极性，开展机构服务能力综合评价，引领行业规范发展，更好弘扬尊老爱幼社会风尚。

（二十三）强化数据资源支撑。依据养老产业统计分类，开展养老产业认定方法研究，推进重要指标年度统计。探索构建托育服务统计指标体系。利用智库和第三方力量加强研究，开展人口趋势预测和养老托育产业前景展望，通过发布年度报告、白皮书等形式，服务产业发展，引导社会预期。

坚持党委领导、政府主导，地方各级政府要建立健全“一老一小”工作推进机制，结合实际落实本意见要求，以健全政策体系、扩大服务供给、打造发展环境、完善监管服务为着力点，促进养老托育健康发展，定期向同级人民代表大会常务委员会报告服务能力提升成效。国务院各部门要根据职责分工，制定具体落实举措，推动各项任务落地。国家发展改革委要建立“一老一小”服务能力评价机制，加强对本意见落实工作的跟踪督促，及时向国务院报告。

附件：促进养老托育服务健康发展重点任务分工表

附件

促进养老托育服务健康发展重点任务分工表

序号	重点任务	责任单位
1	根据“一老一小”人口分布和结构变化，科学谋划“十四五”养老托育服务体系，促进服务能力提质扩容和区域均衡布局。	民政部、国家卫生健康委、国家发展改革委、财政部、住房城乡建设部、中国残联按职责分工负责，地方各级人民政府负责。
2	统筹推进城乡养老托育发展。	民政部、国家卫生健康委、国家发展改革委按职责分工负责，地方各级人民政府负责。
3	积极支持普惠性服务发展。	国家发展改革委、民政部、国家卫生健康委按职责分工负责，地方各级人民政府负责。
4	在年度建设用地供应计划中保障养老托育用地需求，并结合实际安排在合理区位。	自然资源部、民政部、国家卫生健康委、住房城乡建设部按职责分工负责，地方各级人民政府负责。
5	在城市居住社区建设补短板和城镇老旧小区改造中统筹推进养老托育服务设施建设。探索允许空置公租房免费提供给社会力量供其在社区为老年人开展助餐助行、日间照料、康复护理、老年教育等服务。	住房城乡建设部牵头，中直管理局、国家发展改革委、民政部、自然资源部、国家卫生健康委、应急部、国务院国资委、国管局参加。
6	支持将各类房屋和设施用于发展养老托育，鼓励适当放宽最长租赁期限。	民政部、国家卫生健康委、国家发展改革委、自然资源部、住房城乡建设部、应急部按职责分工负责，地方各级人民政府负责。
7	非独立场所按照相关安全标准改造建设托育点并通过验收的，不需变更土地和房屋性质。	国家卫生健康委、自然资源部、住房城乡建设部、应急部按职责分工负责，地方各级人民政府负责。
8	推动财税支持政策落地。	财政部、税务总局、民政部、国家卫生健康委、人力资源社会保障部按职责分工负责，地方各级人民政府负责。

序号	重点任务	责任单位
9	提高人才要素供给能力。	教育部、人力资源社会保障部、国家发展改革委、民政部、商务部、国家卫生健康委按职责分工负责。
10	增强家庭照护能力。	民政部、国家卫生健康委、全国妇联按职责分工负责。
11	研究出台家庭托育点管理办法。	国家卫生健康委牵头，国家发展改革委、民政部、住房城乡建设部、应急部、市场监管总局参加。
12	加强公办和公建民营养老机构建设，建立入住综合评估制度。	民政部、国家发展改革委、财政部、国家卫生健康委按职责分工负责。
13	完善公建民营机制，引进养老托育运营机构早期介入、全程参与项目工程建设，探索开展连锁化运营。	民政部、国家卫生健康委、国家发展改革委按职责分工负责。
14	推动培训疗养资源转型发展养老服务。	国家发展改革委牵头，中直管理局、民政部、财政部、人力资源社会保障部、自然资源部、住房城乡建设部、国家卫生健康委、应急部、人民银行、国务院国资委、国管局参加。
15	实施普惠养老托育专项行动，建设一批普惠性养老服务机构和托育服务机构。	国家发展改革委牵头，民政部、自然资源部、住房城乡建设部、国家卫生健康委、国务院国资委参加。
16	引导金融机构提升服务质效。	人民银行、银保监会、国家发展改革委、财政部、住房城乡建设部、证监会按职责分工负责。
17	促进康养融合发展。	国家发展改革委牵头，教育部、民政部、住房城乡建设部、文化和旅游部、国家卫生健康委、体育总局参加。
18	开展社区医养结合能力提升行动。	国家卫生健康委牵头，国家发展改革委、民政部、住房城乡建设部、国家医保局参加；地方各级人民政府负责。

续表

序号	重点任务	责任单位
19	提升养老机构应急保障能力。	民政部、国家发展改革委、应急部按职责分工负责，地方各级人民政府负责。
20	促进用品制造提质升级，逐步完善养老托育服务和相关用品标准体系。	工业和信息化部、科技部、国家发展改革委、民政部、国家卫生健康委、市场监管总局、中国残联按职责分工负责。
21	培育托育服务、乳粉奶业、动画设计与制作等行业民族品牌。	国家卫生健康委牵头，国家发展改革委、教育部、工业和信息化部、文化和旅游部、市场监管总局参加。
22	推进智能服务机器人后发赶超，启动康复辅助器具应用推广工程，实施智慧老龄化技术推广应用工程。	民政部、工业和信息化部、科技部、国家发展改革委、市场监管总局、中国残联按职责分工负责。
23	鼓励国内外多方共建养老托育产业合作园区，加强市场、规则、标准方面的软联通，打造制造业创新示范高地。	国家发展改革委牵头，工业和信息化部、民政部、人力资源社会保障部、自然资源部、国家卫生健康委、人民银行、市场监管总局参加。
24	加强宜居环境建设。	住房城乡建设部、国家卫生健康委、交通运输部、民政部、中国残联按职责分工负责。
25	以满足老年人生活需求和营造婴幼儿成长环境为导向，推动形成一批具有示范意义的活力发展城市和社区。	国家发展改革委、住房城乡建设部牵头，民政部、国家卫生健康委参加。
26	完善养老托育服务综合监管体系。	民政部、国家卫生健康委、市场监管总局、住房城乡建设部、应急部按职责分工负责。
27	将养老托育纳入公共安全重点保障范围。	民政部、国家卫生健康委、国家发展改革委、应急部、市场监管总局按职责分工负责，地方各级人民政府负责。

续表

序号	重点任务	责任单位
28	严防"一老一小"领域非法集资。	民政部、国家卫生健康委、银保监会按职责分工负责，地方各级人民政府负责。
29	制定养老托育政务服务事项清单，推进养老托育政务服务的"好差评"工作。	民政部、国家卫生健康委、市场监管总局按职责分工负责，地方各级人民政府负责。
30	支持公益慈善类社会组织参与，建立健全"一老一小"志愿服务项目库。	全国总工会、共青团中央、中国残联、民政部、国家卫生健康委按职责分工负责。
31	以普惠为导向建立多元主体参与的养老和托育产业合作平台。	国家发展改革委牵头，工业和信息化部、民政部、自然资源部、住房城乡建设部、文化和旅游部、国家卫生健康委、国务院国资委、市场监管总局参加。
32	依据养老产业统计分类，开展养老产业认定方法研究，推进重要指标年度统计，探索构建托育服务统计指标体系。	国家统计局牵头，国家发展改革委、工业和信息化部、民政部、住房城乡建设部、国家卫生健康委、市场监管总局、中国残联参加。
33	建立"一老一小"服务能力评价机制，加强对本意见执行情况的跟踪督促。	国家发展改革委牵头，各相关部门参加。

国务院关于实施动产和权利担保统一登记的决定

（2020 年 12 月 22 日　国发〔2020〕18 号）

为贯彻落实党中央、国务院决策部署，进一步提高动产和权利担保融资效率，优化营商环境，促进金融更好服务实体经济，现作出如下决定：

一、自 2021 年 1 月 1 日起，在全国范围内实施动产和权利担保统一登记。

二、纳入动产和权利担保统一登记范围的担保类型包括：

（一）生产设备、原材料、半成品、产品抵押；

（二）应收账款质押；

（三）存款单、仓单、提单质押；

（四）融资租赁；

（五）保理；

（六）所有权保留；

（七）其他可以登记的动产和权利担保，但机动车抵押、船舶抵押、航空器抵押、债券质押、基金份额质押、股权质押、知识产权中的财产权质押除外。

三、纳入统一登记范围的动产和权利担保，由当事人通过中国人民银行征信中心（以下简称征信中心）动产融资统一登记公示系统自主办理登记，并对登记内容的真实性、完整性和合法性负责。登记机构不对登记内容进行实质审查。

四、中国人民银行要加强对征信中心的督促指导。征信中心具体承担服务性登记工作，不得开展事前审批性登记。征信中心要做好系统建设和维护工作，保障系统安全、稳定运行，建立高效运转的服务体系，不断提高服务效率和质量。

五、国家市场监督管理总局不再承担“管理动产抵押物登记”职责。中国人民银行负责制定生产设备、原材料、半成品、产品抵押和应收账款质押统一登记制度，推进登记服务便利化。中国人民银行、国家市场监督管理总局应当明确生产设备、原材料、半成品、产品抵押登记的过渡安排，妥善做好存量信息的查询、变更、注销服务和数据移交工作，确保有关工作的连续性、稳定性、有效性。

各地区、各相关部门要相互协作、密切配合，认真落实本决定部署的各项工作，努力优化营商环境。

国务院办公厅关于进一步优化地方政务服务便民热线的指导意见

（2020 年 12 月 28 日　国办发〔2020〕53 号）

政务服务便民热线直接面向企业和群众，是反映问题建议、推动解决政务服务问题的重要渠道。优化政务服务便民热线，对于有效利用政务资源、提高服务效率、加强监督考核、提升企业和群众满意度具有重要作用。近年来，一些地区率先探索，对本地的政务服务便民热线进行归并，依托一个号码开展服务，在为企为民排忧解难上发挥了积极作用。同时，地方政务服务便民热线号码仍过多、记不住，热线服务资源分散，电话难接通、群众办事多头找等现象还较为普遍。为进一步优化地方政务服务便民热线，提高政府为企便民服务水平，经国务院同意，现提出以下意见。

一、总体要求

（一）指导思想。

以习近平新时代中国特色社会主义思想为指导，深入贯彻落实党的十九大和十九届二中、三中、四中、五中全会精神，坚持以人民为中心，加快转变政府职能，深化“放管服”改革，持续优化营商环境，以一个号码服务企业和群众为目标，推动地方政务服务便民热线归并优化，进一步畅通政府与企业和群众互动渠道，提高政务服务水平，建设人民满意的服务型政府，推进国家治理体系和治理能力现代化，不断增强人民群众的获得感、幸福感、安全感。

（二）工作目标。

加快推进除 110、119、120、122 等紧急热线外的政务服务便民热线归并，2021 年底前，各地区设立的政务服务便民热线以及国务院有关部门设立并在地方接听的政务服务便民热线实现一个号码服务，各地区归并后的热线统一为“12345 政务服务便民热线”（以下简称 12345 热线），语音呼叫号码为“12345”，提供“7×24 小时”全天候人工服务。同时，优化流程和资源配置，实现热线受理与后台办理服务紧密衔接，确保企业和群众反映的问题和合理诉求及时得到处置和办理，使政务服务便民热线接得更快、分得更准、办得更实，打造便捷、高效、规范、智慧的政务服务“总客服”。

（三）基本原则。

坚持属地管理和部门指导相统筹。充分发挥各地区在热线归并和管理服务工作中的主导作用，压实地方特别是市县责任，加强部门政策支持和配合衔接，一个号码、各地归并。

坚持诉求受理和业务办理相衔接。明确 12345 热线与业务部门的职责，加强工作衔接，12345 热线负责受理企业和群众诉求、回答一般性咨询，不代替部门职能，部门按职责分工办理相关业务、实施监管执法和应急处置等，涉及行政执法案件和投诉举报的，12345 热线第一时间转至相关部门办理，形成高效协同机制。

坚持便民高效和专业支撑相结合。以切实便利企业和群众为出发点和落脚点，拓展受理渠道，完善知识库共享、专家支持、分中心联动等机制，提高热线接通率和专业化服务水平。

坚持互联互通和协同发展相促进。强化 12345 热线平台与部门业务系统互联互通和信息共享，推动 12345 热线与各类线上线下政务服务平台、政府网站联动融合。相关部门要加强对普遍性诉求的研究分析，解决共性问题。

二、加快各地政务服务便民热线归并

（一）归并方式。

1. 整体并入。企业和群众拨打频率较低的政务服务便民热线，取消号码，将话务座席统一归并到各地区 12345 热线。

2. 双号并行。话务量大、社会知晓度高的政务服务便民热线，保留号码，将话务座席并入 12345 热线统一管理。对于不具备归并条件的热线，可以保留话务座席，与 12345 热线建立电话转接机制，按照 12345 热线标准统一提供服务，具体由各地区根据实际情况决定。热线号码在一些地区已经取消的，原则上不再恢复。

3. 设分中心。实行垂直管理的国务院部门在各地区设立的政务服务便民热线，以分中心形式归并到所在地 12345 热线，保留号码和话务座席，与 12345 热线建立电话转接机制，提供“7×24 小时”全天候人工服务。同时，纳入所在地热线考核督办工作体系和跨部门协调机制，共建共享知识库，相关数据实时向 12345 热线平台归集。12345 热线可按知识库解答一般性咨询，相对专业的问题和需由部门办理的事项通过三方转接、派发工单等方式，转至分中心办理。支持各地区对设分中心的热线进行整体并入、双号并行等实质性归并探索。

（二）归并要求。

1. 分级分类推进热线归并。各地区设立的政务服务便民热线，要全部取消号码，整体并入 12345 热线。国务院有关部门设立并在地方接听的政务服务便民热线，按照以上三种方式归并到各地区 12345 热线。

2. 确保热线归并平稳过渡。各地区要统筹各类政务服务便民热线的人员座席、设施设备、工作流程、业务指标、知识库、服务能力等情况，分类制定实施方案，切实做好话务人员衔接安排，以及场地、系统、经费等各项保障，设置过渡期电话语音提示，有序做好 12345 热线平台与部门业务系统的衔接，保障热线服务水平不降低、业务有序办理。国务院有关部门要支持本行业领域内的热线纳入 12345 热线，指导做好专业知识库开放共享、系统对接、数据归集、驻场培训、专家座席设置以及相关业务依职责办理等工作。

三、优化 12345 热线运行机制

（一）建立健全热线工作管理体系。各地区要建立健全政务服务便民热线工作统筹协调机制，负责本地区 12345 热线工作统筹规划、重大事项决策以及重点难点问题协调解决。明确 12345 热线管理机构，负责本级热线平台的规划建设和运行管理，建立和完善各项制度和工作流程，指导和监督本地区政务服务便民热线工作。对设置专家座席的，各级部门要建立本行业专家选派和管理长效机制。逐步建立 12345 热线与 110、119、120、122 等紧急热线和水电气热等公共事业服务热线的联动机制。支持京津冀、长三角、成渝等地区建立区域内 12345 热线联动机制。

（二）明确热线受理范围。受理企业和群众各类非紧急诉求，包括经济调节、市场监管、社会管理、公共服务、生态环境保护等领域的咨询、求助、投诉、举报和意见建议等。不受理须通过诉讼、仲裁、纪检监察、行政复议、政府信息公开等程序解决的事项和已进入信访渠道的事项，以及涉及国家秘密、商业秘密、个人隐私和违反社会公序良俗的事项。

（三）优化热线工作流程。各地区 12345 热线要依法依规完善包括受理、派单、办理、答复、督办、办结、回访、评价等环节的工作流程，实现企业和群众诉求办理的闭环运行。建立诉求分级分类办理机制，明确规范受理、即时转办、限时办理、满意度测评等要求，完善事项按职能职责、管辖权限分办和多部门协办的规则，优化办理进度自助查询、退单争议审核、无理重复诉求处置、延期申请和事项办结等关键步骤处理规则。健全对企业和群众诉求高效办理的接诉即办工作机制。

（四）建立热线信息共享机制。各地区要建立统一的 12345 热线信息共享规则，加快推进各级 12345 热线平台与部门业务系统互联互通和信息共享，向同级有关部门实时推送受理信息、工单记录、回访评价等所需的全量数据，加强研判分析，为部门履行职责、事中事后监管、解决普遍性诉求、科学决策提供数据支撑。国务院有关部门要加强业务指导，推动地方部门的业务系统查询权限、专业知识库等向 12345 热线平台开放。

（五）强化信息安全保障。各地区要建立12345热线信息安全保障机制，落实信息安全责任，依法依规严格保护国家秘密、商业秘密和个人隐私，按照“谁管理、谁使用、谁负责”的原则，加强业务系统访问查询、共享信息使用的全过程安全管理。

（六）建立热线工作督办问责机制。各地区要建立健全12345热线督办、考核和问责机制。加强对诉求办理单位的问题解决率、企业和群众满意率等指标的综合评价，完善绩效考核，不断提升热线归并后的服务质量和办理效率。12345热线管理机构要运用督办单、专题协调、约谈提醒等多种方式，压实诉求办理单位责任，督促履职尽责。行政调解类、执法办案类事项应依法依规处置，不片面追求满意率。各地区要对企业和群众诉求办理质量差、推诿扯皮或谎报瞒报、不当退单等情形，按照有关规定进行问责和通报。

四、加强12345热线能力建设

（一）拓展受理渠道。各地区要做好热线接通能力保障建设，提供与需求相适应的人工服务，同时拓展互联网渠道，丰富受理方式，满足企业和群众个性化、多样化需求。加强自助下单、智能文本客服、智能语音等智能化应用，方便企业和群众反映诉求建议。

（二）加强热线知识库建设和应用。各地区要建立和维护“权威准确、标准统一、实时更新、共建共享”的12345热线知识库，完善多方校核、查漏纠错等制度。建立各部门向同级12345热线平台推送最新政策和热点问题答复口径、及时更新专业知识库的责任机制。加强与政务服务平台、政府网站知识库互联共享和同步更新，推动热线知识库向基层工作人员和社会开放，拓展自助查询服务。

（三）加强热线队伍建设。各地区要加强对一线人员的业务培训，提升热线服务质量和水平。各级部门要加大对热线工作的支撑力度，明确部门内部热线办理工作职责和人员，做好热线归并后的工作衔接和业务延续。

五、保障措施

（一）加强组织领导。国务院办公厅负责全国政务服务便民热线工作的统筹协调，指导督促各地区优化政务服务便民热线工作，制定发布地方12345热线归并清单，及时研究解决热线建设发展中的重大问题。各地区各部门要切实加强组织领导，各级政府办公厅（室）牵头负责本地区的政务服务便民热线优化工作，对照地方12345热线归并清单细化工作步骤，确保按期完成热线归并任务。

（二）加强制度保障。加快建立健全政务服务便民热线国家标准体系。各地区各部门要根据实际情况制定和完善相关管理规范，建立经费保障机制，为政务服务便民热线的规范运行提供制度保障。原则上各地区各部门不得再新设政务服务便民热线(包括新设号码和变更原有号码名称、用途)。

(三)加强社会参与。健全12345热线社会监督机制,推动开展12345热线服务效能"好差评"工作。各地区各部门要广泛宣传12345热线的功能作用,及时总结推广好经验好做法,更大程度方便企业和群众记忆和使用。

各地区要根据本意见抓紧制定具体工作方案,明确责任单位和进度安排,加强衔接配合,认真抓好落实。

附件:地方12345热线归并清单

附件

地方12345热线归并清单

(共32条)

一、整体并入

序号	名称	号码	责任单位	备注
1	全国统一科技公益服务电话	12396	科技部	
2	全国电信用户申诉渠道咨询电话	12300	工业和信息化部	
3	全国统一民政服务电话	12349	民政部	
4	全国统一自然资源违法举报电话	12336	自然资源部	
5	全国统一商务领域举报投诉咨询服务电话	12312	商务部	
6	全国统一旅游资讯服务电话	12301	文化和旅游部	
7	人口和计划生育法律法规咨询及举报投诉服务专用电话	12356	国家卫生健康委	
8	火灾隐患举报投诉电话	96119	应急部	
9	全国统一知识产权维权援助公益服务电话	12330	市场监管总局	
10	全国统一食品药品监督举报服务电话	12331	市场监管总局	
11	全国价格投诉举报统一电话	12358	市场监管总局	

续表

序号	名　　称	号码	责任单位	备注
12	全国质量技术监督系统和出入境检验检疫统一电话	12365	市场监管总局	
13	全国防震减灾公益服务电话	12322	中国地震局	

二、双号并行

序号	名　　称	号码	责任单位	备　注
1	全国公共法律服务专用电话	12348	司法部	设专家座席
2	全国人力资源和社会保障服务电话	12333	人力资源社会保障部	设专家座席
3	环境保护投诉举报电话	12369	生态环境部	
4	全国住房和城乡建设服务电话	12319	住房城乡建设部	
5	全国统一住房公积金热线服务电话	12329	住房城乡建设部	设专家座席
6	全国交通运输服务监督电话	12328	交通运输部	
7	全国农业系统公益服务电话	12316	农业农村部	设专家座席
8	全国文化市场举报电话	12318	文化和旅游部	
9	全国统一公共卫生公益服务电话	12320	国家卫生健康委	设专家座席
10	全国统一安全生产举报投诉电话	12350	应急部	
11	12315 市场监管投诉举报热线	12315	市场监管总局	
12	医疗保障服务热线	12393	国家医保局	
13	全国扶贫监督举报平台电话	12317	国家乡村振兴局	
14	全国残疾人维权服务电话	12385	中国残联	

三、设分中心

序号	名　　称	号码	责任单位	备　注
1	全国统一海关公益服务电话	12360	海关总署	
2	全国税务系统统一电话	12366	税务总局	
3	全国烟草专卖品市场监管举报电话	12313	国家烟草局	

续表

序号	名　　称	号码	责任单位	备　注
4	国家移民管理局12367咨询服务热线	12367	国家移民局	
5	全国邮政业用户申诉电话	12305	国家邮政局	

国务院部门规章

报废机动车回收管理办法实施细则

（2020年7月18日商务部、国家发展和改革委员会、工业和信息化部、公安部、生态环境部、交通运输部 国家市场监督管理总局令2020年第2号公布 自2020年9月1日起施行 国司备字[2020003308]）

第一章 总 则

第一条 为规范报废机动车回收拆解活动，加强报废机动车回收拆解行业管理，根据国务院《报废机动车回收管理办法》（以下简称《管理办法》），制定本细则。

第二条 在中华人民共和国境内从事报废机动车回收拆解活动，适用本细则。

第三条 国家鼓励报废机动车回收拆解行业市场化、专业化、集约化发展，推动完善报废机动车回收利用体系，提高回收利用效率和服务水平。

第四条 商务部负责组织全国报废机动车回收拆解的监督管理工作，发展改革委、工业和信息化部、公安部、生态环境部、交通运输部、市场监管总局等部门在各自职责范围内负责报废机动车有关监督管理工作。

第五条 省级商务主管部门负责实施报废机动车回收拆解企业（以下简称回收拆解企业）资质认定工作。县级以上地方商务主管部门对本行政区域内报废机动车回收拆解活动实施监督管理，促进行业健康有序发展。

县级以上地方公安机关依据职责及相关法律法规的规定，对报废机动车回收拆解行业治安状况、买卖伪造票证等活动实施监督管理，并依法处置。

县级以上地方生态环境主管部门依据职责对回收拆解企业回收拆解活动的环境污染防治工作进行监督管理，防止造成环境污染，并依据相关法律法规处理。

县级以上地方发展改革、工业和信息化、交通运输、市场监管部门在各自的职责范围内负责本行政区域内报废机动车有关监督管理工作。

第六条 报废机动车回收拆解行业协会、商会等应当制定行业规范，提供信息咨询、培训等服务，开展行业监测和预警分析，加强行业自律。

第二章 资质认定和管理

第七条 国家对回收拆解企业实行资质认定制度。未经资质认定，任何单位或者个人不得从事报废机动车回收拆解活动。

国家鼓励机动车生产企业从事报废机动车回收拆解活动，机动车生产企业按照国家有关规定承担生产者责任，应当向回收拆解企业提供报废机动车拆解指导手册等相关技术信息。

第八条 取得报废机动车回收拆解资质认定，应当具备下列条件：

（一）具有企业法人资格；

（二）拆解经营场地符合所在地城市总体规划或者国土空间规划及安全要求，不得建在居民区、商业区、饮用水水源保护区及其他环境敏感区内；

（三）符合国家标准《报废机动车回收拆解企业技术规范》（GB22128）的场地、设施设备、存储、拆解技术规范，以及相应的专业技术人员要求；

（四）符合环保标准《报废机动车拆解环境保护技术规范》（HJ348）要求；

（五）具有符合国家规定的生态环境保护制度，具备相应的污染防治措施，对拆解产生的固体废物有妥善处置方案。

第九条 申请资质认定的企业（以下简称申请企业）应当书面向拆解经营场地所在地省级商务主管部门或者通过商务部"全国汽车流通信息管理应用服务"系统提出申请，并提交下列书面材料：

（一）设立申请报告（应当载明申请企业的名称、法定代表人、注册资本、住所、拆解场所、统一社会信用代码等内容）；

（二）申请企业《营业执照》；

（三）申请企业章程；

（四）申请企业法定代表人身份证或者其他有效身份证件；

（五）拆解经营场地土地使用权、房屋产权证明或者租期10年以上的土地租赁合同或者土地使用权出租合同及房屋租赁证明材料；

（六）申请企业购置或者以融资租赁方式获取的用于报废机动车拆解和污染防治的设施、设备清单，以及发票或者融资租赁合同等所有权证明文件；

（七）生态环境主管部门出具的建设项目环境影响评价文件的审批文件；

（八）申请企业高级管理和专业技术人员名单；

（九）申请企业拆解操作规范、安全规程和固体废物利用处置方案。

上述材料可以通过政府信息系统获取的，审核机关可不再要求申请企业提供。

第十条 省级商务主管部门应当对收到的资质认定申请材料进行审核，对材料齐全、符合法定形式的，应当受理申请；对材料不齐全或者不符合法定形式的，应当在收到申请之日起 5 个工作日内告知申请企业需要补正的内容。

省级商务主管部门可以委托拆解经营场地所在地地（市）级商务主管部门对申请材料是否齐全、符合法定形式进行审核。

第十一条 省级商务主管部门受理资质认定申请后，应当组织成立专家组对申请企业进行现场验收评审。

省级商务主管部门应当建立由报废机动车拆解、生态环境保护、财务等相关领域专业技术人员组成的专家库，专家库人数不少于 20 人。现场验收评审专家组由 5 人以上单数专家组成，从专家库中随机抽取专家产生，专家应当具有专业代表性。

专家组根据本细则规定的资质认定条件，实施现场验收评审，如实填写《现场验收评审意见表》。现场验收评审专家应当对现场验收评审意见负责。

省级商务主管部门应当参照商务部报废机动车回收拆解企业现场验收评审意见示范表，结合本地实际，制定本地区《现场验收评审意见表》。

第十二条 省级商务主管部门经审查资质认定申请材料、《现场验收评审意见表》等，认为申请符合资质认定条件的，在省级商务主管部门网站和"全国汽车流通信息管理应用服务"系统予以公示，公示期不少于 5 个工作日。公示期间，对申请有异议的，省级商务主管部门应当根据需要通过组织听证、专家复评复审等对异议进行核实；对申请无异议的，省级商务主管部门应当在"全国汽车流通信息管理应用服务"系统对申请予以通过，创建企业账户，并颁发《报废机动车回收拆解企业资质认定证书》（以下简称《资质认定书》）。对申请不符合资质认定条件的，省级商务主管部门应当作出不予资质认定的决定并书面说明理由。

省级商务主管部门应当及时将本行政区域内取得资质认定的回收拆解企业名单向社会公布。

第十三条 省级商务主管部门应当自受理资质认定申请之日起 20 个工作日内完成审查工作并作出相关决定。20 个工作日内不能作出决定的，经省级商务主管部门负责人批准，可以延长 10 个工作日，并应当将延长期限的理由告知申请企业。

现场验收评审、听证等所需时间不计算在本条规定的期限内。省级商务主管部门应当将所需时间书面告知申请企业。

第十四条 回收拆解企业不得涂改、出租、出借《资质认定书》,或者以其他形式非法转让《资质认定书》。

第十五条 回收拆解企业设立分支机构的,应当在市场监管部门注册登记后30日内通过“全国汽车流通信息管理应用服务”系统向分支机构注册登记所在地省级商务主管部门备案,并上传下列材料的电子文档:

(一)分支机构《营业执照》;

(二)《报废机动车回收拆解企业分支机构备案信息表》。

回收拆解企业的分支机构不得拆解报废机动车。

第十六条 回收拆解企业名称、住所或者法定代表人发生变更的,回收拆解企业应当自信息变更之日起30日内通过“全国汽车流通信息管理应用服务”系统上传变更说明及变更后的《营业执照》,经拆解经营场地所在地省级商务主管部门核准后换发《资质认定书》。

第十七条 回收拆解企业拆解经营场地发生迁建、改建、扩建的,应当依据本细则重新申请回收拆解企业资质认定。申请符合资质认定条件的,予以换发《资质认定书》;不符合资质认定条件的,由原发证机关注销其《资质认定书》。

第三章 回收拆解行为规范

第十八条 回收拆解企业在回收报废机动车时,应当核验机动车所有人有效身份证件,逐车登记机动车型号、号牌号码、车辆识别代号、发动机号等信息,并收回下列证牌:

(一)机动车登记证书原件;

(二)机动车行驶证原件;

(三)机动车号牌。

回收拆解企业应当核对报废机动车的车辆型号、号牌号码、车辆识别代号、发动机号等实车信息是否与机动车登记证书、机动车行驶证记载的信息一致。

无法提供本条第一款所列三项证牌中任意一项的,应当由机动车所有人出具书面情况说明,并对其真实性负责。

机动车所有人为自然人且委托他人代办的,还需提供受委托人有效证件及授权委托书;机动车所有人为机关、企业、事业单位、社会团体等的,需提供加盖单位公章的营业执照复印件、统一社会信用代码证书复印件或者社会团体法人登记证书复印件以及单位授权委托书、经办人身份证件。

第十九条 回收拆解企业在回收报废机动车后，应当通过"全国汽车流通信息管理应用服务"系统如实录入机动车信息，打印《报废机动车回收证明》，上传机动车拆解前照片，机动车拆解后，上传拆解后照片。上传的照片应当包括机动车拆解前整体外观、拆解后状况以及车辆识别代号等特征。对按照规定应当在公安机关监督下解体的报废机动车，回收拆解企业应当在机动车拆解后，打印《报废机动车回收证明》。

回收拆解企业应当按照国家有关规定及时向公安机关交通管理部门申请机动车注销登记，将注销证明及《报废机动车回收证明》交给机动车所有人。

第二十条 报废机动车"五大总成"和尾气后处理装置，以及新能源汽车动力蓄电池不齐全的，机动车所有人应当书面说明情况，并对其真实性负责。机动车车架（或者车身）或者发动机缺失的应当认定为车辆缺失，回收拆解企业不得出具《报废机动车回收证明》。

第二十一条 机动车存在抵押、质押情形的，回收拆解企业不得出具《报废机动车回收证明》。

发现回收的报废机动车疑似为赃物或者用于盗窃、抢劫等犯罪活动工具的，以及涉嫌伪造变造号牌、车辆识别代号、发动机号的，回收拆解企业应当向公安机关报告。已经打印的《报废机动车回收证明》应当予以作废。

第二十二条 《报废机动车回收证明》需要重新开具或者作废的，回收拆解企业应当收回已开具的《报废机动车回收证明》，并向拆解经营场地所在地地（市）级商务主管部门提出书面申请。地（市）级商务主管部门在"全国汽车流通信息管理应用服务"系统中对相关信息进行更改，并通报同级公安机关交通管理部门。

第二十三条 回收拆解企业必须在其资质认定的拆解经营场地内对回收的报废机动车予以拆解，禁止以任何方式交易报废机动车整车、拼装车。回收的报废大型客、货车等营运车辆和校车，应当在公安机关现场或者视频监督下解体。回收拆解企业应当积极配合报废机动车监督解体工作。

第二十四条 回收拆解企业拆解报废机动车应当符合国家标准《报废机动车回收拆解企业技术规范》（GB22128）相关要求，并建立生产经营全覆盖的电子监控系统，录像保存至少1年。

第二十五条 回收拆解企业应当遵守环境保护法律、法规和强制性标准，建立固体废物管理台账，如实记录报废机动车拆解产物的种类、数量、流向、贮存、利用和处置等信息，并通过"全国固体废物管理信息系统"进行填报；制定危险废物管理计划，按照国家有关规定贮存、运输、转移和利用处置危险废物。

第四章　回收利用行为规范

第二十六条　回收拆解企业应当建立报废机动车零部件销售台账，如实记录报废机动车“五大总成”数量、型号、流向等信息，并录入“全国汽车流通信息管理应用服务”系统。

回收拆解企业应当对出售用于再制造的报废机动车“五大总成”按照商务部制定的标识规则编码，其中车架应当录入原车辆识别代号信息。

第二十七条　回收拆解企业应当按照国家对新能源汽车动力蓄电池回收利用管理有关要求，对报废新能源汽车的废旧动力蓄电池或者其他类型储能装置进行拆卸、收集、贮存、运输及回收利用，加强全过程安全管理。

回收拆解企业应当将报废新能源汽车车辆识别代号及动力蓄电池编码、数量、型号、流向等信息，录入“新能源汽车国家监测与动力蓄电池回收利用溯源综合管理平台”系统。

第二十八条　回收拆解企业拆解的报废机动车“五大总成”具备再制造条件的，可以按照国家有关规定出售给具有再制造能力的企业经过再制造予以循环利用；不具备再制造条件的，应当作为废金属，交售给冶炼或者破碎企业。

第二十九条　回收拆解企业拆解的报废机动车“五大总成”以外的零部件符合保障人身和财产安全等强制性国家标准，能够继续使用的，可以出售，但应当标明“报废机动车回用件”。

回收拆解企业拆解的尾气后处理装置、危险废物应当如实记录，并交由有处理资质的企业进行拆解处置，不得向其他企业出售和转卖。

回收拆解企业拆卸的动力蓄电池应当交售给新能源汽车生产企业建立的动力蓄电池回收服务网点，或者符合国家对动力蓄电池梯次利用管理有关要求的梯次利用企业，或者从事废旧动力蓄电池综合利用的企业。

第三十条　禁止任何单位或者个人利用报废机动车“五大总成”拼装机动车。

第三十一条　机动车维修经营者不得承修已报废的机动车。

第五章　监督管理

第三十二条　县级以上地方商务主管部门应当会同相关部门，采取“双随机、一公开”方式，对本行政区域内报废机动车回收拆解活动实施日常监督检查，重点检查以下方面：

（一）回收拆解企业符合资质认定条件情况；

（二）报废机动车回收拆解程序合规情况；

（三）《资质认定书》使用合规情况；

（四）出具《报废机动车回收证明》情况；

（五）“五大总成”及其他零部件处置情况。

第三十三条 县级以上地方商务主管部门可以会同相关部门采取下列措施进行监督检查：

（一）进入从事报废机动车回收拆解活动的有关场所进行检查；

（二）询问与监督检查事项有关的单位和个人，要求其说明情况；

（三）查阅、复制有关文件、资料，检查相关数据信息系统及复制相关信息数据；

（四）依据有关法律法规采取的其他措施。

第三十四条 县级以上地方商务主管部门发现回收拆解企业不再具备本细则第八条规定条件的，应当责令其限期整改；拒不改正或者逾期未改正的，由原发证机关撤销其《资质认定书》。

回收拆解企业停止报废机动车回收拆解业务12个月以上的，或者注销营业执照的，由原发证机关撤销其《资质认定书》。

省级商务主管部门应当将本行政区域内被撤销、吊销《资质认定书》的回收拆解企业名单及时向社会公布。

回收拆解企业因违反本细则受到被吊销《资质认定书》的行政处罚，禁止该企业自行政处罚生效之日起三年内再次申请报废机动车回收拆解资质认定。

第三十五条 各级商务、发展改革、工业和信息化、公安、生态环境、交通运输、市场监管等部门应当加强回收拆解企业监管信息共享，及时分享资质认定、变更、撤销等信息、回收拆解企业行政处罚以及《报废机动车回收证明》和报废机动车照片等信息。

第三十六条 县级以上地方商务主管部门应当会同有关部门建立回收拆解企业信用档案，将企业相关违法违规行为依法作出的处理决定录入信用档案，并及时向社会公布。

第三十七条 《资质认定书》《报废机动车回收证明》和《报废机动车回收拆解企业分支机构备案信息表》样式由商务部规定，省级商务主管部门负责印制发放，任何单位和个人不得买卖或者伪造、变造。

第三十八条 省级商务主管部门应当加强对现场验收评审专家库的管理，实施动态调整机制。专家在验收评审过程中出现违反独立、客观、公平、公正原则问题的，省级商务主管部门应当及时将有关专家调整出现场验收评审专家库，且不得再次选入。

第三十九条 县级以上地方商务主管部门应当向社会公布本部门的联系方式，方便公众举报报废机动车回收拆解相关的违法行为。

县级以上地方商务主管部门接到举报，应当及时依法调查处理，并为举报人保密；对实名举报的，应当将处理结果告知举报人。

第六章 法律责任

第四十条 违反本细则第七条第一款规定，未取得资质认定，擅自从事报废机动车回收拆解活动的，由县级以上地方商务主管部门会同有关部门按照《管理办法》第十九条规定没收非法回收拆解的报废机动车、报废机动车"五大总成"和其他零部件，没收违法所得；违法所得在5万元以上的，并处违法所得2倍以上5倍以下的罚款；违法所得不足5万元或者没有违法所得的，并处5万元以上10万元以下的罚款。

违反本细则第七条第二款规定，机动车生产企业未按照国家有关规定承担生产者责任向回收拆解企业提供相关技术支持的，由县级以上地方工业和信息化主管部门责令改正，并处1万元以上3万元以下的罚款。

第四十一条 违反本细则第十四条规定，回收拆解企业涂改、出租、出借或者以其他形式非法转让《资质认定书》的，由县级以上地方商务主管部门责令改正，并处1万元以上3万元以下的罚款。

第四十二条 违反本细则第十五条第一款规定，回收拆解企业未按照要求备案分支机构的，由分支机构注册登记所在地县级以上地方商务主管部门责令改正，并处1万元以上3万元以下的罚款。

违反本细则第十五条第二款规定，回收拆解企业的分支机构对报废机动车进行拆解的，由分支机构注册登记所在地县级以上地方商务主管部门责令改正，并处3万元罚款；拒不改正或者情节严重的，由原发证部门吊销回收拆解企业的《资质认定书》。

第四十三条 违反本细则第十九条第一款、第二十条、第二十一条的规定，回收拆解企业违规开具或者发放《报废机动车回收证明》，或者未按照规定对已出具《报废机动车回收证明》的报废机动车进行拆解的，由县级以上地方商务主管部门责令限期改正，整改期间暂停打印《报废机动车回收证明》；情节严重的，处1万元以上3万元以下的罚款。

回收拆解企业明知或者应当知道回收的机动车为赃物或者用于盗窃、抢劫等犯罪活动的犯罪工具，未向公安机关报告，擅自拆解、改装、拼装、倒卖该机动车的，由县级以上地方公安机关按照《治安管理处罚法》予以治安管理处罚，构成犯罪的，依法追究刑事责任。

因违反前款规定，被追究刑事责任或者两年内被治安管理处罚两次以上的，由原发证部门吊销《资质认定书》。

第四十四条 违反本细则第十九条第二款规定，回收拆解企业未按照国家有关规定及时向公安机关交通管理部门办理机动车注销登记，并将注销证明转交机动车所有人的，由县级以上地方商务主管部门按照《管理办法》第二十二条规定责令改正，可以处1万元以上5万元以下的罚款。

第四十五条 违反本细则第二十三条规定，回收拆解企业未在其资质认定的拆解经营场地内对回收的报废机动车予以拆解，或者交易报废机动车整车、拼装车的，由县级以上地方商务主管部门责令改正，并处3万元罚款；拒不改正或者情节严重的，由原发证部门吊销《资质认定书》。

第四十六条 违反本细则第二十四条规定，回收拆解企业未建立生产经营全覆盖的电子监控系统，或者录像保存不足1年的，由县级以上地方商务主管部门责令限期改正，整改期间暂停打印《报废机动车回收证明》；情节严重的，处1万元以上3万元以下的罚款。

第四十七条 回收拆解企业违反环境保护法律、法规和强制性标准，污染环境的，由生态环境主管部门按照《管理办法》第二十四条规定责令限期改正，并依法予以处罚；拒不改正或者逾期未改正的，由原发证部门吊销《资质认定书》。

回收拆解企业不再符合本细则第八条规定有关环境保护相关认定条件的，由生态环境主管部门责令限期改正，并依法予以处罚；拒不改正或者逾期未改正的，由原发证部门撤销《资质认定书》。

回收拆解企业违反本细则第二十五条规定的，由生态环境主管部门依法予以处罚。

第四十八条 违反本细则第二十六条规定，回收拆解企业未按照要求建立报废机动车零部件销售台账并如实记录“五大总成”信息并上传信息系统的，由县级以上地方商务主管部门按照《管理办法》第二十三条规定责令改正，并处1万元以上5万元以下的罚款；情节严重的，责令停业整顿。

第四十九条 违反本细则第二十七条规定，回收拆解企业未按照国家有关标准和规定要求，对报废新能源汽车的废旧动力蓄电池或者其他类型储能设施进行拆卸、收集、贮存、运输及回收利用的，或者未将报废新能源汽车车辆识别代号及动力蓄电池编码、数量、型号、流向等信息录入有关平台的，由县级以上地方商务主管部门会同工业和信息化主管部门责令改正，并处1万元以上3万元以下的罚款。

第五十条 违反本细则第二十八条、第二十九条规定，回收拆解企业出售的报废机动车“五大总成”及其他零部件不符合相关要求的，由县级以上地方商务主管部门按照《管理办法》第二十一条规定责令改正，没收报废机动车“五大总成”和其他零部件，没收违法所得；违法所得在5万元以上的，并处违法所得2倍以上5倍以下的罚款；违法所得不足5万元或者没有违法所得的，并处5万元以上10万元以下的罚款；情节严重的，责令停业整顿直至由原发证部门吊销《资质认定书》。

回收拆解企业将报废机动车“五大总成”及其他零部件出售给或者交予本细则第二十八条、第二十九条规定以外企业处理的，由县级以上地方商务主管部门会同有关部门责令改正，并处1万元以上3万元以下的罚款。

第五十一条 违反本细则第三十一条规定，机动车维修经营者承修已报废的机动车的，由县级以上道路运输管理机构责令改正；有违法所得的，没收违法所得，处违法所得2倍以上10倍以下的罚款；没有违法所得或者违法所得不足1万元的，处2万元以上5万元以下的罚款，没收报废机动车；情节严重的，由县级以上道路运输管理机构责令停业整顿；构成犯罪的，依法追究刑事责任。

第五十二条 违反本细则第三十七条规定，买卖或者伪造、变造《资质认定书》的，由县级以上地方公安机关依法给予治安管理处罚。

买卖或者伪造、变造《报废机动车回收证明》的，由县级以上地方公安机关按照《治安管理处罚法》予以治安管理处罚。

第五十三条 发现在拆解或者处置过程中可能造成环境污染的电器电子等产品，设计使用列入国家禁止使用名录的有毒有害物质的，回收拆解企业有权向市场监管部门进行举报，有关部门应当及时通报市场监管部门。市场监管部门依据《循环经济促进法》第五十一条规定处理。

第五十四条 各级商务、发展改革、工业和信息化、公安、生态环境、交通运输、市场监管等部门及其工作人员应当按照《管理办法》和本细则规定履行职责。违反相关规定的，按照《管理办法》第二十五条规定追究责任。任何单位和个人有权对相关部门及其工作人员的违法违规行为进行举报。

第七章 附 则

第五十五条 省级商务主管部门可以结合本地实际情况制定本细则的实

施办法,并报商务部备案。

第五十六条 本细则实施前已经取得报废机动车回收资质的企业,应当在本细则实施后两年内按照本细则的要求向省级商务主管部门申请重新进行资质认定。通过资质认定的,换发《资质认定书》;超过两年未通过资质认定的,由原发证部门注销其《资质认定书》。

第五十七条 县级以上地方商务主管部门涉及本细则有关商务执法职责发生调整的,有关商务执法职责由本级人民政府确定的承担相关职责的部门实施。

第五十八条 本细则由商务部会同发展改革委、工业和信息化部、公安部、生态环境部、交通运输部、市场监管总局负责解释。

第五十九条 本细则自2020年9月1日起施行。

关于废止《化肥淡季商业储备管理办法》等文件的决定

(2020年7月31日国家发展和改革委员会、财政部令第35号公布 自公布之日起施行 国司备字[2020003237])

经国务院批准,原"中央救灾化肥储备""化肥淡季商业储备""国家钾肥储备"统一整合为"国家化肥商业储备",国家发展改革委、财政部将制定新的管理办法,现决定废止《化肥淡季商业储备管理办法》(2005年国家发展改革委、财政部令第26号)、《中央救灾储备化肥管理办法》(计经贸〔1999〕577号)、《化肥淡季商业储备管理办法补充规定》(发改经贸〔2005〕2251号),自公布之日起执行。

对外援助项目咨询服务单位资格认定办法

(2020年10月30日国家国际发展合作署令2020年第4号公布 自2020年12月1日起施行 国司备字[2020003140])

第一章 总 则

第一条 为规范对外援助项目咨询服务单位(以下简称援外项目咨询服

务单位)资格认定,依据《行政许可法》和《国务院对确需保留的行政审批项目设定行政许可的决定》(国务院令 2004 年第 412 号),制定本办法。

第二条 本办法所称援外项目咨询服务单位是指经资格认定,可承担中国政府对外援助项目咨询服务任务的法人组织。

援外项目咨询服务单位包括:

(一)可行性研究单位,承担援外项目可行性研究任务。具体分为:

1. 工程类可行性研究单位,承担援外成套项目、以附带工程为主的技术援助项目的可行性研究任务。

2. 物资类可行性研究单位,承担援外物资项目、以提供物资为主的技术援助项目的可行性研究任务。

3. 服务类可行性研究单位,承担规划编制、政策咨询、教育培训、技术服务等以派遣专家为主的技术援助项目的可行性研究任务。

(二)项目咨询单位,承担援外项目预可行性研究、准备性技术研究、项目建议书编制、援外优惠贷款申请报告编制、重大战略项目融资方案编制和项目申请等立项前期咨询服务任务。

(三)评估咨询单位,承担援外项目可行性研究报告和项目建议书评估、援外优惠贷款申请报告评审、重大战略项目融资方案和项目申请报告评估、项目实施情况后评估任务。

(四)经济技术咨询单位,承担援外项目概预决算的编制和审查、合同价款审定任务。

第三条 国家国际发展合作署(以下简称国际发展合作署)负责援外项目咨询服务单位的资格认定和资格管理。

省、自治区、直辖市人民政府及新疆生产建设兵团负责对外援助工作的具体部门(以下统称省级主管部门)协助国际发展合作署进行援外项目咨询服务单位资格认定。

第四条 经资格认定的援外项目咨询服务单位可在相应的资格类别范围内承担援外项目咨询服务任务。

第二章 资格条件

第五条 援外项目咨询服务单位应具备以下基本资格条件:

(一)系依照中国法律在中国境内设立的法人,包括企业、事业单位和社会团体;

(二)所有出资人均为中国投资者;

（三）具备能够从事对外援助工作的专业部门和五名以上咨询工作人员，其中主要业务负责人从事咨询业务不少于十年；

（四）具备相应类别的境内（外）咨询服务业绩，具体业绩标准另行公告；

（五）前两个会计年度未出现亏损；

（六）前两年未受过刑事处罚、未因进行非法经营活动或违反有关援外管理规章受过行政处罚；

（七）依法纳税和缴纳社会保险费；

（八）具有良好的经营诚信表现。

第六条 申请工程类可行性研究单位资格的，除具备第五条规定的基本资格条件外，还应具备国务院相关行业主管部门颁发的工程设计综合甲级或行业甲级资质，且符合国务院相关行业主管部门指导认定的工程咨询单位甲级资信评价标准。

第七条 申请项目咨询单位资格的，除具备第五条规定的基本资格条件外，还应符合国务院相关行业主管部门指导认定的工程咨询单位甲级资信评价标准。

第八条 申请评估咨询单位资格的，除具备第五条规定的基本资格条件外，还应符合国务院相关行业主管部门指导认定的工程咨询单位综合甲级资信评价标准。

第九条 申请经济技术咨询单位资格的，除具备第五条规定的基本资格条件外，还应具备国务院相关行业主管部门颁发的工程造价咨询企业甲级资质。

第三章 资格审查

第十条 咨询服务单位申请援外项目咨询服务单位资格，应向国际发展合作署提交以下文件：

（一）申请书；

（二）单位法人及其法定代表人身份证明文件；

（三）企业出资情况证明文件和出资人身份证明文件，事业单位法人登记有关证明文件，或社会团体登记有关证明文件；

（四）专业技术力量情况说明，包括单位能够从事对外援助工作的专业部门及其工作人员名单，以及主要业务负责人的工作履历；

（五）开展境内（外）项目咨询服务的业绩证明材料；

（六）前两个年度单位会计报表；

（七）本单位关于前两年未受过刑事处罚、未因进行非法经营活动或违反有关援外管理规章受过行政处罚的声明；

（八）税务机关出具的前两年完税证明；

（九）社会保险经办机构出具的前两年缴费证明。

除上述文件外，申请工程类可行性研究单位资格还需提交国务院相关行业主管部门颁发的工程设计综合甲级或行业甲级资质证书，以及国务院相关行业主管部门指导认定的工程咨询单位甲级资信评价证书；申请项目咨询单位资格还需提交国务院相关行业主管部门指导认定的工程咨询单位甲级资信评价证书；申请评估咨询单位资格还需提交国务院相关行业主管部门指导认定的工程咨询单位综合甲级资信评价证书；申请经济技术咨询单位资格还需提交国务院相关行业主管部门颁发的工程造价咨询企业甲级资质证书。

第十一条 在国务院相关主管部门和机构登记的咨询服务单位直接向国际发展合作署提交申请，其他单位向所在地省级主管部门提交申请。

第十二条 向省级主管部门申请的，省级主管部门应当在收到申请文件之日起五个工作日内完成初核，将申请文件连同初核意见一并报国际发展合作署审核。

第十三条 国际发展合作署应在收到完备申请文件之日起二十个工作日内或收到省级主管部门初核意见之日起十五个工作日内完成审核，作出许可与否的决定。

准予许可的，国际发展合作署颁发有效期为两年的许可文件；不予许可的，国际发展合作署应当说明理由，并告知申请人享有依法申请行政复议或者提起行政诉讼的权利。

第十四条 国际发展合作署应公布经资格认定取得资格的援外项目咨询服务单位名单。

第十五条 取得资格的咨询服务单位需要延续资格许可有效期的，应当在有效期届满六十日前根据第十条和第十一条向国际发展合作署或所在地省级主管部门提出申请。

第十六条 省级主管部门和国际发展合作署根据第十二条和第十三条规定的期限对申请进行初核或审核，国际发展合作署在许可有效期届满前作出是否准予延期的决定。

第十七条 准予延期的，国际发展合作署颁发准予延期的许可文件；不予延期的，国际发展合作署应当说明理由，并告知咨询服务单位享有依法申请行政复议或者提起行政诉讼的权利。

第四章　资格管理

第十八条　援外项目咨询服务单位发生单位名称、单位类型、法定代表人、出资情况变更的，应在变更之日起一个月内向国际发展合作署备案，提供以下文件：

（一）变更申请表；

（二）变更登记证明文件；

（三）变更后的相关证明文件。

第十九条　援外项目咨询服务单位发生改制、分立或合并情形的，改制、分立或合并后新成立的单位应按照本办法规定重新申请资格认定。

第二十条　国际发展合作署建立援外项目咨询服务单位诚信评价体系，对咨询服务单位遵守援外管理规章和履行咨询服务合同等情况进行评价。

第二十一条　有下列情形之一的，国际发展合作署可依据职权或根据利害关系人的请求，撤销援外项目咨询服务单位资格：

（一）行政机关工作人员滥用职权、玩忽职守作出援外项目咨询服务单位资格许可决定的；

（二）违反法定程序作出援外项目咨询服务单位资格许可决定的；

（三）对不具备申请资格或不符合法定条件的申请人准予援外项目咨询服务单位资格许可的。

咨询服务单位以欺骗、贿赂等不正当手段获得资格的，国际发展合作署应撤销其资格。

第二十二条　援外项目咨询服务单位因有效期届满而丧失资格，不影响已中标项目的实施。

第五章　法律责任

第二十三条　咨询服务单位有下列情形之一的，国际发展合作署给予警告，可以并处三万元人民币以下罚款；违反相关法律、行政法规规定的，依照相关法律、行政法规的规定给予行政处罚；构成犯罪的，依法追究刑事责任：

（一）以欺骗、贿赂等不正当手段获得援外项目咨询服务单位资格的；

（二）以出租、出借等方式非法转让援外项目咨询服务单位资格的；

（三）隐瞒有关情况或者提供虚假材料获得援外项目咨询服务单位资格的。

第二十四条　国际发展合作署和省级主管部门工作人员在援外项目咨询服务单位资格管理过程中，违反有关法律法规和本办法规定的，视情节轻重给予相应处分；构成犯罪的，依法追究刑事责任。

第六章　附　则

第二十五条　对于暂无单位经资格认定取得援外项目咨询服务单位资格的专业领域，该专业咨询服务单位的选定按照援外项目采购规定执行。

第二十六条　本办法所称“中国投资者”不包括外商投资企业。

第二十七条　本办法自2020年12月1日起施行。施行之日起，《对外援助项目实施企业资格认定办法（试行）》（商务部令2015年第1号）中援外项目咨询服务单位有关规定与本办法规定不一致的，以本办法规定为准。

文化和旅游部关于废止《文化统计管理办法》和《旅游统计管理办法》的决定

（2020年11月6日文化和旅游部令第5号公布　自公布之日起施行　国司备字［2020003181］）

为进一步满足新时代统计工作需要与文化和旅游融合发展需求，有效实现文化和旅游统计工作全流程管理，根据《深化党和国家机构改革方案》有关要求，文化和旅游部决定废止《文化统计管理办法》（中华人民共和国文化部令第53号）和《旅游统计管理办法》（国家旅游局令第10号）。

本决定自公布之日起生效。

保险代理人监管规定

（2020年11月12日中国银行保险监督管理委员会令2020年第11号公布　自2021年1月1日起施行　国司备字［2020003238］）

第一章　总　则

第一条　为了规范保险代理人的经营行为，保护投保人、被保险人和受益人的合法权益,维护市场秩序,根据《中华人民共和国保险法》(以下简称《保险法》)等法律、行政法规,制定本规定。

第二条 本规定所称保险代理人是指根据保险公司的委托,向保险公司收取佣金,在保险公司授权的范围内代为办理保险业务的机构或者个人,包括保险专业代理机构、保险兼业代理机构及个人保险代理人。

本规定所称保险专业代理机构是指依法设立的专门从事保险代理业务的保险代理公司及其分支机构。

本规定所称保险兼业代理机构是指利用自身主业与保险的相关便利性,依法兼营保险代理业务的企业,包括保险兼业代理法人机构及其分支机构。

本规定所称个人保险代理人是指与保险公司签订委托代理合同,从事保险代理业务的人员。

本规定所称保险代理机构从业人员是指在保险专业代理机构、保险兼业代理机构中,从事销售保险产品或者进行相关损失勘查、理赔等业务的人员。

第三条 保险专业代理公司、保险兼业代理法人机构在中华人民共和国境内经营保险代理业务,应当符合国务院保险监督管理机构规定的条件,取得相关经营保险代理业务的许可证(以下简称许可证)。

第四条 保险代理人应当遵守法律、行政法规和国务院保险监督管理机构有关规定,遵循自愿、诚实信用和公平竞争的原则。

第五条 国务院保险监督管理机构根据《保险法》和国务院授权,对保险代理人履行监管职责。

国务院保险监督管理机构派出机构在国务院保险监督管理机构授权范围内履行监管职责。

第二章 市场准入

第一节 业务许可

第六条 除国务院保险监督管理机构另有规定外,保险专业代理公司应当采取下列组织形式:

(一)有限责任公司;

(二)股份有限公司。

第七条 保险专业代理公司经营保险代理业务,应当具备下列条件:

(一)股东符合本规定要求,且出资资金自有、真实、合法,不得用银行贷款及各种形式的非自有资金投资;

（二）注册资本符合本规定第十条要求，且按照国务院保险监督管理机构的有关规定托管；

（三）营业执照记载的经营范围符合有关规定；

（四）公司章程符合有关规定；

（五）公司名称符合本规定要求；

（六）高级管理人员符合本规定的任职资格条件；

（七）有符合国务院保险监督管理机构规定的治理结构和内控制度，商业模式科学合理可行；

（八）有与业务规模相适应的固定住所；

（九）有符合国务院保险监督管理机构规定的业务、财务信息管理系统；

（十）法律、行政法规和国务院保险监督管理机构规定的其他条件。

第八条 单位或者个人有下列情形之一的，不得成为保险专业代理公司的股东：

（一）最近5年内受到刑罚或者重大行政处罚的；

（二）因涉嫌重大违法犯罪正接受有关部门调查的；

（三）因严重失信行为被国家有关单位确定为失信联合惩戒对象且应当在保险领域受到相应惩戒，或者最近5年内具有其他严重失信不良记录的；

（四）依据法律、行政法规不能投资企业的；

（五）国务院保险监督管理机构根据审慎监管原则认定的其他不适合成为保险专业代理公司股东的情形。

第九条 保险公司的工作人员、个人保险代理人和保险专业中介机构从业人员不得另行投资保险专业代理公司；保险公司、保险专业中介机构的董事、监事或者高级管理人员的近亲属经营保险代理业务的，应当符合履职回避的有关规定。

第十条 经营区域不限于注册登记地所在省、自治区、直辖市、计划单列市的保险专业代理公司的注册资本最低限额为5000万元。

经营区域为注册登记地所在省、自治区、直辖市、计划单列市的保险专业代理公司的注册资本最低限额为2000万元。

保险专业代理公司的注册资本必须为实缴货币资本。

第十一条 保险专业代理公司名称中应当包含“保险代理”字样。

保险专业代理公司的字号不得与现有的保险专业中介机构相同，与其他保险专业中介机构具有同一实际控制人的保险专业代理公司除外。

保险专业代理公司应当规范使用机构简称，清晰标识所属行业细分类别，不得混淆保险代理公司与保险公司概念，在宣传工作中应当明确标识“保险代理”字样。

第十二条 保险兼业代理机构经营保险代理业务，应当符合下列条件：

（一）有市场监督管理部门核发的营业执照，其主营业务依法须经批准的，应取得相关部门的业务许可；

（二）主业经营情况良好，最近2年内无重大行政处罚记录；

（三）有同主业相关的保险代理业务来源；

（四）有便民服务的营业场所或者销售渠道；

（五）具备必要的软硬件设施，保险业务信息系统与保险公司对接，业务、财务数据可独立于主营业务单独查询统计；

（六）有完善的保险代理业务管理制度和机制；

（七）有符合本规定条件的保险代理业务责任人；

（八）法律、行政法规和国务院保险监督管理机构规定的其他条件。

保险兼业代理机构因严重失信行为被国家有关单位确定为失信联合惩戒对象且应当在保险领域受到相应惩戒的，或者最近5年内具有其他严重失信不良记录的，不得经营保险代理业务。

第十三条 保险兼业代理法人机构及其根据本规定第二十条指定的分支机构应当分别委派本机构分管保险业务的负责人担任保险代理业务责任人。

保险代理业务责任人应当品行良好，熟悉保险法律、行政法规，具有履行职责所需的经营管理能力。

第十四条 保险专业代理公司申请经营保险代理业务，应当在领取营业执照后，及时按照国务院保险监督管理机构的要求提交申请材料，并进行相关信息披露。

保险兼业代理法人机构申请经营保险代理业务，应当及时按照国务院保险监督管理机构的要求提交申请材料，并进行相关信息披露。

国务院保险监督管理机构及其派出机构（以下统称保险监督管理机构）按照法定的职责和程序实施行政许可。

第十五条 保险专业代理公司申请经营保险代理业务的，保险监督管理机构应当采取谈话、询问、现场验收等方式了解、审查申请人股东的经营、诚信记录，以及申请人的市场发展战略、业务发展计划、内控制度建设、人员结构、信息系统配置及运行等有关事项，并进行风险测试和提示。

保险兼业代理法人机构申请经营保险代理业务具体办法由国务院保险监督管理机构另行规定。

第十六条 保险监督管理机构依法作出批准保险专业代理公司、保险兼业代理法人机构经营保险代理业务的决定的，应当向申请人颁发许可证。申请人取得许可证后，方可开展保险代理业务，并应当及时在国务院保险监督管理机构规定的监管信息系统中登记相关信息。

保险监督管理机构决定不予批准的，应当作出书面决定并说明理由。保险专业代理公司继续存续的，应当依法办理名称、营业范围和公司章程等事项的变更登记，确保其名称中无“保险代理”字样。

第十七条 经营区域不限于注册登记地所在省、自治区、直辖市、计划单列市的保险专业代理公司可以在中华人民共和国境内开展保险代理业务。

经营区域不限于注册登记地所在省、自治区、直辖市、计划单列市的保险专业代理公司在注册登记地以外开展保险代理业务的，应当在当地设立分支机构。设立分支机构时应当首先设立省级分公司，指定其负责办理行政许可申请、监管报告和报表提交等相关事宜，并负责管理其他分支机构。

保险专业代理公司分支机构包括分公司、营业部。

第十八条 保险专业代理公司新设分支机构经营保险代理业务，应当符合以下条件：

（一）保险专业代理公司及分支机构最近1年内没有受到刑罚或者重大行政处罚；

（二）保险专业代理公司及分支机构未因涉嫌违法犯罪正接受有关部门调查；

（三）保险专业代理公司及分支机构最近1年内未发生30人以上群访群诉事件或者100人以上非正常集中退保事件；

（四）最近2年内设立的分支机构不存在运营未满1年退出市场的情形；

（五）具备完善的分支机构管理制度；

（六）新设分支机构有符合要求的营业场所、业务财务信息管理系统，以及与经营业务相匹配的其他设施；

（七）新设分支机构主要负责人符合本规定的任职条件；

（八）国务院保险监督管理机构规定的其他条件。

保险专业代理公司因严重失信行为被国家有关单位确定为失信联合惩戒对象且应当在保险领域受到相应惩戒的，或者最近5年内具有其他严重失信不良记录的，不得新设分支机构经营保险代理业务。

第十九条 保险专业代理公司分支机构应当在营业执照记载的登记之日起15日内，书面报告保险监督管理机构，在国务院保险监督管理机构规定的监管信息系统中登记相关信息，按照规定进行公开披露，并提交主要负责人的任职资格核准申请材料或者报告材料。

第二十条 保险兼业代理分支机构获得法人机构关于开展保险代理业务

的授权后，可以开展保险代理业务，并应当及时通过国务院保险监督管理机构规定的监管信息系统报告相关情况。

保险兼业代理法人机构授权注册登记地以外的省、自治区、直辖市或者计划单列市的分支机构经营保险代理业务的，应当指定一家分支机构负责该区域全部保险代理业务管理事宜。

第二十一条 保险专业代理机构有下列情形之一的，应当自该情形发生之日起5日内，通过国务院保险监督管理机构规定的监管信息系统报告，并按照规定进行公开披露：

（一）变更名称、住所或者营业场所的；

（二）变更股东、注册资本或者组织形式的；

（三）变更股东姓名或者名称、出资额的；

（四）修改公司章程的；

（五）股权投资、设立境外保险类机构及非营业性机构的；

（六）分立、合并、解散，分支机构终止保险代理业务活动的；

（七）变更省级分公司以外分支机构主要负责人的；

（八）受到行政处罚、刑罚或者涉嫌违法犯罪正接受调查的；

（九）国务院保险监督管理机构规定的其他报告事项。

保险专业代理机构发生前款规定的相关情形，应当符合国务院保险监督管理机构相关规定。

第二十二条 保险兼业代理机构有下列情形之一的，应当自该情形发生之日起5日内，通过国务院保险监督管理机构规定的监管信息系统报告，并按照规定进行公开披露：

（一）变更名称、住所或者营业场所的；

（二）变更保险代理业务责任人的；

（三）变更对分支机构代理保险业务授权的；

（四）国务院保险监督管理机构规定的其他报告事项。

第二十三条 保险专业代理公司、保险兼业代理法人机构变更事项涉及许可证记载内容的，应当按照国务院保险监督管理机构有关规定办理许可证变更登记，交回原许可证，领取新许可证，并进行公告。

第二节　任职资格

第二十四条 本规定所称保险专业代理机构高级管理人员是指下列人员：

（一）保险专业代理公司的总经理、副总经理；

（二）省级分公司主要负责人；

（三）对公司经营管理行使重要职权的其他人员。

保险专业代理机构高级管理人员应当在任职前取得保险监督管理机构核准的任职资格。

第二十五条 保险专业代理机构高级管理人员应当具备下列条件：

（一）大学专科以上学历；

（二）从事金融工作 3 年以上或者从事经济工作 5 年以上；

（三）具有履行职责所需的经营管理能力，熟悉保险法律、行政法规及国务院保险监督管理机构的相关规定；

（四）诚实守信，品行良好。

从事金融工作 10 年以上的人员，学历要求可以不受第一款第（一）项的限制。

保险专业代理机构任用的省级分公司以外分支机构主要负责人应当具备前两款规定的条件。

第二十六条 有下列情形之一的人员，不得担任保险专业代理机构的高级管理人员和省级分公司以外分支机构主要负责人：

（一）无民事行为能力或者限制民事行为能力；

（二）因贪污、贿赂、侵占财产、挪用财产或者破坏社会主义市场秩序，被判处刑罚执行期满未逾 5 年，或者因犯罪被剥夺政治权利，执行期满未逾 5 年；

（三）担任破产清算的公司、企业的董事或者厂长、经理，对该公司、企业的破产负有个人责任的，自该公司、企业破产清算完结之日起未逾 3 年；

（四）担任因违法被吊销营业执照、责令关闭的公司、企业的法定代表人，并负有个人责任的，自该公司、企业被吊销营业执照之日起未逾 3 年；

（五）担任因违法被吊销许可证的保险公司或者保险中介机构的董事、监事或者高级管理人员，并对被吊销许可证负有个人责任或者直接领导责任的，自许可证被吊销之日起未逾 3 年；

（六）因违法行为或者违纪行为被金融监管机构取消任职资格的金融机构的董事、监事或者高级管理人员，自被取消任职资格之日起未逾 5 年；

（七）被金融监管机构决定在一定期限内禁止进入金融行业的，期限未满；

（八）受金融监管机构警告或者罚款未逾 2 年；

（九）正在接受司法机关、纪检监察部门或者金融监管机构调查；

（十）个人所负数额较大的债务到期未清偿；

（十一）因严重失信行为被国家有关单位确定为失信联合惩戒对象且应当在保险领域受到相应惩戒，或者最近 5 年内具有其他严重失信不良记录；

（十二）法律、行政法规和国务院保险监督管理机构规定的其他情形。

第二十七条 保险专业代理机构应当与高级管理人员、省级分公司以外分支机构主要负责人建立劳动关系，订立书面劳动合同。

第二十八条 保险专业代理机构高级管理人员、省级分公司以外分支机构主要负责人至多兼任 2 家分支机构的主要负责人。

保险专业代理机构高级管理人员和省级分公司以外分支机构主要负责人兼任其他经营管理职务的，应当具有必要的时间履行职务。

第二十九条 非经股东会或者股东大会批准，保险专业代理公司的高级管理人员和省级分公司以外分支机构主要负责人不得在存在利益冲突的机构中兼任职务。

第三十条 保险专业代理机构向保险监督管理机构提出高级管理人员任职资格核准申请的，应当如实填写申请表、提交相关材料。

保险监督管理机构可以对保险专业代理机构拟任高级管理人员进行考察或者谈话。

第三十一条 保险专业代理机构高级管理人员应当通过国务院保险监督管理机构认可的保险法规及相关知识测试。

第三十二条 保险专业代理机构高级管理人员在同一保险专业代理机构内部调任、兼任其他职务，无须重新核准任职资格。

保险专业代理机构调整、免除高级管理人员和省级分公司以外分支机构主要负责人职务，应当自决定作出之日起 5 日内在国务院保险监督管理机构规定的监管信息系统中登记相关信息，并按照规定进行公开披露。

第三十三条 保险专业代理机构的高级管理人员和省级分公司以外分支机构主要负责人因涉嫌犯罪被起诉的，保险专业代理机构应当自其被起诉之日起 5 日内和结案之日起 5 日内在国务院保险监督管理机构规定的监管信息系统中登记相关信息。

第三十四条 保险专业代理机构高级管理人员和省级分公司以外分支机构主要负责人有下列情形之一，保险专业代理机构已经任命的，应当免除其职务；经核准任职资格的，其任职资格自动失效：

（一）获得核准任职资格后，保险专业代理机构超过 2 个月未任命；

（二）从该保险专业代理机构离职；

（三）受到国务院保险监督管理机构禁止进入保险业的行政处罚；

（四）出现《中华人民共和国公司法》第一百四十六条规定的情形。

第三十五条 保险专业代理机构出现下列情形之一，可以指定临时负责人，但临时负责人任职时间最长不得超过 3 个月，并且不得就同一职务连续任命临时负责人：

（一）原负责人辞职或者被撤职；

（二）原负责人因疾病、意外事故等原因无法正常履行工作职责；

（三）国务院保险监督管理机构认可的其他特殊情况。

临时负责人应当具有与履行职责相当的能力，并应当符合本规定第二十五条、第二十六条的相关要求。

保险专业代理机构任命临时负责人的，应当自决定作出之日起 5 日内在国务院保险监督管理机构规定的监管信息系统中登记相关信息。

第三节　从业人员

第三十六条　保险公司应当委托品行良好的个人保险代理人。保险专业代理机构、保险兼业代理机构应当聘任品行良好的保险代理机构从业人员。

保险公司、保险专业代理机构、保险兼业代理机构应当加强对个人保险代理人、保险代理机构从业人员招录工作的管理，制定规范统一的招录政策、标准和流程。

有下列情形之一的，保险公司、保险专业代理机构、保险兼业代理机构不得聘任或者委托：

（一）因贪污、受贿、侵占财产、挪用财产或者破坏社会主义市场经济秩序，被判处刑罚，执行期满未逾 5 年的；

（二）被金融监管机构决定在一定期限内禁止进入金融行业，期限未满的；

（三）因严重失信行为被国家有关单位确定为失信联合惩戒对象且应当在保险领域受到相应惩戒，或者最近 5 年内具有其他严重失信不良记录的；

（四）法律、行政法规和国务院保险监督管理机构规定的其他情形。

第三十七条　个人保险代理人、保险代理机构从业人员应当具有从事保险代理业务所需的专业能力。保险公司、保险专业代理机构、保险兼业代理机构应当加强对个人保险代理人、保险代理机构从业人员的岗前培训和后续教育。培训内容至少应当包括业务知识、法律知识及职业道德。

保险公司、保险专业代理机构、保险兼业代理机构可以委托保险中介行业自律组织或者其他机构组织培训。

保险公司、保险专业代理机构、保险兼业代理机构应当建立完整的个人保险代理人、保险代理机构从业人员培训档案。

第三十八条　保险公司、保险专业代理机构、保险兼业代理机构应当按照规定为其个人保险代理人、保险代理机构从业人员进行执业登记。

个人保险代理人、保险代理机构从业人员只限于通过一家机构进行执业登记。

个人保险代理人、保险代理机构从业人员变更所属机构的，新所属机构应当为其进行执业登记，原所属机构应当在规定的时限内及时注销执业登记。

第三十九条 国务院保险监督管理机构对个人保险代理人实施分类管理，加快建立独立个人保险代理人制度。

第三章 经营规则

第四十条 保险专业代理公司应当将许可证、营业执照置于住所或者营业场所显著位置。

保险专业代理公司分支机构应当将加盖所属法人公章的许可证复印件、分支机构营业执照置于营业场所显著位置。

保险兼业代理机构应当按照国务院保险监督管理机构的有关规定放置许可证或者许可证复印件。

保险专业代理机构和兼业代理机构不得伪造、变造、出租、出借、转让许可证。

第四十一条 保险专业代理机构可以经营下列全部或者部分业务：

（一）代理销售保险产品；

（二）代理收取保险费；

（三）代理相关保险业务的损失勘查和理赔；

（四）国务院保险监督管理机构规定的其他相关业务。

第四十二条 保险兼业代理机构可以经营本规定第四十一条规定的第（一）、（二）项业务及国务院保险监督管理机构批准的其他业务。

保险公司兼营保险代理业务的，除同一保险集团内各保险子公司之间开展保险代理业务外，一家财产保险公司在一个会计年度内只能代理一家人身保险公司业务，一家人身保险公司在一个会计年度内只能代理一家财产保险公司业务。

第四十三条 保险代理人从事保险代理业务不得超出被代理保险公司的业务范围和经营区域；保险专业代理机构从事保险代理业务涉及异地共保、异地承保和统括保单，国务院保险监督管理机构另有规定的，从其规定。

除国务院保险监督管理机构另有规定外，保险兼业代理机构不得在主业营业场所外另设代理网点。

第四十四条 保险专业代理机构及其从业人员、个人保险代理人不得销售非保险金融产品，经相关金融监管部门审批的非保险金融产品除外。

保险专业代理机构及其从业人员、个人保险代理人销售符合条件的非保险金融产品前，应当具备相应的资质要求。

第四十五条 保险专业代理机构应当根据法律、行政法规和国务院保险监督管理机构的有关规定，依照职责明晰、强化制衡、加强风险管理的原则，建立完善的公司治理结构和制度；明确管控责任，构建合规体系，注重自我约束，加强内部追责，确保稳健运营。

第四十六条 个人保险代理人、保险代理机构从业人员应当在所属机构的授权范围内从事保险代理业务。

保险公司兼营保险代理业务的，其个人保险代理人可以根据授权，代为办理其他保险公司的保险业务。个人保险代理人所属保险公司应当及时变更执业登记，增加记载授权范围等事项。法律、行政法规和国务院保险监督管理机构另有规定的，适用其规定。

第四十七条 保险代理人通过互联网、电话经营保险代理业务，国务院保险监督管理机构另有规定的，适用其规定。

第四十八条 保险专业代理机构、保险兼业代理机构应当建立专门账簿，记载保险代理业务收支情况。

第四十九条 保险专业代理机构、保险兼业代理机构代收保险费的，应当开立独立的代收保险费账户进行结算。

保险专业代理机构、保险兼业代理机构应当开立独立的佣金收取账户。

保险专业代理机构、保险兼业代理机构开立、使用其他与经营保险代理业务有关银行账户的，应当符合国务院保险监督管理机构的规定。

第五十条 保险专业代理机构、保险兼业代理机构应当建立完整规范的业务档案。

保险专业代理机构业务档案至少应当包括下列内容：

（一）代理销售保单的基本情况，包括保险人、投保人、被保险人名称或者姓名，保单号，产品名称，保险金额，保险费，缴费方式，投保日期，保险期间等；

（二）保险费代收和交付被代理保险公司的情况；

（三）保险代理佣金金额和收取情况；

（四）为保险合同签订提供代理服务的保险代理机构从业人员姓名、领取报酬金额、领取报酬账户等；

（五）国务院保险监督管理机构规定的其他业务信息。

保险兼业代理机构的业务档案至少应当包括前款第（一）至（三）项内容，并应当列明为保险合同签订提供代理服务的保险兼业代理机构从业人员姓名及其执业登记编号。

保险专业代理机构、保险兼业代理机构的记录应当真实、完整。

第五十一条 保险代理人应当加强信息化建设，通过业务信息系统等途径及时向保险公司提供真实、完整的投保信息，并应当与保险公司依法约定对投保信息保密、合理使用等事项。

第五十二条 保险代理人应当妥善管理和使用被代理保险公司提供的各种单证、材料；代理关系终止后，应当在30日内将剩余的单证及材料交付被代理保险公司。

第五十三条 保险代理人从事保险代理业务，应当与被代理保险公司签订书面委托代理合同，依法约定双方的权利义务，并明确解付保费、支付佣金的时限和违约赔偿责任等事项。委托代理合同不得违反法律、行政法规及国务院保险监督管理机构有关规定。

保险代理人根据保险公司的授权代为办理保险业务的行为，由保险公司承担责任。保险代理人没有代理权、超越代理权或者代理权终止后以保险公司名义订立合同，使投保人有理由相信其有代理权的，该代理行为有效。

个人保险代理人、保险代理机构从业人员开展保险代理活动有违法违规行为的，其所属保险公司、保险专业代理机构、保险兼业代理机构依法承担法律责任。

第五十四条 除国务院保险监督管理机构另有规定外，保险专业代理机构、保险兼业代理机构在开展业务过程中，应当制作并出示客户告知书。客户告知书至少应当包括以下事项：

（一）保险专业代理机构或者保险兼业代理机构及被代理保险公司的名称、营业场所、业务范围、联系方式；

（二）保险专业代理机构的高级管理人员与被代理保险公司或者其他保险中介机构是否存在关联关系；

（三）投诉渠道及纠纷解决方式。

第五十五条 保险专业代理机构、保险兼业代理机构应当对被代理保险公司提供的宣传资料进行记录存档。

保险代理人不得擅自修改被代理保险公司提供的宣传资料。

第五十六条 保险专业代理机构、保险兼业代理机构应当妥善保管业务档案、会计账簿、业务台账、客户告知书以及佣金收入的原始凭证等有关资料，保管期限自保险合同终止之日起计算，保险期间在1年以下的不得少于5年，保险期间超过1年的不得少于10年。

第五十七条 保险代理人为政策性保险业务、政府委托业务提供服务的，佣金收取不得违反国务院保险监督管理机构的规定。

第五十八条 保险代理人应当向投保人全面披露保险产品相关信息，并明确说明保险合同中保险责任、责任减轻或者免除、退保及其他费用扣除、现金价值、犹豫期等条款。

第五十九条 保险专业代理公司应当按规定将监管费交付到国务院保险监督管理机构指定账户。国务院保险监督管理机构对监管费另有规定的，适用其规定。

第六十条 保险专业代理公司应当自取得许可证之日起20日内投保职业责任保险或者缴存保证金。

保险专业代理公司应当自投保职业责任保险或者缴存保证金之日起10日内，将职业责任保险保单复印件或者保证金存款协议复印件、保证金入账原始凭证复印件报送保险监督管理机构，并在国务院保险监督管理机构规定的监管信息系统中登记相关信息。

保险兼业代理机构应当按照国务院保险监督管理机构的规定投保职业责任保险或者缴存保证金。

第六十一条 保险专业代理公司投保职业责任保险，该保险应当持续有效。

保险专业代理公司投保的职业责任保险对一次事故的赔偿限额不得低于人民币100万元；一年期保单的累计赔偿限额不得低于人民币1000万元，且不得低于保险专业代理公司上年度的主营业务收入。

第六十二条 保险专业代理公司缴存保证金的，应当按照注册资本的5%缴存。保险专业代理公司增加注册资本的，应当按比例增加保证金数额。

保险专业代理公司应当足额缴存保证金。保证金应当以银行存款形式专户存储到商业银行，或者以国务院保险监督管理机构认可的其他形式缴存。

第六十三条 保险专业代理公司有下列情形之一的，可以动用保证金：

（一）注册资本减少；

（二）许可证被注销；

（三）投保符合条件的职业责任保险；

（四）国务院保险监督管理机构规定的其他情形。

保险专业代理公司应当自动用保证金之日起5日内书面报告保险监督管理机构。

第六十四条 保险专业代理公司应当在每一会计年度结束后聘请会计师事务所对本公司的资产、负债、利润等财务状况进行审计，并在每一会计年度结束后4个月内向保险监督管理机构报送相关审计报告。

保险专业代理公司应当根据规定向保险监督管理机构提交专项外部审计

报告。

第六十五条 保险专业代理机构、保险兼业代理机构应当按照国务院保险监督管理机构的有关规定及时、准确、完整地报送报告、报表、文件和资料，并根据要求提交相关的电子文本。

保险专业代理机构、保险兼业代理机构报送的报告、报表、文件和资料应当由法定代表人、主要负责人或者其授权人签字，并加盖机构印章。

第六十六条 保险公司、保险专业代理机构、保险兼业代理机构不得委托未通过该机构进行执业登记的个人从事保险代理业务。国务院保险监督管理机构另有规定的除外。

第六十七条 保险公司、保险专业代理机构、保险兼业代理机构应当对个人保险代理人、保险代理机构从业人员进行执业登记信息管理，及时登记个人信息及授权范围等事项以及接受处罚、聘任或者委托关系终止等情况，确保执业登记信息的真实、准确、完整。

第六十八条 保险公司、保险专业代理机构、保险兼业代理机构应当承担对个人保险代理人、保险代理机构从业人员行为的管理责任，维护人员规范有序流动，强化日常管理、监测、追责，防范其超越授权范围或者从事违法违规活动。

第六十九条 保险公司应当制定个人保险代理人管理制度。明确界定负责团队组织管理的人员（以下简称团队主管）的职责，将个人保险代理人销售行为合规性与团队主管的考核、奖惩挂钩。个人保险代理人发生违法违规行为的，保险公司应当按照有关规定对团队主管追责。

第七十条 保险代理人及其从业人员在办理保险业务活动中不得有下列行为：

（一）欺骗保险人、投保人、被保险人或者受益人；

（二）隐瞒与保险合同有关的重要情况；

（三）阻碍投保人履行如实告知义务，或者诱导其不履行如实告知义务；

（四）给予或者承诺给予投保人、被保险人或者受益人保险合同约定以外的利益；

（五）利用行政权力、职务或者职业便利以及其他不正当手段强迫、引诱或者限制投保人订立保险合同；

（六）伪造、擅自变更保险合同，或者为保险合同当事人提供虚假证明材料；

（七）挪用、截留、侵占保险费或者保险金；

（八）利用业务便利为其他机构或者个人牟取不正当利益；

（九）串通投保人、被保险人或者受益人，骗取保险金；

（十）泄露在业务活动中知悉的保险人、投保人、被保险人的商业秘密。

第七十一条 个人保险代理人、保险代理机构从业人员不得聘用或者委托其他人员从事保险代理业务。

第七十二条 保险代理人及保险代理机构从业人员在开展保险代理业务过程中，不得索取、收受保险公司或其工作人员给予的合同约定之外的酬金、其他财物，或者利用执行保险代理业务之便牟取其他非法利益。

第七十三条 保险代理人不得以捏造、散布虚假事实等方式损害竞争对手的商业信誉，不得以虚假广告、虚假宣传或者其他不正当竞争行为扰乱保险市场秩序。

第七十四条 保险代理人不得与非法从事保险业务或者保险中介业务的机构或者个人发生保险代理业务往来。

第七十五条 保险代理人不得将保险佣金从代收的保险费中直接扣除。

第七十六条 保险代理人及保险代理机构从业人员不得违反规定代替投保人签订保险合同。

第七十七条 保险公司、保险专业代理机构以及保险兼业代理机构不得以缴纳费用或者购买保险产品作为招聘从业人员的条件，不得承诺不合理的高额回报，不得以直接或者间接发展人员的数量作为从业人员计酬的主要依据。

第七十八条 保险代理人自愿加入保险中介行业自律组织。

保险中介行业自律组织依法制定保险代理人自律规则，依据法律法规和自律规则，对保险代理人实行自律管理。

保险中介行业自律组织依法制定章程，按照规定向批准其成立的登记管理机关申请审核，并报保险监督管理机构备案。

第四章 市场退出

第七十九条 保险专业代理公司、保险兼业代理法人机构退出保险代理市场，应当遵守法律、行政法规及其他相关规定。保险专业代理公司、保险兼业代理法人机构有下列情形之一的，保险监督管理机构依法注销许可证，并予以公告：

（一）许可证依法被撤回、撤销或者吊销的；

（二）因解散或者被依法宣告破产等原因依法终止的；

（三）法律、行政法规规定的其他情形。

被注销许可证的保险专业代理公司、保险兼业代理法人机构应当及时交回许可证原件；许可证无法交回的，保险监督管理机构在公告中予以说明。

被注销许可证的保险专业代理公司、保险兼业代理法人机构应当终止其保险代理业务活动。

第八十条 保险专业代理公司许可证注销后，公司继续存续的，不得从事保险代理业务，并应当依法办理名称、营业范围和公司章程等事项的变更登记，确保其名称中无“保险代理”字样。

保险兼业代理法人机构被保险监督管理机构依法吊销许可证的，3年之内不得再次申请许可证；因其他原因被依法注销许可证的，1年之内不得再次申请许可证。

第八十一条 有下列情形之一的，保险公司、保险专业代理机构、保险兼业代理机构应当在规定的时限内及时注销个人保险代理人、保险代理机构从业人员执业登记：

(一)个人保险代理人、保险代理机构从业人员受到禁止进入保险业的行政处罚；

(二)个人保险代理人、保险代理机构从业人员因其他原因终止执业；

(三)保险公司、保险专业代理机构、保险兼业代理机构停业、解散或者因其他原因不再继续经营保险代理业务；

(四)法律、行政法规和国务院保险监督管理机构规定的其他情形。

第八十二条 保险代理人终止保险代理业务活动，应妥善处理债权债务关系，不得损害投保人、被保险人、受益人的合法权益。

第五章 监督检查

第八十三条 国务院保险监督管理机构派出机构按照属地原则负责辖区内保险代理人的监管。

国务院保险监督管理机构派出机构应当注重对辖区内保险代理人的行为监管，依法进行现场检查和非现场监管，并实施行政处罚和采取其他监管措施。

国务院保险监督管理机构派出机构在依法对辖区内保险代理人实施行政处罚和采取其他监管措施时，应当同时依法对该行为涉及的保险公司实施行政处罚和采取其他监管措施。

第八十四条 保险监督管理机构根据监管需要，可以对保险专业代理机构的高级管理人员、省级分公司以外分支机构主要负责人或者保险兼业代理机构的保险代理业务责任人进行监管谈话，要求其就经营活动中的重大事项作出说明。

第八十五条 保险监督管理机构根据监管需要，可以委派监管人员列席保险专业代理公司的股东会或者股东大会、董事会。

第八十六条 保险专业代理公司、保险兼业代理法人机构的分支机构保险代理业务经营管理混乱，从事重大违法违规活动的，保险专业代理公司、保险兼业代理法人机构应当根据保险监督管理机构的监管要求，对分支机构采取限期整改、停业、撤销或者解除保险代理业务授权等措施。

第八十七条 保险监督管理机构依法对保险专业代理机构进行现场检查，主要包括下列内容：

（一）业务许可及相关事项是否依法获得批准或者履行报告义务；

（二）资本金是否真实、足额；

（三）保证金是否符合规定；

（四）职业责任保险是否符合规定；

（五）业务经营是否合法；

（六）财务状况是否真实；

（七）向保险监督管理机构提交的报告、报表及资料是否及时、完整和真实；

（八）内控制度是否符合国务院保险监督管理机构的有关规定；

（九）任用高级管理人员和省级分公司以外分支机构主要负责人是否符合规定；

（十）是否有效履行从业人员管理职责；

（十一）对外公告是否及时、真实；

（十二）业务、财务信息管理系统是否符合国务院保险监督管理机构的有关规定；

（十三）国务院保险监督管理机构规定的其他事项。

保险监督管理机构依法对保险兼业代理机构进行现场检查，主要包括前款规定除第（二）项、第（九）项以外的内容。

保险监督管理机构依法对保险公司是否有效履行对其个人保险代理人的管控职责进行现场检查。

第八十八条 保险监督管理机构依法履行职责，被检查、调查的单位和个人应当配合。

保险监督管理机构依法进行监督检查或者调查，其监督检查、调查的人员不得少于二人，并应当出示合法证件和监督检查、调查通知书；监督检查、调查的人员少于二人或者未出示合法证件和监督检查、调查通知书的，被检查、调查的单位和个人有权拒绝。

第八十九条 保险监督管理机构可以在现场检查中，委托会计师事务所等社会中介机构提供相关服务；保险监督管理机构委托上述中介机构提供服务的，应当签订书面委托协议。

保险监督管理机构应当将委托事项告知被检查的保险专业代理机构、保险兼业代理机构。

第六章 法律责任

第九十条 未取得许可证，非法从事保险代理业务的，由保险监督管理机构予以取缔，没收违法所得，并处违法所得1倍以上5倍以下罚款；没有违法所得或者违法所得不足5万元的，处5万元以上30万元以下罚款。

第九十一条 行政许可申请人隐瞒有关情况或者提供虚假材料申请相关保险代理业务许可或者申请其他行政许可的，保险监督管理机构不予受理或者不予批准，并给予警告，申请人在1年内不得再次申请该行政许可。

第九十二条 被许可人通过欺骗、贿赂等不正当手段取得保险代理业务许可或者其他行政许可的，由保险监督管理机构予以撤销，并依法给予行政处罚；申请人在3年内不得再次申请该行政许可。

第九十三条 保险专业代理机构聘任不具有任职资格的人员的，由保险监督管理机构责令改正，处2万元以上10万元以下罚款；对该机构直接负责的主管人员和其他直接责任人员，给予警告，并处1万元以上10万元以下罚款，情节严重的，撤销任职资格。

保险专业代理机构未按规定聘任省级分公司以外分支机构主要负责人或者未按规定任命临时负责人的，由保险监督管理机构责令改正，给予警告，并处1万元以下罚款；对该机构直接负责的主管人员和其他直接责任人员，给予警告，并处1万元以下罚款。

保险兼业代理机构未按规定指定保险代理业务责任人的，由保险监督管理机构责令改正，给予警告，并处1万元以下罚款；对该机构直接负责的主管人员和其他直接责任人员，给予警告，并处1万元以下罚款。

第九十四条 保险公司、保险专业代理机构、保险兼业代理机构未按规定委托或者聘任个人保险代理人、保险代理机构从业人员，或者未按规定进行执业登记和管理的，由保险监督管理机构责令改正，给予警告，并处1万元以下罚款；对该机构直接负责的主管人员和其他直接责任人员，给予警告，并处1

万元以下罚款。

第九十五条 保险专业代理机构、保险兼业代理机构出租、出借或者转让许可证的,由保险监督管理机构责令改正,处1万元以上10万元以下罚款;情节严重的,责令停业整顿或者吊销许可证;对保险专业代理机构直接负责的主管人员和其他直接责任人员,给予警告,并处1万元以上10万元以下罚款,情节严重的,撤销任职资格;对保险兼业代理机构直接负责的主管人员和其他直接责任人员,给予警告,并处1万元以下罚款。

第九十六条 保险专业代理机构、保险兼业代理机构在许可证使用过程中,有下列情形之一的,由保险监督管理机构责令改正,给予警告,没有违法所得的,处1万元以下罚款,有违法所得的,处违法所得3倍以下罚款,但最高不得超过3万元;对该机构直接负责的主管人员和其他直接责任人员,给予警告,并处1万元以下罚款:

(一)未按规定放置许可证的;

(二)未按规定办理许可证变更登记的;

(三)未按规定交回许可证的;

(四)未按规定进行公告的。

第九十七条 保险专业代理机构、保险兼业代理机构有下列情形之一的,由保险监督管理机构责令改正,处2万元以上10万元以下罚款;情节严重的,责令停业整顿或者吊销许可证;对保险专业代理机构直接负责的主管人员和其他直接责任人员,给予警告,并处1万元以上10万元以下罚款,情节严重的,撤销任职资格;对保险兼业代理机构直接负责的主管人员和其他直接责任人员,给予警告,并处1万元以下罚款:

(一)未按照规定缴存保证金或者投保职业责任保险的;

(二)未按规定设立专门账簿记载业务收支情况的。

第九十八条 保险专业代理机构未按本规定设立分支机构或者保险兼业代理分支机构未按本规定获得法人机构授权经营保险代理业务的,由保险监督管理机构责令改正,给予警告,没有违法所得的,处1万元以下罚款,有违法所得的,处违法所得3倍以下的罚款,但最高不得超过3万元;对该机构直接负责的主管人员和其他直接责任人员,给予警告,并处1万元以下罚款。

第九十九条 保险专业代理机构、保险兼业代理机构有下列情形之一的,由保险监督管理机构责令改正,给予警告,没有违法所得的,处1万元以下罚款,有违法所得的,处违法所得3倍以下的罚款,但最高不得超过3万元;对该机构直接负责的主管人员和其他直接责任人员,给予警告,并处1万元以下罚款:

（一）超出规定的业务范围、经营区域从事保险代理业务活动的；

（二）与非法从事保险业务或者保险中介业务的机构或者个人发生保险代理业务往来的。

第一百条 保险专业代理机构、保险兼业代理机构违反本规定第四十三条的，由保险监督管理机构责令改正，给予警告，没有违法所得的，处1万元以下罚款，有违法所得的，处违法所得3倍以下罚款，但最高不得超过3万元；对该机构直接负责的主管人员和其他直接责任人员，给予警告，并处1万元以下罚款。

第一百零一条 保险专业代理机构、保险兼业代理机构违反本规定第五十一条、第五十四条的，由保险监督管理机构责令改正，给予警告，并处1万元以下罚款；对该机构直接负责的主管人员和其他直接责任人员，给予警告，并处1万元以下罚款。

第一百零二条 保险专业代理机构、保险兼业代理机构有本规定第七十条所列情形之一的，由保险监督管理机构责令改正，处5万元以上30万元以下罚款；情节严重的，吊销许可证；对保险专业代理机构直接负责的主管人员和其他直接责任人员，给予警告，并处1万元以上10万元以下罚款，情节严重的，撤销任职资格；对保险兼业代理机构直接负责的主管人员和其他直接责任人员，给予警告，并处1万元以下罚款。

第一百零三条 个人保险代理人、保险代理机构从业人员聘用或者委托其他人员从事保险代理业务的，由保险监督管理机构给予警告，没有违法所得的，处1万元以下罚款，有违法所得的，处违法所得3倍以下罚款，但最高不得超过3万元。

第一百零四条 保险专业代理机构、保险兼业代理机构违反本规定第七十二条的，由保险监督管理机构给予警告，没有违法所得的，处1万元以下罚款，有违法所得的，处违法所得3倍以下罚款，但最高不得超过3万元；对该机构直接负责的主管人员和其他直接责任人员，给予警告，并处1万元以下罚款。

第一百零五条 保险专业代理机构、保险兼业代理机构违反本规定第七十三条、第七十七条的，由保险监督管理机构给予警告，没有违法所得的，处1万元以下罚款，有违法所得的，处违法所得3倍以下罚款，但最高不得超过3万元；对该机构直接负责的主管人员和其他直接责任人员，给予警告，并处1万元以下罚款。

第一百零六条 保险专业代理机构、保险兼业代理机构未按本规定报送或者保管报告、报表、文件、资料的，或者未按照本规定提供有关信息、资料的，由保险监督管理机构责令限期改正;逾期不改正的,处1万元以上10万元以下罚款;对保险专业代理机构直接负责的主管人员和其他直接责任人员,给予警告,并处1万元以上10万元以下罚款,情节严重的,撤销任职资格;对保险兼业代理机构直接负责的主管人员和其他直接责任人员,给予警告,并处1万元以下罚款。

第一百零七条 保险专业代理机构、保险兼业代理机构有下列情形之一的,由保险监督管理机构责令改正,处10万元以上50万元以下罚款;情节严重的,可以限制其业务范围、责令停止接受新业务或者吊销许可证;对保险专业代理机构直接负责的主管人员和其他直接责任人员,给予警告,并处1万元以上10万元以下罚款,情节严重的,撤销任职资格;对保险兼业代理机构直接负责的主管人员和其他直接责任人员,给予警告,并处1万元以下罚款:

(一)编制或者提供虚假的报告、报表、文件或者资料的;

(二)拒绝或者妨碍依法监督检查的。

第一百零八条 保险专业代理机构、保险兼业代理机构有下列情形之一的,由保险监督管理机构责令改正,给予警告,没有违法所得的,处1万元以下罚款,有违法所得的,处违法所得3倍以下罚款,但最高不得超过3万元;对该机构直接负责的主管人员和其他直接责任人员,给予警告,并处1万元以下罚款:

(一)未按规定托管注册资本的;

(二)未按规定建立或者管理业务档案的;

(三)未按规定使用银行账户的;

(四)未按规定进行信息披露的;

(五)未按规定缴纳监管费的;

(六)违反规定代替投保人签订保险合同的;

(七)违反规定动用保证金的;

(八)违反规定开展互联网保险业务的;

(九)从代收保险费中直接扣除保险佣金的。

第一百零九条 个人保险代理人、保险代理机构从业人员违反本规定,依照《保险法》或者其他法律、行政法规应当予以处罚的,由保险监督管理机构依照相关法律、行政法规进行处罚;法律、行政法规未作规定的,由保险监督管理机构给予警告,没有违法所得的,处1万元以下罚款,有违法所得的,处违法所得3倍以下罚款,但最高不得超过3万元。

第一百一十条 保险公司违反本规定,由保险监督管理机构依照法律、行政法规进行处罚;法律、行政法规未作规定的,对保险公司给予警告,没有违法所得的，处1万元以下罚款，有违法所得的，处违法所得3倍以下罚款，但最高不得超过3万元；对其直接负责的主管人员和其他直接责任人员，给予警告，并处1万元以下罚款。

第一百一十一条 违反法律和行政法规的规定，情节严重的，国务院保险监督管理机构可以禁止有关责任人员一定期限直至终身进入保险业。

第一百一十二条 保险专业代理机构的高级管理人员或者从业人员，离职后被发现在原工作期间违反保险监督管理规定的，应当依法追究其责任。

第一百一十三条 保险监督管理机构从事监督管理工作的人员有下列情形之一的，依法给予行政处分；构成犯罪的，依法追究刑事责任：

（一）违反规定批准代理机构经营保险代理业务的；

（二）违反规定核准高级管理人员任职资格的；

（三）违反规定对保险代理人进行现场检查的；

（四）违反规定对保险代理人实施行政处罚的；

（五）违反规定干预保险代理市场佣金水平的；

（六）滥用职权、玩忽职守的其他行为。

第七章　附　　则

第一百一十四条 本规定所称保险专业中介机构指保险专业代理机构、保险经纪人和保险公估人。

本规定所称保险中介机构是指保险专业中介机构和保险兼业代理机构。

第一百一十五条 经保险监督管理机构批准经营保险代理业务的外资保险专业代理机构适用本规定，法律、行政法规另有规定的，适用其规定。

采取公司以外的组织形式的保险专业代理机构的设立和管理参照本规定，国务院保险监督管理机构另有规定的，适用其规定。

第一百一十六条 本规定施行前依法设立的保险代理公司继续保留，不完全具备本规定条件的，具体适用办法由国务院保险监督管理机构另行规定。

第一百一十七条 本规定要求提交的各种表格格式由国务院保险监督管理机构制定。

第一百一十八条 本规定中有关“5日”“10日”“15日”“20日”的规定是指工作日，不含法定节假日。

本规定所称“以上”“以下”均含本数。

第一百一十九条 本规定自2021年1月1日起施行，原中国保监会2009年9月25日发布的《保险专业代理机构监管规定》（中国保险监督管理委员会令 2009 年第 5 号)、2013 年 1 月 6 日发布的《保险销售从业人员监管办法》(中国保险监督管理委员会令 2013 年第 2 号)、2013 年 4 月 27 日发布的《中国保险监督管理委员会关于修改〈保险专业代理机构监管规定〉的决定》(中国保险监督管理委员会令 2013 年第 7 号)、2000 年 8 月 4 日发布的《保险兼业代理管理暂行办法》(保监发〔2000〕144 号)同时废止。

中国银保监会信托公司行政许可事项实施办法

(2020 年 11 月 16 日中国银行保险监督管理委员会令 2020 年第 12 号公布　自 2021 年 1 月 1 日起施行　国司备字[2020003203])

第一章　总　　则

第一条　为规范银保监会及其派出机构实施信托公司行政许可行为,明确行政许可事项、条件、程序和期限,保护申请人合法权益,根据《中华人民共和国银行业监督管理法》《中华人民共和国行政许可法》等法律、行政法规及国务院的有关决定,制定本办法。

第二条　本办法所称信托公司,是指依照《中华人民共和国公司法》《中华人民共和国银行业监督管理法》和《信托公司管理办法》设立的主要经营信托业务的金融机构。

第三条　银保监会及其派出机构根据统一规则、事权分级的原则,依照本办法和行政许可实施程序规定,对信托公司实施行政许可。

第四条　信托公司以下事项须经银保监会及其派出机构行政许可:机构设立,机构变更,机构终止,调整业务范围和增加业务品种,董事和高级管理人员任职资格,以及法律、行政法规规定和国务院决定的其他行政许可事项。

行政许可中应当按照《银行业金融机构反洗钱和反恐怖融资管理办法》要求进行反洗钱和反恐怖融资审查,对不符合条件的,不予批准。

第五条　申请人应按照银保监会行政许可事项申请材料目录和格式要求提交申请材料。

第二章　机构设立

第一节　信托公司法人机构设立

第六条　设立信托公司法人机构应当具备以下条件：

（一）有符合《中华人民共和国公司法》和银保监会规定的公司章程，股东管理、股东的权利义务等相关内容应按规定纳入信托公司章程；

（二）有符合规定条件的出资人，包括境内非金融机构、境内金融机构、境外金融机构和银保监会认可的其他出资人；

（三）注册资本为一次性实缴货币资本，最低限额为3亿元人民币或等值的可自由兑换货币；

（四）有符合任职资格条件的董事、高级管理人员和与其业务相适应的合格的信托从业人员；

（五）具有健全的公司治理结构、组织机构、管理制度、风险控制机制和投资者保护机制；

（六）具有与业务经营相适应的营业场所、安全防范措施和其他设施；

（七）建立了与业务经营和监管要求相适应的信息科技架构，具有支撑业务经营的必要、安全且合规的信息系统，具备保障业务持续运营的技术与措施；

（八）银保监会规章规定的其他审慎性条件。

第七条　境内非金融机构作为信托公司出资人，应当具备以下条件：

（一）依法设立，具有法人资格；

（二）具有良好的公司治理结构及有效的组织管理方式；

（三）具有良好的社会声誉、诚信记录和纳税记录；

（四）经营管理良好，最近2年内无重大违法违规经营记录；

（五）财务状况良好，且最近2个会计年度连续盈利；如取得控股权，应最近3个会计年度连续盈利；

（六）年终分配后，净资产不低于全部资产的30%；如取得控股权，年终分配后净资产不低于全部资产的40%；

（七）权益性投资余额不超过本企业净资产的50%（含本次投资额）；如取得控股权，权益性投资余额应不超过本企业净资产的40%（含本次投资额）；

（八）入股资金为自有资金，不得以委托资金、债务资金等非自有资金入股，出资金额不得超过其个别财务报表口径的净资产规模；

（九）投资入股信托公司数量符合《信托公司股权管理暂行办法》规定；

（十）承诺不将所持有的信托公司股权进行质押或以股权及其受（收）益权设立信托等金融产品（银保监会采取风险处置或接管措施等特殊情形除外），并在拟设公司章程中载明；

（十一）银保监会规章规定的其他审慎性条件。

第八条 境内金融机构作为信托公司出资人，应当具有良好的内部控制机制和健全的风险管理体系，符合与该类金融机构有关的法律、法规、监管规定以及本办法第七条（第五项“如取得控股权，应最近3个会计年度连续盈利”、第六项和第七项除外）规定的条件。

第九条 境外金融机构作为信托公司出资人，应当具备以下条件：

（一）具有国际相关金融业务经营管理经验；

（二）最近2年长期信用评级为良好及以上；

（三）财务状况良好，最近2个会计年度连续盈利；

（四）符合所在国家或地区法律法规及监管当局的审慎监管要求，最近2年内无重大违法违规经营记录；

（五）具有良好的公司治理结构、内部控制机制和健全的风险管理体系；

（六）入股资金为自有资金，不得以委托资金、债务资金等非自有资金入股，出资金额不得超过其个别财务报表口径的净资产规模；

（七）投资入股信托公司数量符合《信托公司股权管理暂行办法》规定；

（八）承诺不将所持有的信托公司股权进行质押或以股权及其受（收）益权设立信托等金融产品（银保监会采取风险处置或接管措施等特殊情形除外），并在拟设公司章程中载明；

（九）所在国家或地区金融监管当局已经与银保监会建立良好的监督管理合作机制；

（十）所在国家或地区经济状况良好；

（十一）银保监会规章规定的其他审慎性条件。

境外金融机构作为出资人投资入股信托公司应当遵循长期持股、优化治理、业务合作、竞争回避的原则，并应遵守国家关于外国投资者在中国境内投资的有关规定。

银保监会可根据金融业风险状况和监管需要，调整境外金融机构作为出资人的条件。

第十条 有以下情形之一的，不得作为信托公司的出资人：

（一）公司治理结构与管理机制存在明显缺陷；

（二）关联企业众多、股权关系复杂且不透明、关联交易频繁且异常；

（三）核心主业不突出且其经营范围涉及行业过多；

（四）现金流量波动受经济景气影响较大；

（五）资产负债率、财务杠杆率高于行业平均水平；

（六）代他人持有信托公司股权；

（七）其他对信托公司产生重大不利影响的情况。

第十一条 信托公司设立须经筹建和开业两个阶段。

第十二条 筹建信托公司，应当由出资比例最大的出资人作为申请人向拟设地银保监局提交申请，由银保监局受理并初步审查、银保监会审查并决定。决定机关自受理之日起4个月内作出批准或不批准的书面决定。

第十三条 信托公司的筹建期为批准决定之日起6个月。未能按期完成筹建的，应当在筹建期限届满前1个月向银保监会和拟设地银保监局提交筹建延期报告。筹建延期不得超过一次，延长期限不得超过3个月。

申请人应当在前款规定的期限届满前提交开业申请，逾期未提交的，筹建批准文件失效，由决定机关注销筹建许可。

第十四条 信托公司开业，应当由出资比例最大的出资人作为申请人向拟设地银保监局提交申请，由银保监局受理、审查并决定。银保监局自受理之日起2个月内作出核准或不予核准的书面决定，并抄报银保监会。

第十五条 申请人应当在收到开业核准文件并领取金融许可证后，办理工商登记，领取营业执照。

信托公司应当自领取营业执照之日起6个月内开业。不能按期开业的，应当在开业期限届满前1个月向拟设地银保监局提交开业延期报告。开业延期不得超过一次，延长期限不得超过3个月。

未在前款规定期限内开业的，开业核准文件失效，由决定机关注销开业许可，发证机关收回金融许可证，并予以公告。

第二节 投资设立、参股、收购境外机构

第十六条 信托公司申请投资设立、参股、收购境外机构，申请人应当符合以下条件：

（一）具有良好的公司治理结构，内部控制健全有效，业务条线管理和风险管控能力与境外业务发展相适应；

（二）具有清晰的海外发展战略；

（三）具有良好的并表管理能力；

（四）符合审慎监管指标要求；

（五）权益性投资余额原则上不超过其净资产的50%；

（六）最近2个会计年度连续盈利；

（七）具备与境外经营环境相适应的专业人才队伍；

（八）最近2年无严重违法违规行为和因内部管理问题导致的重大案件；

（九）银保监会规章规定的其他审慎性条件。

前款所称境外机构是指银保监会认可的金融机构和信托业务经营机构。

第十七条 信托公司申请投资设立、参股、收购境外机构由所在地银保监局受理、审查，并在征求银保监会意见后决定。银保监局自受理之日起6个月内作出批准或不批准的书面决定，并抄报银保监会。

信托公司获得批准文件后应按照拟投资设立、参股、收购境外机构注册地国家或地区的法律法规办理相关法律手续，并在完成相关法律手续后15日内向银保监会和所在地银保监局报告其投资设立、参股或收购的境外机构的名称、成立时间、注册地点、注册资本、注资币种。

第三章 机构变更

第十八条 信托公司法人机构变更事项包括：变更名称，变更股权或调整股权结构，变更注册资本，变更住所，修改公司章程，分立或合并，以及银保监会规定的其他变更事项。

第十九条 信托公司变更名称，由银保监分局或所在地银保监局受理、审查并决定。

决定机关自受理之日起3个月内作出批准或不批准的书面决定。由银保监局决定的，应将决定抄报银保监会；由银保监分局决定的，应将决定同时抄报银保监局和银保监会。

第二十条 信托公司变更股权或调整股权结构，拟投资入股的出资人应当具备本办法第七条至第十条规定的条件。

投资入股信托公司的出资人，应当及时、完整、真实地披露其关联关系和最终实际控制人。

第二十一条 所有拟投资入股信托公司的出资人的资格以及信托公司变更股权或调整股权结构均应经过审批，但出资人及其关联方、一致行动人单独或合计持有同一上市信托公司股份未达到该信托公司股份总额5%的除外。

第二十二条 信托公司由于实际控制人变更所引起的变更股权或调整股权结构，由所在地银保监局受理并初步审查，银保监会审查并决定。决定机关自受理之日起3个月内作出批准或不批准的书面决定。

信托公司由于其他原因引起变更股权或调整股权结构的，由银保监分局或所在地银保监局受理并初步审查，银保监局审查并决定。决定机关自受理之日起3个月内作出批准或不批准的书面决定，并抄报银保监会。

第二十三条 信托公司申请变更注册资本，应当具备以下条件：

（一）变更注册资本后仍然符合银保监会对信托公司最低注册资本和资本管理的有关规定；

（二）出资人应当符合第二十条规定的条件；

（三）银保监会规章规定的其他审慎性条件。

第二十四条 信托公司申请变更注册资本的许可程序适用本办法第十九条的规定，变更注册资本涉及变更股权或调整股权结构的，许可程序适用本办法第二十二条的规定。

信托公司通过配股或募集新股份方式变更注册资本的，在变更注册资本前，还应当经过配股或募集新股份方案审批。许可程序同前款规定。

第二十五条 信托公司公开募集股份和上市交易股份的，应当符合国务院及监管部门有关规定，向中国证监会申请之前，应向银保监会派出机构申请并获得批准。

信托公司公开募集股份和上市交易股份的，由银保监分局或所在地银保监局受理并初步审查，银保监局审查并决定。银保监局自受理之日起3个月内作出批准或不批准的书面决定，并抄报银保监会。

第二十六条 信托公司变更住所，应当有与业务发展相符合的营业场所、安全防范措施和其他设施。

信托公司因行政区划调整等原因而引起的行政区划、街道、门牌号等发生变化而实际位置未变化的，不需申请变更住所，但应当于变更后15日内报告其金融许可证发证机关，并换领金融许可证。

信托公司因房屋维修、增扩建等原因临时变更住所6个月以内的，不需申请变更住所，但应当在原住所、临时住所公告，并提前10日向其金融许可证发证机关报告。临时住所应当符合公安、消防部门的相关要求。信托公司回迁原住所，应当在原住所、临时住所公告，并提前10日将公安消防部门出具的消防证明文件等材料抄报其金融许可证发证机关。

信托公司变更住所，由银保监分局或所在地银保监局受理、审查并决定。决定机关自受理之日起2个月内作出批准或不批准的书面决定，并抄报银保监会。

第二十七条 信托公司修改公司章程应当符合《中华人民共和国公司法》《信托公司管理办法》《信托公司股权管理暂行办法》及其他有关法律法规的规定。

第二十八条 信托公司申请修改公司章程的许可程序适用本办法第十九条的规定。

信托公司因发生变更名称、住所、股权、注册资本、业务范围等前置审批事项以及因行政区划调整、股东名称变更等原因而引起公司章程内容变更的,不需申请修改章程,应当在决定机关作出批准决定或发生相关变更事项之日起6个月内修改章程相应条款并报告银保监局。

第二十九条 信托公司分立应当符合有关法律、行政法规和规章的规定。

信托公司分立,应当向所在地银保监局提交申请,由银保监局受理并初步审查,银保监会审查并决定。决定机关自受理之日起3个月内作出批准或不批准的书面决定。

存续分立的,在分立公告期限届满后,存续方应当按照变更事项的条件和程序取得行政许可;新设方应当按照法人机构开业的条件和程序取得行政许可。

新设分立的,在分立公告期限届满后,新设方应当按照法人机构开业的条件和程序取得行政许可;原法人机构应当按照法人机构解散的条件和程序取得行政许可。

第三十条 信托公司合并应当符合有关法律、行政法规和规章的规定。

吸收合并的,由吸收合并方向其所在地银保监局提出申请,并抄报被吸收合并方所在地银保监局,由吸收合并方所在地银保监局受理并初步审查,银保监会审查并决定。决定机关自受理之日起3个月内作出批准或不批准的书面决定。吸收合并方所在地银保监局在将初审意见上报银保监会之前应当征求被吸收合并方所在地银保监局的意见。吸收合并公告期限届满后,吸收合并方应按照变更事项的条件和程序取得行政许可;被吸收合并方应当按照法人机构解散的条件和程序取得行政许可。

新设合并的,由其中一方作为主报机构向其所在地银保监局提交申请,同时抄报另一方所在地银保监局,由主报机构所在地银保监局受理并初步审查,银保监会审查并决定。决定机关自受理之日起3个月内作出批准或不批准的书面决定。主报机构所在地银保监局在将初审意见上报银保监会之前应征求另一方所在地银保监局的意见。新设合并公告期限届满后,新设机构应按照法人机构开业的条件和程序取得行政许可;原法人机构应按照法人机构解散的条件和程序取得行政许可。

第四章 机构终止

第三十一条 信托公司法人机构满足以下情形之一的,可以申请解散:

（一）公司章程规定的营业期限届满或者其他应当解散的情形；

（二）股东会议决定解散；

（三）因公司合并或者分立需要解散；

（四）其他法定事由。

第三十二条 信托公司解散，应当向所在地银保监局提交申请，由银保监局受理并初步审查，银保监会审查并决定。决定机关自受理之日起 3 个月内作出批准或不批准的书面决定。

第三十三条 信托公司因分立、合并出现解散情形的，与分立、合并一并进行审批。

第三十四条 信托公司有以下情形之一的，向法院申请破产前，应当向银保监会申请并获得批准：

（一）不能清偿到期债务，并且资产不足以清偿全部债务或者明显缺乏清偿能力，自愿或应其债权人要求申请破产的；

（二）已解散但未清算或者未清算完毕，依法负有清算责任的人发现该机构资产不足以清偿债务，应当申请破产的。

第三十五条 信托公司向法院申请破产前，应当向所在地银保监局提交申请，由银保监局受理并初步审查，银保监会审查并决定。决定机关自受理之日起 3 个月内作出批准或不批准的书面决定。

第五章　调整业务范围和增加业务品种

第三十六条 信托公司依据本办法可申请开办的业务范围和业务品种包括：企业年金基金管理业务资格、特定目的的信托受托机构资格、受托境外理财业务资格、股指期货交易等衍生产品交易业务资格、以固有资产从事股权投资业务资格。

信托公司申请开办前款明确的业务范围和业务品种之外的其他业务，相关许可条件和程序由银保监会另行规定。

第一节　信托公司企业年金基金管理业务资格

第三十七条 信托公司申请企业年金基金管理业务资格，应当具备以下条件：

（一）具有良好的公司治理和内部控制体系；

（二）符合审慎监管指标要求；

（三）监管评级良好；

（四）最近2年无重大违法违规经营记录；

（五）具有与开办企业年金基金管理业务相适应的内部控制制度及风险管理制度；

（六）具有与开办企业年金基金管理业务相适应的合格专业人员；

（七）具有与业务经营相适应的安全且合规的信息系统，具备保障业务持续运营的技术与措施；

（八）银保监会规章规定的其他审慎性条件。

第三十八条 信托公司申请企业年金基金管理业务资格，应当向银保监分局或所在地银保监局提交申请，由银保监分局或银保监局受理并初步审查，银保监局审查并决定。决定机关自受理之日起3个月内作出批准或不批准的书面决定，并抄报银保监会。

第二节 信托公司特定目的信托受托机构资格

第三十九条 信托公司申请特定目的信托受托机构资格，应当具备以下条件：

（一）注册资本不低于5亿元人民币或等值的可自由兑换货币，且最近2年年末按要求提足全部准备金后，净资产不低于5亿元人民币或等值的可自由兑换货币；

（二）自营业务资产状况和流动性良好，符合有关监管要求；

（三）具有良好的社会声誉和经营业绩；

（四）符合审慎监管指标要求；

（五）最近2年无重大违法违规经营记录；

（六）具有良好的公司治理和内部控制制度，完善的信托业务操作流程和风险管理体系；

（七）具有履行特定目的信托受托机构职责所需要的专业人员；

（八）具有与业务经营相适应的安全且合规的信息系统，具备保障业务持续运营的技术与措施；

（九）已按照规定披露公司年度报告；

（十）银保监会规章规定的其他审慎性条件。

第四十条 信托公司申请特定目的信托受托机构资格，应当向银保监分局或所在地银保监局提交申请，由银保监分局或银保监局受理并初步审查，银保监局审查并决定。决定机关自受理之日起3个月内作出批准或不批准的书面决定，并抄报银保监会。

第三节　信托公司受托境外理财业务资格

第四十一条　信托公司申请受托境外理财业务资格，应当具备以下条件：

（一）具有良好的公司治理、风险管理体系和内部控制；

（二）注册资本不低于10亿元人民币或等值的可自由兑换货币；

（三）经批准具备经营外汇业务资格，且具有良好的开展外汇业务的经历；

（四）符合审慎监管指标要求；

（五）监管评级良好；

（六）最近2年无重大违法违规经营记录；

（七）最近2个会计年度连续盈利；

（八）配备能够满足受托境外理财业务需要且具有境外投资管理能力和经验的专业人才（从事外币有价证券买卖业务2年以上的专业管理人员不少于2人）；设有独立开展受托境外理财业务的部门，对受托境外理财业务集中受理、统一运作、分账管理；

（九）具备满足受托境外理财业务需要的风险分析技术和风险控制系统；具有满足受托境外理财业务需要的营业场所、安全防范设施和其他相关设施；在信托业务与固有业务之间建立了有效的隔离机制；

（十）具有与业务经营相适应的安全且合规的信息系统，具备保障业务持续运营的技术与措施；

（十一）银保监会规章规定的其他审慎性条件。

第四十二条　信托公司申请受托境外理财业务资格，应当向银保监分局或所在地银保监局提交申请，由银保监分局或银保监局受理并初步审查，银保监局审查并决定。决定机关自受理之日起3个月内作出批准或不批准的书面决定，并抄报银保监会。

第四节　信托公司股指期货交易等衍生产品交易业务资格

第四十三条　信托公司申请股指期货交易业务资格，应当具备以下条件：

（一）符合审慎监管指标要求；

（二）监管评级良好；

（三）最近2年无重大违法违规经营记录；

（四）具有完善有效的股指期货交易内部控制制度和风险管理制度；

（五）具有接受相关期货交易技能专门培训半年以上、通过期货从业资格考试、从事相关期货交易1年以上的交易人员至少2名，相关风险分析和管理人员至少1名,熟悉套期会计操作程序和制度规范的人员至少1名,以上人员相互不得兼任,且无不良记录;期货交易业务主管人员应当具备2年以上直接参与期货交易活动或风险管理的经验,且无不良记录;

(六)具有符合本办法第四十四条要求的信息系统;

(七)具有从事交易所需要的营业场所、安全防范设施和其他相关设施;

(八)具有严格的业务分离制度,确保套期保值类业务与非套期保值类业务的市场信息、风险管理、损益核算有效隔离;

(九)申请开办以投机为目的的股指期货交易,应当已开展套期保值或套利业务一年以上;

(十)银保监会规章规定的其他审慎性条件。

第四十四条 信托公司开办股指期货信托业务,信息系统应当符合以下要求:

(一)具备可靠、稳定、高效的股指期货交易管理系统及股指期货估值系统,能够满足股指期货交易及估值的需要;

(二)具备风险控制系统和风险控制模块,能够实现对股指期货交易的实时监控;

(三)将股指期货交易系统纳入风险控制指标动态监控系统,确保各项风险控制指标符合规定标准;

(四)信托公司与其合作的期货公司信息系统至少铺设一条专线连接,并建立备份通道。

第四十五条 信托公司申请股指期货交易等衍生产品交易业务资格应当向银保监分局或所在地银保监局提交申请,由银保监分局或银保监局受理并初步审查,银保监局审查并决定。决定机关自受理之日起3个月内作出批准或不批准的书面决定,并抄报银保监会。

第四十六条 信托公司申请除股指期货交易业务资格外的其他衍生产品交易业务资格,应当符合银保监会相关业务管理规定。

第五节 信托公司以固有资产从事股权投资业务资格

第四十七条 本节所指以固有资产从事股权投资业务,是指信托公司以其固有资产投资于未上市企业股权、上市公司限售流通股或中国银保监会批准可以投资的其他股权的投资业务,不包括以固有资产参与私人股权投资信托、以固有资产投资金融机构股权和上市公司流通股。

前款所称私人股权投资信托,是指信托公司将信托计划项下资金投资于未上市企业股权、上市公司限售流通股或经批准可以投资的其他股权的信托业务。

第四十八条 信托公司以固有资产从事股权投资业务,应遵守以下规定:

(一)不得投资于关联方,但按规定事前报告并进行信息披露的除外;

(二)不得控制、共同控制或实质性影响被投资企业,不得参与被投资企业的日常经营;

(三)持有被投资企业股权不得超过5年。

第四十九条 信托公司应当审慎开展以固有资产从事股权投资业务,加强资本、流动性等管理,确保业务开展过程中相关监管指标满足要求。

第五十条 信托公司以固有资产从事股权投资业务和以固有资产参与私人股权投资信托等的投资总额不得超过其上年末净资产的20%,经银保监会批准的除外。

第五十一条 信托公司申请以固有资产从事股权投资业务资格,应当具备以下条件:

(一)具有良好的公司治理、内部控制及审计、合规和风险管理机制;

(二)符合审慎监管指标要求;

(三)具有良好的社会信誉、业绩和及时、规范的信息披露;

(四)最近3年无重大违法违规经营记录;

(五)监管评级良好;

(六)固有业务资产状况和流动性良好,符合有关监管要求;

(七)具有从事股权投资业务所需的专业团队。负责股权投资业务的人员达到3人以上,其中至少2名具备2年以上股权投资或相关业务经验;

(八)具有能支持股权投资业务的业务处理系统、会计核算系统、风险管理系统及管理信息系统;

(九)银保监会规章规定的其他审慎性条件。

第五十二条 信托公司申请以固有资产从事股权投资业务资格,应当向银保监分局或所在地银保监局提交申请,由银保监分局或银保监局受理并初步审查,银保监局审查并决定。决定机关自受理之日起3个月内作出批准或不批准的书面决定,并抄报银保监会。

第五十三条 信托公司以固有资产从事股权投资业务,应当在签署股权投资协议后10个工作日内向银保监分局、银保监局报告,报告应当包括但不限于项目基本情况及可行性分析、投资运用范围和方案、项目面临主要风险及风险管理说明、股权投资项目管理团队及人员等内容。

第六章 董事和高级管理人员任职资格

第一节 任职资格条件

第五十四条 信托公司董事长、副董事长、独立董事、其他董事会成员以及董事会秘书，须经任职资格许可。

信托公司总经理（首席执行官、总裁）、副总经理（副总裁）、风险总监（首席风险官）、合规总监（首席合规官）、财务总监（首席财务官）、总会计师、总审计师（总稽核）、运营总监（首席运营官）、信息总监（首席信息官）、总经理助理（总裁助理）等高级管理人员，须经任职资格许可。

其他虽未担任上述职务，但实际履行前两款所列董事和高级管理人员职责的人员，须经任职资格许可。

第五十五条 申请信托公司董事和高级管理人员任职资格，拟任人应当具备以下基本条件：

（一）具有完全民事行为能力；

（二）具有良好的守法合规记录；

（三）具有良好的品行、声誉；

（四）具有担任拟任职务所需的相关知识、经验及能力；

（五）具有良好的经济、金融等从业记录；

（六）个人及家庭财务稳健；

（七）具有担任拟任职务所需的独立性；

（八）能够履行对金融机构的忠实与勤勉义务。

第五十六条 拟任人有以下情形之一的，视为不符合本办法第五十五条第（二）项、第（三）项、第（五）项规定的条件，不得担任信托公司董事和高级管理人员：

（一）有故意或重大过失犯罪记录的；

（二）有违反社会公德的不良行为，造成恶劣影响的；

（三）对曾任职机构违法违规经营活动或重大损失负有个人责任或直接领导责任，情节严重的；

（四）担任或曾任被接管、撤销、宣告破产或吊销营业执照机构董事或高级管理人员的，但能够证明本人对曾任职机构被接管、撤销、宣告破产或吊销营业执照不负有个人责任的除外；

（五）因违反职业道德、操守或者工作严重失职，造成重大损失或恶劣影响的；

（六）指使、参与所任职机构不配合依法监管或案件查处的；

（七）被取消终身的董事和高级管理人员任职资格，或者受到监管机构或其他金融管理部门处罚累计达到2次以上的；

（八）不具备本办法规定的任职资格条件，采取不正当手段以获得任职资格核准的。

第五十七条 拟任人有以下情形之一的，视为不符合本办法第五十五条第（六）项、第（七）项、第（八）项规定的条件，不得担任信托公司董事和高级管理人员：

（一）截至申请任职资格时，本人或其配偶仍有数额较大的逾期债务未能偿还，包括但不限于在该信托公司的逾期债务；

（二）本人及其近亲属合并持有该信托公司5%以上股份，且从该信托公司获得的授信总额明显超过其持有的该信托公司股权净值；

（三）本人及其所控股的信托公司股东单位合并持有该信托公司5%以上股份，且从该信托公司获得的授信总额明显超过其持有的该信托公司股权净值；

（四）本人或其配偶在持有该信托公司5%以上股份的股东单位任职，且该股东单位从该信托公司获得的授信总额明显超过其持有的该信托公司股权净值，但能够证明授信与本人及其配偶没有关系的除外；

（五）存在其他所任职务与其在该信托公司拟任、现任职务有明显利益冲突，或明显分散其在该信托公司履职时间和精力的情形。

第五十八条 申请信托公司董事任职资格，拟任人除应符合第五十五条至第五十七条的规定外，还应当具备以下条件：

（一）具有5年以上的经济、金融、法律、财会或其他有利于履行董事职责的工作经历，其中拟担任独立董事的还应是经济、金融、法律、财会等方面的专业人士；

（二）能够运用信托公司的财务报表和统计报表判断信托公司的经营管理和风险状况；

（三）了解拟任职信托公司的公司治理结构、公司章程以及董事会职责，并熟知董事的权利和义务。

第五十九条 除不得存在第五十六条、第五十七条所列情形外，信托公司独立董事拟任人还不得存在下列情形：

（一）本人及其近亲属合并持有该信托公司1%以上股份或股权；

（二）本人或其近亲属在持有该信托公司1%以上股份或股权的股东单位任职；

（三）本人或其近亲属在该信托公司、该信托公司控股或者实际控制的机构任职；

（四）本人或其近亲属在不能按期偿还该信托公司债务的机构任职；

（五）本人或其近亲属任职的机构与本人拟任职信托公司之间存在法律、会计、审计、管理咨询、担保合作等方面的业务联系或债权债务等方面的利益关系，以致妨碍其履职独立性的情形；

（六）本人或其近亲属可能被拟任职信托公司大股东、高管层控制或施加重大影响，以致妨碍其履职独立性的其他情形；

（七）本人已在其他信托公司任职。

独立董事在同一家信托公司任职时间累计不得超过6年。

第六十条 申请信托公司董事长、副董事长和董事会秘书任职资格，拟任人除应当符合第五十五条至第五十八条的规定外，还应当分别符合以下条件：

（一）拟任信托公司董事长、副董事长，应当具备本科以上学历，从事金融工作5年以上，或从事相关经济工作10年以上（其中从事金融工作3年以上）；

（二）拟任信托公司董事会秘书，应当具备本科以上学历，从事信托业务5年以上，或从事其他金融工作8年以上。

第六十一条 申请信托公司高级管理人员任职资格，拟任人除应当符合第五十五条至第五十七条的规定外，还应当符合以下条件：

（一）担任总经理（首席执行官、总裁）、副总经理（副总裁），应当具备本科以上学历，从事信托业务5年以上，或从事其他金融工作8年以上；

（二）担任运营总监（首席运营官）和总经理助理（总裁助理）以及实际履行高级管理人员职责的人员，任职资格条件比照总经理（首席执行官、总裁）、副总经理（副总裁）的任职资格条件执行；

（三）担任财务总监（首席财务官）、总会计师、总审计师（总稽核），应当具备本科以上学历，从事财务、会计或审计工作6年以上；

（四）担任风险总监（首席风险官），应当具备本科以上学历，从事金融机构风险管理工作3年以上，或从事其他金融工作6年以上；

（五）担任合规总监（首席合规官），应当具备本科以上学历，从事金融工作6年以上，其中从事法律合规工作2年以上；

（六）担任信息总监（首席信息官），应当具备本科以上学历，从事信息科技工作6年以上。

第六十二条 拟任人未达到第六十条、第六十一条规定的学历要求，但具备以下条件之一的，视同达到规定的学历：

（一）取得国家教育行政主管部门认可院校授予的学士以上学位；

（二）取得注册会计师、注册审计师或与拟（现）任职务相关的高级专业技术职务资格，且相关从业年限超过相应规定4年以上。

第二节　任职资格许可程序

第六十三条　信托公司申请核准董事和高级管理人员任职资格，应当向银保监分局或所在地银保监局提交申请，由银保监分局或银保监局受理并初步审核，银保监局审查并决定。决定机关自受理之日起30日内作出核准或不予核准的书面决定，并抄报银保监会。其中，关于董事长、总经理（首席执行官、总裁）的任职资格许可应在征求银保监会意见后作出决定。

第六十四条　信托公司新设立时，董事和高级管理人员任职资格申请，按照该机构开业的许可程序一并受理、审查并决定。

第六十五条　具有高级管理人员任职资格且未连续中断任职1年以上的拟任人在同一信托公司内及不同信托公司间平级调动职务（平级兼任）或改任（兼任）较低职务的，不需重新申请任职资格。拟任人应当在任职后5日内向任职机构所在地银保监会派出机构报告。拟任人担任董事长、总经理（首席执行官、总裁）的，还应同时向银保监会报告。

第六十六条　信托公司拟任董事长、总经理任职资格未获许可前，信托公司应当在现有董事和高级管理人员中指定符合相应任职资格条件的人员代为履职，并自作出指定决定之日起3日内向任职资格许可决定机关报告并抄报银保监会。代为履职的人员不符合任职资格条件的，监管机构可以责令信托公司限期调整代为履职的人员。

代为履职的时间不得超过6个月。信托公司应当在6个月内选聘具有任职资格的人员正式任职。

第七章　附　　则

第六十七条　获准机构变更事项的，信托公司应当自许可决定之日起6个月内完成有关法定变更手续，并向所在地银保监会派出机构报告。获准董事和高级管理人员任职资格的，拟任人应当自许可决定之日起3个月内正式到任，并向所在地银保监会派出机构报告。

未在前款规定期限内完成变更或到任的，行政许可决定文件失效，由决定机关注销行政许可。

第六十八条　信托公司设立、终止事项，涉及工商、税务登记变更等法定程序的，应当在完成有关法定手续后 1 个月内向银保监会和所在地银保监会派出机构报告。

第六十九条 发生本办法规定事项但未按要求取得行政许可或进行报告的，银保监会或其派出机构依据《中华人民共和国银行业监督管理法》《信托公司管理办法》等法律法规，采取相应处罚措施。

第七十条 本办法所称境外含香港、澳门和台湾地区。

第七十一条 本办法中的“日”均为工作日，“以上”均含本数或本级。

第七十二条 本办法中下列用语的含义：

（一）实际控制人，是指根据《中华人民共和国公司法》第二百一十六条规定，虽不是公司的股东，但通过投资关系、协议或者其他安排，能够实际支配公司行为的人。

（二）关联方，是指根据《企业会计准则第 36 号关联方披露》规定，一方控制、共同控制另一方或对另一方施加重大影响，以及两方或两方以上同受一方控制、共同控制或重大影响的。但国家控制的企业之间不因为同受国家控股而具有关联关系。银保监会另有规定的从其规定。

（三）一致行动，是指投资者通过协议、其他安排，与其他投资者共同扩大其所能够支配的一个公司股份表决权数量的行为或者事实。达成一致行动的相关投资者，为一致行动人。

（四）个别财务报表，是相对于合并财务报表而言，指由公司或子公司编制的，仅反映母公司或子公司自身财务状况、经营成果和现金流量的财务报表。

第七十三条 除特别说明外，本办法中各项财务指标要求均为合并会计报表口径。

第七十四条 中国信托业保障基金有限责任公司、中国信托登记有限责任公司参照本办法执行。

第七十五条 本办法由银保监会负责解释。银保监会根据法律法规和监管需要，有权对行政许可事项中受理、审查和决定等事权的划分进行动态调整。

根据国务院或地方政府授权，履行国有金融资本出资人职责的各级财政部门及受财政部门委托管理国有金融资本的其他部门、机构，发起设立、投资入股信托公司的资质条件和监管要求等参照本办法有关规定执行，国家另有规定的从其规定。

第七十六条 本办法自 2021 年 1 月 1 日起施行，《中国银监会信托公司行政许可事项实施办法》（中国银监会令 2015 年第 5 号）同时废止。

核动力厂营运单位核安全报告规定

（2020 年 11 月 16 日生态环境部令第 13 号公布　自 2021 年 1 月 1 日起施行　国司备字[2020003160]）

第一章　总　则

第一条　为了规范核动力厂营运单位核安全报告制度，根据《中华人民共和国核安全法》《中华人民共和国民用核设施安全监督管理条例》等法律法规，制定本规定。

第二条　核动力厂营运单位对核安全负有全面责任，应当执行核安全报告制度，按照本规定的要求向国家核安全局或者核动力厂所在地区核与辐射安全监督站提交定期报告、重要活动报告、建造阶段事件报告、运行阶段事件报告和核事故应急报告。

核动力厂营运单位定期报告、重要活动报告、建造阶段事件报告、运行阶段事件报告和核事故应急报告的格式与具体要求，由国家核安全局另行规定。

第二章　定期报告

第三条　核动力厂营运单位定期报告包括建造阶段月度报告、运行阶段月度报告、安全性能指标季度报告、建造阶段年度报告、运行阶段年度报告和设备可靠性数据年度报告。

第四条　核动力厂营运单位应当从取得建造许可证之日起，至取得运行许可证之日止，在每个月第十个工作日前，向核动力厂所在地区核与辐射安全监督站提交上个月建造情况的月度报告。

核动力厂建造多台核电机组的，可以将多台核电机组的建造情况综合成一份月度报告。

第五条　核动力厂建造阶段月度报告包括下列内容：

（一）上个月建造情况总结和下个月建造计划安排；

（二）上个月发生的与建造有关的重要事件综述；

（三）核电机组安全重要构筑物、系统和设备建造中存在的问题、纠正措施和经验反馈；

（四）下个月计划开展的核安全有关重要活动；

（五）其他应当报告的事项或者活动。

第六条 核动力厂营运单位应当从取得运行许可证之日起，至取得退役批准书之日止，在每个月第十个工作日前，向核动力厂所在地区核与辐射安全监督站提交上个月运行情况的月度报告。

核动力厂运行多台核电机组的，可以将多台核电机组的运行情况综合成一份月度报告。

第七条 核动力厂运行阶段月度报告包括下列内容：

（一）核电机组运行数据；

（二）核电机组月运行图；

（三）核电机组安全重要设备状况；

（四）重要修改活动；

（五）核电机组安全屏障的完整性；

（六）流出物排放情况；

（七）固体放射性废物产生、处理、贮存和处置情况；

（八）辐射防护情况；

（九）运行事件与经验反馈；

（十）下个月计划开展的核安全有关重要活动；

（十一）其他应当报告的事项或者活动。

第八条 核动力厂营运单位应当从取得运行许可证之日起，至取得退役批准书之日止，在每个季度的第一个月第十个工作日前，向国家核安全局提交前一季度的核动力厂安全性能指标季度报告。

核动力厂运行多台核电机组的，可以将多台核电机组的安全性能指标情况综合成一份季度报告。

第九条 核动力厂安全性能指标季度报告的内容包括核动力厂安全性能指标相关的统计数据和各指标计算值。

第十条 核动力厂营运单位应当在每年4月1日前，向国家核安全局提交前一年度建造或者运行情况的年度报告。

核动力厂建造或者运行多台核电机组的，可以将多台核电机组的建造或者运行情况和有关信息综合成一份年度报告。

4月1日是节假日的，核动力厂营运单位提交年度报告的届满之日顺延至节假日后第一个工作日。

第十一条 核动力厂建造阶段年度报告包括下列内容：

（一）核电机组安全重要构筑物、系统和设备建造情况总结和计划完成情况；

（二）报告年份内发生的与核电机组安全重要构筑物、系统和设备建造有关的重要事件综述；

（三）核电机组安全重要构筑物、系统和设备建造中存在的问题、纠正措施和经验反馈综述；

（四）其他应当报告的问题和参考资料清单。

第十二条 核动力厂运行阶段年度报告包括下列内容：

（一）核电机组运行情况综述；

（二）非计划降功率运行和停堆情况综述；

（三）运行事件与经验反馈情况综述；

（四）辐射防护情况综述；

（五）应急准备情况综述；

（六）已辐照核燃料元件的检验结果和核燃料元件的损坏情况；

（七）人员培训情况；

（八）其他应当报告的事项和活动综述。

第十三条 核动力厂营运单位应当从取得运行许可证并完成首次换料大修之日的次日起，至取得退役批准书之日止，在每年 6 月 1 日前，向国家核安全局提交前一年度的核动力厂设备可靠性数据年度报告。

核动力厂运行多台核电机组的，可以将多台核电机组的设备可靠性数据情况综合成一份年度报告。

6 月 1 日是节假日的，核动力厂营运单位提交核动力厂设备可靠性数据年度报告的届满之日顺延至节假日后第一个工作日。

第十四条 核动力厂设备可靠性数据年度报告包括下列内容：

（一）设备类综述、划分原则和设备详细信息等基础信息；

（二）筛选统计准则、设备失效事件分析过程和设备失效事件记录等可靠性数据筛选统计过程；

（三）设备可靠性数据采集统计结果、核电机组安全重要系统设备列的不可用时间与总的需求可用时间等数据统计结果。

第三章 重要活动报告

第十五条 核动力厂营运单位应当从获得选址阶段环境影响报告书批复之日起，至取得退役批准书之日止，对未纳入建造阶段月度报告和运行阶段月度报告的重要活动，以电子邮件等有效方式及时向核动力厂所在地区核与辐射安全监督站报告。

第十六条 本规定第十五条规定的重要活动包括：

（一）核动力厂营运单位组织的与核安全有关的重要调查、审查或者检查活动；

（二）国家核安全局或者核动力厂所在地区核与辐射安全监督站确定的有关控制点的变更和后续计划安排；

（三）核动力厂营运单位涉及核安全的重要活动、重要会议、论证、试验和纠正措施；

（四）核动力厂营运单位进行的固体放射性废物或者乏燃料外运活动；

（五）国家核安全局认为应当报告的涉及核安全的其他重要活动；

（六）核动力厂营运单位认为应当报告的涉及核安全的其他重要活动。

第四章 建造阶段事件报告

第十七条 核动力厂营运单位应当在取得运行许可证前，向国家核安全局报告下列建造事件：

（一）核电机组安全重要构筑物、系统和设备以及与其有关的采购、土建、安装和调试等活动，与相关法律、行政法规、部门规章和国家强制性标准不一致的；

（二）核电机组安全重要构筑物、系统和设备以及与其有关的土建、安装和调试等活动，与核动力厂建造许可文件中认可的初步安全分析报告不一致，导致核电机组安全重要构筑物、系统和设备的安全功能不能满足或者不能确定满足要求的；

（三）核电机组安全重要构筑物、系统和设备及其相关活动，违反核动力厂建造许可文件规定的条件，或者未按照建造许可文件规定的条件完成相关论证、验证工作即开展相关活动的；

（四）核电机组安全重要构筑物、系统和设备以及与其有关的土建、安装和调试等活动，与核动力厂营运单位在建造许可文件中承诺遵守的规范、标准或者技术条件要求不一致，导致核电机组安全重要构筑物、系统和设备的安全功能不能满足或者不能确定满足要求的；

（五）核电机组安全重要构筑物、系统和设备发生共因事件或者故障的；

（六）构成核动力厂安全屏障的重要设备或者构筑物受到严重损伤，导致其安全功能不能满足或者不能确定满足要求的；

（七）核电机组安全重要构筑物、系统和设备的土建、安装和调试等活动中发生原设计未预计的情况，导致安全功能可能受到不利影响的；

（八）在核电机组安全重要构筑物、系统和设备的采购、土建、安装和调试等活动中发现故意破坏、造假和欺骗情形的；

（九）国家核安全局认为应当报告的其他事件；

（十）核动力厂营运单位认为应当报告的其他事件。

第十八条 核动力厂营运单位应当在建造事件发生或者发现后二十四小时内，口头通告国家核安全局和核动力厂所在地区核与辐射安全监督站。口头通告的方式可以采取电话、当面陈述或者其他有效方式。

前款规定的口头通告的内容应当包括核动力厂名称、机组编号、事件发生时间、报告依据、事件摘要和报告人。

第十九条 核动力厂营运单位应当在建造事件发生或者发现后三日内，向国家核安全局和核动力厂所在地区核与辐射安全监督站提交书面通告。第三日是节假日的，核动力厂营运单位提交书面通告的届满之日顺延至节假日后第一个工作日。

前款规定的书面通告的内容应当包括本规定第十八条规定的口头通告的内容，以及出现问题的构筑物、系统和设备及其供货商、制造厂或者施工单位等。

第二十条 核动力厂营运单位应当在建造事件发生或者发现后三十日内，向国家核安全局提交建造事件报告。第三十日是节假日的，核动力厂营运单位提交建造事件报告的届满之日顺延至节假日后第一个工作日。

提交建造事件报告的期限已届满，核动力厂营运单位对建造事件的处理尚没有结论或者没有处理完毕的，可以先向国家核安全局提交阶段性建造事件报告，并在建造事件处理完毕后提交补充信息。

核动力厂建造事件报告的内容应当包括事件背景、事件描述、已经制定的或者正在进行的纠正措施、事件对工程质量和进度的影响、事件的原因分析和经验教训、事件对安全影响的分析等。

第二十一条 国家核安全局认为核动力厂营运单位提交的建造事件报告不够清晰和完整的，应当要求核动力厂营运单位补充或者修改，并提交补充或者修改后的报告。

第五章　运行阶段事件报告

第二十二条 核动力厂营运单位应当从取得运行许可证之日起，至取得退役批准书之日止，向国家核安全局报告下列运行事件：

（一）核动力厂营运单位执行核动力厂运行限值和条件所要求的停堆；

（二）核电机组超出安全限值或者安全系统整定值；

（三）违反核动力厂运行限值和条件规定的操作或者状况；

（四）导致核电机组主要实体屏障严重劣化或者处于明显降低核动力厂安全的没有分析过的状况；

（五）任何对核电机组安全有现实威胁或者明显妨碍核动力厂现场人员执行安全运行有关职责的自然事件或者其他外部事件；

（六）导致反应堆停堆保护系统和专设安全设施自动或者手动触发的事件；

（七）任何可能妨碍构筑物或者系统实现停堆和保持安全停堆状态、排出堆芯余热、控制放射性物质释放、缓解事故后果等安全功能的事件或者状况；

（八）同一原因或者状况导致具有停堆和保持安全停堆状态、排出堆芯余热、控制放射性物质释放、缓解事故后果等安全功能的系统的系列或者通道同时失效的事件；

（九）放射性释放和辐射照射事件；

（十）任何对核电机组安全有现实威胁或者明显妨碍核动力厂现场人员执行安全运行有关职责的内部事件；

（十一）网络攻击事件；

（十二）其他事件。

核动力厂进入应急状态的，核动力厂营运单位应当按照本规定第六章有关核事故应急报告的要求进行报告。

第二十三条 核动力厂营运单位应当在运行事件发生或者发现后二十四小时内，口头通告国家核安全局和核动力厂所在地区核与辐射安全监督站。口头通告的方式可以采取电话、当面陈述或者其他有效方式。

前款规定的口头通告的内容应当包括核动力厂名称、机组编号、事件发生时间、报告依据、事件发生前机组状态和功率水平、事件初步情况，以及口头通告时所处的状况。

第二十四条 核动力厂营运单位应当在运行事件发生或者发现后三日内，向国家核安全局和核动力厂所在地区核与辐射安全监督站提交书面通告，并在书面通告中对运行事件进行初步事件分级。第三日是节假日的，核动力厂营运单位提交书面通告的届满之日顺延至节假日后第一个工作日。

前款规定的书面通告的内容应当包括本规定第二十三条规定的口头通告的内容，以及事件对运行的影响、放射性后果、出现问题的系统或者设备等。

第二十五条 核动力厂营运单位应当在运行事件发生或者发现后三十日内，向国家核安全局提交运行事件报告，并在运行事件报告中对运行事件进行事件分级。第三十日是节假日的，核动力厂营运单位提交运行事件报告的届满之日顺延至节假日后第一个工作日。

提交运行事件报告的期限已届满，核动力厂营运单位对运行事件的处理尚没有结论或者没有处理完毕的，可以先向国家核安全局提交阶段性运行事件报告，并在运行事件处理完毕后提交补充信息。

核动力厂运行事件报告的内容包括事件描述、主要的失效、安全系统响应、事件原因分析、安全后果评估、纠正措施、事件分级、以往类似事件、事件编码等。

第二十六条 国家核安全局认为核动力厂营运单位提交的运行事件报告不够清晰和完整的，应当要求核动力厂营运单位补充或者修改，并提交修改后的报告。

第六章 核事故应急报告

第二十七条 核动力厂进入应急状态、应急状态变更或者应急状态终止后十五分钟内，核动力厂营运单位应当首先用电话，随后用传真或者其他约定的电子信息传输方式向国家核安全局和核动力厂所在地区核与辐射安全监督站发出核事故应急通告。

第二十八条 核动力厂进入应急状态后，核动力厂营运单位应当保持与国家核安全局应急网络平台的畅通，直到应急状态终止。

第二十九条 核动力厂进入厂房应急或者高于厂房应急状态后的一小时内，核动力厂营运单位应当采用电话、传真或者其他约定的电子信息传输方式向国家核安全局和核动力厂所在地区核与辐射安全监督站发出核事故应急报告，并在首次发出核事故应急报告之后持续发出核事故应急报告，直至应急状态终止。

同一应急状态下，核动力厂营运单位连续两次发出核事故应急报告的时间间隔不应超过一小时；事故态势得到控制后，核动力厂营运单位发出核事故应急报告的时间间隔可适当延长，但不得超过四小时。

核动力厂营运单位认为有必要时，可以向国家核安全局和核动力厂所在地区核与辐射安全监督站即时报送核事故应急报告，不受本条规定的时间间隔限制。

第三十条 核动力厂应急状态终止后三十日内，核动力厂营运单位应当向国家核安全局提交核动力厂核事故最终评价报告，并在核事故最终评价报告中对核事件或者事故进行分级。

第三十日是节假日的,核动力厂营运单位提交核事故最终评价报告的届满之日顺延至节假日后第一个工作日。

第七章　附　则

第三十一条　本规定中下列用语的含义:

(一)核动力厂,是指核电厂、核热电厂、核供汽供热厂等核动力厂及装置。

(二)事件或者事故分级,是指按照国际核事件分级标准(INES)对运行事件或者事故进行的分级。考虑核事件对人和环境的影响、对设施放射性包容和控制的影响、对纵深防御能力的影响,将核事件分为七级,其中较低级别称为事件,分别为异常(1级)、一般事件(2级)、重要事件(3级);较高级别称为事故,分别为影响范围有限的事故(4级)、影响范围较大的事故(5级)、重要事故(6级)和重大事故(7级)。对不具有安全意义的微小事件称为"偏差",归为0级。

(三)核事故应急状态,根据《核电厂核事故应急管理条例》的有关规定,分为应急待命、厂房应急、场区应急和场外应急四级。

第三十二条　核动力厂营运单位的核安全信息公开,按照《核安全信息公开办法》执行。

第三十三条　本规定由国家核安全局负责解释。

第三十四条　本规定自2021年1月1日起施行。1995年6月14日国家核安全局发布的《核电厂营运单位报告制度》同时废止。

煤矿重大事故隐患判定标准

(2020年11月20日应急管理部令第4号公布　自2021年1月1日起施行　国司备字[2020003228])

第一条　为了准确认定、及时消除煤矿重大事故隐患,根据《中华人民共和国安全生产法》和《国务院关于预防煤矿生产安全事故的特别规定》(国务院令第446号)等法律、行政法规,制定本标准。

第二条　本标准适用于判定各类煤矿重大事故隐患。

第三条　煤矿重大事故隐患包括下列15个方面:

(一)超能力、超强度或者超定员组织生产;

(二)瓦斯超限作业;

（三）煤与瓦斯突出矿井，未依照规定实施防突出措施；

（四）高瓦斯矿井未建立瓦斯抽采系统和监控系统，或者系统不能正常运行；

（五）通风系统不完善、不可靠；

（六）有严重水患，未采取有效措施；

（七）超层越界开采；

（八）有冲击地压危险，未采取有效措施；

（九）自然发火严重，未采取有效措施；

（十）使用明令禁止使用或者淘汰的设备、工艺；

（十一）煤矿没有双回路供电系统；

（十二）新建煤矿边建设边生产，煤矿改扩建期间，在改扩建的区域生产，或者在其他区域的生产超出安全设施设计规定的范围和规模；

（十三）煤矿实行整体承包生产经营后，未重新取得或者及时变更安全生产许可证而从事生产，或者承包方再次转包，以及将井下采掘工作面和井巷维修作业进行劳务承包；

（十四）煤矿改制期间，未明确安全生产责任人和安全管理机构，或者在完成改制后，未重新取得或者变更采矿许可证、安全生产许可证和营业执照；

（十五）其他重大事故隐患。

第四条 "超能力、超强度或者超定员组织生产"重大事故隐患，是指有下列情形之一的：

（一）煤矿全年原煤产量超过核定（设计）生产能力幅度在10%以上，或者月原煤产量大于核定（设计）生产能力的10%的；

（二）煤矿或其上级公司超过煤矿核定（设计）生产能力下达生产计划或者经营指标的；

（三）煤矿开拓、准备、回采煤量可采期小于国家规定的最短时间，未主动采取限产或者停产措施，仍然组织生产的（衰老煤矿和地方人民政府计划停产关闭煤矿除外）；

（四）煤矿井下同时生产的水平超过2个，或者一个采（盘）区内同时作业的采煤、煤（半煤岩）巷掘进工作面个数超过《煤矿安全规程》规定的；

（五）瓦斯抽采不达标组织生产的；

（六）煤矿未制定或者未严格执行井下劳动定员制度，或者采掘作业地点单班作业人数超过国家有关限员规定20%以上的。

第五条 "瓦斯超限作业"重大事故隐患，是指有下列情形之一的：

（一）瓦斯检查存在漏检、假检情况且进行作业的；

（二）井下瓦斯超限后继续作业或者未按照国家规定处置继续进行作业的；

（三）井下排放积聚瓦斯未按照国家规定制定并实施安全技术措施进行作业的。

第六条 “煤与瓦斯突出矿井，未依照规定实施防突出措施”重大事故隐患，是指有下列情形之一的：

（一）未设立防突机构并配备相应专业人员的；

（二）未建立地面永久瓦斯抽采系统或者系统不能正常运行的；

（三）未按照国家规定进行区域或者工作面突出危险性预测的（直接认定为突出危险区域或者突出危险工作面的除外）；

（四）未按照国家规定采取防治突出措施的；

（五）未按照国家规定进行防突措施效果检验和验证，或者防突措施效果检验和验证不达标仍然组织生产建设，或者防突措施效果检验和验证数据造假的；

（六）未按照国家规定采取安全防护措施的；

（七）使用架线式电机车的。

第七条 “高瓦斯矿井未建立瓦斯抽采系统和监控系统，或者系统不能正常运行”重大事故隐患，是指有下列情形之一的：

（一）按照《煤矿安全规程》规定应当建立而未建立瓦斯抽采系统或者系统不正常使用的；

（二）未按照国家规定安设、调校甲烷传感器，人为造成甲烷传感器失效，或者瓦斯超限后不能报警、断电或者断电范围不符合国家规定的。

第八条 “通风系统不完善、不可靠”重大事故隐患，是指有下列情形之一的：

（一）矿井总风量不足或者采掘工作面等主要用风地点风量不足的；

（二）没有备用主要通风机，或者两台主要通风机不具有同等能力的；

（三）违反《煤矿安全规程》规定采用串联通风的；

（四）未按照设计形成通风系统，或者生产水平和采（盘）区未实现分区通风的；

（五）高瓦斯、煤与瓦斯突出矿井的任一采（盘）区，开采容易自燃煤层、低瓦斯矿井开采煤层群和分层开采采用联合布置的采（盘）区，未设置专用回风巷，或者突出煤层工作面没有独立的回风系统的；

（六）进、回风井之间和主要进、回风巷之间联络巷中的风墙、风门不符合《煤矿安全规程》规定，造成风流短路的；

（七）采区进、回风巷未贯穿整个采区，或者虽贯穿整个采区但一段进风、一段回风，或者采用倾斜长壁布置，大巷未超前至少2个区段构成通风系统即开掘其他巷道的；

（八）煤巷、半煤岩巷和有瓦斯涌出的岩巷掘进未按照国家规定装备甲烷电、风电闭锁装置或者有关装置不能正常使用的；

（九）高瓦斯、煤（岩）与瓦斯（二氧化碳）突出矿井的煤巷、半煤岩巷和有瓦斯涌出的岩巷掘进工作面采用局部通风时，不能实现双风机、双电源且自动切换的；

（十）高瓦斯、煤（岩）与瓦斯（二氧化碳）突出建设矿井进入二期工程前，其他建设矿井进入三期工程前，没有形成地面主要通风机供风的全风压通风系统的。

第九条 “有严重水患，未采取有效措施”重大事故隐患，是指有下列情形之一的：

（一）未查明矿井水文地质条件和井田范围内采空区、废弃老窑积水等情况而组织生产建设的；

（二）水文地质类型复杂、极复杂的矿井未设置专门的防治水机构、未配备专门的探放水作业队伍，或者未配齐专用探放水设备的；

（三）在需要探放水的区域进行采掘作业未按照国家规定进行探放水的；

（四）未按照国家规定留设或者擅自开采（破坏）各种防隔水煤（岩）柱的；

（五）有突（透、溃）水征兆未撤出井下所有受水患威胁地点人员的；

（六）受地表水倒灌威胁的矿井在强降雨天气或其来水上游发生洪水期间未实施停产撤人的；

（七）建设矿井进入三期工程前，未按照设计建成永久排水系统，或者生产矿井延深到设计水平时，未建成防、排水系统而违规开拓掘进的；

（八）矿井主要排水系统水泵排水能力、管路和水仓容量不符合《煤矿安全规程》规定的；

（九）开采地表水体、老空水淹区域或者强含水层下急倾斜煤层，未按照国家规定消除水患威胁的。

第十条 “超层越界开采”重大事故隐患，是指有下列情形之一的：

（一）超出采矿许可证载明的开采煤层层位或者标高进行开采的；

（二）超出采矿许可证载明的坐标控制范围进行开采的；

（三）擅自开采（破坏）安全煤柱的。

第十一条 “有冲击地压危险，未采取有效措施”重大事故隐患，是指有下列情形之一的：

（一）未按照国家规定进行煤层（岩层）冲击倾向性鉴定，或者开采有冲击倾向性煤层未进行冲击危险性评价，或者开采冲击地压煤层，未进行采区、采掘工作面冲击危险性评价的；

（二）有冲击地压危险的矿井未设置专门的防冲机构、未配备专业人员或者未编制专门设计的；

（三）未进行冲击地压危险性预测，或者未进行防冲措施效果检验以及防冲措施效果检验不达标仍组织生产建设的；

（四）开采冲击地压煤层时，违规开采孤岛煤柱，采掘工作面位置、间距不符合国家规定，或者开采顺序不合理、采掘速度不符合国家规定、违反国家规定布置巷道或者留设煤（岩）柱造成应力集中的；

（五）未制定或者未严格执行冲击地压危险区域人员准入制度的。

第十二条 “自然发火严重，未采取有效措施”重大事故隐患，是指有下列情形之一的：

（一）开采容易自燃和自燃煤层的矿井，未编制防灭火专项设计或者未采取综合防灭火措施的；

（二）高瓦斯矿井采用放顶煤采煤法不能有效防治煤层自然发火的；

（三）有自然发火征兆没有采取相应的安全防范措施继续生产建设的；

（四）违反《煤矿安全规程》规定启封火区的。

第十三条 “使用明令禁止使用或者淘汰的设备、工艺”重大事故隐患，是指有下列情形之一的：

（一）使用被列入国家禁止井工煤矿使用的设备及工艺目录的产品或者工艺的；

（二）井下电气设备、电缆未取得煤矿矿用产品安全标志的；

（三）井下电气设备选型与矿井瓦斯等级不符，或者采（盘）区内防爆型电气设备存在失爆，或者井下使用非防爆无轨胶轮车的；

（四）未按照矿井瓦斯等级选用相应的煤矿许用炸药和雷管、未使用专用发爆器，或者裸露爆破的；

（五）采煤工作面不能保证2个畅通的安全出口的；

（六）高瓦斯矿井、煤与瓦斯突出矿井、开采容易自燃和自燃煤层（薄煤层除外）矿井，采煤工作面采用前进式采煤方法的。

第十四条 “煤矿没有双回路供电系统”重大事故隐患，是指有下列情形之一的：

（一）单回路供电的；

（二）有两回路电源线路但取自一个区域变电所同一母线段的；

（三）进入二期工程的高瓦斯、煤与瓦斯突出、水文地质类型为复杂和极复杂的建设矿井，以及进入三期工程的其他建设矿井，未形成两回路供电的。

第十五条 “新建煤矿边建设边生产，煤矿改扩建期间，在改扩建的区域生产，或者在其他区域的生产超出安全设施设计规定的范围和规模”重大事故隐患，是指有下列情形之一的：

（一）建设项目安全设施设计未经审查批准，或者在审查批准后作出重大变更未经再次审查批准擅自组织施工的；

（二）新建煤矿在建设期间组织采煤的（经批准的联合试运转除外）；

（三）改扩建矿井在改扩建区域生产的；

（四）改扩建矿井在非改扩建区域超出设计规定范围和规模生产的。

第十六条 “煤矿实行整体承包生产经营后，未重新取得或者及时变更安全生产许可证而从事生产，或者承包方再次转包，以及将井下采掘工作面和井巷维修作业进行劳务承包”重大事故隐患，是指有下列情形之一的：

（一）煤矿未采取整体承包形式进行发包，或者将煤矿整体发包给不具有法人资格或者未取得合法有效营业执照的单位或者个人的；

（二）实行整体承包的煤矿，未签订安全生产管理协议，或者未按照国家规定约定双方安全生产管理职责而进行生产的；

（三）实行整体承包的煤矿，未重新取得或者变更安全生产许可证进行生产的；

（四）实行整体承包的煤矿，承包方再次将煤矿转包给其他单位或者个人的；

（五）井工煤矿将井下采掘作业或者井巷维修作业（井筒及井下新水平延深的井底车场、主运输、主通风、主排水、主要机电硐室开拓工程除外）作为独立工程发包给其他企业或者个人的，以及转包井下新水平延深开拓工程的。

第十七条 “煤矿改制期间，未明确安全生产责任人和安全管理机构，或者在完成改制后，未重新取得或者变更采矿许可证、安全生产许可证和营业执照”重大事故隐患，是指有下列情形之一的：

（一）改制期间，未明确安全生产责任人进行生产建设的；

（二）改制期间，未健全安全生产管理机构和配备安全管理人员进行生产建设的；

（三）完成改制后，未重新取得或者变更采矿许可证、安全生产许可证、营业执照而进行生产建设的。

第十八条 “其他重大事故隐患”，是指有下列情形之一的：

（一）未分别配备专职的矿长、总工程师和分管安全、生产、机电的副矿长，以及负责采煤、掘进、机电运输、通风、地测、防治水工作的专业技术人员的；

（二）未按照国家规定足额提取或者未按照国家规定范围使用安全生产费用的；

（三）未按照国家规定进行瓦斯等级鉴定，或者瓦斯等级鉴定弄虚作假的；

（四）出现瓦斯动力现象，或者相邻矿井开采的同一煤层发生了突出事故，或者被鉴定、认定为突出煤层，以及煤层瓦斯压力达到或者超过 0.74MPA 的非突出矿井，未立即按照突出煤层管理并在国家规定期限内进行突出危险性鉴定的（直接认定为突出矿井的除外）；

（五）图纸作假、隐瞒采掘工作面，提供虚假信息、隐瞒下井人数，或者矿长、总工程师（技术负责人）履行安全生产岗位责任制及管理制度时伪造记录，弄虚作假的；

（六）矿井未安装安全监控系统、人员位置监测系统或者系统不能正常运行，以及对系统数据进行修改、删除及屏蔽，或者煤与瓦斯突出矿井存在第七条第二项情形的；

（七）提升（运送）人员的提升机未按照《煤矿安全规程》规定安装保护装置，或者保护装置失效，或者超员运行的；

（八）带式输送机的输送带入井前未经过第三方阻燃和抗静电性能试验，或者试验不合格入井，或者输送带防打滑、跑偏、堆煤等保护装置或者温度、烟雾监测装置失效的；

（九）掘进工作面后部巷道或者独头巷道维修（着火点、高温点处理）时，维修（处理）点以里继续掘进或者有人员进入，或者采掘工作面未按照国家规定安设压风、供水、通信线路及装置的；

（十）露天煤矿边坡角大于设计最大值，或者边坡发生严重变形未及时采取措施进行治理的；

（十一）国家矿山安全监察机构认定的其他重大事故隐患。

第十九条 本标准所称的国家规定，是指有关法律、行政法规、部门规章、国家标准、行业标准，以及国务院及其应急管理部门、国家矿山安全监察机构依法制定的行政规范性文件。

第二十条 本标准自 2021 年 1 月 1 日起施行。原国家安全生产监督管理总局 2015 年 12 月 3 日公布的《煤矿重大生产安全事故隐患判定标准》（国家安全生产监督管理总局令第 85 号）同时废止。

生态环境部建设项目环境影响报告书(表)审批程序规定

(2020 年 11 月 23 日生态环境部令第 14 号公布　自 2021 年 1 月 1 日起施行　国司备字[2020003179])

第一章　总　　则

第一条　为了规范生态环境部建设项目环境影响报告书、环境影响报告表(以下简称环境影响报告书(表))审批程序,提高审批效率和服务水平,落实深化“放管服”改革、优化营商环境要求,保障公民、法人和其他组织的合法权益,根据《中华人民共和国行政许可法》《中华人民共和国环境影响评价法》《建设项目环境保护管理条例》,以及海洋环境保护、放射性污染防治、大气污染防治、水污染防治等生态环境法律法规,制定本规定。

第二条　本规定适用于生态环境部负责审批的建设项目环境影响报告书(表)的审批。

第三条　生态环境部审批建设项目环境影响报告书(表),坚持依法依规、科学决策、公开公正、便民高效的原则。

第四条　依法应当编制环境影响报告书(表)的建设项目,建设单位应当在开工建设前将环境影响报告书(表)报生态环境部审批。

建设项目的环境影响报告书(表)经批准后,建设项目的性质、规模、地点、采用的生产工艺或者防治污染、防止生态破坏的措施发生重大变动的,建设单位应当在发生重大变动的建设内容开工建设前重新将环境影响报告书(表)报生态环境部审批。

第五条　对国家确定的重大基础设施、民生工程和国防科研生产项目,生态环境部可以根据建设单位、环境影响报告书(表)编制单位或者有关部门提供的信息,提前指导,主动服务,加快审批。

第二章　申请与受理

第六条　建设单位向生态环境部申请报批环境影响报告书(表)的,除国家规定需要保密的情形外,应当在全国一体化在线政务服务平台生态环境部政务服务大厅(网址:http://zwfw.mee.gov.cn,以下简称政务服务大厅)提交下列材料,并对材料的真实性负责:

(一)建设项目环境影响报告书(表)报批申请书;

(二)建设项目环境影响报告书(表)。环境影响报告书(表)涉及国家秘密、商业秘密和个人隐私的,建设单位应当自行作出删除、遮盖等区分处理;

(三)编制环境影响报告书的建设项目的公众参与说明。

除前款规定材料外,建设单位还应当通过邮寄或者现场递交等方式,向生态环境部提交下列材料纸质版,以及光盘等移动电子存储设备一份:

(一)建设项目环境影响报告书(表)全本,一式三份;

(二)编制环境影响报告书的建设项目的公众参与说明,一式三份;

(三)通过政务服务大厅线上提交的建设项目环境影响报告书(表)对全本中不宜公开内容作了删除、遮盖等区分处理的,还应当提交有关说明材料一份。

国家规定需要保密的建设项目应当通过现场递交方式提交申请材料。

第七条 生态环境部对建设单位提交的申请材料,根据下列情况分别作出处理:

(一)依法不需要编制环境影响报告书(表)的,应当即时告知建设单位不予受理;

(二)对不属于生态环境部审批的环境影响报告书(表),不予受理,并告知建设单位向有关机关申请;

(三)环境影响报告书(表)由列入《建设项目环境影响报告书(表)编制监督管理办法》规定的限期整改名单或者“黑名单”的编制单位、编制人员编制的,应当告知建设单位不予受理;

(四)申请材料不齐全或者不符合法定形式的,应当当场或者在五个工作日内一次性告知建设单位需要补正的内容,逾期不告知的,自收到申请材料之日起即视为受理。可以当场补正的,应当允许建设单位当场补正;

(五)申请材料齐全、符合法定形式,或者建设单位按要求提交全部补正申请材料的,予以受理,并出具电子受理通知单;国家规定需要保密的或者其他不适宜网上受理的,出具纸质受理通知单。

第八条 生态环境部受理报批的建设项目环境影响报告书(表)后,应当按照《环境影响评价公众参与办法》的规定,公开环境影响报告书(表)、公众参与说明、公众提出意见的方式和途径。环境影响报告书的公开期限不得少于十个工作日,环境影响报告表的公开期限不得少于五个工作日。

第三章　技术评估与审查

第九条　生态环境部负责审批的建设项目环境影响报告书(表)需要进行技术评估的,生态环境部应当在受理申请后一个工作日内出具委托函,委托技术评估机构开展技术评估。对符合本规定第五条规定情形的,技术评估机构应当根据生态环境部的要求做好提前指导。

第十条　受委托的技术评估机构应当在委托函确定的期限内提交技术评估报告,并对技术评估结论负责。

技术评估报告应当包括下列内容:

(一)明确的技术评估结论;

(二)环境影响报告书(表)存在的质量问题及处理建议;

(三)审批时需重点关注的问题。

环境影响报告书(表)的技术评估期限不超过三十个工作日;情况特别复杂的,生态环境部可以根据实际情况适当延长技术评估期限。

第十一条　生态环境部主要从下列方面对建设项目环境影响报告书(表)进行审查:

(一)建设项目类型及其选址、布局、规模等是否符合生态环境保护法律法规和相关法定规划、区划,是否符合规划环境影响报告书及审查意见,是否符合区域生态保护红线、环境质量底线、资源利用上线和生态环境准入清单管控要求;

(二)建设项目所在区域生态环境质量是否满足相应环境功能区划要求、区域环境质量改善目标管理要求、区域重点污染物排放总量控制要求;

(三)拟采取的污染防治措施能否确保污染物排放达到国家和地方排放标准;拟采取的生态保护措施能否有效预防和控制生态破坏;可能产生放射性污染的,拟采取的防治措施能否有效预防和控制放射性污染;

(四)改建、扩建和技术改造项目,是否针对项目原有环境污染和生态破坏提出有效防治措施;

(五)环境影响报告书(表)编制内容、编制质量是否符合有关要求。

对区域生态环境质量现状符合环境功能区划要求的,生态环境部应当重点审查拟采取的污染防治措施能否确保建设项目投入运行后,该区域的生态环境质量仍然符合相应环境功能区划要求;对区域生态环境质量现状不符合环境功能区划要求的,生态环境部应当重点审查拟采取的措施能否确保建设项目投入运行后,该区域的生态环境质量符合区域环境质量改善目标管理要求。

第十二条 生态环境部对环境影响报告书(表)作出审批决定前,应当按照《环境影响评价公众参与办法》规定,向社会公开建设项目和环境影响报告书(表)基本情况等信息,并同步告知建设单位和利害关系人享有要求听证的权利。

生态环境部召开听证会的,依照环境保护行政许可听证有关规定执行。

第十三条 建设项目环境影响报告书(表)审查过程中,建设单位申请撤回环境影响报告书(表)审批申请的,生态环境部可以终止该建设项目环境影响评价审批程序,并退回建设单位提交的所有申请材料。

第十四条 生态环境部审批建设项目环境影响报告书(表),技术评估机构对建设项目环境影响报告书(表)进行技术评估,不得向建设单位、环境影响报告书(表)编制单位收取或者转嫁任何费用。

第十五条 建设项目环境影响报告书(表)审查过程中,发现建设单位存在擅自开工建设、环境影响报告书(表)存在质量问题等违反环境影响评价有关法律法规行为的,应当依法依规予以处理;建设单位有关责任人员属于公职人员的,应当按照国家有关规定将案件移送有管辖权的监察机关,依纪依规依法给予处分。

第四章 批准与公告

第十六条 对经审查通过的建设项目环境影响报告书(表),生态环境部依法作出予以批准的决定,并书面通知建设单位。

对属于《建设项目环境保护管理条例》规定不予批准情形的建设项目环境影响报告书(表),生态环境部依法作出不予批准的决定,通知建设单位,并说明理由。

第十七条 生态环境部应当自作出环境影响报告书(表)审批决定之日起七个工作日内,在生态环境部网站向社会公告审批决定全文,并依法告知建设单位提起行政复议和行政诉讼的权利和期限。国家规定需要保密的除外。

第十八条 生态环境部审批环境影响报告书的期限,依法不超过六十日;审批环境影响报告表的期限,依法不超过三十日。依法需要进行听证、专家评审、技术评估的,所需时间不计算在审批期限内。

第五章　附　　则

第十九条　依法应当由生态环境部负责审批环境影响报告书(表)的建设项目,生态环境部可以委托建设项目所在的流域(海域)生态环境监管机构或者省级生态环境主管部门审批该建设项目的环境影响报告书(表),并将受委托的行政机关和受委托实施审批的内容向社会公告。

受委托行政机关在委托范围内以生态环境部的名义实施审批,不得再次委托其他机构审批建设项目环境影响报告书(表)。生态环境部对所委托事项的批准决定负责。

第二十条　实行告知承诺审批制审批建设项目环境影响报告书(表)的有关办法,由生态环境部另行制定。

第二十一条　本规定自2021年1月1日起实施。《国家环境保护总局建设项目环境影响评价文件审批程序规定》(国家环境保护总局令第29号)同时废止。

国家危险废物名录(2021年版)

(2020年11月25日生态环境部、国家发展和改革委员会、公安部、交通运输部、国家卫生健康委员会令第15号公布　自2021年1月1日起施行　国司备字[2020003293])

第一条　根据《中华人民共和国固体废物污染环境防治法》的有关规定,制定本名录。

第二条　具有下列情形之一的固体废物(包括液态废物),列入本名录:

(一)具有毒性、腐蚀性、易燃性、反应性或者感染性一种或者几种危险特性的;

(二)不排除具有危险特性,可能对生态环境或者人体健康造成有害影响,需要按照危险废物进行管理的。

第三条　列入本名录附录《危险废物豁免管理清单》中的危险废物,在所列的豁免环节,且满足相应的豁免条件时,可以按照豁免内容的规定实行豁免管理。

第四条　危险废物与其他物质混合后的固体废物,以及危险废物利用处置后的固体废物的属性判定,按照国家规定的危险废物鉴别标准执行。

第五条 本名录中有关术语的含义如下：

（一）废物类别，是在《控制危险废物越境转移及其处置巴塞尔公约》划定的类别基础上，结合我国实际情况对危险废物进行的分类。

（二）行业来源，是指危险废物的产生行业。

（三）废物代码，是指危险废物的唯一代码，为8位数字。其中，第1–3位为危险废物产生行业代码（依据《国民经济行业分类（GB/T 4754–2017）》确定），第4–6位为危险废物顺序代码，第7–8位为危险废物类别代码。

（四）危险特性，是指对生态环境和人体健康具有有害影响的毒性（Toxicity，T）、腐蚀性（Corrosivity，C）、易燃性（Ignitability，I）、反应性（Reactivity，R）和感染性（Infectivity，In）。

第六条 对不明确是否具有危险特性的固体废物，应当按照国家规定的危险废物鉴别标准和鉴别方法予以认定。

经鉴别具有危险特性的，属于危险废物，应当根据其主要有害成分和危险特性确定所属废物类别，并按代码“900–000–××”（××为危险废物类别代码）进行归类管理。

经鉴别不具有危险特性的，不属于危险废物。

第七条 本名录根据实际情况实行动态调整。

第八条 本名录自2021年1月1日起施行。原环境保护部、国家发展和改革委员会、公安部发布的《国家危险废物名录》（环境保护部令第39号）同时废止。

附表

国家危险废物名录

废物类别	行业来源	废物代码	危 险 废 物	危险特性[1]
HW01 医疗废物[2]	卫生	841–001–01	感染性废物	In
		841–002–01	损伤性废物	In
		841–003–01	病理性废物	In
		841–004–01	化学性废物	T/C/I/R
		841–005–01	药物性废物	T

续表

废物类别	行业来源	废物代码	危 险 废 物	危险特性[1]
HW02 医药废物	化学药品原料药制造	271-001-02	化学合成原料药生产过程中产生的蒸馏及反应残余物	T
		271-002-02	化学合成原料药生产过程中产生的废母液及反应基废物	T
		271-003-02	化学合成原料药生产过程中产生的废脱色过滤介质	T
		271-004-02	化学合成原料药生产过程中产生的废吸附剂	T
		271-005-02	化学合成原料药生产过程中的废弃产品及中间体	T
	化学药品制剂制造	272-001-02	化学药品制剂生产过程中原料药提纯精制、再加工产生的蒸馏及反应残余物	T
		272-003-02	化学药品制剂生产过程中产生的废脱色过滤介质及吸附剂	T
		272-005-02	化学药品制剂生产过程中产生的废弃产品及原料药	T
	兽用药品制造	275-001-02	使用砷或有机砷化合物生产兽药过程中产生的废水处理污泥	T
		275-002-02	使用砷或有机砷化合物生产兽药过程中产生的蒸馏残余物	T
		275-003-02	使用砷或有机砷化合物生产兽药过程中产生的废脱色过滤介质及吸附剂	T
		275-004-02	其他兽药生产过程中产生的蒸馏及反应残余物	T
		275-005-02	其他兽药生产过程中产生的废脱色过滤介质及吸附剂	T
		275-006-02	兽药生产过程中产生的废母液、反应基和培养基废物	T
		275-008-02	兽药生产过程中产生的废弃产品及原料药	T

续表

废物类别	行业来源	废物代码	危险废物	危险特性[1]
HW02 医药废物	生物药品制品制造	276-001-02	利用生物技术生产生物化学药品、基因工程药物过程中产生的蒸馏及反应残余物	T
		276-002-02	利用生物技术生产生物化学药品、基因工程药物(不包括利用生物技术合成氨基酸、维生素、他汀类降脂药物、降糖类药物)过程中产生的废母液、反应基和培养基废物	T
		276-003-02	利用生物技术生产生物化学药品、基因工程药物(不包括利用生物技术合成氨基酸、维生素、他汀类降脂药物、降糖类药物)过程中产生的废脱色过滤介质	T
		276-004-02	利用生物技术生产生物化学药品、基因工程药物过程中产生的废吸附剂	T
		276-005-02	利用生物技术生产生物化学药品、基因工程药物过程中产生的废弃产品、原料药和中间体	T
HW03 废药物、药品	非特定行业	900-002-03	销售及使用过程中产生的失效、变质、不合格、淘汰、伪劣的化学药品和生物制品(不包括列入《国家基本药物目录》中的维生素、矿物质类药,调节水、电解质及酸碱平衡药),以及《医疗用毒性药品管理办法》中所列的毒性中药	T

续表

废物类别	行业来源	废物代码	危险废物	危险特性[1]
HW04 农药废物	农药制造	263-001-04	氯丹生产过程中六氯环戊二烯过滤产生的残余物,及氯化反应器真空汽提产生的废物	T
		263-002-04	乙拌磷生产过程中甲苯回收工艺产生的蒸馏残渣	T
		263-003-04	甲拌磷生产过程中二乙基二硫代磷酸过滤产生的残余物	T
		263-004-04	2,4,5-三氯苯氧乙酸生产过程中四氯苯蒸馏产生的重馏分及蒸馏残余物	T
		263-005-04	2,4-二氯苯氧乙酸生产过程中苯酚氯化工段产生的含2,6-二氯苯酚精馏残渣	T
		263-006-04	乙烯基双二硫代氨基甲酸及其盐类生产过程中产生的过滤、蒸发和离心分离残余物及废水处理污泥,产品研磨和包装工序集(除)尘装置收集的粉尘和地面清扫废物	T
		263-007-04	溴甲烷生产过程中产生的废吸附剂、反应器产生的蒸馏残液和废水分离器产生的废物	T
		263-008-04	其他农药生产过程中产生的蒸馏及反应残余物(不包括赤霉酸发酵滤渣)	T
		263-009-04	农药生产过程中产生的废母液、反应罐及容器清洗废液	T
		263-010-04	农药生产过程中产生的废滤料及吸附剂	T
		263-011-04	农药生产过程中产生的废水处理污泥	T
		263-012-04	农药生产、配制过程中产生的过期原料和废弃产品	T

续表

废物类别	行业来源	废物代码	危险废物	危险特性[1]
HW04 农药废物	非特定行业	900－003－04	销售及使用过程中产生的失效、变质、不合格、淘汰、伪劣的农药产品，以及废弃的与农药直接接触或含有农药残余物的包装物	T
HW05 木材防腐剂废物	木材加工	201－001－05	使用五氯酚进行木材防腐过程中产生的废水处理污泥，以及木材防腐处理过程中产生的沾染该防腐剂的废弃木材残片	T
		201－002－05	使用杂酚油进行木材防腐过程中产生的废水处理污泥，以及木材防腐处理过程中产生的沾染该防腐剂的废弃木材残片	T
		201－003－05	使用含砷、铬等无机防腐剂进行木材防腐过程中产生的废水处理污泥，以及木材防腐处理过程中产生的沾染该防腐剂的废弃木材残片	T
	专用化学产品制造	266－001－05	木材防腐化学品生产过程中产生的反应残余物、废过滤介质及吸附剂	T
		266－002－05	木材防腐化学品生产过程中产生的废水处理污泥	T
		266－003－05	木材防腐化学品生产、配制过程中产生的过期原料和废弃产品	T
	非特定行业	900－004－05	销售及使用过程中产生的失效、变质、不合格、淘汰、伪劣的木材防腐化学药品	T

续表

废物类别	行业来源	废物代码	危 险 废 物	危险特性[1]
HW06 废有机溶剂与含有机溶剂废物	非特定行业	900-401-06	工业生产中作为清洗剂、萃取剂、溶剂或反应介质使用后废弃的四氯化碳、二氯甲烷、1,1-二氯乙烷、1,2-二氯乙烷、1,1,1-三氯乙烷、1,1,2-三氯乙烷、三氯乙烯、四氯乙烯,以及在使用前混合的含有一种或多种上述卤化溶剂的混合/调和溶剂	T,I
		900-402-06	工业生产中作为清洗剂、萃取剂、溶剂或反应介质使用后废弃的有机溶剂,包括苯、苯乙烯、丁醇、丙酮、正己烷、甲苯、邻二甲苯、间二甲苯、对二甲苯、1,2,4-三甲苯、乙苯、乙醇、异丙醇、乙醚、丙醚、乙酸甲酯、乙酸乙酯、乙酸丁酯、丙酸丁酯、苯酚,以及在使用前混合的含有一种或多种上述溶剂的混合/调和溶剂	T,I,R
		900-404-06	工业生产中作为清洗剂、萃取剂、溶剂或反应介质使用后废弃的其他列入《危险化学品目录》的有机溶剂,以及在使用前混合的含有一种或多种上述溶剂的混合/调和溶剂	T,I,R
		900-405-06	900-401-06、900-402-06、900-404-06中所列废有机溶剂再生处理过程中产生的废活性炭及其他过滤吸附介质	T,I,R
		900-407-06	900-401-06、900-402-06、900-404-06中所列废有机溶剂分馏再生过程中产生的高沸物和釜底残渣	T,I,R
		900-409-06	900-401-06、900-402-06、900-404-06中所列废有机溶剂再生处理过程中产生的废水处理浮渣和污泥(不包括废水生化处理污泥)	T

续表

废物类别	行业来源	废物代码	危险废物	危险特性[1]
HW07 热处理含氰废物	金属表面处理及热处理加工	336-001-07	使用氰化物进行金属热处理产生的淬火池残渣	T,R
		336-002-07	使用氰化物进行金属热处理产生的淬火废水处理污泥	T,R
		336-003-07	含氰热处理炉维修过程中产生的废内衬	T,R
		336-004-07	热处理渗碳炉产生的热处理渗碳氰渣	T,R
		336-005-07	金属热处理工艺盐浴槽(釜)清洗产生的含氰残渣和含氰废液	T,R
		336-049-07	氰化物热处理和退火作业过程中产生的残渣	T,R
HW08 废矿物油与含矿物油废物	石油开采	071-001-08	石油开采和联合站贮存产生的油泥和油脚	T,I
		071-002-08	以矿物油为连续相配制钻井泥浆用于石油开采所产生的钻井岩屑和废弃钻井泥浆	T
	天然气开采	072-001-08	以矿物油为连续相配制钻井泥浆用于天然气开采所产生的钻井岩屑和废弃钻井泥浆	T
	精炼石油产品制造	251-001-08	清洗矿物油储存、输送设施过程中产生的油/水和烃/水混合物	T
		251-002-08	石油初炼过程中储存设施、油-水-固态物质分离器、积水槽、沟渠及其他输送管道、污水池、雨水收集管道产生的含油污泥	T,I
		251-003-08	石油炼制过程中含油废水隔油、气浮、沉淀等处理过程中产生的浮油、浮渣和污泥(不包括废水生化处理污泥)	T

续表

废物类别	行业来源	废物代码	危险废物	危险特性[1]
HW08 废矿物油与含矿物油废物	精炼石油产品制造	251-004-08	石油炼制过程中溶气浮选工艺产生的浮渣	T,I
		251-005-08	石油炼制过程中产生的溢出废油或乳剂	T,I
		251-006-08	石油炼制换热器管束清洗过程中产生的含油污泥	T
		251-010-08	石油炼制过程中澄清油浆槽底沉积物	T,I
		251-011-08	石油炼制过程中进油管路过滤或分离装置产生的残渣	T,I
		251-012-08	石油炼制过程中产生的废过滤介质	T
	电子元件及专用材料制造	398-001-08	锂电池隔膜生产过程中产生的废白油	T
	橡胶制品业	291-001-08	橡胶生产过程中产生的废溶剂油	T,I
	非特定行业	900-199-08	内燃机、汽车、轮船等集中拆解过程产生的废矿物油及油泥	T,I
		900-200-08	珩磨、研磨、打磨过程产生的废矿物油及油泥	T,I
		900-201-08	清洗金属零部件过程中产生的废弃煤油、柴油、汽油及其他由石油和煤炼制生产的溶剂油	T,I
		900-203-08	使用淬火油进行表面硬化处理产生的废矿物油	T
		900-204-08	使用轧制油、冷却剂及酸进行金属轧制产生的废矿物油	T
		900-205-08	镀锡及焊锡回收工艺产生的废矿物油	T
		900-209-08	金属、塑料的定型和物理机械表面处理过程中产生的废石蜡和润滑油	T,I

续表

废物类别	行业来源	废物代码	危险废物	危险特性[1]
HW08 废矿物油与含矿物油废物	非特定行业	900-210-08	含油废水处理中隔油、气浮、沉淀等处理过程中产生的浮油、浮渣和污泥(不包括废水生化处理污泥)	T,I
		900-213-08	废矿物油再生净化过程中产生的沉淀残渣、过滤残渣、废过滤吸附介质	T,I
		900-214-08	车辆、轮船及其它机械维修过程中产生的废发动机油、制动器油、自动变速器油、齿轮油等废润滑油	T,I
		900-215-08	废矿物油裂解再生过程中产生的裂解残渣	T,I
		900-216-08	使用防锈油进行铸件表面防锈处理过程中产生的废防锈油	T,I
		900-217-08	使用工业齿轮油进行机械设备润滑过程中产生的废润滑油	T,I
		900-218-08	液压设备维护、更换和拆解过程中产生的废液压油	T,I
		900-219-08	冷冻压缩设备维护、更换和拆解过程中产生的废冷冻机油	T,I
		900-220-08	变压器维护、更换和拆解过程中产生的废变压器油	T,I
		900-221-08	废燃料油及燃料油储存过程中产生的油泥	T,I
		900-249-08	其他生产、销售、使用过程中产生的废矿物油及沾染矿物油的废弃包装物	T,I

续表

废物类别	行业来源	废物代码	危险废物	危险特性[1]
HW09 油/水、烃/水混合物或乳化液	非特定行业	900-005-09	水压机维护、更换和拆解过程中产生的油/水、烃/水混合物或乳化液	T
		900-006-09	使用切削油或切削液进行机械加工过程中产生的油/水、烃/水混合物或乳化液	T
		900-007-09	其他工艺过程中产生的油/水、烃/水混合物或乳化液	T
HW10 多氯（溴）联苯类废物	非特定行业	900-008-10	含有多氯联苯（PCBs）、多氯三联苯（PCTs）和多溴联苯（PBBs）的废弃电容器、变压器	T
		900-009-10	含有 PCBs、PCTs 和 PBBs 的电力设备的清洗液	T
		900-010-10	含有 PCBs、PCTs 和 PBBs 的电力设备中废弃的介质油、绝缘油、冷却油及导热油	T
		900-011-10	含有或沾染 PCBs、PCTs 和 PBBs 的废弃包装物及容器	T
HW11 精（蒸）馏残渣	精炼石油产品制造	251-013-11	石油精炼过程中产生的酸焦油和其他焦油	T
	煤炭加工	252-001-11	炼焦过程中蒸氨塔残渣和洗油再生残渣	T
		252-002-11	煤气净化过程氨水分离设施底部的焦油和焦油渣	T
		252-003-11	炼焦副产品回收过程中萘精制产生的残渣	T
		252-004-11	炼焦过程中焦油储存设施中的焦油渣	T
		252-005-11	煤焦油加工过程中焦油储存设施中的焦油渣	T
		252-007-11	炼焦及煤焦油加工过程中的废水池残渣	T

续表

废物类别	行业来源	废物代码	危险废物	危险特性[1]
HW11 精(蒸)馏残渣	煤炭加工	252－009－11	轻油回收过程中的废水池残渣	T
		252－010－11	炼焦、煤焦油加工和苯精制过程中产生的废水处理污泥(不包括废水生化处理污泥)	T
		252－011－11	焦炭生产过程中硫铵工段煤气除酸净化产生的酸焦油	T
		252－012－11	焦化粗苯酸洗法精制过程产生的酸焦油及其他精制过程产生的蒸馏残渣	T
		252－013－11	焦炭生产过程中产生的脱硫废液	T
		252－016－11	煤沥青改质过程中产生的闪蒸油	T
		252－017－11	固定床气化技术生产化工合成原料气、燃料油合成原料气过程中粗煤气冷凝产生的焦油和焦油渣	T
	燃气生产和供应业	451－001－11	煤气生产行业煤气净化过程中产生的煤焦油渣	T
		451－002－11	煤气生产过程中产生的废水处理污泥(不包括废水生化处理污泥)	T
		451－003－11	煤气生产过程中煤气冷凝产生的煤焦油	T
	基础化学原料制造	261－007－11	乙烯法制乙醛生产过程中产生的蒸馏残渣	T
		261－008－11	乙烯法制乙醛生产过程中产生的蒸馏次要馏分	T
		261－009－11	苄基氯生产过程中苄基氯蒸馏产生的蒸馏残渣	T
		261－010－11	四氯化碳生产过程中产生的蒸馏残渣和重馏分	T
		261－011－11	表氯醇生产过程中精制塔产生的蒸馏残渣	T

续表

废物类别	行业来源	废物代码	危险废物	危险特性[1]
HW11 精(蒸)馏残渣	基础化学原料制造	261-012-11	异丙苯生产过程中精馏塔产生的重馏分	T
		261-013-11	萘法生产邻苯二甲酸酐过程中产生的蒸馏残渣和轻馏分	T
		261-014-11	邻二甲苯法生产邻苯二甲酸酐过程中产生的蒸馏残渣和轻馏分	T
		261-015-11	苯硝化法生产硝基苯过程中产生的蒸馏残渣	T
		261-016-11	甲苯二异氰酸酯生产过程中产生的蒸馏残渣和离心分离残渣	T
		261-017-11	1,1,1-三氯乙烷生产过程中产生的蒸馏残渣	T
		261-018-11	三氯乙烯和四氯乙烯联合生产过程中产生的蒸馏残渣	T
		261-019-11	苯胺生产过程中产生的蒸馏残渣	T
		261-020-11	苯胺生产过程中苯胺萃取工序产生的蒸馏残渣	T
		261-021-11	二硝基甲苯加氢法生产甲苯二胺过程中干燥塔产生的反应残余物	T
		261-022-11	二硝基甲苯加氢法生产甲苯二胺过程中产品精制产生的轻馏分	T
		261-023-11	二硝基甲苯加氢法生产甲苯二胺过程中产品精制产生的废液	T
		261-024-11	二硝基甲苯加氢法生产甲苯二胺过程中产品精制产生的重馏分	T
		261-025-11	甲苯二胺光气化法生产甲苯二异氰酸酯过程中溶剂回收塔产生的有机冷凝物	T
		261-026-11	氯苯、二氯苯生产过程中的蒸馏及分馏残渣	T

续表

废物类别	行业来源	废物代码	危险废物	危险特性[1]
HW11 精(蒸)馏残渣	基础化学原料制造	261-027-11	使用羧酸肼生产1,1-二甲基肼过程中产品分离产生的残渣	T
		261-028-11	乙烯溴化法生产二溴乙烯过程中产品精制产生的蒸馏残渣	T
		261-029-11	α-氯甲苯、苯甲酰氯和含此类官能团的化学品生产过程中产生的蒸馏残渣	T
		261-030-11	四氯化碳生产过程中的重馏分	T
		261-031-11	二氯乙烯单体生产过程中蒸馏产生的重馏分	T
		261-032-11	氯乙烯单体生产过程中蒸馏产生的重馏分	T
		261-033-11	1,1,1-三氯乙烷生产过程中蒸汽汽提塔产生的残余物	T
		261-034-11	1,1,1-三氯乙烷生产过程中蒸馏产生的重馏分	T
		261-035-11	三氯乙烯和四氯乙烯联合生产过程中产生的重馏分	T
		261-100-11	苯和丙烯生产苯酚和丙酮过程中产生的重馏分	T
		261-101-11	苯泵式硝化生产硝基苯过程中产生的重馏分	T,R
		261-102-11	铁粉还原硝基苯生产苯胺过程中产生的重馏分	T
		261-103-11	以苯胺、乙酸酐或乙酰苯胺为原料生产对硝基苯胺过程中产生的重馏分	T
		261-104-11	对硝基氯苯胺氨解生产对硝基苯胺过程中产生的重馏分	T,R
		261-105-11	氨化法、还原法生产邻苯二胺过程中产生的重馏分	T

续表

废物类别	行业来源	废物代码	危险废物	危险特性[1]
HW11 精(蒸)馏残渣	基础化学原料制造	261-106-11	苯和乙烯直接催化、乙苯和丙烯共氧化、乙苯催化脱氢生产苯乙烯过程中产生的重馏分	T
		261-107-11	二硝基甲苯还原催化生产甲苯二胺过程中产生的重馏分	T
		261-108-11	对苯二酚氧化生产二甲氧基苯胺过程中产生的重馏分	T
		261-109-11	萘磺化生产萘酚过程中产生的重馏分	T
		261-110-11	苯酚、三甲苯水解生产4,4′-二羟基二苯砜过程中产生的重馏分	T
		261-111-11	甲苯硝基化合物羰基化法、甲苯碳酸二甲酯法生产甲苯二异氰酸酯过程中产生的重馏分	T
		261-113-11	乙烯直接氯化生产二氯乙烷过程中产生的重馏分	T
		261-114-11	甲烷氯化生产甲烷氯化物过程中产生的重馏分	T
		261-115-11	甲醇氯化生产甲烷氯化物过程中产生的釜底残液	T
		261-116-11	乙烯氯醇法、氧化法生产环氧乙烷过程中产生的重馏分	T
		261-117-11	乙炔气相合成、氧氯化生产氯乙烯过程中产生的重馏分	T
		261-118-11	乙烯直接氯化生产三氯乙烯、四氯乙烯过程中产生的重馏分	T
		261-119-11	乙烯氧氯化法生产三氯乙烯、四氯乙烯过程中产生的重馏分	T
		261-120-11	甲苯光气法生产苯甲酰氯产品精制过程中产生的重馏分	T

续表

废物类别	行业来源	废物代码	危险废物	危险特性[1]
HW11 精(蒸)馏残渣	基础化学原料制造	261－121－11	甲苯苯甲酸法生产苯甲酰氯产品精制过程中产生的重馏分	T
		261－122－11	甲苯连续光氯化法、无光热氯化法生产氯化苄过程中产生的重馏分	T
		261－123－11	偏二氯乙烯氢氯化法生产1,1,1－三氯乙烷过程中产生的重馏分	T
		261－124－11	醋酸丙烯酯法生产环氧氯丙烷过程中产生的重馏分	T
		261－125－11	异戊烷(异戊烯)脱氢法生产异戊二烯过程中产生的重馏分	T
		261－126－11	化学合成法生产异戊二烯过程中产生的重馏分	T
		261－127－11	碳五馏分分离生产异戊二烯过程中产生的重馏分	T
		261－128－11	合成气加压催化生产甲醇过程中产生的重馏分	T
		261－129－11	水合法、发酵法生产乙醇过程中产生的重馏分	T
		261－130－11	环氧乙烷直接水合生产乙二醇过程中产生的重馏分	T
		261－131－11	乙醛缩合加氢生产丁二醇过程中产生的重馏分	T
		261－132－11	乙醛氧化生产醋酸蒸馏过程中产生的重馏分	T
		261－133－11	丁烷液相氧化生产醋酸过程中产生的重馏分	T
		261－134－11	电石乙炔法生产醋酸乙烯酯过程中产生的重馏分	T
		261－135－11	氢氰酸法生产原甲酸三甲酯过程中产生的重馏分	T
		261－136－11	β－苯胺乙醇法生产靛蓝过程中产生的重馏分	T

续表

废物类别	行业来源	废物代码	危险废物	危险特性[1]
HW11 精(蒸)馏残渣	石墨及其他非金属矿物制品制造	309-001-11	电解铝及其他有色金属电解精炼过程中预焙阳极、碳块及其它碳素制品制造过程烟气处理所产生的含焦油废物	T
	环境治理业	772-001-11	废矿物油再生过程中产生的酸焦油	T
	非特定行业	900-013-11	其他化工生产过程(不包括以生物质为主要原料的加工过程)中精馏、蒸馏和热解工艺产生的高沸点釜底残余物	T
HW12 染料、涂料废物	涂料、油墨、颜料及类似产品制造	264-002-12	铬黄和铬橙颜料生产过程中产生的废水处理污泥	T
		264-003-12	钼酸橙颜料生产过程中产生的废水处理污泥	T
		264-004-12	锌黄颜料生产过程中产生的废水处理污泥	T
		264-005-12	铬绿颜料生产过程中产生的废水处理污泥	T
		264-006-12	氧化铬绿颜料生产过程中产生的废水处理污泥	T
		264-007-12	氧化铬绿颜料生产过程中烘干产生的残渣	T
		264-008-12	铁蓝颜料生产过程中产生的废水处理污泥	T
		264-009-12	使用含铬、铅的稳定剂配制油墨过程中,设备清洗产生的洗涤废液和废水处理污泥	T
		264-010-12	油墨生产、配制过程中产生的废蚀刻液	T
		264-011-12	染料、颜料生产过程中产生的废母液、残渣、废吸附剂和中间体废物	T

续表

废物类别	行业来源	废物代码	危险废物	危险特性[1]
HW12 染料、涂料废物	涂料、油墨、颜料及类似产品制造	264-012-12	其他油墨、染料、颜料、油漆(不包括水性漆)生产过程中产生的废水处理污泥	T
		264-013-12	油漆、油墨生产、配制和使用过程中产生的含颜料、油墨的废有机溶剂	T
	非特定行业	900-250-12	使用有机溶剂、光漆进行光漆涂布、喷漆工艺过程中产生的废物	T,I
		900-251-12	使用油漆(不包括水性漆)、有机溶剂进行阻挡层涂敷过程中产生的废物	T,I
		900-252-12	使用油漆(不包括水性漆)、有机溶剂进行喷漆、上漆过程中产生的废物	T,I
		900-253-12	使用油墨和有机溶剂进行丝网印刷过程中产生的废物	T,I
		900-254-12	使用遮盖油、有机溶剂进行遮盖油的涂敷过程中产生的废物	T,I
		900-255-12	使用各种颜料进行着色过程中产生的废颜料	T
		900-256-12	使用酸、碱或有机溶剂清洗容器设备过程中剥离下的废油漆、废染料、废涂料	T,I,C
		900-299-12	生产、销售及使用过程中产生的失效、变质、不合格、淘汰、伪劣的油墨、染料、颜料、油漆(不包括水性漆)	T

续表

废物类别	行业来源	废物代码	危 险 废 物	危险特性[1]
HW13 有机树脂类废物	合成材料制造	265 - 101 - 13	树脂、合成乳胶、增塑剂、胶水/胶合剂合成过程产生的不合格产品(不包括热塑型树脂生产过程中聚合产物经脱除单体、低聚物、溶剂及其他助剂后产生的废料,以及热固型树脂固化后的固化体)	T
		265 - 102 - 13	树脂、合成乳胶、增塑剂、胶水/胶合剂生产过程中合成、酯化、缩合等工序产生的废母液	T
		265 - 103 - 13	树脂(不包括水性聚氨酯乳液、水性丙烯酸乳液、水性聚氨酯丙烯酸复合乳液)、合成乳胶、增塑剂、胶水/胶合剂生产过程中精馏、分离、精制等工序产生的釜底残液、废过滤介质和残渣	T
		265 - 104 - 13	树脂(不包括水性聚氨酯乳液、水性丙烯酸乳液、水性聚氨酯丙烯酸复合乳液)、合成乳胶、增塑剂、胶水/胶合剂合成过程中产生的废水处理污泥(不包括废水生化处理污泥)	T
	非特定行业	900 - 014 - 13	废弃的粘合剂和密封剂(不包括水基型和热熔型粘合剂和密封剂)	T
		900 - 015 - 13	湿法冶金、表面处理和制药行业重金属、抗生素提取、分离过程产生的废弃离子交换树脂,以及工业废水处理过程产生的废弃离子交换树脂	T
		900 - 016 - 13	使用酸、碱或有机溶剂清洗容器设备剥离下的树脂状、粘稠杂物	T
		900 - 451 - 13	废覆铜板、印刷线路板、电路板破碎分选回收金属后产生的废树脂粉	T

续表

废物类别	行业来源	废物代码	危 险 废 物	危险特性[1]
HW14 新化学物质废物	非特定行业	900-017-14	研究、开发和教学活动中产生的对人类或环境影响不明的化学物质废物	T/C/I/R
HW15 爆炸性废物	炸药、火工及焰火产品制造	267-001-15	炸药生产和加工过程中产生的废水处理污泥	R,T
		267-002-15	含爆炸品废水处理过程中产生的废活性炭	R,T
		267-003-15	生产、配制和装填铅基起爆药剂过程中产生的废水处理污泥	R,T
		267-004-15	三硝基甲苯生产过程中产生的粉红水、红水,以及废水处理污泥	T,R
HW16 感光材料废物	专用化学产品制造	266-009-16	显(定)影剂、正负胶片、像纸、感光材料生产过程中产生的不合格产品和过期产品	T
		266-010-16	显(定)影剂、正负胶片、像纸、感光材料生产过程中产生的残渣和废水处理污泥	T
	印刷	231-001-16	使用显影剂进行胶卷显影,使用定影剂进行胶卷定影,以及使用铁氰化钾、硫代硫酸盐进行影像减薄(漂白)产生的废显(定)影剂、胶片和废像纸	T
		231-002-16	使用显影剂进行印刷显影、抗蚀图形显影,以及凸版印刷产生的废显(定)影剂、胶片和废像纸	T
	电子元件及电子专用材料制造	398-001-16	使用显影剂、氢氧化物、偏亚硫酸氢盐、醋酸进行胶卷显影产生的废显(定)影剂、胶片和废像纸	T
	影视节目制作	873-001-16	电影厂产生的废显(定)影剂、胶片及废像纸	T

续表

废物类别	行业来源	废物代码	危险废物	危险特性[1]
HW16 感光材料废物	摄影扩印服务	806-001-16	摄影扩印服务行业产生的废显(定)影剂、胶片和废像纸	T
	非特定行业	900-019-16	其他行业产生的废显(定)影剂、胶片和废像纸	T
HW17 表面处理废物	金属表面处理及热处理加工	336-050-17	使用氯化亚锡进行敏化处理产生的废渣和废水处理污泥	T
		336-051-17	使用氯化锌、氯化铵进行敏化处理产生的废渣和废水处理污泥	T
		336-052-17	使用锌和电镀化学品进行镀锌产生的废槽液、槽渣和废水处理污泥	T
		336-053-17	使用镉和电镀化学品进行镀镉产生的废槽液、槽渣和废水处理污泥	T
		336-054-17	使用镍和电镀化学品进行镀镍产生的废槽液、槽渣和废水处理污泥	T
		336-055-17	使用镀镍液进行镀镍产生的废槽液、槽渣和废水处理污泥	T
		336-056-17	使用硝酸银、碱、甲醛进行敷金属法镀银产生的废槽液、槽渣和废水处理污泥	T
		336-057-17	使用金和电镀化学品进行镀金产生的废槽液、槽渣和废水处理污泥	T
		336-058-17	使用镀铜液进行化学镀铜产生的废槽液、槽渣和废水处理污泥	T
		336-059-17	使用钯和锡盐进行活化处理产生的废渣和废水处理污泥	T
		336-060-17	使用铬和电镀化学品进行镀黑铬产生的废槽液、槽渣和废水处理污泥	T

续表

废物类别	行业来源	废物代码	危险废物	危险特性[1]
HW17 表面处理废物	金属表面处理及热处理加工	336-061-17	使用高锰酸钾进行钻孔除胶处理产生的废渣和废水处理污泥	T
		336-062-17	使用铜和电镀化学品进行镀铜产生的废槽液、槽渣和废水处理污泥	T
		336-063-17	其他电镀工艺产生的废槽液、槽渣和废水处理污泥	T
		336-064-17	金属或塑料表面酸（碱）洗、除油、除锈、洗涤、磷化、出光、化抛工艺产生的废腐蚀液、废洗涤液、废槽液、槽渣和废水处理污泥（不包括：铝、镁材（板）表面酸（碱）洗、粗化、硫酸阳极处理、磷酸化学抛光废水处理污泥，铝电解电容器用铝电极箔化学腐蚀、非硼酸系化成液化成废水处理污泥，铝材挤压加工模具碱洗（煲模）废水处理污泥，碳钢酸洗除锈废水处理污泥）	T/C
		336-066-17	镀层剥除过程中产生的废槽液、槽渣和废水处理污泥	T
		336-067-17	使用含重铬酸盐的胶体、有机溶剂、黏合剂进行漩流式抗蚀涂布产生的废渣和废水处理污泥	T
		336-068-17	使用铬化合物进行抗蚀层化学硬化产生的废渣和废水处理污泥	T
		336-069-17	使用铬酸镀铬产生的废槽液、槽渣和废水处理污泥	T
		336-100-17	使用铬酸进行阳极氧化产生的废槽液、槽渣和废水处理污泥	T
		336-101-17	使用铬酸进行塑料表面粗化产生的废槽液、槽渣和废水处理污泥	T

续表

废物类别	行业来源	废物代码	危险废物	危险特性[1]
HW18 焚烧处置残渣	环境治理业	772-002-18	生活垃圾焚烧飞灰	T
		772-003-18	危险废物焚烧、热解等处置过程产生的底渣、飞灰和废水处理污泥	T
		772-004-18	危险废物等离子体、高温熔融等处置过程产生的非玻璃态物质和飞灰	T
		772-005-18	固体废物焚烧处置过程中废气处理产生的废活性炭	T
HW19 含金属羰基化合物废物	非特定行业	900-020-19	金属羰基化合物生产、使用过程中产生的含有羰基化合物成分的废物	T
HW20 含铍废物	基础化学原料制造	261-040-20	铍及其化合物生产过程中产生的熔渣、集(除)尘装置收集的粉尘和废水处理污泥	T
HW21 含铬废物	毛皮鞣制及制品加工	193-001-21	使用铬鞣剂进行铬鞣、复鞣工艺产生的废水处理污泥和残渣	T
		193-002-21	皮革、毛皮鞣制及切削过程产生的含铬废碎料	T
	基础化学原料制造	261-041-21	铬铁矿生产铬盐过程中产生的铬渣	T
		261-042-21	铬铁矿生产铬盐过程中产生的铝泥	T
		261-043-21	铬铁矿生产铬盐过程中产生的芒硝	T
		261-044-21	铬铁矿生产铬盐过程中产生的废水处理污泥	T
		261-137-21	铬铁矿生产铬盐过程中产生的其他废物	T
		261-138-21	以重铬酸钠和浓硫酸为原料生产铬酸酐过程中产生的含铬废液	T

续表

废物类别	行业来源	废物代码	危险废物	危险特性[1]
HW21 含铬废物	铁合金冶炼	314-001-21	铬铁硅合金生产过程中集(除)尘装置收集的粉尘	T
		314-002-21	铁铬合金生产过程中集(除)尘装置收集的粉尘	T
		314-003-21	铁铬合金生产过程中金属铬冶炼产生的铬浸出渣	T
	金属表面处理及热处理加工	336-100-21	使用铬酸进行阳极氧化产生的废槽液、槽渣和废水处理污泥	T
	电子元件及电子专用材料制造	398-002-21	使用铬酸进行钻孔除胶处理产生的废渣和废水处理污泥	T
HW22 含铜废物	玻璃制造	304-001-22	使用硫酸铜进行敷金属法镀铜产生的废槽液、槽渣和废水处理污泥	T
	电子元件及电子专用材料制造	398-004-22	线路板生产过程中产生的废蚀铜液	T
		398-005-22	使用酸进行铜氧化处理产生的废液和废水处理污泥	T
		398-051-22	铜板蚀刻过程中产生的废蚀刻液和废水处理污泥	T
HW23 含锌废物	金属表面处理及热处理加工	336-103-23	热镀锌过程中产生的废助镀熔(溶)剂和集(除)尘装置收集的粉尘	T
	电池制造	384-001-23	碱性锌锰电池、锌氧化银电池、锌空气电池生产过程中产生的废锌浆	T
	炼钢	312-001-23	废钢电炉炼钢过程中集(除)尘装置收集的粉尘和废水处理污泥	T
	非特定行业	900-021-23	使用氢氧化钠、锌粉进行贵金属沉淀过程中产生的废液和废水处理污泥	T

续表

废物类别	行业来源	废物代码	危险废物	危险特性[1]
HW24 含砷废物	基础化学原料制造	261-139-24	硫铁矿制酸过程中烟气净化产生的酸泥	T
HW25 含硒废物	基础化学原料制造	261-045-25	硒及其化合物生产过程中产生的熔渣、集(除)尘装置收集的粉尘和废水处理污泥	T
HW26 含镉废物	电池制造	384-002-26	镍镉电池生产过程中产生的废渣和废水处理污泥	T
HW27 含锑废物	基础化学原料制造	261-046-27	锑金属及粗氧化锑生产过程中产生的熔渣和集(除)尘装置收集的粉尘	T
		261-048-27	氧化锑生产过程中产生的熔渣	T
HW28 含碲废物	基础化学原料制造	261-050-28	碲及其化合物生产过程中产生的熔渣、集(除)尘装置收集的粉尘和废水处理污泥	T
HW29 含汞废物	天然气开采	072-002-29	天然气除汞净化过程中产生的含汞废物	T
	常用有色金属矿采选	091-003-29	汞矿采选过程中产生的尾砂和集(除)尘装置收集的粉尘	T
	贵金属冶炼	322-002-29	混汞法提金工艺产生的含汞粉尘、残渣	T
	印刷	231-007-29	使用显影剂、汞化合物进行影像加厚(物理沉淀)以及使用显影剂、氨氯化汞进行影像加厚(氧化)产生的废液和残渣	T
	基础化学原料制造	261-051-29	水银电解槽法生产氯气过程中盐水精制产生的盐水提纯污泥	T
		261-052-29	水银电解槽法生产氯气过程中产生的废水处理污泥	T
		261-053-29	水银电解槽法生产氯气过程中产生的废活性炭	T
		261-054-29	卤素和卤素化学品生产过程中产生的含汞硫酸钡污泥	T

续表

废物类别	行业来源	废物代码	危险废物	危险特性[1]
HW29 含汞废物	合成材料制造	265 - 001 - 29	氯乙烯生产过程中含汞废水处理产生的废活性炭	T,C
		265 - 002 - 29	氯乙烯生产过程中吸附汞产生的废活性炭	T,C
		265 - 003 - 29	电石乙炔法生产氯乙烯单体过程中产生的废酸	T,C
		265 - 004 - 29	电石乙炔法生产氯乙烯单体过程中产生的废水处理污泥	T
	常用有色金属冶炼	321 - 030 - 29	汞再生过程中集(除)尘装置收集的粉尘,汞再生工艺产生的废水处理污泥	T
		321 - 033 - 29	铅锌冶炼烟气净化产生的酸泥	T
		321 - 103 - 29	铜、锌、铅冶炼过程中烟气氯化汞法脱汞工艺产生的废甘汞	T
	电池制造	384 - 003 - 29	含汞电池生产过程中产生的含汞废浆层纸、含汞废锌膏、含汞废活性炭和废水处理污泥	T
	照明器具制造	387 - 001 - 29	电光源用固汞及含汞电光源生产过程中产生的废活性炭和废水处理污泥	T
	通用仪器仪表制造	401 - 001 - 29	含汞温度计生产过程中产生的废渣	T
	非特定行业	900 - 022 - 29	废弃的含汞催化剂	T
		900 - 023 - 29	生产、销售及使用过程中产生的废含汞荧光灯管及其他废含汞电光源,及废弃含汞电光源处理处置过程中产生的废荧光粉、废活性炭和废水处理污泥	T
		900 - 024 - 29	生产、销售及使用过程中产生的废含汞温度计、废含汞血压计、废含汞真空表、废含汞压力计、废氧化汞电池和废汞开关	T

续表

废物类别	行业来源	废物代码	危险废物	危险特性[1]
HW29 含汞废物	非特定行业	900-452-29	含汞废水处理过程中产生的废树脂、废活性炭和污泥	T
HW30 含铊废物	基础化学原料制造	261-055-30	铊及其化合物生产过程中产生的熔渣、集(除)尘装置收集的粉尘和废水处理污泥	T
HW31 含铅废物	玻璃制造	304-002-31	使用铅盐和铅氧化物进行显像管玻璃熔炼过程中产生的废渣	T
	电子元件及电子专用材料制造	398-052-31	线路板制造过程中电镀铅锡合金产生的废液	T
	电池制造	384-004-31	铅蓄电池生产过程中产生的废渣、集(除)尘装置收集的粉尘和废水处理污泥	T
	工艺美术及礼仪用品制造	243-001-31	使用铅箔进行烤钵试金法工艺产生的废烤钵	T
	非特定行业	900-052-31	废铅蓄电池及废铅蓄电池拆解过程中产生的废铅板、废铅膏和酸液	T,C
		900-025-31	使用硬脂酸铅进行抗黏涂层过程中产生的废物	T
HW32 无机氟化物废物	非特定行业	900-026-32	使用氢氟酸进行蚀刻产生的废蚀刻液	T,C
HW33 无机氰化物废物	贵金属矿采选	092-003-33	采用氰化物进行黄金选矿过程中产生的氰化尾渣和含氰废水处理污泥	T
	金属表面处理及热处理加工	336-104-33	使用氰化物进行浸洗过程中产生的废液	T,R

续表

废物类别	行业来源	废物代码	危 险 废 物	危险特性[1]
HW33 无机氰化物废物	非特定行业	900－027－33	使用氰化物进行表面硬化、碱性除油、电解除油产生的废物	T,R
		900－028－33	使用氰化物剥落金属镀层产生的废物	T,R
		900－029－33	使用氰化物和双氧水进行化学抛光产生的废物	T,R
HW34 废酸	精炼石油产品制造	251－014－34	石油炼制过程产生的废酸及酸泥	C,T
	涂料、油墨、颜料及类似产品制造	264－013－34	硫酸法生产钛白粉（二氧化钛）过程中产生的废酸	C,T
	基础化学原料制造	261－057－34	硫酸和亚硫酸、盐酸、氢氟酸、磷酸和亚磷酸、硝酸和亚硝酸等的生产、配制过程中产生的废酸及酸渣	C,T
		261－058－34	卤素和卤素化学品生产过程中产生的废酸	C,T
	钢压延加工	313－001－34	钢的精加工过程中产生的废酸性洗液	C,T
	金属表面处理及热处理加工	336－105－34	青铜生产过程中浸酸工序产生的废酸液	C,T
	电子元件及电子专用材料制造	398－005－34	使用酸进行电解除油、酸蚀、活化前表面敏化、催化、浸亮产生的废酸液	C,T
		398－006－34	使用硝酸进行钻孔蚀胶处理产生的废酸液	C,T
		398－007－34	液晶显示板或集成电路板的生产过程中使用酸浸蚀剂进行氧化物浸蚀产生的废酸液	C,T

续表

废物类别	行业来源	废物代码	危险废物	危险特性[1]
HW34 废酸	非特定行业	900-300-34	使用酸进行清洗产生的废酸液	C,T
		900-301-34	使用硫酸进行酸性碳化产生的废酸液	C,T
		900-302-34	使用硫酸进行酸蚀产生的废酸液	C,T
		900-303-34	使用磷酸进行磷化产生的废酸液	C,T
		900-304-34	使用酸进行电解除油、金属表面敏化产生的废酸液	C,T
		900-305-34	使用硝酸剥落不合格镀层及挂架金属镀层产生的废酸液	C,T
		900-306-34	使用硝酸进行钝化产生的废酸液	C,T
		900-307-34	使用酸进行电解抛光处理产生的废酸液	C,T
		900-308-34	使用酸进行催化（化学镀）产生的废酸液	C,T
		900-349-34	生产、销售及使用过程中产生的失效、变质、不合格、淘汰、伪劣的强酸性擦洗粉、清洁剂、污迹去除剂以及其他强酸性废酸液和酸渣	C,T
HW35 废碱	精炼石油产品制造	251-015-35	石油炼制过程产生的废碱液和碱渣	C,T
	基础化学原料制造	261-059-35	氢氧化钙、氨水、氢氧化钠、氢氧化钾等的生产、配制中产生的废碱液、固态碱和碱渣	C
	毛皮鞣制及制品加工	193-003-35	使用氢氧化钙、硫化钠进行浸灰产生的废碱液	C,R
	纸浆制造	221-002-35	碱法制浆过程中蒸煮制浆产生的废碱液	C,T
	非特定行业	900-350-35	使用氢氧化钠进行煮炼过程中产生的废碱液	C

续表

废物类别	行业来源	废物代码	危险废物	危险特性[1]
HW35 废碱	非特定行业	900-351-35	使用氢氧化钠进行丝光处理过程中产生的废碱液	C
		900-352-35	使用碱进行清洗产生的废碱液	C,T
		900-353-35	使用碱进行清洗除蜡、碱性除油、电解除油产生的废碱液	C,T
		900-354-35	使用碱进行电镀阻挡层或抗蚀层的脱除产生的废碱液	C,T
		900-355-35	使用碱进行氧化膜浸蚀产生的废碱液	C,T
		900-356-35	使用碱溶液进行碱性清洗、图形显影产生的废碱液	C,T
		900-399-35	生产、销售及使用过程中产生的失效、变质、不合格、淘汰、伪劣的强碱性擦洗粉、清洁剂、污迹去除剂以及其他强碱性废碱液、固态碱和碱渣	C,T
HW36 石棉废物	石棉及其他非金属矿采选	109-001-36	石棉矿选矿过程中产生的废渣	T
	基础化学原料制造	261-060-36	卤素和卤素化学品生产过程中电解装置拆换产生的含石棉废物	T
	石膏、水泥制品及类似制品制造	302-001-36	石棉建材生产过程中产生的石棉尘、废石棉	T
	耐火材料制品制造	308-001-36	石棉制品生产过程中产生的石棉尘、废石棉	T
	汽车零部件及配件制造	367-001-36	车辆制动器衬片生产过程中产生的石棉废物	T

续表

废物类别	行业来源	废物代码	危险废物	危险特性[1]
HW36 石棉废物	船舶及相关装置制造	373-002-36	拆船过程中产生的石棉废物	T
	非特定行业	900-030-36	其他生产过程中产生的石棉废物	T
		900-031-36	含有石棉的废绝缘材料、建筑废物	T
		900-032-36	含有隔膜、热绝缘体等石棉材料的设施保养拆换及车辆制动器衬片的更换产生的石棉废物	T
HW37 有机磷化合物废物	基础化学原料制造	261-061-37	除农药以外其他有机磷化合物生产、配制过程中产生的反应残余物	T
		261-062-37	除农药以外其他有机磷化合物生产、配制过程中产生的废过滤吸附介质	T
		261-063-37	除农药以外其他有机磷化合物生产过程中产生的废水处理污泥	T
	非特定行业	900-033-37	生产、销售及使用过程中产生的废弃磷酸酯抗燃油	T
HW38 有机氰化物废物	基础化学原料制造	261-064-38	丙烯腈生产过程中废水汽提器塔底的残余物	T,R
		261-065-38	丙烯腈生产过程中乙腈蒸馏塔底的残余物	T,R
		261-066-38	丙烯腈生产过程中乙腈精制塔底的残余物	T
		261-067-38	有机氰化物生产过程中产生的废母液和反应残余物	T
		261-068-38	有机氰化物生产过程中催化、精馏和过滤工序产生的废催化剂、釜底残余物和过滤介质	T
		261-069-38	有机氰化物生产过程中产生的废水处理污泥	T
		261-140-38	废腈纶高温高压水解生产聚丙烯腈-铵盐过程中产生的过滤残渣	T

续表

废物类别	行业来源	废物代码	危险废物	危险特性[1]
HW39 含酚废物	基础化学原料制造	261-070-39	酚及酚类化合物生产过程中产生的废母液和反应残余物	T
		261-071-39	酚及酚类化合物生产过程中产生的废过滤吸附介质、废催化剂、精馏残余物	T
HW40 含醚废物	基础化学原料制造	261-072-40	醚及醚类化合物生产过程中产生的醚类残液、反应残余物、废水处理污泥(不包括废水生化处理污泥)	T
HW45 含有机卤化物废物	基础化学原料制造	261-078-45	乙烯溴化法生产二溴乙烯过程中废气净化产生的废液	T
		261-079-45	乙烯溴化法生产二溴乙烯过程中产品精制产生的废吸附剂	T
		261-080-45	芳烃及其衍生物氯代反应过程中氯气和盐酸回收工艺产生的废液和废吸附剂	T
		261-081-45	芳烃及其衍生物氯代反应过程中产生的废水处理污泥	T
		261-082-45	氯乙烷生产过程中的塔底残余物	T
		261-084-45	其他有机卤化物的生产过程(不包括卤化前的生产工段)中产生的残液、废过滤吸附介质、反应残余物、废水处理污泥、废催化剂(不包括上述HW04、HW06、HW11、HW12、HW13、HW39类别的废物)	T
		261-085-45	其他有机卤化物的生产过程中产生的不合格、淘汰、废弃的产品(不包括上述HW06、HW39类别的废物)	T
		261-086-45	石墨作阳极隔膜法生产氯气和烧碱过程中产生的废水处理污泥	T

续表

废物类别	行业来源	废物代码	危险废物	危险特性[1]
HW46 含镍废物	基础化学原料制造	261-087-46	镍化合物生产过程中产生的反应残余物及不合格、淘汰、废弃的产品	T
	电池制造	384-005-46	镍氢电池生产过程中产生的废渣和废水处理污泥	T
	非特定行业	900-037-46	废弃的镍催化剂	T,I
HW47 含钡废物	基础化学原料制造	261-088-47	钡化合物(不包括硫酸钡)生产过程中产生的熔渣、集(除)尘装置收集的粉尘、反应残余物、废水处理污泥	T
	金属表面处理及热处理加工	336-106-47	热处理工艺中产生的含钡盐浴渣	T
HW48 有色金属采选和冶炼废物	常用有色金属矿采选	091-001-48	硫化铜矿、氧化铜矿等铜矿物采选过程中集(除)尘装置收集的粉尘	T
		091-002-48	硫砷化合物(雌黄、雄黄及硫砷铁矿)或其他含砷化合物的金属矿石采选过程中集(除)尘装置收集的粉尘	T
	常用有色金属冶炼	321-002-48	铜火法冶炼过程中烟气处理集(除)尘装置收集的粉尘	T
		321-031-48	铜火法冶炼烟气净化产生的酸泥(铅滤饼)	T
		321-032-48	铜火法冶炼烟气净化产生的污酸处理过程产生的砷渣	T
		321-003-48	粗锌精炼加工过程中湿法除尘产生的废水处理污泥	T
		321-004-48	铅锌冶炼过程中,锌焙烧矿、锌氧化矿常规浸出法产生的浸出渣	T

续表

废物类别	行业来源	废物代码	危 险 废 物	危险特性[1]
HW48 有色金属 采选和冶 炼废物	常用有色 金属冶炼	321－005－48	铅锌冶炼过程中，锌焙烧矿热酸浸出黄钾铁矾法产生的铁矾渣	T
		321－006－48	硫化锌矿常压氧浸或加压氧浸产生的硫渣（浸出渣）	T
		321－007－48	铅锌冶炼过程中，锌焙烧矿热酸浸出针铁矿法产生的针铁矿渣	T
		321－008－48	铅锌冶炼过程中，锌浸出液净化产生的净化渣，包括锌粉－黄药法、砷盐法、反向锑盐法、铅锑合金锌粉法等工艺除铜、锑、镉、钴、镍等杂质过程中产生的废渣	T
		321－009－48	铅锌冶炼过程中，阴极锌熔铸产生的熔铸浮渣	T
		321－010－48	铅锌冶炼过程中，氧化锌浸出处理产生的氧化锌浸出渣	T
		321－011－48	铅锌冶炼过程中，鼓风炉炼锌锌蒸气冷凝分离系统产生的鼓风炉浮渣	T
		321－012－48	铅锌冶炼过程中，锌精馏炉产生的锌渣	T
		321－013－48	铅锌冶炼过程中，提取金、银、铋、镉、钴、铟、锗、铊、碲等金属过程中产生的废渣	T
		321－014－48	铅锌冶炼过程中，集（除）尘装置收集的粉尘	T
		321－016－48	粗铅精炼过程中产生的浮渣和底渣	T
		321－017－48	铅锌冶炼过程中，炼铅鼓风炉产生的黄渣	T
		321－018－48	铅锌冶炼过程中，粗铅火法精炼产生的精炼渣	T

续表

废物类别	行业来源	废物代码	危险废物	危险特性[1]
HW48 有色金属采选和冶炼废物	常用有色金属冶炼	321-019-48	铅锌冶炼过程中，铅电解产生的阳极泥及阳极泥处理后产生的含铅废渣和废水处理污泥	T
		321-020-48	铅锌冶炼过程中，阴极铅精炼产生的氧化铅渣及碱渣	T
		321-021-48	铅锌冶炼过程中，锌焙烧矿热酸浸出黄钾铁矾法、热酸浸出针铁矿法产生的铅银渣	T
		321-022-48	铅锌冶炼烟气净化产生的污酸除砷处理过程产生的砷渣	T
		321-023-48	电解铝生产过程电解槽阴极内衬维修、更换产生的废渣（大修渣）	T
		321-024-48	电解铝铝液转移、精炼、合金化、铸造过程熔体表面产生的铝灰渣，以及回收铝过程产生的盐渣和二次铝灰	R,T
		321-025-48	电解铝生产过程产生的炭渣	T
		321-026-48	再生铝和铝材加工过程中，废铝及铝锭重熔、精炼、合金化、铸造熔体表面产生的铝灰渣，及其回收铝过程产生的盐渣和二次铝灰	R
		321-034-48	铝灰热回收铝过程烟气处理集（除）尘装置收集的粉尘，铝冶炼和再生过程烟气（包括：再生铝熔炼烟气、铝液熔体净化、除杂、合金化、铸造烟气）处理集（除）尘装置收集的粉尘	T,R
		321-027-48	铜再生过程中集（除）尘装置收集的粉尘和湿法除尘产生的废水处理污泥	T

续表

废物类别	行业来源	废物代码	危 险 废 物	危险特性[1]
HW48 有色金属采选和冶炼废物	常用有色金属冶炼	321-028-48	锌再生过程中集(除)尘装置收集的粉尘和湿法除尘产生的废水处理污泥	T
		321-029-48	铅再生过程中集(除)尘装置收集的粉尘和湿法除尘产生的废水处理污泥	T
	稀有稀土金属冶炼	323-001-48	仲钨酸铵生产过程中碱分解产生的碱煮渣(钨渣)、除钼过程中产生的除钼渣和废水处理污泥	T
HW49 其他废物	石墨及其他非金属矿物制品制造	309-001-49	多晶硅生产过程中废弃的三氯化硅及四氯化硅	R,C
	环境治理	772-006-49	采用物理、化学、物理化学或生物方法处理或处置毒性或感染性危险废物过程中产生的废水处理污泥、残渣(液)	T/In
	非特定行业	900-039-49	烟气、VOCs治理过程(不包括餐饮行业油烟治理过程)产生的废活性炭,化学原料和化学制品脱色(不包括有机合成食品添加剂脱色)、除杂、净化过程产生的废活性炭(不包括900-405-06、772-005-18、261-053-29、265-002-29、384-003-29、387-001-29类废物)	T
		900-041-49	含有或沾染毒性、感染性危险废物的废弃包装物、容器、过滤吸附介质	T/In
		900-042-49	环境事件及其处理过程中产生的沾染危险化学品、危险废物的废物	T/C/I/R/In

续表

废物类别	行业来源	废物代码	危险废物	危险特性[1]
HW49 其他废物	非特定行业	900－044－49	废弃的镉镍电池、荧光粉和阴极射线管	T
		900－045－49	废电路板（包括已拆除或未拆除元器件的废弃电路板），及废电路板拆解过程产生的废弃 CPU、显卡、声卡、内存、含电解液的电容器、含金等贵金属的连接件	T
		900－046－49	离子交换装置（不包括饮用水、工业纯水和锅炉软化水制备装置）再生过程中产生的废水处理污泥	T
		900－047－49	生产、研究、开发、教学、环境检测（监测）活动中，化学和生物实验室（不包含感染性医学实验室及医疗机构化验室）产生的含氰、氟、重金属无机废液及无机废液处理产生的残渣、残液，含矿物油、有机溶剂、甲醛有机废液，废酸、废碱，具有危险特性的残留样品，以及沾染上述物质的一次性实验用品（不包括按实验室管理要求进行清洗后的废弃的烧杯、量器、漏斗等实验室用品）、包装物（不包括按实验室管理要求进行清洗后的试剂包装物、容器）、过滤吸附介质等	T/C/I/R
		900－053－49	已禁止使用的《关于持久性有机污染物的斯德哥尔摩公约》受控化学物质；已禁止使用的《关于汞的水俣公约》中氯碱设施退役过程中产生的汞；所有者申报废弃的，以及有关部门依法收缴或接收且需要销毁的《关于持久性有机污染物的斯德哥尔摩公约》《关于汞的水俣公约》受控化学物质	T

续表

废物类别	行业来源	废物代码	危险废物	危险特性[1]
HW49 其他废物	非特定行业	900-999-49	被所有者申报废弃的,或未申报废弃但被非法排放、倾倒、利用、处置的,以及有关部门依法收缴或接收且需要销毁的列入《危险化学品目录》的危险化学品(不含该目录中仅具有“加压气体”物理危险性的危险化学品)	T/C/I/R
HW50 废催化剂	精炼石油产品制造	251-016-50	石油产品加氢精制过程中产生的废催化剂	T
		251-017-50	石油炼制中采用钝镍剂进行催化裂化产生的废催化剂	T
		251-018-50	石油产品加氢裂化过程中产生的废催化剂	T
		251-019-50	石油产品催化重整过程中产生的废催化剂	T
	基础化学原料制造	261-151-50	树脂、乳胶、增塑剂、胶水/胶合剂生产过程中合成、酯化、缩合等工序产生的废催化剂	T
		261-152-50	有机溶剂生产过程中产生的废催化剂	T
		261-153-50	丙烯腈合成过程中产生的废催化剂	T
		261-154-50	聚乙烯合成过程中产生的废催化剂	T
		261-155-50	聚丙烯合成过程中产生的废催化剂	T
		261-156-50	烷烃脱氢过程中产生的废催化剂	T
		261-157-50	乙苯脱氢生产苯乙烯过程中产生的废催化剂	T
		261-158-50	采用烷基化反应(歧化)生产苯、二甲苯过程中产生的废催化剂	T

续表

废物类别	行业来源	废物代码	危险废物	危险特性[1]
HW50 废催化剂	基础化学原料制造	261-159-50	二甲苯临氢异构化反应过程中产生的废催化剂	T
		261-160-50	乙烯氧化生产环氧乙烷过程中产生的废催化剂	T
		261-161-50	硝基苯催化加氢法制备苯胺过程中产生的废催化剂	T
		261-162-50	以乙烯和丙烯为原料,采用茂金属催化体系生产乙丙橡胶过程中产生的废催化剂	T
		261-163-50	乙炔法生产醋酸乙烯酯过程中产生的废催化剂	T
		261-164-50	甲醇和氨气催化合成、蒸馏制备甲胺过程中产生的废催化剂	T
		261-165-50	催化重整生产高辛烷值汽油和轻芳烃过程中产生的废催化剂	T
		261-166-50	采用碳酸二甲酯法生产甲苯二异氰酸酯过程中产生的废催化剂	T
		261-167-50	合成气合成、甲烷氧化和液化石油气氧化生产甲醇过程中产生的废催化剂	T
		261-168-50	甲苯氯化水解生产邻甲酚过程中产生的废催化剂	T
		261-169-50	异丙苯催化脱氢生产α-甲基苯乙烯过程中产生的废催化剂	T
		261-170-50	异丁烯和甲醇催化生产甲基叔丁基醚过程中产生的废催化剂	T
		261-171-50	以甲醇为原料采用铁钼法生产甲醛过程中产生的废铁钼催化剂	T
		261-172-50	邻二甲苯氧化法生产邻苯二甲酸酐过程中产生的废催化剂	T

续表

废物类别	行业来源	废物代码	危险废物	危险特性[1]
HW50 废催化剂	基础化学原料制造	261－173－50	二氧化硫氧化生产硫酸过程中产生的废催化剂	T
		261－174－50	四氯乙烷催化脱氯化氢生产三氯乙烯过程中产生的废催化剂	T
		261－175－50	苯氧化法生产顺丁烯二酸酐过程中产生的废催化剂	T
		261－176－50	甲苯空气氧化生产苯甲酸过程中产生的废催化剂	T
		261－177－50	羟丙腈氨化、加氢生产3－氨基－1－丙醇过程中产生的废催化剂	T
		261－178－50	β－羟基丙腈催化加氢生产3－氨基－1－丙醇过程中产生的废催化剂	T
		261－179－50	甲乙酮与氨催化加氢生产2－氨基丁烷过程中产生的废催化剂	T
		261－180－50	苯酚和甲醇合成2,6－二甲基苯酚过程中产生的废催化剂	T
		261－181－50	糠醛脱羰制备呋喃过程中产生的废催化剂	T
		261－182－50	过氧化法生产环氧丙烷过程中产生的废催化剂	T
		261－183－50	除农药以外其他有机磷化合物生产过程中产生的废催化剂	T
	农药制造	263－013－50	化学合成农药生产过程中产生的废催化剂	T
	化学药品原料药制造	271－006－50	化学合成原料药生产过程中产生的废催化剂	T
	兽用药品制造	275－009－50	兽药生产过程中产生的废催化剂	T

续表

废物类别	行业来源	废物代码	危 险 废 物	危险特性[1]
HW50 废催化剂	生物药品制品制造	276-006-50	生物药品生产过程中产生的废催化剂	T
	环境治理业	772-007-50	烟气脱硝过程中产生的废钒钛系催化剂	T
	非特定行业	900-048-50	废液体催化剂	T
		900-049-50	机动车和非道路移动机械尾气净化废催化剂	T

注:1. 所列危险特性为该种危险废物的主要危险特性,不排除可能具有其他危险特性;","分隔的多个危险特性代码,表示该种废物具有列在第一位代码所代表的危险特性,且可能具有所列其他代码代表的危险特性;"/"分隔的多个危险特性代码,表示该种危险废物具有所列代码所代表的一种或多种危险特性。

2. 医疗废物分类按照《医疗废物分类目录》执行。

附录

危险废物豁免管理清单

本清单各栏目说明:

1."序号"指列入本目录危险废物的顺序编号;

2."废物类别/代码"指列入本目录危险废物的类别或代码;

3."危险废物"指列入本目录危险废物的名称;

4."豁免环节"指可不按危险废物管理的环节;

5."豁免条件"指可不按危险废物管理应具备的条件;

6."豁免内容"指可不按危险废物管理的内容;

7.《医疗废物分类目录》对医疗废物有其他豁免管理内容的,按照该目录有关规定执行;

8. 本清单引用文件中,凡是未注明日期的引用文件,其最新版本适用于本清单。

序号	废物类别/代码	危险废物	豁免环节	豁免条件	豁免内容
1	生活垃圾中的危险废物	家庭日常生活或者为日常生活提供服务的活动中产生的废药品、废杀虫剂和消毒剂及其包装物、废油漆和溶剂及其包装物、废矿物油及其包装物、废胶片及废像纸、废荧光灯管、废含汞温度计、废含汞血压计、废铅蓄电池、废镍镉电池和氧化汞电池以及电子类危险废物等	全部环节	未集中收集的家庭日常生活中产生的生活垃圾中的危险废物。	全过程不按危险废物管理。
			收集	按照各市、县生活垃圾分类要求，纳入生活垃圾分类收集体系进行分类收集，且运输工具和暂存场所满足分类收集体系要求。	从分类投放点收集转移到所设定的集中贮存点的收集过程不按危险废物管理。
2	HW01	床位总数在 19 张以下(含 19 张)的医疗机构产生的医疗废物(重大传染病疫情期间产生的医疗废物除外)	收集	按《医疗卫生机构医疗废物管理办法》等规定进行消毒和收集。	收集过程不按危险废物管理。
			运输	转运车辆符合《医疗废物转运车技术要求(试行)》(GB19217)要求。	不按危险废物进行运输。
		重大传染病疫情期间产生的医疗废物	运输	按事发地的县级以上人民政府确定的处置方案进行运输。	不按危险废物进行运输。
			处置	按事发地的县级以上人民政府确定的处置方案进行处置。	处置过程不按危险废物管理。

续表

序号	废物类别/代码	危险废物	豁免环节	豁免条件	豁免内容
3	841－001－01	感染性废物	运输	按照《医疗废物高温蒸汽集中处理工程技术规范（试行）》（HJ/T276）或《医疗废物化学消毒集中处理工程技术规范（试行）》（HJ/T228）或《医疗废物微波消毒集中处理工程技术规范（试行）》（HJ/T229）进行处理后按生活垃圾运输。	不按危险废物进行运输。
			处置	按照《医疗废物高温蒸汽集中处理工程技术规范（试行）》（HJ/T276）或《医疗废物化学消毒集中处理工程技术规范（试行）》（HJ/T228）或《医疗废物微波消毒集中处理工程技术规范（试行）》（HJ/T229）进行处理后进入生活垃圾填埋场填埋或进入生活垃圾焚烧厂焚烧。	处置过程不按危险废物管理。

续表

序号	废物类别/代码	危险废物	豁免环节	豁免条件	豁免内容
4	841－002－01	损伤性废物	运输	按照《医疗废物高温蒸汽集中处理工程技术规范(试行)》(HJ/T276)或《医疗废物化学消毒集中处理工程技术规范(试行)》(HJ/T228)或《医疗废物微波消毒集中处理工程技术规范(试行)》(HJ/T229)进行处理后按生活垃圾运输。	不按危险废物进行运输。
			处置	按照《医疗废物高温蒸汽集中处理工程技术规范(试行)》(HJ/T276)或《医疗废物化学消毒集中处理工程技术规范(试行)》(HJ/T228)或《医疗废物微波消毒集中处理工程技术规范(试行)》(HJ/T229)进行处理后进入生活垃圾填埋场填埋或进入生活垃圾焚烧厂焚烧。	处置过程不按危险废物管理。

续表

序号	废物类别/代码	危险废物	豁免环节	豁 免 条 件	豁免内容
5	841－003－01	病理性废物(人体器官除外)	运输	按照《医疗废物化学消毒集中处理工程技术规范(试行)》(HJ/T228)或《医疗废物微波消毒集中处理工程技术规范(试行)》(HJ/T229)进行处理后按生活垃圾运输。	不按危险废物进行运输。
			处置	按照《医疗废物化学消毒集中处理工程技术规范(试行)》(HJ/T228)或《医疗废物微波消毒集中处理工程技术规范(试行)》(HJ/T229)进行处理后进入生活垃圾焚烧厂焚烧。	处置过程不按危险废物管理。
6	900－003－04	农药使用后被废弃的与农药直接接触或含有农药残余物的包装物	收集	依据《农药包装废弃物回收处理管理办法》收集农药包装废弃物并转移到所设定的集中贮存点。	收集过程不按危险废物管理。
			运输	满足《农药包装废弃物回收处理管理办法》中的运输要求。	不按危险废物进行运输。
			利用	进入依据《农药包装废弃物回收处理管理办法》确定的资源化利用单位进行资源化利用。	利用过程不按危险废物管理。
			处置	进入生活垃圾填埋场填埋或进入生活垃圾焚烧厂焚烧。	处置过程不按危险废物管理。

续表

序号	废物类别/代码	危险废物	豁免环节	豁免条件	豁免内容
7	900－210－08	船舶含油污水及残油经船上或港口配套设施预处理后产生的需通过船舶转移的废矿物油与含矿物油废物	运输	按照水运污染危害性货物实施管理。	不按危险废物进行运输。
8	900－249－08	废铁质油桶(不包括900－041－49类)	利用	封口处于打开状态、静置无滴漏且经打包压块后用于金属冶炼。	利用过程不按危险废物管理。
9	900－200－08 900－006－09	金属制品机械加工行业珩磨、研磨、打磨过程,以及使用切削油或切削液进行机械加工过程中产生的属于危险废物的含油金属屑	利用	经压榨、压滤、过滤除油达到静置无滴漏后打包压块用于金属冶炼。	利用过程不按危险废物管理。
10	252－002－11 252－017－11 451－003－11	煤炭焦化、气化及生产燃气过程中产生的满足《煤焦油标准》(YB/T5075)技术要求的高温煤焦油	利用	作为原料深加工制取萘、洗油、蒽油。	利用过程不按危险废物管理。
		煤炭焦化、气化及生产燃气过程中产生的高温煤焦油	利用	作为粘合剂生产煤质活性炭、活性焦、碳块衬层、自焙阴极、预焙阳极、石墨碳块、石墨电极、电极糊、冷捣糊。	利用过程不按危险废物管理。
		煤炭焦化、气化及生产燃气过程中产生的中低温煤焦油	利用	作为煤焦油加氢装置原料生产煤基氢化油,且生产的煤基氢化油符合《煤基氢化油》(HG/T5146)技术要求。	利用过程不按危险废物管理。

续表

序号	废物类别/代码	危险废物	豁免环节	豁免条件	豁免内容
10	252－002－11 252－017－11 451－003－11	煤炭焦化、气化及生产燃气过程中产生的煤焦油	利用	作为原料生产炭黑。	利用过程不按危险废物管理。
11	900－451－13	采用破碎分选方式回收废覆铜板、线路板、电路板中金属后的废树脂粉	运输	运输工具满足防雨、防渗漏、防遗撒要求。	不按危险废物进行运输。
			处置	满足《生活垃圾填埋场污染控制标准》（GB16889）要求进入生活垃圾填埋场填埋，或满足《一般工业固体废物贮存、处置场污染控制标准》（GB18599）要求进入一般工业固体废物处置场处置。	填埋处置过程不按危险废物管理。
12	772－002－18	生活垃圾焚烧飞灰	运输	经处理后满足《生活垃圾填埋场污染控制标准》（GB16889）要求，且运输工具满足防雨、防渗漏、防遗撒要求。	不按危险废物进行运输。
			处置	满足《生活垃圾填埋场污染控制标准》（GB16889）要求进入生活垃圾填埋场填埋。	填埋处置过程不按危险废物管理。
			处置	满足《水泥窑协同处置固体废物污染控制标准》（GB30485）和《水泥窑协同处置固体废物环境保护技术规范》（HJ662）要求进入水泥窑协同处置。	水泥窑协同处置过程不按危险废物管理。

续表

序号	废物类别/代码	危险废物	豁免环节	豁免条件	豁免内容
13	772－003－18	医疗废物焚烧飞灰	处置	满足《生活垃圾填埋场污染控制标准》(GB16889)要求进入生活垃圾填埋场填埋。	填埋处置过程不按危险废物管理。
		医疗废物焚烧处置产生的底渣	全部环节	满足《生活垃圾填埋场污染控制标准》(GB16889)要求进入生活垃圾填埋场填埋。	全过程不按危险废物管理。
14	772－003－18	危险废物焚烧处置过程产生的废金属	利用	用于金属冶炼。	利用过程不按危险废物管理。
15	772－003－18	生物制药产生的培养基废物经生活垃圾焚烧厂焚烧处置产生的焚烧炉底渣、经水煤浆气化炉协同处置产生的气化炉渣、经燃煤电厂燃煤锅炉和生物质发电厂焚烧炉协同处置以及培养基废物专用焚烧炉焚烧处置产生的炉渣和飞灰	全部环节	生物制药产生的培养基废物焚烧处置或协同处置过程不应混入其他危险废物。	全过程不按危险废物管理。

续表

序号	废物类别/代码	危险废物	豁免环节	豁免条件	豁免内容
16	193－002－21	含铬皮革废碎料（不包括鞣制工段修边、削匀过程产生的革屑和边角料）	运输	运输工具满足防雨、防渗漏、防遗撒要求。	不按危险废物进行运输。
			处置	满足《生活垃圾填埋场污染控制标准》（GB16889）要求进入生活垃圾填埋场填埋，或满足《一般工业固体废物贮存、处置场污染控制标准》（GB18599）要求进入一般工业固体废物处置场处置。	填埋处置过程不按危险废物管理。
		含铬皮革废碎料	利用	用于生产皮件、再生革或静电植绒。	利用过程不按危险废物管理。
17	261－041－21	铬渣	利用	满足《铬渣污染治理环境保护技术规范（暂行）》（HJ/T301）要求用于烧结炼铁。	利用过程不按危险废物管理。
18	900－052－31	未破损的废铅蓄电池	运输	运输工具满足防雨、防渗漏、防遗撒要求。	不按危险废物进行运输。
19	092－003－33	采用氰化物进行黄金选矿过程中产生的氰化尾渣	处置	满足《黄金行业氰渣污染控制技术规范》（HJ943）要求进入尾矿库处置或进入水泥窑协同处置。	处置过程不按危险废物管理。

续表

序号	废物类别/代码	危险废物	豁免环节	豁免条件	豁免内容
20	HW34	仅具有腐蚀性危险特性的废酸	利用	作为生产原料综合利用。	利用过程不按危险废物管理。
			利用	作为工业污水处理厂污水处理中和剂利用,且满足以下条件:废酸中第一类污染物含量低于该污水处理厂排放标准,其他《危险废物鉴别标准 浸出毒性》(GB5085.3)所列特征污染物含量低于GB5085.3限值的1/10。	利用过程不按危险废物管理。
21	HW35	仅具有腐蚀性危险特性的废碱	利用	作为生产原料综合利用。	利用过程不按危险废物管理。
			利用	作为工业污水处理厂污水处理中和剂利用,且满足以下条件:液态碱或固态碱按HJ/T 299方法制取的浸出液中第一类污染物含量低于该污水处理厂排放标准,其他《危险废物鉴别标准 浸出毒性》(GB5085.3)所列特征污染物低于GB5085.3限值的1/10。	利用过程不按危险废物管理。

续表

序号	废物类别/代码	危险废物	豁免环节	豁免条件	豁免内容
22	321－024－48 321－026－48	铝灰渣和二次铝灰	利用	回收金属铝。	利用过程不按危险废物管理。
23	323－001－48	仲钨酸铵生产过程中碱分解产生的碱煮渣（钨渣）和废水处理污泥	处置	满足《水泥窑协同处置固体废物污染控制标准》（GB30485）和《水泥窑协同处置固体废物环境保护技术规范》（HJ662）要求进入水泥窑协同处置。	处置过程不按危险废物管理。
24	900－041－49	废弃的含油抹布、劳保用品	全部环节	未分类收集。	全过程不按危险废物管理。
25	突发环境事件产生的危险废物	突发环境事件及其处理过程中产生的HW900－042－49类危险废物和其他需要按危险废物进行处理处置的固体废物，以及事件现场遗留的其他危险废物和废弃危险化学品	运输	按事发地的县级以上人民政府确定的处置方案进行运输。	不按危险废物进行运输。
			利用、处置	按事发地的县级以上人民政府确定的处置方案进行利用或处置。	利用或处置过程不按危险废物管理。
26	历史遗留危险废物	历史填埋场地清理，以及水体环境治理过程产生的需要按危险废物进行处理处置的固体废物	运输	按事发地的设区市级以上生态环境部门同意的处置方案进行运输。	不按危险废物进行运输。
			利用、处置	按事发地的设区市级以上生态环境部门同意的处置方案进行利用或处置。	利用或处置过程不按危险废物管理。

续表

序号	废物类别/代码	危险废物	豁免环节	豁免条件	豁免内容
26	历史遗留危险废物	实施土壤污染风险管控、修复活动中，属于危险废物的污染土壤	运输	修复施工单位制定转运计划，依法提前报所在地和接收地的设区市级以上生态环境部门。	不按危险废物进行运输。
			处置	满足《水泥窑协同处置固体废物污染控制标准》（GB30485）和《水泥窑处置固体废物环境保护技术规范》（HJ662）要求进入水泥窑协同处置。	处置过程不按危险废物管理。
27	900－044－49	阴极射线管含铅玻璃	运输	运输工具满足防雨、防渗漏、防遗撒要求。	不按危险废物进行运输。
28	900－045－49	废弃电路板	运输	运输工具满足防雨、防渗漏、防遗撒要求。	不按危险废物进行运输。
29	772－007－50	烟气脱硝过程中产生的废钒钛系催化剂	运输	运输工具满足防雨、防渗漏、防遗撒要求。	不按危险废物进行运输。
30	251－017－50	催化裂化废催化剂	运输	采用密闭罐车运输。	不按危险废物进行运输。
31	900－049－50	机动车和非道路移动机械尾气净化废催化剂	运输	运输工具满足防雨、防渗漏、防遗撒要求。	不按危险废物进行运输。
32	－	未列入本《危险废物豁免管理清单》中的危险废物或利用过程不满足本《危险废物豁免管理清单》所列豁免条件的危险废物	利用	在环境风险可控的前提下，根据省级生态环境部门确定的方案，实行危险废物“点对点”定向利用，即：一家单位产生的一种危险废物，可作为另外一家单位环境治理或工业原料生产的替代原料进行使用。	利用过程不按危险废物管理。

升放气球管理办法

（2020年11月29日中国气象局令第36号公布　自2021年1月1日起施行　国司备字[2020003230]）

第一章　总　　则

第一条　为加强对升放气球活动的管理，保障航空飞行和人民生命财产安全，根据《通用航空飞行管制条例》及其他有关规定和升放气球管理工作的实际，制定本办法。

第二条　本办法所称气球，包括无人驾驶自由气球和系留气球。

无人驾驶自由气球，是指无动力驱动、无人操纵、轻于空气、总质量大于4千克自由漂移的充气物体。

系留气球，是指系留于地面物体上、直径大于1.8米或者体积容量大于3.2立方米、轻于空气的充气物体。

前述气球不包括热气球、系留式观光气球等载人气球。

第三条　在中华人民共和国境内从事升放气球活动，应当遵守本办法及国家其他有关规定。

因气象业务从事升放气球活动，按照国务院气象主管机构的有关规定执行。

第四条　国务院气象主管机构及飞行管制等部门按照职责分工，负责管理和指导全国的升放气球活动。

地方各级气象主管机构及飞行管制等部门按照职责分工，在当地人民政府的指导和协调下，负责管理本行政区域内的升放气球活动。

第五条　从事升放气球活动，应当坚持安全第一的原则，严格执行国家制定的有关技术规范、标准和规程。

第二章　升放气球单位的管理

第六条　对升放气球单位实行资质认定制度。

未按规定取得《升放气球资质证》的单位不得从事升放气球活动。

第七条　申请升放气球资质的单位应当具备下列条件：

（一）有独立的法人资格；

（二）有固定的工作场所，危险气体的运输、使用和存放必须符合国家规定；

（三）有四名以上作业人员，其中至少有一名具有相关专业中级以上技术职称的人员；

（四）有必需的器材和设备；

（五）有健全的安全保障制度和措施。

第八条 申请从事升放气球活动的单位，应当向所在地的设区的市级或者省、自治区、直辖市气象主管机构（以下简称认定机构）提出申请，并提供下列申请材料：

（一）升放气球资质证申请表；

（二）作业人员登记表；

（三）升放气球的器材和设备清单；

（四）安全保障责任制度和措施；

（五）法律、法规规定的其他材料。

认定机构应当根据《行政许可法》第三十二条的规定，决定受理或者不予受理申请，并出具书面凭证。不予受理申请的，应当说明理由。

第九条 认定机构受理申请后，应当根据需要，指派两名以上工作人员进行现场核查。

第十条 申请单位的申请符合法定条件的，认定机构应当自受理申请之日起二十日内作出行政许可决定，自决定之日起十日内向申请单位颁发加盖认定机构印章的《升放气球资质证》。二十日内不能作出决定的，经本级气象主管机构负责人批准，可以延长十日，并将延长期限的理由告知申请人。

认定机构依法作出不予行政许可的书面决定的，应当说明理由，并告知申请单位依法享有申请行政复议或者提起行政诉讼的权利。

第十一条 《升放气球资质证》有效期为五年，并实行年度报告制度。取得资质的单位，应当在每年的六月底前将上一年度升放气球年度报告报认定机构。

年度报告应当包括持续符合资质认定条件和要求、遵守技术标准和规范、作业人员安全培训情况、升放气球活动等情况。

认定机构应当对年度报告内容进行抽查，并公开抽查结果。

取得升放气球资质的单位，应当在资质有效期届满三十日前向原认定机构申请延续。认定机构应当根据该单位的申请、年度报告及信用管理等有关情况，在有效期届满前作出是否准予延续的决定。

第十二条 取得升放气球资质的单位，出现下列行为之一的，由认定机构注销其资质证：

(一)有效期届满未延续的；

(二)法人依法终止的；

(三)资质证书依法被撤销的；

(四)法律、法规规定的应当注销行政许可的其他情形。

第三章　升放气球作业的条件与申请

第十三条　升放气球活动实行许可制度。

升放气球单位升放无人驾驶自由气球至少提前五日、升放系留气球至少提前两日向升放所在地的县级以上地方气象主管机构(以下简称许可机构)提出申请,并按要求如实填写升放气球作业申报表。

第十四条　申请材料不齐全或者不符合有关规定的,许可机构应当当场告知申请单位需要补正的全部内容,并按照《行政许可法》第三十二条第一款第一项、第二项、第三项、第五项的规定,决定受理或者不予受理申请,出具书面凭证。不予受理申请的,应当说明理由。

第十五条　受理申请的许可机构应当按照职责,对申请单位的资质、升放环境、升放期间的气象条件等条件进行审查。符合规定条件的,许可机构应当自受理申请之日起两日内作出书面行政许可决定。

许可机构依法作出不予行政许可的书面决定,应当说明理由,并告知申请单位依法享有申请行政复议或者提起行政诉讼的权利。

取消升放活动的,升放气球单位应当及时向许可机构报告;更改升放时间、地点或者数量的,升放气球单位应当按照本办法规定重新提出申请。

第十六条　升放无人驾驶自由气球,应当在拟升放两日前持本办法第十五条规定的批准文件向当地飞行管制部门提出升放申请。

第十七条　升放气球活动必须在许可机构批准的范围内进行。

禁止在依法划设的机场范围内和机场净空保护区域内升放无人驾驶自由气球或者系留气球,但是国家另有规定的除外。

第十八条　升放气球必须符合下列安全要求：

(一)储运气体及充灌、回收气球必须严格遵守消防、危险化学品安全使用管理等有关规定;

(二)升放气球的地点应当与高大建筑物、树木、架空电线、通信线和其他障碍物保持安全的距离,避免碰撞、摩擦和缠绕等;

(三)在升放气球的球体及其附属物上必须设置识别标志;

（四）升放气球必须符合适宜的气象条件；

（五）系留气球升放的高度不得高于地面150米，但是低于距其水平距离50米范围内建筑物顶部的除外；

（六）升放系留气球必须确保系留牢固；

（七）系留气球升放的高度超过地面50米的，必须加装快速放气装置。

第十九条 升放气球必须由取得《升放气球资质证》单位的作业人员进行操作，现场应当有专人值守，以预防和处理意外情况。

取得《升放气球资质证》的单位应当定期对作业人员进行安全操作培训。

第四章 监督管理

第二十条 县级以上气象主管机构负责对本行政区域内升放气球活动的监督管理。

升放气球单位应当主动接受气象主管机构的监督管理与安全检查，并按照要求做好有关工作。

任何单位和个人不得委托无《升放气球资质证》的单位升放系留气球或者无人驾驶自由气球。

第二十一条 省、自治区、直辖市气象主管机构应当对本行政区域内取得升放气球资质的单位建立信用管理制度，县级以上地方气象主管机构将升放气球活动和监督管理等信息纳入信用档案。

第二十二条 县级以上气象主管机构可以对升放气球场所进行实地检查。检查时，检查人员可以查阅或者要求被检查单位报送有关材料；被检查单位应当如实提供有关情况和材料。

第二十三条 县级以上气象主管机构应当对下列内容进行监督检查：

（一）升放气球单位是否具有资质证；

（二）升放气球单位是否按照规定程序进行申报并获得批准；

（三）升放气球的时间、地点、种类和数量等是否与所批准的内容相符合；

（四）升放气球单位和作业人员、技术人员是否遵守有关技术规范、标准和规程；

（五）升放现场是否有专人值守；

（六）气球的升放是否符合有关安全要求。

第二十四条 在升放气球过程中，如发生无人驾驶自由气球非正常运行、系留气球意外脱离系留或者其他安全事故，升放单位应当立即停止升放活动，及时向飞行管制部门、所在地气象主管机构报告，并做好有关事故的处理工作。

加装快速放气装置的系留气球意外脱离系留时，升放系留气球的单位应当在保证地面人员、财产安全的条件下，快速启动放气装置。

第五章 罚 则

第二十五条 申请单位隐瞒有关情况、提供虚假材料申请资质认定或者升放活动许可的，认定机构或者许可机构不予受理或者不予许可，并给予警告。申请单位在一年内不得再次申请资质认定或者升放活动许可。

第二十六条 被许可单位以欺骗、贿赂等不正当手段取得资质或者升放活动许可的，认定机构或者许可机构按照权限给予警告，可以处三万元以下罚款，撤销其《升放气球资质证》或者升放活动许可决定；构成犯罪的，依法追究刑事责任。

第二十七条 违反本办法规定，有下列行为之一的，由县级以上气象主管机构按照权限责令改正，给予警告，可以处三万元以下罚款；给他人造成损失的，依法承担赔偿责任；构成犯罪的，依法追究刑事责任：

（一）涂改、伪造、倒卖、出租、出借、挂靠、转让《升放气球资质证》或者许可文件的；

（二）向监督检查机构隐瞒有关情况、提供虚假材料或者拒绝提供反映其活动情况的真实材料的。

第二十八条 违反本办法规定，未取得《升放气球资质证》从事升放气球活动，由县级以上气象主管机构按照权限责令停止违法行为，处一万元以上三万元以下罚款；给他人造成损失的，依法承担赔偿责任；构成犯罪的，依法追究刑事责任。

第二十九条 违反本办法规定，有下列行为之一的，按照《通用航空飞行管制条例》第四十三条的规定进行处罚：

（一）未经批准擅自升放的；

（二）未按照批准的申请升放的；

（三）未按照规定设置识别标志的；

（四）未及时报告异常升放动态或者系留气球意外脱离时未按照规定及时报告的；

（五）在规定的禁止区域内升放的。

第三十条 违反本办法规定，有下列行为之一的，由县级以上气象主管机构按照权限责令改正，给予警告，可以处一万元以下罚款；情节严重的，处一万元以上三万元以下罚款；造成重大事故或者严重后果的，依照《安全生产法》有关规定处罚；构成犯罪的，依法追究刑事责任：

（一）未按期提交年度报告或者提交的年度报告存在虚假内容的；

（二）违反升放气球技术规范和标准的；

（三）未指定专人值守的；

（四）升放高度超过地面 50 米的系留气球未加装快速放气装置的；

（五）利用气球开展各种活动的单位和个人，使用无《升放气球资质证》的单位升放气球的；

（六）在安全事故发生后隐瞒不报、谎报、故意迟延不报、故意破坏现场，或者拒绝接受调查以及拒绝提供有关情况和资料的；

（七）违反升放气球安全要求的其他行为。

第三十一条 气象主管机构的工作人员弄虚作假、玩忽职守、滥用职权、徇私舞弊，尚不构成犯罪的，依法给予处分；构成犯罪的，依法追究刑事责任。

第六章 附 则

第三十二条 本办法规定的时间期限以工作日计算，不含法定节假日。

第三十三条 《升放气球资质证》由国务院气象主管机构监制。

第三十四条 本办法自 2021 年 1 月 1 日起施行。2004 年 12 月 16 日发布的中国气象局第 9 号令《施放气球管理办法》同时废止。

雷电防护装置设计审核和竣工验收规定

（2020 年 11 月 29 日中国气象局令第 37 号公布 自 2021 年 1 月 1 日起施行 国司备字［2020003231］）

第一章 总 则

第一条 为了规范雷电防护装置设计审核和竣工验收工作，维护国家利益，保护人民生命财产和公共安全，依据《中华人民共和国气象法》《中华人民共和国行政许可法》和《气象灾害防御条例》等有关规定，制定本规定。

第二条 县级以上地方气象主管机构负责本行政区域职责范围内雷电防护装置的设计审核和竣工验收工作。未设气象主管机构的县（市、区），由上一级气象主管机构负责雷电防护装置的设计审核和竣工验收工作。

第三条 雷电防护装置的设计审核和竣工验收工作应当遵循公开、公平、公正以及便民、高效和信赖保护的原则。

第四条 本规定适用于下列建设工程、场所和大型项目的雷电防护装置设计审核和竣工验收：

（一）油库、气库、弹药库、化学品仓库和烟花爆竹、石化等易燃易爆建设工程和场所；

（二）雷电易发区内的矿区、旅游景点或者投入使用的建（构）筑物、设施等需要单独安装雷电防护装置的场所；

（三）雷电风险高且没有防雷标准规范、需要进行特殊论证的大型项目。

第五条 雷电防护装置未经设计审核或者设计审核不合格的，不得施工。雷电防护装置未经竣工验收或者竣工验收不合格的，不得交付使用。

第六条 雷电防护装置设计审核和竣工验收的程序、文书等应当依法予以公示。

第二章 雷电防护装置设计审核

第七条 建设单位应当向当地气象主管机构提出雷电防护装置设计审核申请。

申请雷电防护装置设计审核应当提交以下材料：

（一）《雷电防护装置设计审核申请表》（附表1）；

（二）雷电防护装置设计说明书和设计图纸；

（三）设计中所采用的防雷产品相关说明。

第八条 气象主管机构应当在收到全部申请材料之日起五个工作日内，作出受理或者不予受理的书面决定。

申请材料齐全且符合法定形式的，应当受理，并出具《雷电防护装置设计审核受理回执》（附表2）。对不予受理的，应当书面说明理由。

申请材料不齐全或者不符合法定形式的，气象主管机构应当当场或者在收到申请材料之日起五个工作日内一次告知申请单位需要补正的全部内容，并出具《雷电防护装置设计审核资料补正通知》（附表3）。逾期不告知的，自收到申请材料之日起即视为受理。

第九条 气象主管机构受理后，应当委托有关机构开展雷电防护装置设计技术评价。

有关机构开展雷电防护装置设计技术评价应当遵守国家有关标准、规范和规程，出具雷电防护装置设计技术评价报告，并对评价报告负责。

雷电防护装置设计技术评价报告结论应当包含雷电防护装置设计文件是否符合国家有关标准和国务院气象主管机构规定的使用要求。

第十条　雷电防护装置设计审核内容：

（一）申请材料的合法性；

（二）雷电防护装置设计技术评价报告。

第十一条　气象主管机构应当在受理之日起十个工作日内完成审核工作。

雷电防护装置设计文件经审核符合要求的，气象主管机构应当颁发《雷电防护装置设计核准意见书》（附表4）。施工单位应当按照经核准的设计图纸进行施工。在施工中需要变更和修改雷电防护装置设计的，应当按照原程序重新申请设计审核。

雷电防护装置设计经审核不符合要求的，气象主管机构出具《不予许可决定书》（附表5）。

第三章　雷电防护装置竣工验收

第十二条　雷电防护装置实行竣工验收制度。建设单位应当向气象主管机构提出申请，并提交以下材料：

（一）《雷电防护装置竣工验收申请表》（附表6）；

（二）雷电防护装置竣工图纸等技术资料；

（三）防雷产品出厂合格证和安装记录。

第十三条　气象主管机构应当在收到全部申请材料之日起五个工作日内，作出受理或者不予受理的书面决定。

申请材料齐全且符合法定形式的，应当受理，并出具《雷电防护装置竣工验收受理回执》（附表7）。对不予受理的，应当书面说明理由。

申请材料不齐全或者不符合法定形式的，气象主管机构应当当场或者在收到申请材料之日起五个工作日内一次告知申请单位需要补正的全部内容，并出具《雷电防护装置竣工验收资料补正通知》（附表8）。逾期不告知的，自收到申请材料之日起即视为受理。

第十四条　气象主管机构受理后，应当委托取得雷电防护装置检测资质的单位开展雷电防护装置检测。

取得雷电防护装置检测资质的单位开展检测应当遵守国家有关标准、规范和规程，出具雷电防护装置检测报告并对检测报告负责。出具的雷电防护装置检测报告必须全面、真实、可靠。

雷电防护装置检测报告结论应当包含安装的雷电防护装置是否按照核准的施工图施工完成；是否符合国家有关标准和国务院气象主管机构规定的使用要求。

第十五条 雷电防护装置竣工验收内容：

（一）申请材料的合法性；

（二）雷电防护装置检测报告。

第十六条 气象主管机构应当在受理之日起十个工作日内作出竣工验收结论。

雷电防护装置经验收符合要求的，气象主管机构应当出具《雷电防护装置验收意见书》（附表9）。

雷电防护装置验收不符合要求的，气象主管机构应当出具《不予验收决定书》（附表10）。

第四章 监督管理

第十七条 申请单位不得以欺骗、贿赂等手段提出申请或者通过许可；不得涂改、伪造雷电防护装置设计审核和竣工验收有关材料或者文件。

第十八条 县级以上地方气象主管机构应当加强对雷电防护装置设计审核和竣工验收的监督与检查，建立健全监督制度，履行监督责任。

第十九条 上级气象主管机构应当加强对下级气象主管机构雷电防护装置设计审核和竣工验收工作的监督检查，及时纠正违规行为。

第二十条 县级以上地方气象主管机构进行雷电防护装置设计审核和竣工验收的监督检查时，不得妨碍正常的生产经营活动，不得索取或者收受任何财物，不得谋取其他利益。

第二十一条 单位或者个人发现违法从事雷电防护装置设计审核和竣工验收活动时，有权向县级以上地方气象主管机构举报，县级以上地方气象主管机构应当及时核实、处理。

第二十二条 县级以上地方气象主管机构履行监督检查职责时，有权采取下列措施：

（一）要求被检查的单位或者个人提供雷电防护装置设计图纸等文件和资料，进行查询或者复制；

（二）要求被检查的单位或者个人就有关雷电防护装置的设计、安装、检测、验收和投入使用的情况作出说明；

（三）进入有关建（构）筑物和场所进行检查。

第二十三条　县级以上地方气象主管机构进行雷电防护装置设计审核和竣工验收监督检查时,有关单位和个人应当予以支持和配合,并提供工作方便,不得拒绝与阻碍依法执行公务。

第五章　罚　　则

第二十四条　申请单位隐瞒有关情况、提供虚假材料申请设计审核或者竣工验收许可的,有关气象主管机构不予受理或者不予行政许可,并给予警告。

第二十五条　申请单位以欺骗、贿赂等不正当手段通过设计审核或者竣工验收的,有关气象主管机构按照权限给予警告,撤销其许可证书,可以并处三万元以下罚款;构成犯罪的,依法追究刑事责任。

第二十六条　违反本规定,有下列行为之一的,按照《气象灾害防御条例》第四十五条规定进行处罚:

(一)在雷电防护装置设计、施工中弄虚作假的;

(二)雷电防护装置未经设计审核或者设计审核不合格施工的,未经竣工验收或者竣工验收不合格交付使用的。

第二十七条　县级以上地方气象主管机构在监督检查工作中发现违法行为构成犯罪的,应当移送有关机关,依法追究刑事责任。

第二十八条　国家工作人员在雷电防护装置设计审核和竣工验收工作中由于滥用职权、玩忽职守,导致重大雷电灾害事故的,由所在单位依法给予处分;构成犯罪的,依法追究刑事责任。

第二十九条　违反本规定,导致雷击造成火灾、爆炸、人员伤亡以及国家或者他人财产重大损失的,由主管部门给予直接责任人处分;构成犯罪的,依法追究刑事责任。

第六章　附　　则

第三十条　各省、自治区、直辖市气象主管机构可以根据本规定制定实施细则,并报国务院气象主管机构备案。

第三十一条　本规定自2021年1月1日起施行。2011年7月22日公布的中国气象局第21号令《防雷装置设计审核和竣工验收规定》同时废止。

附表 1

雷电防护装置设计审核

申　请　表

申请单位(公章):____________________

申请项目:____________________

设计阶段: 施工图设计

申请日期:______年______月______日

<table>
<tr><td rowspan="4">项目情况</td><td>名　称</td><td colspan="3"></td></tr>
<tr><td>地　址</td><td colspan="3"></td></tr>
<tr><td>建设规模</td><td colspan="3">建筑单体________栋(座);总建筑面积　　　　平方米;
最高建筑高度________米;总占地面积　　　　平方米。</td></tr>
<tr><td>使用类别</td><td colspan="3"></td></tr>
<tr><td rowspan="3">建设单位</td><td>名　称</td><td colspan="3"></td></tr>
<tr><td>地　址</td><td></td><td>邮政编码</td><td></td></tr>
<tr><td>联 系 人</td><td></td><td>联系电话</td><td></td></tr>
<tr><td rowspan="3">设计单位</td><td>名　称</td><td colspan="3"></td></tr>
<tr><td>地　址</td><td></td><td>邮政编码</td><td></td></tr>
<tr><td>联 系 人</td><td></td><td>联系电话</td><td></td></tr>
<tr><td>说明</td><td colspan="4">一、送审资料:
1. 雷电防护装置设计说明书、设计图纸;
2. 设计中所采用的防雷产品相关说明。
申请单位应将送审资料按统一规格装订成册,连同本表送气象主管机构审核。
二、使用类别
1. 油库、气库、弹药库、化学品仓库和烟花爆竹、石化等易燃易爆建设工程和场所;
2. 雷电易发区内的矿区、旅游景点或者投入使用的建(构)筑物、设施等需要单独安装雷电防护装置的场所;
3. 雷电风险高且没有防雷标准规范、需要进行特殊论证的大型项目。</td></tr>
</table>

续表

设计简介：   经办人：　　年　月　日
     申请单位(公章)：　经办人：　　年　月　日
办理结果：   气象主管机构(公章)：　经办人：　　年　月　日

附表2

项目受理号：

雷电防护装置设计审核受理回执

（施工图设计）

申请单位：
组织机构代码： 经手人：
申请事项：
收件日期： 办结期限：

注意事项

1. 本回执为收取资料及领取办理结果的凭证，为了能够顺利地办理有关手续，请务必妥善保管本回执。

2. 如申请事项需要修改、补充资料，或经现场勘验后需要进行整改等，办结期限另行通知。

3. 凭项目受理号或组织机构代码，在办事窗口或互联网上方便的查询到相关信息。

4. 如申请事项已经办结，请您携带本人身份证件和受理回执到办事窗口领取结果。

受理机构（公章）： 受理日期： 年 月 日
经办人： 查询电话：
查询网址： 投诉电话：

附表 3

雷电防护装置设计审核资料补正通知

（施工图设计）

项目编号:（　　）雷审字〔　　　〕第　　号

________________________（单位）：

你单位报来的________________________雷电防护装置设计的审核资料收悉，资料尚未齐备，请尽快补齐以下打“√”的资料，以便办理审核手续。

□《雷电防护装置设计审核申请表》；

□ 雷电防护装置设计图纸________套，电子文档________份；

（公章）

年　　月　　日

附表 4

雷电防护装置设计核准意见书

项目编号:(　)雷审字〔　〕第　号

________(单位):

你单位报来的________雷电防护装置设计资料,已经专业图审机构审查合格,并出具了技术审查意见。经审核,符合国家相关法律法规的要求,通过雷电防护装置设计审核。

(公章)

年　月　日

附表 5

雷电防护装置设计审核不予许可决定书

项目编号:(　)雷审字〔　　〕第　　号

____________________(单位):

你单位报来的____________________雷电防护装置设计资料,经审核,不符合有关要求,决定不予许可。具体理由如下:

(公章)

年　　月　　日

附表 6

雷电防护装置竣工验收

申　　请　　表

申请单位（公章）：________________________

申请项目：________________________________

申请时间：__________年________月________日

项目名称				
项目地址				
《雷电防护装置设计核准意见书》编号				
开工时间		竣工时间		
建设单位	名　称			
	地　址		邮政编码	
	联系人		联系电话	
设计单位	名　称			
	地　址		邮政编码	
	联系人		联系电话	
施工单位	名　称			
	地　址		邮政编码	
	现场负责人		联系电话	
防雷类别				
项目概况	注：对建设工程而言，应有单体建筑名称、数量、总建筑面积等信息。			

续表

<table>
<tr><td colspan="2">送审材料：
1.《雷电防护装置竣工验收申请表》；
2. 雷电防护装置竣工图；
3. 防雷产品安装记录；
4. 防雷产品出厂合格证书；</td></tr>
<tr><td>建设单位（公章）：

经办人：
年　月　日</td><td>施工单位（公章）：

经办人：
年　月　日</td></tr>
<tr><td colspan="2">气象主管机构（公章）：

经办人：　　年　月　日</td></tr>
<tr><td colspan="2">办理结果：

经办人：　　年　月　日</td></tr>
</table>

附表 7

项目受理号：

雷电防护装置竣工验收受理回执

申请单位：

组织机构代码：　　　　　　　　经手人：

申请事项：

收件日期：　　　　　　　　　　办结期限：

注 意 事 项

1. 本回执为收取资料及领取办理结果的凭证，为了能够顺利地办理有关手续，请务必妥善保管本回执。

2. 如申请事项需要修改、补充资料，或经现场勘验后需要进行整改等，办结期限另行通知。

3. 凭项目受理号或组织机构代码，在办事窗口或互联网上方便的查询到相关信息。

4. 如申请事项已经办结，请您携带本人身份证件和受理回执到办事窗口领取结果。

受理机构（公章）：　　　　　受理日期：　　年　　月　　日

经办人：　　　　　　　　　　查询电话：

查询网址：　　　　　　　　　投诉电话：

附表 8

雷电防护装置竣工验收资料补正通知

项目编号:(　　)雷验字〔　　〕第　　号

________________(单位):

你单位报来的________________雷电防护装置竣工验收资料收悉,资料尚未齐备,请尽快补齐以下打“√”的资料,以便办理验收手续。

□《雷电防护装置竣工验收申请表》;

□ 雷电防护装置竣工图;

□ 防雷产品安装记录;

□ 防雷产品出厂合格证书;

(公章)

年　　月　　日

附表 9

雷验 No：

雷电防护装置验收意见书

项目名称：

建设单位名称：

项目地址：

经验收，上述雷电防护装置符合有关法律法规和技术标准规范。

附表 10

雷电防护装置不予验收决定书

____________________(单位):

你单位承建的____________________雷电防护装置,经现场验收,不符合有关要求,决定不予许可具体理由如下:

(公章)

年　月　日

中国气象局关于修改《雷电防护装置检测资质管理办法》的决定

（2020年11月29日中国气象局令第38号公布　自2021年1月1日起施行　国司备字[2020003232]）

中国气象局决定对《雷电防护装置检测资质管理办法》作如下修改：

一、删去第一条中“（以下简称防雷装置）”，并将《办法》所有条款中的“防雷装置”修改为“雷电防护装置”。

二、将第七条第三项修改为：“从事雷电防护装置检测工作的人员应当具备雷电防护装置检测能力；在具备雷电防护装置检测能力的人员中，应当有一定数量的与防雷、建筑、电子、电气、气象、通信、电力、计算机相关专业的高、中级专业技术人员，并在其从业单位参加社会保险”。

将第五项修改为：“具有与所申请资质等级相适应的技术能力和良好信誉”。

三、将第八条第一项修改为：“具备雷电防护装置检测能力的人员，其中具有高级技术职称的不少于二名，具有中级技术职称的不少于六名；技术负责人应当具有高级技术职称，从事雷电防护装置检测工作四年以上，并具备甲级资质等级要求的雷电防护装置检测专业知识和能力”。

将第二项修改为：“近三年内开展的雷电防护装置检测项目不少于二百个，且未因检测质量问题引发事故；雷电防护装置检测项目通过省、自治区、直辖市气象主管机构组织的质量考核合格率达百分之九十以上”。

四、将第九条第一项修改为：“具备雷电防护装置检测能力的人员，其中具有高级技术职称的不少于一名，具有中级技术职称的不少于三名；技术负责人应当具有高级技术职称，从事雷电防护装置设计、施工、检测等工作两年以上，并具备乙级资质等级要求的雷电防护装置检测专业知识和能力”。

五、将第十条的“法人所在地”修改为“法人登记所在地”。

六、删去第十一条的“书面”，删去第二项，删去第三项、第五项的“原件及复印件”，删去第七项的“复印件”。

将第三项修改为：“《专业技术人员简表》（见附表3），具备雷电防护装置检测能力的专业技术人员技术职称证书、身份证明、劳动合同”。

将第六项修改为:“仪器、设备及相关设施清单,以及检定或者校准证书”。

七、删去第十二条的“书面”,删去第一项,删去第二项的“和气象主管机构质量考核情况”。

八、将第十三条修改为:“省、自治区、直辖市气象主管机构应当在收到全部申请材料之日起五个工作日内,作出受理或者不予受理的书面决定。

申请材料齐全且符合法定形式的,应当受理,并出具加盖本行政机关专用印章和注明日期的书面凭证。对不予受理的,应当书面说明理由。

申请材料不齐全或者不符合法定形式的,气象主管机构应当当场或者在收到申请材料之日起五个工作日内一次告知申请单位需要补正的全部内容,逾期不告知的,自收到申请材料之日起即视为受理。”

九、将第十九条修改为:“雷电防护装置检测单位不得与其检测项目的设计、施工、监理单位以及所使用的防雷产品生产、销售单位有隶属关系或者其他利害关系。”

十、将第二十条修改为:“雷电防护装置检测资质管理实行年度报告制度。

雷电防护装置检测单位应当从取得资质证后次年起,在每年的第二季度向资质认定机构报送年度报告。年度报告应当包括持续符合资质认定条件和要求、执行技术标准和规范情况、分支机构设立和经营情况、检测项目表以及统计数据等内容。

资质认定机构对年度报告内容进行抽查,将抽查结果纳入信用管理,同时记入信用档案并公示。”

十一、将第二十二条“法人资格管理部门”修改为“法人登记机关”。将第二款修改为:“雷电防护装置检测资质的单位发生合并、分立以及注册地跨省、自治区、直辖市变更的,应当按照下列规定及时向所在地的省、自治区、直辖市气象主管机构申请核定资质。”

十二、在第二十二条后新增一条:“雷电防护装置检测单位设立分支机构或者跨省、自治区、直辖市从事雷电防护装置检测活动的,应当及时向开展活动所在地的省、自治区、直辖市气象主管机构报告,并报送检测项目清单,接受监管。”

十三、将第二十三条第二款修改为:“从事雷电防护装置检测活动的专业技术人员,不得同时在两个以上雷电防护装置检测资质单位兼职从业。”

十四、将第二十七条修改为:“取得雷电防护装置检测资质的单位不再符合相应资质条件的,由原资质认定的气象主管机构责令限期整改,逾期不整改或者整改后仍达不到资质条件的,予以降低等级或者撤销资质。”

十五、将第二十八条修改为:“国务院气象主管机构应当建立全国雷电防护装置检测单位信用信息、资质等级情况公示制度。省、自治区、直辖市气象主管机构应当对在本行政区域内从事雷电防护装置检测活动单位的监督管理情况、信用信息等及时予以公布。

省、自治区、直辖市气象主管机构应当对本行政区域内取得雷电防护装置检测资质的单位建立信用管理制度，将雷电防护装置检测活动和监督管理等信息纳入信用档案，并作为资质延续、升级的依据。”

十六、删去第二十九条“拒不整改，情节严重的，依法追究法律责任”。

十七、删去第三十一条。

十八、将第三十四条修改为：“被许可单位以欺骗、贿赂等不正当手段取得资质的，有关气象主管机构按照权限给予警告，撤销其资质证，可以并处三万元以下的罚款；被许可单位在三年内不得再次申请资质认定；构成犯罪的，依法追究刑事责任。”

十九、删去第三十五条第一、二、三项，将第四项修改为：“与检测项目的设计、施工、监理单位以及所使用的防雷产品生产、销售单位有隶属关系或者其他利害关系的。”

二十、将第三十六条修改为：“雷电防护装置检测单位违反本办法规定，有下列行为之一的，按照《气象灾害防御条例》第四十五条的规定进行处罚：

（一）伪造、涂改、出租、出借、挂靠、转让雷电防护装置检测资质证的；

（二）向监督检查机构隐瞒有关情况、提供虚假材料或者拒绝提供反映其活动情况的真实材料的；

（三）转包或者违法分包雷电防护装置检测项目的；

（四）无资质或者超越资质许可范围从事雷电防护装置检测的。”

二十一、将第三十七条的“会同”修改为“和”。

原条文顺序和附表内容相应作出调整。本决定自2021年1月1日起施行，《雷电防护装置检测资质管理办法》根据本决定作相应修改，重新公布。

雷电防护装置检测资质管理办法

（2016年4月7日中国气象局令第31号公布　根据2020年11月29日《中国气象局关于修改〈雷电防护装置检测资质管理办法〉的决定》修订）

第一章　总　　则

第一条　为了加强雷电防护装置检测资质管理，规范雷电防护装置检测行为，保护人民生命财产和公共安全，依据《中华人民共和国气象法》《气象灾害防御条例》等法律法规，制定本办法。

第二条　申请雷电防护装置检测资质，实施对雷电防护装置检测资质的监督管理，适用本办法。

本办法所称雷电防护装置检测是指对接闪器、引下线、接地装置、电涌保护器及其连接导体等构成的，用以防御雷电灾害的设施或者系统进行检测的活动。

第三条　国务院气象主管机构负责全国雷电防护装置检测资质的监督管理工作。

省、自治区、直辖市气象主管机构负责本行政区域内雷电防护装置检测资质的管理和认定工作。

第四条　雷电防护装置检测资质等级分为甲、乙两级。

甲级资质单位可以从事《建筑物防雷设计规范》规定的第一类、第二类、第三类建（构）筑物的雷电防护装置的检测。

乙级资质单位可以从事《建筑物防雷设计规范》规定的第三类建（构）筑物的雷电防护装置的检测。

第五条　《雷电防护装置检测资质证》分正本和副本，由国务院气象主管机构统一印制。资质证有效期为五年。

第六条　雷电防护装置检测资质的认定应当遵循公开、公平、公正和便民、高效、信赖保护的原则。

第二章　资质申请条件

第七条　申请雷电防护装置检测资质的单位应当具备以下基本条件：

（一）独立法人资格；

（二）具有满足雷电防护装置检测业务需要的经营场所；

（三）从事雷电防护装置检测工作的人员应当具备雷电防护装置检测能力；在具备雷电防护装置检测能力的人员中，应当有一定数量的与防雷、建筑、电子、电气、气象、通信、电力、计算机相关专业的高、中级专业技术人员，并在其从业单位参加社会保险；

（四）具有雷电防护装置检测质量管理体系，并有健全的技术、档案和安全管理制度；

（五）具有与所申请资质等级相适应的技术能力和良好信誉；

（六）用于雷电防护装置检测的专用仪器设备应当经法定计量检定机构检定或者校准，并在有效期内。

第八条 申请甲级资质的单位除了符合本办法第七条的基本条件外，还应当同时符合以下条件：

（一）具备雷电防护装置检测能力的人员，其中具有高级技术职称的不少于二名，具有中级技术职称的不少于六名；技术负责人应当具有高级技术职称，从事雷电防护装置检测工作四年以上，并具备甲级资质等级要求的雷电防护装置检测专业知识和能力；

（二）近三年内开展的雷电防护装置检测项目不少于二百个，且未因检测质量问题引发事故；雷电防护装置检测项目通过省、自治区、直辖市气象主管机构组织的质量考核合格率达百分之九十以上；

（三）具有满足相应技术标准的专业设备（附表1）；

（四）取得乙级资质三年以上。

第九条 申请乙级资质的单位除了符合本办法第七条的基本条件外，还应当同时符合以下条件：

（一）具备雷电防护装置检测能力的人员，其中具有高级技术职称的不少于一名，具有中级技术职称的不少于三名；技术负责人应当具有高级技术职称，从事雷电防护装置设计、施工、检测等工作两年以上，并具备乙级资质等级要求的雷电防护装置检测专业知识和能力；

（二）具有满足相应技术标准的专业设备（附表1）。

第三章 资质申请与受理

第十条 申请雷电防护装置检测资质的单位，应当向法人登记所在地的省、自治区、直辖市气象主管机构提出申请。

第十一条 满足本办法第七条和第九条相应条件的，可以申请雷电防护装置检测的乙级资质。申请单位应当提交以下材料：

（一）《雷电防护装置检测资质申请表》（附表2）；

（二）《专业技术人员简表》（附表3），具备雷电防护装置检测能力的专业技术人员技术职称证书、身份证明、劳动合同；

（三）雷电防护装置检测质量管理手册；

（四）经营场所产权证明或者租赁合同；

（五）仪器、设备及相关设施清单，以及检定或者校准证书；

（六）安全生产管理制度。

第十二条 符合本办法第七条和第八条相应条件的，可以申请雷电防护装置检测的甲级资质。申请单位除了提交本办法第十一条所规定的材料外，还应当提交以下材料：

（一）《近三年已完成雷电防护装置检测项目表》（附表4）；

（二）近三年二十个以上雷电防护装置检测项目的相关资料。

第十三条 省、自治区、直辖市气象主管机构应当在收到全部申请材料之日起五个工作日内，作出受理或者不予受理的书面决定。

申请材料齐全且符合法定形式的，应当受理，并出具加盖本行政机关专用印章和注明日期的书面凭证。对不予受理的，应当书面说明理由。

申请材料不齐全或者不符合法定形式的，气象主管机构应当当场或者在收到申请材料之日起五个工作日内一次告知申请单位需要补正的全部内容，逾期不告知的，自收到申请材料之日起即视为受理。

第四章 资质审查与评审

第十四条 省、自治区、直辖市气象主管机构受理后，可以根据工作需要指派两名以上工作人员到申请单位进行现场核查。

第十五条 省、自治区、直辖市气象主管机构受理后，应当委托雷电防护装置检测资质评审委员会评审，并对评审结果进行审查。评审委员会评审时应当以记名投票方式进行表决，并提出评审意见。

省、自治区、直辖市气象主管机构应当建立雷电防护装置检测资质评审专家库，报国务院气象主管机构备案。

雷电防护装置检测资质评审委员会的委员应当从雷电防护装置检测资质评审专家库中随机抽取确定，并报国务院气象主管机构备案。

第十六条 省、自治区、直辖市气象主管机构应当自受理行政许可申请之日起二十个工作日内作出认定,专家评审所需时间不计入许可审查时限,但应当在作出受理决定时书面告知申请单位。

通过认定的,认定机构颁发《雷电防护装置检测资质证》,并在作出认定后三十个工作日内报国务院气象主管机构备案。

未通过认定的,认定机构在十个工作日内书面告知申请单位,并说明理由。

第五章 监督管理

第十七条 雷电防护装置检测单位及其人员从事雷电防护装置检测活动,应当遵守国家有关技术规范和标准。

第十八条 雷电防护装置检测单位应当遵循客观、公平、公正、诚信原则,确保其出具的雷电防护装置检测数据、结果的真实、客观、准确,并对雷电防护装置检测数据、结果负责。

第十九条 雷电防护装置检测单位不得与其检测项目的设计、施工、监理单位以及所使用的防雷产品生产、销售单位有隶属关系或者其他利害关系。

第二十条 雷电防护装置检测资质管理实行年度报告制度。

雷电防护装置检测单位应当从取得资质证后次年起,在每年的第二季度向资质认定机构报送年度报告。年度报告应当包括持续符合资质认定条件和要求、执行技术标准和规范情况、分支机构设立和经营情况、检测项目表以及统计数据等内容。

资质认定机构对年度报告内容进行抽查,将抽查结果纳入信用管理,同时记入信用档案并公示。

第二十一条 取得雷电防护装置检测资质的单位,应当在资质证有效期满三个月前,向原认定机构提出延续申请。原认定机构根据年度报告、信用档案及资质申请条件,在有效期满前作出准予延续、降低等级或者注销的决定。逾期未提出延续申请的,资质证到期自动失效。

第二十二条 取得雷电防护装置检测资质的单位在资质证有效期内名称、地址、法定代表人等发生变更的,应当在法人登记机关变更登记后三十个工作日内,向原资质认定机构申请办理资质证变更手续。

雷电防护装置检测资质的单位发生合并、分立以及注册地跨省、自治区、直辖市变更的,应当按照下列规定及时向所在地的省、自治区、直辖市气象主管机构申请核定资质。

(一)取得雷电防护装置检测资质的单位合并的,合并后存续或者新设立的单位可以承继合并前各方中较高等级的资质，但应当符合相应的资质条件；

（二）取得雷电防护装置检测资质的单位分立的，分立后资质等级根据实际达到的资质条件重新核定；

（三）取得雷电防护装置检测资质的单位跨省、自治区、直辖市变更注册地的，由新注册所在地的省、自治区、直辖市气象主管机构核定资质。

第二十三条 雷电防护装置检测单位设立分支机构或者跨省、自治区、直辖市从事雷电防护装置检测活动的，应当及时向开展活动所在地的省、自治区、直辖市气象主管机构报告，并报送检测项目清单，接受监管。

第二十四条 取得雷电防护装置检测资质的单位，应当按照资质等级承担相应的雷电防护装置检测工作。禁止无资质证或者超出资质等级承接雷电防护装置检测，禁止转包或者违法分包。

从事雷电防护装置检测活动的专业技术人员，不得同时在两个以上雷电防护装置检测资质单位兼职从业。

第二十五条 任何单位不得以欺骗、弄虚作假等手段取得资质，不得伪造、涂改、出租、出借、挂靠、转让《雷电防护装置检测资质证》。

第二十六条 省、自治区、直辖市气象主管机构应当组织或者委托第三方专业技术机构对雷电防护装置检测单位的检测质量进行考核。

第二十七条 县级以上地方气象主管机构对本行政区域内的雷电防护装置检测活动进行监督检查，可以采取下列措施：

（一）要求被检查的单位或者个人提供有关文件和资料，进行查询或者复制；

（二）就有关事项询问被检查的单位或者个人，要求作出说明；

（三）进入有关雷电防护装置检测现场进行监督检查。

气象主管机构进行监督检查时，有关单位和个人应当予以配合。

第二十八条 取得雷电防护装置检测资质的单位不再符合相应资质条件的，由原资质认定的气象主管机构责令限期整改，逾期不整改或者整改后仍达不到资质条件的，予以降低等级或者撤销资质。

第二十九条 国务院气象主管机构应当建立全国雷电防护装置检测单位信用信息、资质等级情况公示制度。省、自治区、直辖市气象主管机构应当对在本行政区域内从事雷电防护装置检测活动单位的监督管理情况、信用信息等及时予以公布。

省、自治区、直辖市气象主管机构应当对本行政区域内取得雷电防护装置检测资质的单位建立信用管理制度，将雷电防护装置检测活动和监督管理等信息纳入信用档案，并作为资质延续、升级的依据。

第三十条 雷电防护装置检测单位有下列情形之一的，县级以上气象主管机构视情节轻重，责令限期整改：

（一）雷电防护装置检测标准适用错误的；

（二）雷电防护装置检测方法不正确的；

（三）雷电防护装置检测内容不全面、达不到相关技术要求或者不足以支持雷电防护装置检测结论的；

（四）雷电防护装置检测结论不明确、不全面或错误的。

第三十一条 鼓励防雷行业组织对雷电防护装置检测活动实行行业自律管理，并接受省、自治区、直辖市气象主管机构的政策、业务指导和行业监管。

第六章 罚 则

第三十二条 国家工作人员在雷电防护装置检测资质的认定和管理工作中玩忽职守、滥用职权、徇私舞弊的，依法给予处分；构成犯罪的，依法追究刑事责任。

第三十三条 申请单位隐瞒有关情况、提供虚假材料申请资质认定的，有关气象主管机构不予受理或者不予行政许可，并给予警告。申请单位在一年内不得再次申请资质认定。

第三十四条 被许可单位以欺骗、贿赂等不正当手段取得资质的，有关气象主管机构按照权限给予警告，撤销其资质证，可以并处三万元以下的罚款；被许可单位在三年内不得再次申请资质认定；构成犯罪的，依法追究刑事责任。

第三十五条 雷电防护装置检测单位违反本办法规定，有下列行为之一的，由县级以上气象主管机构按照权限责令限期改正，拒不改正的给予警告，《雷电防护装置检测资质证》到期后不予延续，处罚结果纳入全国雷电防护装置检测单位信用信息系统并向社会公示：

（一）与检测项目的设计、施工、监理单位以及所使用的防雷产品生产、销售单位有隶属关系或者其他利害关系的；

（二）使用不符合条件的雷电防护装置检测人员的。

第三十六条 雷电防护装置检测单位违反本办法规定，有下列行为之一的，按照《气象灾害防御条例》第四十五条的规定进行处罚：

（一）伪造、涂改、出租、出借、挂靠、转让雷电防护装置检测资质证的；

（二）向监督检查机构隐瞒有关情况、提供虚假材料或者拒绝提供反映其活动情况的真实材料的；

（三）转包或者违法分包雷电防护装置检测项目的；

（四）无资质或者超越资质许可范围从事雷电防护装置检测的。

第七章　附　　则

第三十七条　电力、通信雷电防护装置检测资质管理办法由国务院气象主管机构和国务院电力或者国务院通信主管部门共同制定，另行公布。

第三十八条　在本办法施行前，已取得各省、自治区、直辖市气象主管机构颁发的防雷装置检测资质的单位，应当在2017年9月30日前，按照本办法规定重新核定资质。

第三十九条　各省、自治区、直辖市气象主管机构可以根据本办法制定实施细则，并报国务院气象主管机构备案。

第四十条　本办法自2016年10月1日起施行。

附表 1

雷电防护装置检测专业设备表

序号	仪器设备名称	配置台数		主要性能要求
		甲	乙	
1	激光测距仪	√	√	量程:0-150m
2	测厚仪	√	√	金属厚度测量,超声波
3	经纬仪	√	√	量程:0-360°,分辨率:2″
4	拉力计	√	√	量程:0-40kgf
5	可燃气体测试仪	√	√	适用气体:可燃气体
6	接地电阻测试仪	√	√	测试电流:>20mA(正弦波),分辨率:0.01Ω
7	大地网测试仪	√		测试电流:>3A,分辨率:0.001~99.999Ω,频率可选
8	土壤电阻率测试仪	√	√	四线法测量,测试电流:>20mA(正弦波)分辨率:0.01Ω
9	等电位测试仪	√	√	测试电流:≥1A,四线法测试,分辨率:0.001Ω,具备大容量锂电池
10	环路电阻测试仪	√	√	电阻测量分辨率:0.001Ω,电流测量分辨率:1μA
11	防雷元件测试仪	√	√	测试器件:MOV,具备大容量锂电池
12	绝缘电阻测试仪	√	√	0-1000MΩ
13	表面阻抗测试仪	√	√	测量范围:10^3 ~ <10^{10}Ω
14	静电电位测试仪	√	√	测量范围:±20kv
15	数字万用表	√	√	电压、电流、电阻测量,分辨率:3 位半
16	防爆对讲机	√		防爆对讲
17	标准电阻	√	√	10^3 ~ <10^5 欧姆,功率 1/2w,线绕型
18	钢卷尺	√	√	分辨率:0.01m
19	游标卡尺	√	√	量程:0—150mm

附表 2

雷电防护装置检测资质申请表

填报单位(盖章)：　　　　　　　　　　填报日期：　年　月　日

单位名称

法定代表人			经济性质				
主管单位							
单位地址							
通信地址			邮政编码		联系电话		
申请雷电防护装置检测资质等级							
从事雷电防护装置检测时间							
本单位专业技术人员数量							
高　工	人	工程师	人	助工/技术员	人	技　工	人
单位概况							
本人承诺：所提供材料真实有效。 法定代表人： 年　月　日							
评审意见	年　月　日						
主管部门审批意见	年　月　日						

附表 3

专业技术人员简表

填报单位(盖章)：　　　　　　　　　　　　　　填报日期：　　年　　月　　日

序号	姓名	身份证号	职称专业	职称	工作岗位	从事雷电防护装置检测工作时间	其他证编号

附表 4

近三年已完成雷电防护装置检测项目表

填报单位(盖章):　　　　　　　　　　　　填报日期:　　年　　月　　日

序号	项目名称	建筑物防雷类别			合同编号	完成时间	备注
		一	二	三			

注:请按此表如实填写近三年内实际完成的雷电防护装置检测项目情况。

气象行政规范性文件管理办法

（2020 年 11 月 29 日中国气象局令第 39 号公布　自 2021 年 1 月 1 日起施行　国司备字[2020003229]）

第一章　总　　则

第一条　为加强气象行政规范性文件的管理，规范气象行政规范性文件的制定、审核和备案等活动，提高气象行政规范性文件的质量，实现与有关法律法规相衔接，促进气象依法行政，根据有关法律、法规规定，结合气象部门实际，制定本办法。

第二条　气象行政规范性文件的制定、审核、备案、清理以及相关的监督管理工作，适用本办法。

本办法所称气象行政规范性文件是指除部门规章外，由县级以上气象主管机构依照法定权限、程序制定并公开发布，涉及公民、法人和其他组织权利义务，具有普遍约束力，在一定期限内反复适用的公文。

气象主管机构内部执行的管理规范、工作制度、机构编制、会议纪要、工作方案、请示报告及表彰奖惩、人事任免等文件，不适用本办法。

第三条　气象行政规范性文件管理应当遵循以下原则：

（一）保证宪法、法律、法规、规章的正确实施；

（二）维护国家法制统一和政令统一；

（三）保障公民、法人和其他组织的合法权益；

（四）坚持公开、公众参与；

（五）坚持程序完备、权责一致、相互衔接、运行高效。

第四条　气象行政规范性文件规定的事项应当属于执行法律、法规、规章和上级行政规范性文件的规定，且需要制定行政规范性文件的事项。

气象行政规范性文件应当依照法定职责权限、程序制定。不得增加法律、法规规定之外的行政权力事项或者减少法定职责；不得设定行政许可、行政处罚、行政强制、行政征收、行政收费等事项；不得增加办理行政许可事项的条件，规定出具循环证明、重复证明、无谓证明的内容；不得违法制定含有排除或者限制公平竞争内容的措施；不得违法减损公民、法人和其他组织的合法权益或者增加其义务。

第五条　县级以上气象主管机构可以在其职权范围内制定气象行政规范

性文件。不得以部门内设机构、临时机构和议事协调机构等名义制发气象行政规范性文件。

第二章　制定与审核

第六条　气象行政规范性文件可以称“办法”“规定”“规程”“细则”和“规则”等名称，不得称“法”或者“条例”。

第七条　县级以上气象主管机构组织起草气象行政规范性文件时，可以确定一个或者几个内设机构具体负责起草（以下简称起草机构）。

第八条　起草气象行政规范性文件，应当对文件制发的必要性、可行性和拟解决的主要问题等进行调查研究。

起草气象行政规范性文件，应当对拟设定的主要制度和措施的预期效果以及可能产生的影响进行评估。

对专业性、技术性较强的气象行政规范性文件，应当组织相关领域专家进行论证。

评估论证结论应当在文件起草说明中写明，作为制发文件的重要依据。

第九条　除依法不得公开的事项外，气象行政规范性文件在起草过程中应当公开征求意见。

对涉及群众重大利益调整的，可以采取召开座谈会、论证会、实地走访等形式充分听取各方面意见，重点听取利益相关方的意见。

征求意见应当公布文件草案及其说明等材料，并明确提出意见的方式和期限，可以通过门户网站等便于公众知晓的方式开展。气象行政规范性文件征求意见的期限一般不少于十五日。

第十条　县级以上气象主管机构制定气象行政规范性文件，应当依照本办法的规定进行合法性审核。与其他部门联合制定行政规范性文件，应当分别就其职责事项进行合法性审核。未经合法性审核的或者经审核不合法的气象行政规范性文件，不得提交本级气象主管机构审议。

第十一条　合法性审核应当由承担法制工作的机构（以下简称合法性审核机构）负责。

国务院气象主管机构和省、自治区、直辖市气象主管机构的法制工作机构负责对本级制定的气象行政规范性文件进行合法性审核。

地（市）级气象主管机构的法制工作机构负责对本级和下级气象主管机构制定的气象行政规范性文件进行合法性审核。

第十二条　起草机构在形成气象行政规范性文件送审稿后，应当由本级气象主管机构的办公机构审核后再进行合法性审核。

第十三条 起草机构应当向办公机构提交下列材料：

（一）气象行政规范性文件的送审稿；

（二）气象行政规范性文件的起草说明（包括制定依据、必要性与可行性、需要解决的问题、拟规定的主要制度和拟采取的主要措施，起草过程、所采取措施预期效果和影响的评估论证结论、征求意见及采纳情况等内容）；

（三）其他有关材料。

第十四条 办公机构应当对起草机构是否严格依照规定的程序起草、是否进行评估论证、是否广泛征求意见等进行审核并出具审核意见。

经审核，符合要求的，办公机构出具审核意见并转送合法性审核机构进行审核；不符合要求的，可以退回，或者要求起草机构在规定时间内补充材料或者说明情况后转送合法性审核机构进行审核。

第十五条 合法性审核机构应当对材料的完备性、规范性进行审核，不符合要求的，可以退回，或者要求起草单位在规定时间内补充材料或者说明情况。

合法性审核内容包括：

（一）制定主体是否合法；

（二）是否超越气象主管机构的法定职权；

（三）内容是否符合宪法、法律、法规、规章和国家政策规定；

（四）是否违法设立行政许可、行政处罚、行政强制、行政征收、行政收费等事项；

（五）是否增加办理行政许可事项的条件；

（六）是否存在没有法律、法规依据作出减损公民、法人和其他组织合法权益或者增加其义务的情形；

（七）是否存在没有法律、法规依据作出增加本单位权力或者减少本单位法定职责的情形；

（八）是否违反行政规范性文件制定程序。

第十六条 合法性审核机构对气象行政规范性文件进行审核时，根据不同情况提出书面审核意见。

认为不存在合法性问题的，提出“符合有关法律规定”的审核意见；

认为存在合法性问题的，对发现的问题按照下列情况提出审核意见：

（一）制定主体不合法、超越职权、主要内容违法，提出“不符合有关法律规定”的审核意见；

（二）程序不符合要求的，建议起草机构补正程序；

（三）具体条文涉及本办法第四条第二款规定的，建议起草机构修改相关内容。

第十七条 起草机构应当根据合法性审核意见对气象行政规范性文件作必要的修改或者补充；特殊情况下，起草机构未完全采纳合法性审核意见的，应当在提请本级气象主管机构审议时详细说明理由和依据。

第十八条 除为了预防、应对和处置突发事件，或者执行上级机关的紧急命令和决定需要立即制定实施规范性文件等外，合法性审核机构应当自收到送审稿之日起审核，审核时间一般不少于五个工作日，最长不超过十五个工作日。

第十九条 气象行政规范性文件应当由本级气象主管机构的办公会议集体审议，通过后由主要负责人签发。

第二十条 气象行政规范性文件应当由办公机构进行统一登记、统一编号、统一印发，并及时通过政府信息公开渠道向社会发布，未经公布的不得作为行政管理的依据。

对涉及群众切身利益、社会关注度高的气象行政规范性文件，起草机构要做好文件解读工作。

第二十一条 气象行政规范性文件应当载明施行日期。涉及的内容属于阶段性工作的，应当载明有效期。

第三章 备案与清理

第二十二条 地方各级气象主管机构应当自气象行政规范性文件发布之日起三十日内，向上一级气象主管机构报送备案，同时抄送同级人民政府。

第二十三条 报送气象行政规范性文件备案，应当提交气象行政规范性文件备案报告、正式文本（含起草说明），并同时提交该气象行政规范性文件的合法性审核意见。

备案报告应注明文件名称、文号、发文日期和发布方式，并加盖制定单位印章。

第二十四条 接受备案的气象主管机构（以下简称备案机构）应当依照本办法第十五条的规定，对报送备案的气象行政规范性文件进行审查。

第二十五条 备案机构发现气象行政规范性文件与法律、法规、规章和上级行政规范性文件相抵触，或者超越法定权限、违反制定程序的，应当及时通知气象主管机构停止执行、限期纠正；必要时，备案机构依照职权直接予以撤销或者改变。

气象主管机构收到备案机构的书面审查意见后，应当在十五个工作日内书面回复处理结果。对审查意见有异议的，可以申请复核。备案机构应当在收到复核申请之日起十五个工作日内书面回复意见。

第二十六条 地方各级气象主管机构不按照规定报送备案的，由备案机构通知限期改正。

地方各级气象主管机构拖延不报送备案，或者对备案机构的审查意见不予纠正的，由备案机构给予通报批评；情节严重或者造成严重不良后果的，对直接负责的主管人员和其他直接责任人员依法追究责任。

第二十七条 公民、法人或者其他组织对气象行政规范性文件有异议的，可以向气象主管机构、备案机构提出书面审查建议。

气象主管机构、备案机构应当在收到公民、法人或者其他组织提出书面审查建议之日起六十日内研究处理，并书面答复当事人；情况复杂的，经机构负责人批准，可以适当延长办理期限，但延长期限不得超过三十日，并应当告知当事人延期理由。法律、行政法规另有规定的，从其规定。

第二十八条 公民、法人和其他组织在申请行政复议时一并提出对有关气象行政规范性文件的审查申请，或者行政复议机构在审查具体行政行为时认为其依据的气象行政规范性文件不合法的，依照《中华人民共和国行政复议法》的有关规定执行。

第二十九条 气象主管机构应当适时组织对气象行政规范性文件的实施情况进行评估。认为气象行政规范性文件不应继续执行的，应当及时修改或者废止。

载明有效期的气象行政规范性文件，气象主管机构认为需要继续执行的，应当按照本办法规定重新公布，并自公布之日起重新计算有效期。

第三十条 气象主管机构应当按照国家有关规定及时组织清理本机构制定的气象行政规范性文件；法律、法规另有规定的，从其规定。

气象行政规范性文件主要内容或者主要措施不符合法律、法规、规章和上级行政规范性文件规定的，气象主管机构应当废止。

气象行政规范性文件部分内容与现行有效的法律、法规、规章和上级行政规范性文件规定不符，但该文件又有必要继续执行的，气象主管机构应当进行修改。

第三十一条 气象行政规范性文件进行清理后，气象主管机构应当及时向社会公布继续有效、废止和失效的气象行政规范性文件目录。

第四章　附　则

第三十二条　地方政府规章对行政规范性文件制定和监督管理另有规定的,可以参照执行。

第三十三条　本办法自2021年1月1日起施行。2011年9月30日公布的中国气象局第23号令《气象规范性文件管理办法》同时废止。

建设项目环境影响评价分类管理名录（2021年版）

（2020年11月30日生态环境部令第16号公布　自2021年1月1日起施行　国司备字[2020003252]）

第一条　为了实施建设项目环境影响评价分类管理,根据《中华人民共和国环境影响评价法》的有关规定,制定本名录。

第二条　根据建设项目特征和所在区域的环境敏感程度,综合考虑建设项目可能对环境产生的影响,对建设项目的环境影响评价实行分类管理。

建设单位应当按照本名录的规定,分别组织编制建设项目环境影响报告书、环境影响报告表或者填报环境影响登记表。

第三条　本名录所称环境敏感区是指依法设立的各级各类保护区域和对建设项目产生的环境影响特别敏感的区域,主要包括下列区域:

(一)国家公园、自然保护区、风景名胜区、世界文化和自然遗产地、海洋特别保护区、饮用水水源保护区;

(二)除(一)外的生态保护红线管控范围,永久基本农田、基本草原、自然公园(森林公园、地质公园、海洋公园等)、重要湿地、天然林,重点保护野生动物栖息地,重点保护野生植物生长繁殖地,重要水生生物的自然产卵场、索饵场、越冬场和洄游通道,天然渔场,水土流失重点预防区和重点治理区、沙化土地封禁保护区、封闭及半封闭海域;

(三)以居住、医疗卫生、文化教育、科研、行政办公为主要功能的区域,以及文物保护单位。

环境影响报告书、环境影响报告表应当就建设项目对环境敏感区的影响做重点分析。

第四条 建设单位应当严格按照本名录确定建设项目环境影响评价类别，不得擅自改变环境影响评价类别。

建设内容涉及本名录中两个及以上项目类别的建设项目，其环境影响评价类别按照其中单项等级最高的确定。

建设内容不涉及主体工程的改建、扩建项目，其环境影响评价类别按照改建、扩建的工程内容确定。

第五条 本名录未作规定的建设项目，不纳入建设项目环境影响评价管理；省级生态环境主管部门对本名录未作规定的建设项目，认为确有必要纳入建设项目环境影响评价管理的，可以根据建设项目的污染因子、生态影响因子特征及其所处环境的敏感性质和敏感程度等，提出环境影响评价分类管理的建议，报生态环境部认定后实施。

第六条 本名录由生态环境部负责解释，并适时修订公布。

第七条 本名录自 2021 年 1 月 1 日起施行。《建设项目环境影响评价分类管理名录》（环境保护部令第 44 号）及《关于修改〈建设项目环境影响评价分类管理名录〉部分内容的决定》（生态环境部令第 1 号）同时废止。

环评类别 项目类别		报告书	报告表	登记表	本栏目环境敏感区含义
一、农业 01、林业 02					
1	农产品基地项目(含药材基地)	/	涉及环境敏感区的	其他	第三条(一)中的全部区域;第三条(二)中的除(一)外的生态保护红线管控范围,基本草原、重要湿地,水土流失重点预防区和重点治理区
2	经济林基地项目	/	原料林基地	其他	
二、畜牧业 03					
3	牲畜饲养 031;家禽饲养 032;其他畜牧业 039	年出栏生猪 5000 头(其他畜禽种类折合猪的养殖量)及以上的规模化畜禽养殖;存栏生猪 2500 头(其他畜禽种类折合猪的养殖规模)及以上无出栏量的规模化畜禽养殖;涉及环境敏感区的规模化畜禽养殖	/	其他(规模化以下的除外)(具体规模化的标准按《畜禽规模化养殖污染防治条例》执行)	第三条(一)中的全部区域;第三条(三)中的全部区域

续表

项目类别 \ 环评类别		报告书	报告表	登记表	本栏目环境敏感区含义
三、渔业 04					
4	海水养殖 0411	用海面积 1000 亩及以上的海水养殖（不含底播、藻类养殖）；围海养殖	用海面积 1000 亩以下 300 亩及以上的网箱养殖、海洋牧场（不含海洋人工鱼礁）、苔莜养殖等；用海面积 1000 亩以下 100 亩及以上的水产养殖基地、工厂化养殖、高位池（提水）养殖；用海面积 1500 亩及以上的底播养殖、藻类养殖；涉及环境敏感区的	其他	第三条（一）中的自然保护区、海洋特别保护区；第三条（二）中的除（一）外的生态保护红线管控范围，海洋公园，重点保护野生动物栖息地，重点保护野生植物生长繁殖地，重要水生生物的自然产卵场、索饵场，天然渔场，封闭及半封闭海域
5	内陆养殖 0412	/	网箱、围网投饵养殖；涉及环境敏感区的	其他	第三条（一）中的全部区域；第三条（二）中的除（一）外的生态保护红线管控范围，重要湿地，重要水生生物的自然产卵场、索饵场、越冬场和洄游通道

续表

项目类别 \ 环评类别		报告书	报告表	登记表	本栏目环境敏感区含义
四、煤炭开采和洗选业 06					
6	烟煤和无烟煤开采洗选 061；褐煤开采洗选 062；其他煤炭采选 069	煤炭开采	煤炭洗选、配煤；煤炭储存、集运；风井场地、瓦斯抽放站；矿区修复治理工程（含煤矿火烧区治理工程）	/	
五、石油和天然气开采业 07					
7	陆地石油开采 0711	石油开采新区块开发；页岩油开采；涉及环境敏感区的（含内部集输管线建设）	其他	/	第三条（一）中的全部区域；第三条（二）中的除（一）外的生态保护红线管控范围，永久基本农田、基本草原、森林公园、地质公园、重要湿地、天然林，重点保护野生动物栖息地，重点保护野生植物生长繁殖地，重要水生生物的自然产卵场、索饵场、越冬场和洄游通道，天然渔场，水土流失重点预防区和重点治理区、沙化土地封禁保护区；第三条（三）中的全部区域

续表

环评类别 项目类别		报告书	报告表	登记表	本栏目环境敏感区含义
8	陆地天然气开采 0721	新区块开发；年生产能力 1 亿立方米及以上的煤层气开采；涉及环境敏感区的（含内部集输管线建设）	其他	/	第三条（一）中的全部区域；第三条（二）中的除（一）外的生态保护红线管控范围，永久基本农田、基本草原、森林公园、地质公园、重要湿地、天然林，重点保护野生动物栖息地，重点保护野生植物生长繁殖地，重要水生生物的自然产卵场、索饵场、越冬场和洄游通道，天然渔场，水土流失重点预防区和重点治理区、沙化土地封禁保护区；第三条（三）中的全部区域
六、黑色金属矿采选业 08					
9	铁矿采选 081；锰矿、铬矿采选 082；其他黑色金属矿采选 089	全部（含新建或扩建的独立尾矿库；不含单独的矿石破碎、集运；不含矿区修复治理工程）	单独的矿石破碎、集运；矿区修复治理工程	/	

续表

环评类别 项目类别		报告书	报告表	登记表	本栏目环境敏感区含义
七、有色金属矿采选业 09					
10	常用有色金属矿采选 091；贵金属矿采选 092；稀有稀土金属矿采选 093	全部（含新建或扩建的独立尾矿库；不含单独的矿石破碎、集运；不含矿区修复治理工程）	单独的矿石破碎、集运；矿区修复治理工程	/	
八、非金属矿采选业 10					
11	土砂石开采 101（不含河道采砂项目）	涉及环境敏感区的（不含单独的矿石破碎、集运；不含矿区修复治理工程）	其他	/	第三条（一）中的全部区域；第三条（二）中的除（一）外的生态保护红线管控范围，基本草原，重要水生生物的自然产卵场、索饵场、越冬场和洄游通道，沙化土地封禁保护区
12	化学矿开采 102；石棉及其他非金属矿采选 109	全部（不含单独的矿石破碎、集运；不含矿区修复治理工程）	单独的矿石破碎、集运；矿区修复治理工程	/	
13	采盐 103	井盐	湖盐、海盐	/	
九、其他采矿业 12					
14	其他采矿业 120	/	涉及环境敏感区的	其他	第三条（一）中的全部区域

续表

项目类别 \ 环评类别		报告书	报告表	登记表	本栏目环境敏感区含义
十、农副食品加工业 13					
15	谷物磨制 131＊;饲料加工 132＊	/	含发酵工艺的;年加工1万吨及以上的		
16	植物油加工 133＊	/	除单纯分装、调和外的	/	
17	制糖业 134＊	日加工糖料能力 1000 吨及以上的原糖生产	其他(单纯分装的除外)	/	
18	屠宰及肉类加工 135＊	屠宰生猪10万头、肉牛1万头、肉羊15万只、禽类1000万只及以上的	其他屠宰;年加工2万吨及以上的肉类加工	其他肉类加工	
19	水产品加工 136	/	鱼油提取及制品制造;年加工 10 万吨及以上的;涉及环境敏感区的	/	第三条(一)中的全部区域;第三条(二)中的全部区域
20	其他农副食品加工 139＊	含发酵工艺的淀粉、淀粉糖制造	不含发酵工艺的淀粉、淀粉糖制造;淀粉制品制造;豆制品制造 以上均不含单纯分装的	/	

续表

项目类别 \ 环评类别		报告书	报告表	登记表	本栏目环境敏感区含义
十一、食品制造业 14					
21	糖果、巧克力及蜜饯制造 142 *；方便食品制造 143 *；罐头食品制造 145 *	/	除单纯分装外的	/	
22	乳制品制造 144 *	/	除单纯混合、分装外的	/	
23	调味品、发酵制品制造 146 *	有发酵工艺的味精、柠檬酸、赖氨酸、酵母制造；年产 2 万吨及以上且有发酵工艺的酱油、食醋制造	其他（单纯混合、分装的除外）	/	
24	其他食品制造 149 *	有发酵工艺的食品添加剂制造；有发酵工艺的饲料添加剂制造	盐加工；营养食品制造、保健食品制造、冷冻饮品及食用冰制造、无发酵工艺的食品及饲料添加剂制造、其他未列明食品制造 以上均不含单纯混合、分装的	/	
十二、酒、饮料制造业 15					
25	酒的制造 151 *	有发酵工艺的（年生产能力 1000 千升以下的除外）	其他（单纯勾兑的除外）	/	

续表

项目类别 \ 环评类别		报告书	报告表	登记表	本栏目环境敏感区含义
26	饮料制造 152 *	/	有发酵工艺、原汁生产的	/	
十三、烟草制品业 16					
27	卷烟制造 162	/	全部	/	
十四、纺织业 17					
28	棉纺织及印染精加工 171 *；毛纺织及染整精加工 172 *；麻纺织及染整精加工 173 *；丝绢纺织及印染精加工 174 *；化纤织造及印染精加工 175 *；针织或钩针编织物及其制品制造 176 *；家用纺织制成品制造 177 *；产业用纺织制成品制造 178 *	有洗毛、脱胶、缫丝工艺的；染整工艺有前处理、染色、印花（喷墨印花和数码印花的除外）工序的；有使用有机溶剂的涂层工艺的	有喷墨印花或数码印花工艺的；后整理工序涉及有机溶剂的；有喷水织造工艺的；有水刺无纺布织造工艺的	/	

续表

项目类别 \ 环评类别		报告书	报告表	登记表	本栏目环境敏感区含义
十五、纺织服装、服饰业 18					
29	机织服装制造 181 *；针织或钩针编织服装制造 182 *；服饰制造 183 *	有染色、印花（喷墨印花和数码印花的除外）工序的	有喷墨印花或数码印花工艺的；有洗水、砂洗工艺的	/	
十六、皮革、毛皮、羽毛及其制品和制鞋业 19					
30	皮革鞣制加工 191；皮革制品制造 192；毛皮鞣制及制品加工 193	有鞣制、染色工艺的	其他（无鞣制、染色工艺的毛皮加工除外；无鞣制、染色工艺的皮革制品制造除外）	/	
31	羽毛（绒）加工及制品制造 194 *	/	全部（无水洗工艺的羽毛（绒）加工除外；羽毛（绒）制品制造除外）	/	
32	制鞋业 195 *	/	有橡胶硫化工艺、塑料注塑工艺的；年用溶剂型胶粘剂 10 吨及以上的，或年用溶剂型处理剂 3 吨及以上的	/	

续表

项目类别 \ 环评类别		报告书	报告表	登记表	本栏目环境敏感区含义
十七、木材加工和木、竹、藤、棕、草制品业 20					
33	木材加工 201；木质制品制造 203	有电镀工艺的；年用溶剂型涂料（含稀释剂）10 吨及以上的	年用溶剂型涂料（含稀释剂）10 吨以下的，或年用非溶剂型低 VOCs 含量涂料 10 吨及以上的；含木片烘干、水煮、染色等工艺的	/	
34	人造板制造 202	年产 20 万立方米及以上的	其他	/	
35	竹、藤、棕、草等制品制造 204 *	有电镀工艺的；年用溶剂型涂料（含稀释剂）10 吨及以上的	采用胶合工艺的；年用溶剂型涂料（含稀释剂）10 吨以下的，或年用非溶剂型低 VOCs 含量涂料 10 吨及以上的	/	

续表

项目类别 \ 环评类别		报告书	报告表	登记表	本栏目环境敏感区含义
十八、家具制造业 21					
36	木质家具制造 211 *；竹、藤家具制造 212 *；金属家具制造 213 *；塑料家具制造 214 *；其他家具制造 219 *	有电镀工艺的；年用溶剂型涂料（含稀释剂）10 吨及以上的	其他（仅分割、组装的除外；年用非溶剂型低 VOCs 含量涂料 10 吨以下的除外）	/	
十九、造纸和纸制品业 22					
37	纸浆制造 221 *；造纸 222 *（含废纸造纸）	全部（手工纸、加工纸制造除外）	手工纸制造；有涂布、浸渍、印刷、粘胶工艺的加工纸制造	/	
38	纸制品制造 223 *	/	有涂布、浸渍、印刷、粘胶工艺的	/	
二十、印刷和记录媒介复制业 23					
39	印刷 231 *	年用溶剂油墨 10 吨及以上的	其他（激光印刷除外；年用低 VOCs 含量油墨 10 吨以下的印刷除外）	/	

续表

项目类别 \ 环评类别		报告书	报告表	登记表	本栏目环境敏感区含义
二十一、文教、工美、体育和娱乐用品制造业 24					
40	文教办公用品制造 241 *；乐器制造 242 *；体育用品制造 244 *；玩具制造 245 *；游艺器材及娱乐用品制造 246 *	有电镀工艺的；年用溶剂型涂料（含稀释剂）10 吨及以上的	有橡胶硫化工艺、塑料注塑工艺的；年用溶剂型涂料（含稀释剂）10 吨以下的，或年用非溶剂型低 VOCs 含量涂料 10 吨及以上的；年用溶剂型胶粘剂 10 吨及以上的，或年用溶剂型处理剂 3 吨及以上的	/	
41	工艺美术及礼仪用品制造 243 *	有电镀工艺的；年用溶剂型涂料（含稀释剂）10 吨及以上的	年用溶剂型涂料（含稀释剂）10 吨以下的，或年用非溶剂型低 VOCs 含量涂料 10 吨及以上的	/	
二十二、石油、煤炭及其他燃料加工业 25					
42	精炼石油产品制造 251；煤炭加工 252	全部（单纯物理分离、物理提纯、混合、分装的除外；煤制品制造除外；其他煤炭加工除外）	单纯物理分离、物理提纯、混合、分装的（不产生废水或挥发性有机物的除外）；煤制品制造；其他煤炭加工	/	

续表

项目类别 \ 环评类别		报告书	报告表	登记表	本栏目环境敏感区含义
43	生物质燃料加工 254	生物质液体燃料生产	生物质致密成型燃料加工	/	
二十三、化学原料和化学制品制造业 26					
44	基础化学原料制造 261；农药制造 263；涂料、油墨、颜料及类似产品制造 264；合成材料制造 265；专用化学产品制造 266；炸药、火工及焰火产品制造 267	全部（含研发中试；不含单纯物理分离、物理提纯、混合、分装的）	单纯物理分离、物理提纯、混合、分装的（不产生废水或挥发性有机物的除外）	/	
45	肥料制造 262	化学方法生产氮肥、磷肥、复混肥的	其他	/	
46	日用化学产品制造 268	以油脂为原料的肥皂或皂粒制造（采用连续皂化工艺、油脂水解工艺的除外）；香料制造 以上均不含单纯混合或分装的	采用连续皂化工艺、油脂水解工艺的肥皂或皂粒制造；采用高塔喷粉工艺的合成洗衣粉制造；采用热反应工艺的香精制造；烫发剂、染发剂制造	/	

续表

项目类别 \ 环评类别		报告书	报告表	登记表	本栏目环境敏感区含义
二十四、医药制造业 27					
47	化学药品原料药制造 271；化学药品制剂制造 272；兽用药品制造 275；生物药品制品制造 276	全部（含研发中试；不含单纯药品复配、分装；不含化学药品制剂制造的）	单纯药品复配且产生废水或挥发性有机物的；仅化学药品制剂制造	/	
48	中药饮片加工 273 *；中成药生产 274 *	有提炼工艺的（仅醇提、水提的除外）	其他（单纯切片、制干、打包的除外）	/	
49	卫生材料及医药用品制造 277；药用辅料及包装材料制造 278	/	卫生材料及医药用品制造（仅组装、分装的除外）；含有机合成反应的药用辅料制造；含有机合成反应的包装材料制造	/	
二十五、化学纤维制造业 28					
50	纤维素纤维原料及纤维制造 281；合成纤维制造 282	全部（单纯纺丝、单纯丙纶纤维制造的除外）	单纯纺丝制造；单纯丙纶纤维制造	/	
51	生物基材料制造 283	生物基化学纤维制造（单纯纺丝的除外）	单纯纺丝制造	/	

项目类别 \ 环评类别		报告书	报告表	登记表	本栏目环境敏感区含义
二十六、橡胶和塑料制品业 29					
52	橡胶制品业 291	轮胎制造;再生橡胶制造(常压连续脱硫工艺除外)	其他	/	
53	塑料制品业 292	以再生塑料为原料生产的;有电镀工艺的;年用溶剂型胶粘剂 10 吨及以上的;年用溶剂型涂料(含稀释剂)10 吨及以上的	其他(年用非溶剂型低 VOCs 含量涂料 10 吨以下的除外)	/	
二十七、非金属矿物制品业 30					
54	水泥、石灰和石膏制造 301	水泥制造(水泥粉磨站除外)	水泥粉磨站;石灰和石膏制造	/	
55	石膏、水泥制品及类似制品制造 302	/	商品混凝土;砼结构构件制造;水泥制品制造	/	
56	砖瓦、石材等建筑材料制造 303	/	粘土砖瓦及建筑砌块制造;建筑用石加工;防水建筑材料制造;隔热、隔音材料制造;其他建筑材料制造(含干粉砂浆搅拌站) 以上均不含利用石材板材切割、打磨、成型的	/	

续表

项目类别 \ 环评类别		报告书	报告表	登记表	本栏目环境敏感区含义
57	玻璃制造304;玻璃制品制造305	平板玻璃制造	特种玻璃制造;其他玻璃制造;玻璃制品制造(电加热的除外;仅切割、打磨、成型的除外)	/	
58	玻璃纤维和玻璃纤维增强塑料制品制造306	/	全部	/	
59	陶瓷制品制造307 *	使用高污染燃料的(高污染燃料指国环规大气〔2017〕2号《高污染燃料目录》中规定的燃料)	不使用高污染燃料的建筑陶瓷制品制造;不使用高污染燃料的年产150万件及以上的卫生陶瓷制品制造;不使用高污染燃料的年产250万件及以上的日用陶瓷制品制造	/	
60	耐火材料制品制造308;石墨及其他非金属矿物制品制造309	石棉制品;含焙烧的石墨、碳素制品	其他	/	
二十八、黑色金属冶炼和压延加工业31					
61	炼铁311	全部	/	/	

续表

项目类别 \ 环评类别		报告书	报告表	登记表	本栏目环境敏感区含义
62	炼钢 312；铁合金冶炼 314	全部	/	/	
63	钢压延加工 313	年产 50 万吨及以上的冷轧	其他	/	
二十九、有色金属冶炼和压延加工业 32					
64	常用有色金属冶炼 321；贵金属冶炼 322；稀有稀土金属冶炼 323；有色金属合金制造 324	全部（利用单质金属混配重熔生产合金的除外）	其他	/	
65	有色金属压延加工 325	/	全部	/	
三十、金属制品业 33					
66	结构性金属制品制造 331；金属工具制造 332；集装箱及金属包装容器制造 333；金属丝绳及其制品制造 334；建筑、安全用金属制品制造 335；搪瓷制品制造 337；金属制日用品制造 338	有电镀工艺的；年用溶剂型涂料（含稀释剂）10 吨及以上的	其他（仅分割、焊接、组装的除外；年用非溶剂型低 VOCs 含量涂料 10 吨以下的除外）	/	

续表

环评类别 项目类别		报告书	报告表	登记表	本栏目环境敏感区含义
67	金属表面处理及热处理加工	有电镀工艺的；有钝化工艺的热镀锌；使用有机涂层的(喷粉、喷塑、浸塑和电泳除外；年用溶剂型涂料（含稀释剂）10 吨以下和用非溶剂型低 VOCs 含量涂料的除外)	其他（年用非溶剂型低 VOCs 含量涂料 10 吨以下的除外）	/	
68	铸造及其他金属制品制造 339	黑色金属铸造年产 10 万吨及以上的；有色金属铸造年产 10 万吨及以上的	其他（仅分割、焊接、组装的除外）	/	
三十一、通用设备制造业 34					
69	锅炉及原动设备制造 341；金属加工机械制造 342；物料搬运设备制造 343；泵、阀门、压缩机及类似机械制造 344；轴承、齿轮和传动部件制造 345；烘炉、风机、包装等设备制造 346；文化、办公用机械制造 347；通用零部件制造 348；其他通用设备制造业 349	有电镀工艺的；年用溶剂型涂料（含稀释剂）10 吨及以上的	其他（仅分割、焊接、组装的除外；年用非溶剂型低 VOCs 含量涂料 10 吨以下的除外）	/	

续表

项目类别 \ 环评类别		报告书	报告表	登记表	本栏目环境敏感区含义
三十二、专用设备制造业 35					
70	采矿、冶金、建筑专用设备制造 351；化工、木材、非金属加工专用设备制造 352；食品、饮料、烟草及饲料生产专用设备制造 353；印刷、制药、日化及日用品生产专用设备制造 354；纺织、服装和皮革加工专用设备制造 355；电子和电工机械专用设备制造 356；农、林、牧、渔专用机械制造 357；医疗仪器设备及器械制造 358；环保、邮政、社会公共服务及其他专用设备制造 359	有电镀工艺的；年用溶剂型涂料（含稀释剂）10 吨及以上的	其他（仅分割、焊接、组装的除外；年用非溶剂型低 VOCs 含量涂料 10 吨以下的除外）	/	

续表

项目类别 \ 环评类别		报告书	报告表	登记表	本栏目环境敏感区含义
三十三、汽车制造业 36					
71	汽车整车制造 361；汽车用发动机制造 362；改装汽车制造 363；低速汽车制造 364；电车制造 365；汽车车身、挂车制造 366；汽车零部件及配件制造 367	汽车整车制造（仅组装的除外）；汽车用发动机制造（仅组装的除外）；有电镀工艺的；年用溶剂型涂料（含稀释剂）10 吨及以上的	其他（年用非溶剂型低 VOCs 含量涂料 10 吨以下的除外）	/	
三十四、铁路、船舶、航空航天和其他运输设备制造业 37					
72	铁路运输设备制造 371；城市轨道交通设备制造 372	机车、车辆、高铁车组、城市轨道交通设备制造；发动机生产；有电镀工艺的；年用溶剂型涂料（含稀释剂）10 吨及以上的	其他（年用非溶剂型低 VOCs 含量涂料 10 吨以下的除外）	/	
73	船舶及相关装置制造 373	造船、拆船、修船厂；有电镀工艺的；年用溶剂型涂料（含稀释剂）10 吨及以上的	其他（仅组装的除外；木船建造和维修除外；年用非溶剂型低 VOCs 含量涂料 10 吨以下的除外）	/	

续表

项目类别 \ 环评类别		报告书	报告表	登记表	本栏目环境敏感区含义
74	航空、航天器及设备制造 374	有电镀工艺的；年用溶剂型涂料（含稀释剂）10 吨及以上的	其他（年用非溶剂型低 VOCs 含量涂料 10 吨以下的除外）	/	
75	摩托车制造 375	摩托车整车制造（仅组装的除外）；发动机制造（仅组装的除外）；有电镀工艺的；年用溶剂型涂料（含稀释剂）10 吨及以上的	其他（年用非溶剂型低 VOCs 含量涂料 10 吨以下的除外）	/	
76	自行车和残疾人座车制造 376；助动车制造 377；非公路休闲车及零配件制造 378；潜水救捞及其他未列明运输设备制造 379	有电镀工艺的；年用溶剂型涂料（含稀释剂）10 吨及以上的	其他（仅分割、焊接、组装的除外；年用非溶剂型低 VOCs 含量涂料 10 吨以下的除外）	/	

续表

项目类别 \ 环评类别		报告书	报告表	登记表	本栏目环境敏感区含义
三十五、电气机械和器材制造业 38					
77	电机制造 381；输配电及控制设备制造 382；电线、电缆、光缆及电工器材制造 383；电池制造 384；家用电力器具制造 385；非电力家用器具制造 386；照明器具制造 387；其他电气机械及器材制造 389	铅蓄电池制造；太阳能电池片生产；有电镀工艺的；年用溶剂型涂料（含稀释剂）10 吨及以上的	其他（仅分割、焊接、组装的除外；年用非溶剂型低 VOCs 含量涂料 10 吨以下的除外）	/	
三十六、计算机、通信和其他电子设备制造业 39					
78	计算机制造 391	/	显示器件制造；集成电路制造；使用有机溶剂的；有酸洗的 以上均不含仅分割、焊接、组装的	/	
79	智能消费设备制造 396	/	全部（仅分割、焊接、组装的除外）	/	

续表

项目类别 \ 环评类别		报告书	报告表	登记表	本栏目环境敏感区含义
80	电子器件制造 397	/	显示器件制造；集成电路制造；使用有机溶剂的；有酸洗的 以上均不含仅分割、焊接、组装的	/	
81	电子元件及电子专用材料制造 398	半导体材料制造；电子化工材料制造	印刷电路板制造；电子专用材料制造（电子化工材料制造除外）；使用有机溶剂的；有酸洗的 以上均不含仅分割、焊接、组装的	/	
82	通信设备制造 392；广播电视设备制造 393；雷达及配套设备制造 394；非专业视听设备制造 395；其他电子设备制造 399	/	全部（仅分割、焊接、组装的除外）	/	

续表

项目类别 \ 环评类别		报告书	报告表	登记表	本栏目环境敏感区含义
三十七、仪器仪表制造业 40					
83	通用仪器仪表制造 401；专用仪器仪表制造 402；钟表与计时仪器制造 403 *；光学仪器制造 404；衡器制造 405；其他仪器仪表制造业 409	有电镀工艺的；年用溶剂型涂料（含稀释剂）10 吨及以上的	其他（仅分割、焊接、组装的除外；年用非溶剂型低 VOCs 含量涂料 10 吨以下的除外）	/	
三十八、其他制造业 41					
84	日用杂品制造 411 *；其他未列明制造业 419 *	有电镀工艺的；年用溶剂型涂料（含稀释剂）10 吨及以上的	年用溶剂型涂料（含稀释剂）10 吨以下的，或年用非溶剂型低 VOCs 含量涂料 10 吨及以上的	/	

续表

项目类别 \ 环评类别		报告书	报告表	登记表	本栏目环境敏感区含义
三十九、废弃资源综合利用业 42					
85	金属废料和碎屑加工处理 421；非金属废料和碎屑加工处理 422（421 和 422 均不含原料为危险废物的，均不含仅分拣、破碎的）	废电池、废油加工处理	废弃电器电子产品、废机动车、废电机、废电线电缆、废钢、废铁、金属和金属化合物矿灰及残渣、有色金属废料与碎屑、废塑料、废轮胎、废船、含水洗工艺的其他废料和碎屑加工处理（农业生产产生的废旧秧盘、薄膜破碎和清洗工艺的除外）	/	
四十、金属制品、机械和设备修理业 43					
86	金属制品修理 431；通用设备修理 432；专用设备修理 433；铁路、船舶、航空航天等运输设备修理 434；电气设备修理 435；仪器仪表修理 436；其他机械和设备修理业 439	有电镀工艺的；年用溶剂型涂料（含稀释剂）10 吨及以上的	年用溶剂型涂料（含稀释剂）10 吨以下的，或年用非溶剂型低 VOCs 含量涂料 10 吨及以上的	/	

续表

项目类别＼环评类别		报告书	报告表	登记表	本栏目环境敏感区含义
四十一、电力、热力生产和供应业					
87	火力发电4411；热电联产4412（4411和4412均含掺烧生活垃圾发电、掺烧污泥发电）	火力发电和热电联产（发电机组节能改造的除外；燃气发电除外；单纯利用余热、余压、余气（含煤矿瓦斯）发电的除外）	燃气发电；单纯利用余气（含煤矿瓦斯）发电	/	
88	水力发电4413	总装机1000千瓦及以上的常规水电（仅更换发电设备的增效扩容项目除外）；抽水蓄能电站；涉及环境敏感区的	其他	/	第三条（一）中的全部区域；第三条（二）中的除（一）外的生态保护红线管控范围，重要水生生物的自然产卵场、索饵场、越冬场和洄游通道
89	生物质能发电4417	生活垃圾发电（掺烧生活垃圾发电的除外）；污泥发电（掺烧污泥发电的除外）	利用农林生物质、沼气、垃圾填埋气发电的	/	

续表

项目类别 \ 环评类别		报告书	报告表	登记表	本栏目环境敏感区含义
90	陆上风力发电 4415；太阳能发电 4416（不含居民家用光伏发电）；其他电力生产 4419（不含海上的潮汐能、波浪能、温差能等发电）	涉及环境敏感区的总装机容量 5 万千瓦及以上的陆上风力发电	陆地利用地热、太阳能热等发电；地面集中光伏电站（总容量大于 6000 千瓦，且接入电压等级不小于 10 千伏）；其他风力发电	其他光伏发电	第三条（一）中的全部区域；第三条（三）中的全部区域
91	热力生产和供应工程（包括建设单位自建自用的供热工程）	燃煤、燃油锅炉总容量 65 吨/小时（45.5 兆瓦）以上的	燃煤、燃油锅炉总容量 65 吨/小时（45.5 兆瓦）及以下的；天然气锅炉总容量 1 吨/小时（0.7 兆瓦）以上的；使用其他高污染燃料的（高污染燃料指国环规大气〔2017〕2 号《高污染燃料目录》中规定的燃料）	/	
四十二、燃气生产和供应业 45					
92	燃气生产和供应业 451（不含供应工程）	煤气生产	/	/	

续表

项目类别 \ 环评类别		报告书	报告表	登记表	本栏目环境敏感区含义
93	生物质燃气生产和供应业 452（不含供应工程）	/	全部	/	
四十三、水的生产和供应业					
94	自来水生产和供应 461（不含供应工程；不含村庄供应工程）	/	全部	/	
95	污水处理及其再生利用	新建、扩建日处理10万吨及以上城乡污水处理的；新建、扩建工业废水集中处理的	新建、扩建日处理10万吨以下500吨及以上城乡污水处理的；新建、扩建其他工业废水处理的（不含建设单位自建自用仅处理生活污水的；不含出水间接排入地表水体且不排放重金属的）	其他（不含提标改造项目；不含化粪池及化粪池处理后中水处理回用；不含仅建设沉淀池处理的）	
96	海水淡化处理 463；其他水的处理、利用与分配 469	/	全部	/	

续表

项目类别 \ 环评类别		报告书	报告表	登记表	本栏目环境敏感区含义
四十四、房地产业					
97	房地产开发、商业综合体、宾馆、酒店、办公用房、标准厂房等	/	涉及环境敏感区的	/	第三条(一)中的全部区域;第三条(二)中的除(一)外的生态保护红线管控范围,永久基本农田、基本草原、森林公园、地质公园、重要湿地、天然林,重点保护野生动物栖息地,重点保护野生植物生长繁殖地;第三条(三)中的文物保护单位,针对标准厂房增加第三条(三)中的以居住、医疗卫生、文化教育、科研、行政办公等为主要功能的区域
四十五、研究和试验发展					
98	专业实验室、研发(试验)基地	P3、P4生物安全实验室;转基因实验室	其他(不产生实验废气、废水、危险废物的除外)	/	

续表

项目类别 \ 环评类别		报告书	报告表	登记表	本栏目环境敏感区含义
四十六、专业技术服务业					
99	陆地矿产资源地质勘查（含油气资源勘探）；二氧化碳地质封存	/	全部	/	
四十七、生态保护和环境治理业					
100	脱硫、脱硝、除尘、VOCs治理等大气污染治理工程	/	/	全部	
101	危险废物（不含医疗废物）利用及处置	危险废物利用及处置（产生单位内部回收再利用的除外；单纯收集、贮存的除外）	其他	/	
102	医疗废物处置、病死及病害动物无害化处理	医疗废物集中处置（单纯收集、贮存的除外）	其他	/	
103	一般工业固体废物（含污水处理污泥）、建筑施工废弃物处置及综合利用	一般工业固体废物（含污水处理污泥）采取填埋、焚烧（水泥窑协同处置的改造项目除外）方式的	其他	/	

续表

项目类别 \ 环评类别		报告书	报告表	登记表	本栏目环境敏感区含义
104	泥石流等地质灾害治理工程（应急治理、应急排危除险工程除外）	/	涉及环境敏感区的特大型泥石流治理工程	其他（不涉及环境敏感区的小型地质灾害治理工程除外）	第三条（一）中的全部区域
四十八、公共设施管理业					
105	生活垃圾（含餐厨废弃物）转运站	/	日转运能力150吨及以上的	/	
106	生活垃圾（含餐厨废弃物）集中处置（生活垃圾发电除外）	采取填埋方式的；其他处置方式日处置能力50吨及以上的	其他处置方式日处置能力50吨以下10吨及以上的	其他处置方式日处置能力10吨以下1吨及以上的	
107	粪便处置工程	/	日处理50吨及以上	/	
四十九、卫生84					
108	医院841；专科疾病防治院（所、站）8432；妇幼保健院（所、站）8433；急救中心（站）服务8434；采供血机构服务8435；基层医疗卫生服务842	新建、扩建住院床位500张及以上的	其他（住院床位20张以下的除外）	住院床位20张以下的（不含20张住院床位的）	

续表

项目类别 \ 环评类别		报告书	报告表	登记表	本栏目环境敏感区含义
109	疾病预防控制中心 8431	新建	其他	/	
五十、社会事业与服务业					
110	学校、福利院、养老院（建筑面积 5000 平方米及以上的）	/	新建涉及环境敏感区的；有化学、生物实验室的学校	/	第三条（一）中的全部区域；第三条（二）中的除（一）外的生态保护红线管控范围，永久基本农田、基本草原、森林公园、地质公园、重要湿地、天然林，重点保护野生动物栖息地，重点保护野生植物生长繁殖地
111	批发、零售市场（建筑面积 5000 平方米及以上的）	/	涉及环境敏感区的	/	第三条（一）中的全部区域；第三条（二）中的除（一）外的生态保护红线管控范围，永久基本农田、基本草原、森林公园、地质公园、重要湿地、天然林，重点保护野生动物栖息地，重点保护野生植物生长繁殖地

续表

项目类别 \ 环评类别		报告书	报告表	登记表	本栏目环境敏感区含义
112	高尔夫球场、滑雪场、狩猎场、赛车场、跑马场、射击场、水上运动中心等	高尔夫球场	涉及环境敏感区的	其他	第三条(一)中的全部区域;第三条(二)中的全部区域
113	展览馆、博物馆、美术馆、影剧院、音乐厅、文化馆、图书馆、档案馆、纪念馆、体育场、体育馆等(不含村庄文化体育场所)	/	涉及环境敏感区的	/	第三条(一)中的全部区域;第三条(二)中的除(一)外的生态保护红线管控范围,永久基本农田、基本草原、森林公园、地质公园、重要湿地、天然林,重点保护野生动物栖息地,重点保护野生植物生长繁殖地
114	公园(含动物园、主题公园;不含城市公园、植物园、村庄公园);人工湖、人工湿地	特大型、大型主题公园;容积500万立方米及以上的人工湖、人工湿地;涉及环境敏感区的容积5万立方米及以上500万立方米以下的人工湖、人工湿地;年补水量占引水河流引水断面天然年径流量1/4及以上的人工湖、人工湿地	其他公园;不涉及环境敏感区的容积5万立方米及以上500万立方米以下的人工湖、人工湿地;涉及环境敏感区的容积5万立方米以下的人工湖、人工湿地	不涉及环境敏感区的容积5万立方米以下的人工湖、人工湿地	第三条(一)中的全部区域

续表

项目类别 \ 环评类别		报告书	报告表	登记表	本栏目环境敏感区含义
115	旅游开发	/	缆车、索道建设	其他	
116	影视基地建设	涉及环境敏感区的	其他	/	第三条(一)中的全部区域;第三条(二)中的除(一)外的生态保护红线管控范围,基本草原、森林公园、地质公园、重要湿地、天然林,重点保护野生动物栖息地,重点保护野生植物生长繁殖地;第三条(三)中的全部区域
117	胶片洗印厂	/	全部	/	
118	驾驶员训练基地、公交枢纽、长途客运站、大型停车场、机动车检测场	/	涉及环境敏感区的	/	第三条(一)中的全部区域;第三条(二)中的除(一)外的生态保护红线管控范围,永久基本农田、基本草原、森林公园、地质公园、重要湿地、天然林,重点保护野生动物栖息地,重点保护野生植物生长繁殖地;第三条(三)中的文物保护单位

续表

项目类别 \ 环评类别		报告书	报告表	登记表	本栏目环境敏感区含义
119	加油、加气站	/	城市建成区新建、扩建加油站；涉及环境敏感区的	/	第三条(一)中的全部区域
120	洗车场	/	危险化学品运输车辆清洗场	/	
121	汽车、摩托车维修场所	/	营业面积5000平方米及以上且使用溶剂型涂料的；营业面积5000平方米及以上且年用非溶剂型低VOCs含量涂料10吨及以上的	/	
122	殡仪馆、陵园、公墓	/	殡仪馆；涉及环境敏感区的	/	第三条(一)中的全部区域；第三条(二)中的除(一)外的生态保护红线管控范围，基本农田保护区
123	动物医院	/	设有动物颅腔、胸腔或腹腔手术设施的	/	

续表

项目类别 \ 环评类别		报告书	报告表	登记表	本栏目环境敏感区含义
五十一、水利					
124	水库	库容1000万立方米及以上；涉及环境敏感区的	其他	/	第三条(一)中的全部区域；第三条(二)中的除(一)外的生态保护红线管控范围，重要水生生物的自然产卵场、索饵场、越冬场和洄游通道
125	灌区工程(不含水源工程的)	涉及环境敏感区的	其他(不含高标准农田、滴灌等节水改造工程)	/	第三条(一)中的全部区域；第三条(二)中的除(一)外的生态保护红线管控范围，重要水生生物的自然产卵场、索饵场、越冬场和洄游通道
126	引水工程	跨流域调水；大中型河流引水；小型河流年总引水量占引水断面天然年径流量1/4及以上；涉及环境敏感区的(不含涉及饮用水水源保护区的水库配套引水工程)	其他	/	第三条(一)中的全部区域；第三条(二)中的除(一)外的生态保护红线管控范围，重要水生生物的自然产卵场、索饵场、越冬场和洄游通道

续表

项目类别 \ 环评类别		报告书	报告表	登记表	本栏目环境敏感区含义
127	防洪除涝工程	新建大中型	其他（小型沟渠的护坡除外；城镇排涝河流水闸、排涝泵站除外）	城镇排涝河流水闸、排涝泵站	
128	河湖整治（不含农村塘堰、水渠）	涉及环境敏感区的	其他	/	第三条（一）中的全部区域；第三条（二）中的除（一）外的生态保护红线管控范围，重要湿地，重点保护野生动物栖息地，重点保护野生植物生长繁殖地，重要水生生物的自然产卵场、索饵场、越冬场和洄游通道
129	地下水开采（农村分散式家庭生活自用水井除外）	日取水量1万立方米及以上的；涉及环境敏感区的（不新增供水规模、不改变供水对象的改建工程除外）	其他	/	第三条（一）中的全部区域；第三条（二）中的除（一）外的生态保护红线管控范围，重要湿地

续表

项目类别 \ 环评类别		报告书	报告表	登记表	本栏目环境敏感区含义
五十二、交通运输业、管道运输业					
130	等级公路（不含维护；不含生命救援、应急保通工程以及国防交通保障项目；不含改扩建四级公路）	新建30公里（不含）以上的二级及以上等级公路；新建涉及环境敏感区的二级及以上等级公路	其他（配套设施除外；不涉及环境敏感区的三级、四级公路除外）	配套设施；不涉及环境敏感区的三级、四级公路	第三条（一）中的全部区域；第三条（二）中的全部区域；第三条（三）中的全部区域
131	城市道路（不含维护；不含支路、人行天桥、人行地道）	/	新建快速路、主干路；城市桥梁、隧道	其他	
132	新建、增建铁路	新建、增建铁路（30公里及以下铁路联络线和30公里及以下铁路专用线除外）；涉及环境敏感区的	30公里及以下铁路联络线和30公里及以下铁路专用线	/	第三条（一）中的全部区域；第三条（二）中的全部区域；第三条（三）中的全部区域
133	改建铁路	200公里及以上的电气化改造（线路和站场不发生调整的除外）	其他	/	
134	铁路枢纽	涉及环境敏感区的新建枢纽	其他（不新增占地的既有枢纽中部分线路改建除外）	/	第三条（一）中的全部区域；第三条（二）中的全部区域；第三条（三）中的全部区域

续表

项目类别 \ 环评类别		报告书	报告表	登记表	本栏目环境敏感区含义
135	城市轨道交通(不新增占地的停车场改建除外)	全部	/	/	
136	机场	新建;迁建;增加航空业务量的飞行区扩建	其他	/	
137	导航台站、供油工程、维修保障等配套工程	/	供油工程;涉及环境敏感区的	其他	第三条(三)中的以居住、医疗卫生、文化教育、科研、行政办公等为主要功能的区域
138	油气、液体化工码头	新建;岸线、水工构筑物、吞吐量、储运量增加的扩建;装卸货种变化的扩建	其他	/	
139	干散货(含煤炭、矿石)、件杂、多用途、通用码头	单个泊位1000吨级及以上的内河港口;单个泊位1万吨级及以上的沿海港口;涉及环境敏感区的	其他	/	第三条(一)中的全部区域;第三条(二)中的除(一)外的生态保护红线管控范围,重要水生生物的自然产卵场、索饵场、越冬场和洄游通道,天然渔场

续表

项目类别 \ 环评类别		报告书	报告表	登记表	本栏目环境敏感区含义
140	集装箱专用码头	单个泊位3000吨级及以上的内河港口；单个泊位3万吨级及以上的沿海港口；涉及危险品、化学品的；涉及环境敏感区的	其他	/	第三条（一）中的全部区域；第三条（二）中的除（一）外的生态保护红线管控范围，重要水生生物的自然产卵场、索饵场、越冬场和洄游通道，天然渔场
141	滚装、客运、工作船、游艇码头	涉及环境敏感区的	其他	/	第三条（一）中的全部区域；第三条（二）中的除（一）外的生态保护红线管控范围，重要水生生物的自然产卵场、索饵场、越冬场和洄游通道，天然渔场
142	铁路轮渡码头	涉及环境敏感区的	其他	/	第三条（一）中的全部区域；第三条（二）中的除（一）外的生态保护红线管控范围，重要水生生物的自然产卵场、索饵场、越冬场和洄游通道，天然渔场

续表

项目类别 \ 环评类别		报告书	报告表	登记表	本栏目环境敏感区含义
143	航道工程、水运辅助工程	新建、扩建航道工程；涉及环境敏感区的防波堤、船闸、通航建筑物	其他	/	第三条(一)中的全部区域；第三条(二)中的除(一)外的生态保护红线管控范围，重要水生生物的自然产卵场、索饵场、越冬场和洄游通道，天然渔场
144	航电枢纽工程	全部	/	/	
145	中心渔港码头	涉及环境敏感区的	其他	/	第三条(一)中的全部区域；第三条(二)中的除(一)外的生态保护红线管控范围，重要水生生物的自然产卵场、索饵场、越冬场和洄游通道，天然渔场
146	城市(镇)管网及管廊建设(不含给水管道；不含光纤；不含1.6兆帕及以下的天然气管道)	/	新建涉及环境敏感区的	其他	第三条(一)中的全部区域；第三条(二)中的除(一)外的生态保护红线管控范围，永久基本农田、地质公园、重要湿地、天然林

续表

环评类别 项目类别		报告书	报告表	登记表	本栏目环境敏感区含义
147	原油、成品油、天然气管线（不含城市天然气管线；不含城镇燃气管线；不含企业厂区内管道）	涉及环境敏感区的	其他	/	第三条（一）中的全部区域；第三条（二）中的除（一）外的生态保护红线管控范围，永久基本农田、森林公园、地质公园、重要湿地、天然林；第三条（三）中的全部区域
148	危险化学品输送管线（不含企业厂区内管线）	涉及环境敏感区的	其他	/	第三条（一）中的全部区域；第三条（二）中的除（一）外的生态保护红线管控范围，永久基本农田、森林公园、地质公园、重要湿地、天然林；第三条（三）中的全部区域
五十三、装卸搬运和仓储业 59					
149	危险品仓储 594（不含加油站的油库；不含加气站的气库）	总容量 20 万立方米及以上的油库（含油品码头后方配套油库）；地下油库；地下气库	其他（含有毒、有害、危险品的仓储；含液化天然气库）	/	

续表

项目类别＼环评类别		报告书	报告表	登记表	本栏目环境敏感区含义
五十四、海洋工程					
150	海洋矿产资源勘探开发及其附属工程	新区块油气开发及其附属工程；污水日排放量1000立方米及以上或年产油量20万吨及以上的海洋油气开发及其附属工程；挖沟埋设单条管道长度20公里及以上或涉及环境敏感区的油气集输管道、电（光）缆工程；海洋（海底）矿产资源开发（包括天然气水合物开发；海砂开采；矿盐卤水开发；海床底温泉开发；海底地下水开发等工程）	其他（不含海洋油气勘探工程；不含不在环境敏感区内且排污量未超出原环评批复排放总量的海洋油气调整井工程；不含为油气开采工程配套的海底输水及输送无毒无害物质的管道、电（光）缆原地弃置工程）	海洋油气勘探工程；不在环境敏感区内且排污量未超出原环评批复排放总量的海洋油气调整井工程；为油气开采工程配套的海底输水及输送无毒无害物质的管道、电(光)缆原地弃置工程	第三条（一）中的自然保护区、海洋特别保护区；第三条（二）中的除（一）外的生态保护红线管控范围，海洋公园，重点保护野生动物栖息地，重点保护野生植物生长繁殖地，封闭及半封闭海域
151	海洋能源开发利用类工程	装机容量在20兆瓦及以上的潮汐发电、波浪发电、温差发电、海洋生物质能等海洋能源开发利用、输送设施及网络工程；总装机容量5万千瓦及以上的海上风电工程及其输送设施及网络工程；涉及环境敏感区的	其他潮汐发电、波浪发电、温差发电、海洋生物质能等海洋能源开发利用、输送设施及网络工程；地热发电；太阳能发电工程及其输送设施及网络工程；其他海上风电工程及其输送设施及网络工程	/	第三条（一）中的自然保护区、海洋特别保护区；第三条（二）中的除（一）外的生态保护红线管控范围，海洋公园，重点保护野生动物栖息地，重点保护野生植物生长繁殖地，封闭及半封闭海域

续表

项目类别 \ 环评类别		报告书	报告表	登记表	本栏目环境敏感区含义
152	海底隧道、管道、电（光）缆工程	海底隧道工程；挖沟埋设单条管道长度20公里及以上的海上和海底电（光）缆工程、海上和海底输水管道工程、天然气及无毒无害物质输送管道工程；长度1公里及以上的海上和海底有毒有害及危险品物质输送管道等工程；涉及环境敏感区的海底管道、电（光）缆工程	其他（海底输送无毒无害物质的管道及电（光）缆原地弃置工程除外）	海底输送无毒无害物质的管道及电（光）缆原地弃置工程	第三条（一）中的自然保护区、海洋特别保护区；第三条（二）中的除（一）外的生态保护红线管控范围，海洋公园，重点保护野生动物栖息地，重点保护野生植物生长繁殖地，封闭及半封闭海域
153	跨海桥梁工程	非单跨、长度0.1公里及以上的公铁桥梁工程；涉及环境敏感区的	其他	/	第三条（一）中的自然保护区、海洋特别保护区；第三条（二）中的除（一）外的生态保护红线管控范围，海洋公园，重点保护野生动物栖息地，重点保护野生植物生长繁殖地，封闭及半封闭海域
154	围填海工程及海上堤坝工程	围填海工程；长度0.5公里及以上的海上堤坝工程	其他	/	

续表

项目类别 \ 环评类别		报告书	报告表	登记表	本栏目环境敏感区含义
155	海上娱乐及运动、海上景观开发	污水日排放量200立方米及以上的海上娱乐及运动、海上景观开发	污水日排放量200立方米以下的海上娱乐及运动、海上景观开发	/	
156	海洋人工鱼礁工程	固体物质(虚方)投放量5万立方米及以上的	固体物质(虚方)投放量5万立方米以下5000立方米及以上的;涉及环境敏感区的	其他	第三条(一)中的自然保护区、海洋特别保护区;第三条(二)中的除(一)外的生态保护红线管控范围,海洋公园,重点保护野生动物栖息地,重点保护野生植物生长繁殖地,重要水生生物的自然产卵场、索饵场,封闭及半封闭海域
157	海上和海底物资储藏设施工程	海上和海底物资储藏设施等工程及其废弃和拆除等;原油、成品油、天然气(含LNG、LPG)、化学品及其他危险品、其他物质的仓储、储运等工程及其废弃和拆除等;吞吐(储)50万吨(万立方米)及以上的粉煤灰和废弃物储藏工程、海洋空间资源利用等工程	其他	/	

续表

项目类别＼环评类别		报告书	报告表	登记表	本栏目环境敏感区含义
158	海洋生态修复工程	工程量在10万立方米及以上的清淤、滩涂垫高等工程；涉及环境敏感区的堤坝拆除、临时围堰等改变水动力的工程	工程量在10万立方米以下的清淤、滩涂垫高等工程；涉及环境敏感区的其他海洋生态修复工程	不涉及环境敏感区的退围、退养、退堤还海等近岸构筑物拆除工程；种植红树林、海草床、碱蓬等植被；修复移植珊瑚礁、牡蛎礁等	第三条(一)中的自然保护区、海洋特别保护区；第三条(二)中的除(一)外的生态保护红线管控范围，海洋公园，重点保护野生动物栖息地，重点保护野生植物生长繁殖地，封闭及半封闭海域
159	排海工程	低放射性废液排海；污水日排放量10万立方米及以上的城镇生活污水排污管道工程；日排放量0.5万立方米及以上的工业废水排放工程	其他	/	
160	其他海洋工程	工程量在10万立方米及以上的疏浚(不含航道工程)、取土(沙)等水下开挖工程；爆破挤淤、炸礁(岩)量在0.2万立方米及以上的水下炸礁(岩)及爆破工程	其他	/	

续表

项目类别 \ 环评类别		报告书	报告表	登记表	本栏目环境敏感区含义
五十五、核与辐射					
161	输变电工程	500千伏及以上的；涉及环境敏感区的330千伏及以上的	其他（100千伏以下除外）	/	第三条（一）中的全部区域；第三条（三）中的以居住、医疗卫生、文化教育、科研、行政办公等为主要功能的区域
162	广播电台、差转台	中波50千瓦及以上的；短波100千瓦及以上的；涉及环境敏感区的	其他	/	第三条（三）中的以居住、医疗卫生、文化教育、科研、行政办公等为主要功能的区域
163	电视塔台	涉及环境敏感区的100千瓦及以上的	其他	/	第三条（三）中的以居住、医疗卫生、文化教育、科研、行政办公等为主要功能的区域
164	卫星地球上行站	涉及环境敏感区的	其他	/	第三条（三）中的以居住、医疗卫生、文化教育、科研、行政办公等为主要功能的区域

续表

环评类别 项目类别		报告书	报告表	登记表	本栏目环境敏感区含义
165	雷达	涉及环境敏感区的	其他	/	第三条(三)中的以居住、医疗卫生、文化教育、科研、行政办公等为主要功能的区域
166	无线通讯	/	/	全部	
167	核动力厂(核电厂、核热电厂、核供汽供热厂等);反应堆(研究堆、实验堆、临界装置等);核燃料生产、加工、贮存、后处理设施;放射性污染治理项目	新建、扩建、退役	主生产工艺或安全重要构筑物的重大变更,但源项不显著增加;次临界装置的新建、扩建、退役	核设施控制区范围内新增的不带放射性的实验室、试验装置、维修车间、仓库、办公设施等	
168	放射性废物贮存、处理、处置设施	新建、扩建、退役;放射性废物处置设施的关闭	独立的放射性废物贮存设施	/	
169	铀矿开采、冶炼;其他方式提铀	新建、扩建、退役	其他(含工业试验)	/	
170	铀矿地质勘查、退役治理	/	全部	/	
171	伴生放射性矿	采选、冶炼	其他(含放射性污染治理)	/	

续表

项目类别 \ 环评类别		报告书	报告表	登记表	本栏目环境敏感区含义
172	核技术利用建设项目	生产放射性同位素的(制备 PET 用放射性药物的除外);使用I类放射源的(医疗使用的除外);销售(含建造)、使用I类射线装置的;甲级非密封放射性物质工作场所;以上项目的改、扩建(不含在已许可场所增加不超出已许可活动种类和不高于已许可范围等级的核素或射线装置,且新增规模不超过原环评规模的50%)	制备 PET 用放射性药物的;医疗使用I类放射源的;使用Ⅱ类、Ⅲ类放射源的;生产、使用Ⅱ类射线装置的;乙、丙级非密封放射性物质工作场所(医疗机构使用植入治疗用放射性粒子源的除外);在野外进行放射性同位素示踪试验的;以上项目的改、扩建(不含在已许可场所增加不超出已许可活动种类和不高于已许可范围等级的核素或射线装置的)	销售I类、Ⅱ类、Ⅲ类、Ⅳ类、Ⅴ类放射源的;使用Ⅳ类、Ⅴ类放射源的;医疗机构使用植入治疗用放射性粒子源的;销售非密封放射性物质的;销售Ⅱ类射线装置的;生产、销售、使用Ⅲ类射线装置的	

续表

项目类别 \ 环评类别		报告书	报告表	登记表	本栏目环境敏感区含义
173	核技术利用项目退役	生产放射性同位素的(制备 PET 用放射性药物的除外);甲级非密封放射性物质工作场所	制备 PET 用放射性药物的;乙级非密封放射性物质工作场所;使用Ⅰ类、Ⅱ类、Ⅲ类放射源场所存在污染的;使用Ⅰ类、Ⅱ类射线装置(X 射线装置和粒子能量不高于 10 兆电子伏的电子加速器除外)存在污染的	丙级非密封放射性物质工作场所;使用Ⅰ类、Ⅱ类、Ⅲ类放射源场所不存在污染的	

说明:

1. 名录中项目类别后的数字为《国民经济行业分类》(GB/T 4754 - 2017)及第 1 号修改单行业代码。
2. 名录中涉及规模的,均指新增规模。
3. 单纯混合指不发生化学反应的物理混合过程;分装指由大包装变为小包装。
4. 名录中所标“*”号,指在工业建筑中生产的建设项目。工业建筑的定义参见《工程结构设计基本术语标准》(GB/T 50083 - 2014),指提供生产用的各种建筑物,如车间、厂前区建筑、生活间、动力站、库房和运输设施等。
5. 参照《中华人民共和国环境保护税法实施条例》,建设城乡污水集中处理工程,是指为社会公众提供生活污水处理服务的工程,不包括为工业园区、开发区等工业聚集区域内的企业事业单位和其他生产经营者提供污水处理服务的工程,以及建设单位自建自用的污水处理工程。
6. 化学镀、阳极氧化生产工艺按照本名录中电镀工艺相关规定执行。

法律职业资格管理办法

（2020年12月1日司法部令第146号公布　自2021年1月1日起施行　国司备字［2020003208］）

第一章　总　　则

第一条　为规范法律职业资格申请受理、审查核查、审核认定、证书颁发、服务和管理等工作，根据《中华人民共和国行政许可法》等规定，制定本办法。

第二条　司法行政机关实施法律职业资格管理，应当以习近平法治思想为指导，坚持法律职业队伍革命化、正规化、专业化、职业化方向，建设一支高素质的社会主义法律职业队伍。

第三条　司法行政机关实施法律职业资格管理，应当遵循程序规范、高效便民、公开透明、公平公正的原则。

第四条　司法部负责法律职业资格审核认定、法律职业资格证书制作颁发等工作。

省、自治区、直辖市司法行政机关负责本地法律职业资格申请材料的核查、证书的组织发放等工作。

设区的市级司法行政机关负责本地法律职业资格申请材料的受理、审查和证书发放等工作。

第五条　司法行政机关应当加强法律职业资格管理信息化建设，提高在线服务水平。

第二章　申请受理和审查、核查

第六条　司法行政机关统一受理法律职业资格申请，以公告方式确定统一受理日期。

第七条　符合《国家统一法律职业资格考试实施办法》第十八条规定情形的人员，申请授予法律职业资格的（以下简称申请人），应当在受理期限内通过司法部网站登录法律职业资格管理系统，如实填写申请授予法律职业资格信息，并到设区的市级或者直辖市司法行政机关（以下简称受理机关）指定的工作场所现场提交下列材料：

（一）居民身份证；

（二）毕业证书、学位证书或者学历、学位证明书原件；

（三）司法部公告要求的其他材料。

申请享受放宽政策并达到放宽条件地区合格分数线的申请人，应当向本人户籍所在地设区的市级司法行政机关申请授予法律职业资格，并现场提交户口簿原件。

申请人应当对其所提交材料的真实性负责。证件原件由受理机关核验并复印或者扫描后退回，复印件或者扫描件留存归档。

第八条 受理机关收到申请人的申请材料后，应当根据下列情况分别作出处理：

（一）申请材料齐全、符合法定形式的，或者申请人按照受理机关要求提交全部补正申请材料的，应当受理并向申请人出具法律职业资格申请受理单；

（二）申请材料不齐全或者不符合法定形式的，应当当场或者在五个工作日内一次告知申请人需要补正的全部材料及内容；

（三）不符合法律职业资格申请条件的，应当出具不予受理通知书并说明理由。

具有前款第二项规定等情形的，受理机关可以采用个别受理方式受理法律职业资格申请。

第九条 受理机关应当自统一受理之日起对申请人提交的申请材料进行审查，并将书面审查报告与相关申请材料一并报送省级司法行政机关核查。对申请材料不真实或者不符合法律职业资格授予条件的，应当提交不授予法律职业资格的书面报告并说明理由，报省级司法行政机关核查。

省级司法行政机关应当对申请授予法律职业资格人员的申请材料进行核查，提交授予或者不授予法律职业资格的书面核查报告，报司法部审核认定。

受理机关为直辖市司法行政机关的，由该直辖市司法行政机关对申请授予法律职业资格人员的申请材料进行审查、核查，提交授予或者不授予法律职业资格的书面核查报告，报司法部审核认定。

自受理申请至向司法部报送书面核查报告的期限为二十个工作日。

第十条 受理机关应当将申请授予法律职业资格的依据、条件、程序、期限以及需要提交的全部材料的目录和申请书示范文本等在办公场所和网站上公示。

第三章 审核认定和证书颁发

第十一条 司法部应当自收到省级司法行政机关书面核查报告等材料之

日起二十个工作日内完成审核认定,根据下列情况分别作出处理:

(一)符合《国家统一法律职业资格考试实施办法》第十八条规定的法律职业资格授予条件的,作出授予法律职业资格的决定,颁发法律职业资格证书;

(二)不符合法律职业资格授予条件的,作出不授予法律职业资格的决定,并说明理由。

按照前款规定期限不能完成审核认定的,经司法部负责人批准,可以延长十个工作日。延长期限的理由以司法部公告统一告知申请人。

第十二条 司法部根据下列情形,授予申请人法律职业资格,并颁发相应的法律职业资格证书:

(一)符合《国家统一法律职业资格考试实施办法》第九条、第二十二条规定的条件,考试成绩达到全国统一合格分数线的,颁发 A 类法律职业资格证书;

(二)符合《国家统一法律职业资格考试实施办法》第二十三条规定的条件,申请享受放宽政策,考试成绩达到全国统一合格分数线的,颁发 B 类法律职业资格证书;

(三)符合《国家统一法律职业资格考试实施办法》第九条、第二十二条、第二十三条规定的条件,申请享受放宽政策,考试成绩达到放宽条件地区合格分数线的,颁发 C 类法律职业资格证书。

第十三条 司法部应当自作出授予法律职业资格决定之日起十个工作日内颁发法律职业资格证书。

省、自治区、直辖市司法行政机关具体负责法律职业资格证书的组织发放,并将相关情况载入档案。

第十四条 取得 C 类法律职业资格证书人员,重新参加国家统一法律职业资格考试,达到全国统一合格分数线的,可以申请授予 A 类或者 B 类法律职业资格证书,并向司法行政机关交回已取得的 C 类法律职业资格证书,原证书自作出授予新的法律职业资格决定之日起自动失效。

第十五条 A 类法律职业资格证书在全国范围内有效。B 类和 C 类法律职业资格证书的适用范围,由国家统一法律职业资格考试协调委员会确定。

取得 B 类法律职业资格证书人员,在获得《国家统一法律职业资格考试实施办法》第九条规定的专业学历条件后,其 B 类法律职业资格证书在全国范围内有效。

第十六条 法律职业资格证书采用纸质证书和电子证书形式,由设区的市级及以上司法行政机关实施管理。

法律职业资格证书的样式，由司法部统一制定。

法律职业资格纸质证书与电子证书具有同等法律效力。

第十七条 取得法律职业资格人员应当妥善保管和使用法律职业资格证书，不得涂改、倒卖、出租、出借和转让。

第十八条 取得法律职业资格人员遗失、损毁纸质证书的，可以向设区的市级司法行政机关申请办理法律职业资格证明书。

法律职业资格证明书与法律职业资格证书具有同等法律效力。

第四章 服务和管理

第十九条 司法行政机关应当建立取得法律职业资格人员档案，实行纸质档案和电子档案形式，由设区的市级及以上司法行政机关管理，并及时记载、更新相关信息。

档案主要记载下列内容：

（一）考试报名信息、本办法第七条规定的相关申请材料；

（二）法律职业资格证书种类、取得时间和撤销、注销法律职业资格情况；

（三）调转档案情况；

（四）办理法律职业资格证明书情况；

（五）参加职前培训情况；

（六）其他应当载入档案的情况。

第二十条 司法部公布授予法律职业资格有关信息，供有关部门和社会公众查询。

第二十一条 取得法律职业资格人员需要调转档案的，由本人通过法律职业资格管理系统向调入地司法行政机关提出申请，办理变更手续。

第二十二条 通过贿赂或者使用虚假身份证件、学历和学位证件以及其他证明文件等不正当手段取得法律职业资格的，由司法部依法予以撤销，并办理注销手续。

具有前款规定情形的，依法移送有关部门追究法律责任。

第二十三条 伪造、变造或者使用伪造、变造的法律职业资格证书、法律职业资格证明书的，依法追究法律责任。

第二十四条 司法行政机关作出不予受理申请、不予授予法律职业资格或者撤销法律职业资格等处理决定的，应当告知相对人享有依法申请行政复议或者提起行政诉讼的权利。

第五章　附　　则

第二十五条　参加国家统一法律职业资格考试成绩合格的港澳台居民，申请授予法律职业资格及其管理，适用本办法。

第二十六条　实行国家统一法律职业资格考试前取得的法律职业资格证书、律师资格凭证，与参加国家统一法律职业资格考试取得的法律职业资格证书具有同等法律效力。

对参加国家司法考试取得的法律职业资格的管理，适用本办法。

第二十七条　本办法由司法部负责解释。

第二十八条　本办法自2021年1月1日起施行。2002年7月8日公布的《法律职业资格证书管理办法》（司法部令第74号）同时废止。

志愿服务记录与证明出具办法（试行）

（2020年12月2日民政部令第67号公布　自2021年2月1日起施行　国司备字［2020003227］）

第一条　为了规范志愿服务记录和志愿服务记录证明出具工作，保障志愿者和志愿服务组织等志愿服务活动参与者的合法权益，促进志愿服务事业发展，根据《中华人民共和国慈善法》和《志愿服务条例》等法律法规，制定本办法。

第二条　本办法所称志愿服务记录，是指志愿服务组织和依法开展志愿服务活动的其他组织通过志愿服务信息系统或者纸质载体等形式，记录志愿者参与志愿服务活动的有关信息。

本办法所称志愿服务记录证明，是指志愿服务组织和依法开展志愿服务活动的其他组织依据志愿服务记录信息形成的、能够证明志愿者参加志愿服务有关情况的材料。

第三条　记录志愿服务信息、出具志愿服务记录证明，应当遵循真实、准确、完整、无偿、及时的原则。

第四条　志愿服务组织记录的志愿服务信息，包括志愿者的个人基本信息、志愿服务情况、培训情况、表彰奖励情况和评价情况。

根据工作需要，志愿服务组织还可以记录与志愿服务有关的其他信息。

志愿服务组织可以通过国务院民政部门指定的志愿服务信息系统记录志

愿服务信息,也可以通过其他志愿服务信息系统或者纸质载体等形式记录。其他志愿服务信息系统或者纸质载体等形式记录的志愿者个人基本信息、志愿服务情况等信息,志愿服务组织应当按照统一的信息数据标准录入国务院民政部门指定的志愿服务信息系统,实现数据互联互通。

第五条 志愿者的个人基本信息,包括姓名、性别、出生日期、身份证件号码、居住区域、联系方式、专业技能和服务类别等。

第六条 志愿者的个人基本信息,可以由志愿者本人在志愿服务信息系统录入;经志愿者同意后,也可以由志愿服务组织录入。

志愿者提供的个人基本信息应当真实、准确、完整。

志愿服务组织发现志愿者的个人基本信息有明显错误、缺漏,或者与实际情况不一致的,应当要求志愿者修改、补充。

第七条 志愿者的志愿服务情况,包括志愿者参加志愿服务活动的名称、日期、地点、服务内容、服务时间、活动组织单位和活动负责人。

前款的服务时间是指志愿者参与志愿服务实际付出的时间,以小时为计量单位。志愿服务组织应当根据志愿服务活动的实际情况,科学合理确定服务时间。

第八条 志愿者的培训情况,包括志愿者参加志愿服务有关培训的名称、主要内容、学习时长、培训举办单位和日期等信息。

志愿服务组织应当及时、如实记录志愿者的培训情况。

第九条 志愿者的表彰奖励情况,包括志愿者获得志愿服务表彰奖励的名称、日期和授予单位。

志愿服务组织应当及时记录志愿者在本组织获得表彰奖励的情况。志愿者获得县级以上人民政府或者有关部门给予志愿服务表彰奖励的,志愿服务组织应当在志愿者提供相关材料后及时、如实记录。

志愿者获得其他组织给予志愿服务表彰奖励的,可以凭相关材料申请志愿服务组织协助记录。志愿服务组织核实无误后应当协助记录。

第十条 志愿者的评价情况,包括对志愿者的服务质量评价以及评价日期。

志愿服务组织可以根据志愿服务完成情况、志愿服务对象反馈情况,对志愿者的服务质量进行评价。

志愿服务组织可以基于服务时间和服务质量等,对志愿者进行星级评价。

第十一条 志愿服务组织应当及时记录志愿服务信息。其中志愿服务情况和评价情况,应当在志愿服务活动结束后10个工作日内完成记录。

第十二条 志愿者可以在志愿服务信息系统中查询本人的志愿服务记录

信息。

志愿者需要志愿服务组织协助查询的,志愿服务组织应当给予帮助。

第十三条 志愿者发现本人的志愿服务信息记录有错误、缺漏的,可以向相关志愿服务组织提出。志愿服务组织应当及时核实,确有错误、缺漏的,予以修改、补充。

第十四条 志愿服务组织应当根据志愿者的需要,以志愿服务记录信息为依据,为志愿者无偿、如实出具志愿服务记录证明。

志愿者可以在志愿服务信息系统中打印本人的志愿服务记录证明。

第十五条 志愿服务记录证明应当载明志愿者的志愿服务时间、服务内容和记录单位,也可以包含记录的其他信息。志愿服务记录证明的格式,可以参照国务院民政部门提供的规范样式。

根据志愿者的需要,志愿服务组织可以在志愿服务记录证明上加盖印章。

第十六条 志愿服务组织应当妥善管理志愿服务记录信息,不得将志愿服务记录信息用于商业目的。

未经志愿者本人同意,不得公开或者泄露其有关信息。

第十七条 志愿服务记录证明可以通过志愿服务信息系统查验。

任何单位和个人不得伪造、变造或者使用虚假志愿服务记录证明。

第十八条 志愿服务组织应当在年度工作报告中如实反映开展志愿服务记录和证明出具工作情况,并依法向社会公开。

第十九条 不属于志愿服务的活动,不得进行志愿服务信息记录、出具志愿服务记录证明。

第二十条 任何单位和个人发现志愿服务组织不依法记录志愿服务信息、出具志愿服务记录证明,或者发现单位和个人伪造、变造、使用虚假志愿服务记录证明的,可以向民政部门投诉、举报。

第二十一条 民政部门建立志愿服务信息记录和志愿服务记录证明抽查制度,重点检查志愿服务记录与证明的真实性、合法性,抽查结果向社会公开。

第二十二条 民政部门进行监督检查时,可以向志愿服务有关各方了解核实情况,有权要求志愿服务组织提供相关资料,志愿服务组织不得隐瞒、阻碍或者拒绝。

第二十三条 志愿服务组织泄露志愿者有关记录信息、侵害志愿服务对象个人隐私的,由民政部门依据《志愿服务条例》第三十六条的规定予以警告,责令限期改正;逾期不改正的,责令限期停止活动并进行整改;情节严重的,吊销登记证书并予以公告。

第二十四条 志愿服务组织不依法记录志愿服务信息或者出具志愿服务

记录证明的，由民政部门依据《志愿服务条例》第三十八条的规定予以警告，责令限期改正；逾期不改正的，责令限期停止活动，并可以向社会和有关单位通报。

第二十五条 利用志愿服务记录或者志愿服务记录证明出具进行营利性活动的，民政部门可以给予警告。

第二十六条 慈善组织、基层群众性自治组织、公益活动举办单位、公共服务机构开展公益活动，依法与志愿服务组织合作，由志愿服务组织招募志愿者的，应当由志愿服务组织做好志愿服务记录与证明出具工作；依法自行招募志愿者的，参照本办法关于志愿服务组织的规定做好志愿服务记录与证明出具工作。

在城乡社区、单位内部成立的开展志愿服务活动的团体，应当在对其实施管理的基层群众性自治组织或者单位指导下，记录志愿者的志愿服务信息。

第二十七条 本办法自 2021 年 2 月 1 日起施行。

司法解释

最高人民法院关于审理食品安全民事纠纷案件适用法律若干问题的解释(一)

(2020年10月19日最高人民法院审判委员会第1813次会议通过 2020年12月8日最高人民法院公告公布 自2021年1月1日起施行 法释〔2020〕14号)

为正确审理食品安全民事纠纷案件,保障公众身体健康和生命安全,根据《中华人民共和国民法典》《中华人民共和国食品安全法》《中华人民共和国消费者权益保护法》《中华人民共和国民事诉讼法》等法律的规定,结合民事审判实践,制定本解释。

第一条 消费者因不符合食品安全标准的食品受到损害,依据食品安全法第一百四十八条第一款规定诉请食品生产者或者经营者赔偿损失,被诉的生产者或者经营者以赔偿责任应由生产经营者中的另一方承担为由主张免责的,人民法院不予支持。属于生产者责任的,经营者赔偿后有权向生产者追偿;属于经营者责任的,生产者赔偿后有权向经营者追偿。

第二条 电子商务平台经营者以标记自营业务方式所销售的食品或者虽未标记自营但实际开展自营业务所销售的食品不符合食品安全标准,消费者依据食品安全法第一百四十八条规定主张电子商务平台经营者承担作为食品经营者的赔偿责任的,人民法院应予支持。

电子商务平台经营者虽非实际开展自营业务,但其所作标识等足以误导消费者让消费者相信系电子商务平台经营者自营,消费者依据食品安全法第一百四十八条规定主张电子商务平台经营者承担作为食品经营者的赔偿责任的,人民法院应予支持。

第三条 电子商务平台经营者违反食品安全法第六十二条和第一百三十一条规定,未对平台内食品经营者进行实名登记、审查许可证,或者未履行报告、停止提供网络交易平台服务等义务,使消费者的合法权益受到损害,消费者主张电子商务平台经营者与平台内食品经营者承担连带责任的,人民法院应予支持。

第四条 公共交通运输的承运人向旅客提供的食品不符合食品安全标准,旅客主张承运人依据食品安全法第一百四十八条规定承担作为食品生产者或者经营者的赔偿责任的,人民法院应予支持;承运人以其不是食品的生产经营者或者食品是免费提供为由进行免责抗辩的,人民法院不予支持。

第五条 有关单位或者个人明知食品生产经营者从事食品安全法第一百二十三条第一款规定的违法行为而仍为其提供设备、技术、原料、销售渠道、运输、储存或者其他便利条件,消费者主张该单位或者个人依据食品安全法第一百二十三条第二款的规定与食品生产经营者承担连带责任的,人民法院应予支持。

第六条 食品经营者具有下列情形之一,消费者主张构成食品安全法第一百四十八条规定的"明知"的,人民法院应予支持:

(一)已过食品标明的保质期但仍然销售的;

(二)未能提供所售食品的合法进货来源的;

(三)以明显不合理的低价进货且无合理原因的;

(四)未依法履行进货查验义务的;

(五)虚假标注、更改食品生产日期、批号的;

(六)转移、隐匿、非法销毁食品进销货记录或者故意提供虚假信息的;

(七)其他能够认定为明知的情形。

第七条 消费者认为生产经营者生产经营不符合食品安全标准的食品同时构成欺诈的,有权选择依据食品安全法第一百四十八条第二款或者消费者权益保护法第五十五条第一款规定主张食品生产者或者经营者承担惩罚性赔偿责任。

第八条 经营者经营明知是不符合食品安全标准的食品,但向消费者承诺的赔偿标准高于食品安全法第一百四十八条规定的赔偿标准,消费者主张经营者按照承诺赔偿的,人民法院应当依法予以支持。

第九条 食品符合食品安全标准但未达到生产经营者承诺的质量标准,消费者依照民法典、消费者权益保护法等法律规定主张生产经营者承担责任的,人民法院应予支持,但消费者主张生产经营者依据食品安全法第一百四十八条规定承担赔偿责任的,人民法院不予支持。

第十条 食品不符合食品安全标准,消费者主张生产者或者经营者依据食品安全法第一百四十八条第二款规定承担惩罚性赔偿责任,生产者或者经营者以未造成消费者人身损害为由抗辩的，人民法院不予支持。

第十一条　生产经营未标明生产者名称、地址、成分或者配料表，或者未清晰标明生产日期、保质期的预包装食品，消费者主张生产者或者经营者依据食品安全法第一百四十八条第二款规定承担惩罚性赔偿责任的，人民法院应予支持，但法律、行政法规、食品安全国家标准对标签标注事项另有规定的除外。

第十二条　进口的食品不符合我国食品安全国家标准或者国务院卫生行政部门决定暂予适用的标准，消费者主张销售者、进口商等经营者依据食品安全法第一百四十八条规定承担赔偿责任，销售者、进口商等经营者仅以进口的食品符合出口地食品安全标准或者已经过我国出入境检验检疫机构检验检疫为由进行免责抗辩的，人民法院不予支持。

第十三条　生产经营不符合食品安全标准的食品，侵害众多消费者合法权益，损害社会公共利益，民事诉讼法、消费者权益保护法等法律规定的机关和有关组织依法提起公益诉讼的，人民法院应予受理。

第十四条　本解释自2021年1月1日起施行。

本解释施行后人民法院正在审理的一审、二审案件适用本解释。

本解释施行前已经终审，本解释施行后当事人申请再审或者按照审判监督程序决定再审的案件，不适用本解释。

最高人民法院以前发布的司法解释与本解释不一致的，以本解释为准。

最高人民法院关于适用《中华人民共和国民法典》时间效力的若干规定

（2020年12月14日最高人民法院审判委员会第1821次会议通过　2020年12月29日最高人民法院公告公布　自2021年1月1日起施行　法释〔2020〕15号）

根据《中华人民共和国立法法》《中华人民共和国民法典》等法律规定，就人民法院在审理民事纠纷案件中有关适用民法典时间效力问题作出如下规定。

一、一般规定

第一条 民法典施行后的法律事实引起的民事纠纷案件，适用民法典的规定。

民法典施行前的法律事实引起的民事纠纷案件，适用当时的法律、司法解释的规定，但是法律、司法解释另有规定的除外。

民法典施行前的法律事实持续至民法典施行后，该法律事实引起的民事纠纷案件，适用民法典的规定，但是法律、司法解释另有规定的除外。

第二条 民法典施行前的法律事实引起的民事纠纷案件，当时的法律、司法解释有规定，适用当时的法律、司法解释的规定，但是适用民法典的规定更有利于保护民事主体合法权益，更有利于维护社会和经济秩序，更有利于弘扬社会主义核心价值观的除外。

第三条 民法典施行前的法律事实引起的民事纠纷案件，当时的法律、司法解释没有规定而民法典有规定的，可以适用民法典的规定，但是明显减损当事人合法权益、增加当事人法定义务或者背离当事人合理预期的除外。

第四条 民法典施行前的法律事实引起的民事纠纷案件，当时的法律、司法解释仅有原则性规定而民法典有具体规定的，适用当时的法律、司法解释的规定，但是可以依据民法典具体规定进行裁判说理。

第五条 民法典施行前已经终审的案件，当事人申请再审或者按照审判监督程序决定再审的，不适用民法典的规定。

二、溯及适用的具体规定

第六条 《中华人民共和国民法总则》施行前，侵害英雄烈士等的姓名、肖像、名誉、荣誉，损害社会公共利益引起的民事纠纷案件，适用民法典第一百八十五条的规定。

第七条 民法典施行前，当事人在债务履行期限届满前约定债务人不履行到期债务时抵押财产或者质押财产归债权人所有的，适用民法典第四百零一条和第四百二十八条的规定。

第八条 民法典施行前成立的合同，适用当时的法律、司法解释的规定合同无效而适用民法典的规定合同有效的，适用民法典的相关规定。

第九条 民法典施行前订立的合同，提供格式条款一方未履行提示或者说明义务，涉及格式条款效力认定的，适用民法典第四百九十六条的规定。

第十条 民法典施行前，当事人一方未通知对方而直接以提起诉讼方式依法主张解除合同的，适用民法典第五百六十五条第二款的规定。

第十一条 民法典施行前成立的合同，当事人一方不履行非金钱债务或者履行非金钱债务不符合约定，对方可以请求履行，但是有民法典第五百八十条第一款第一项、第二项、第三项除外情形之一，致使不能实现合同目的，当事人请求终止合同权利义务关系的，适用民法典第五百八十条第二款的规定。

第十二条 民法典施行前订立的保理合同发生争议的，适用民法典第三编第十六章的规定。

第十三条 民法典施行前，继承人有民法典第一千一百二十五条第一款第四项和第五项规定行为之一，对该继承人是否丧失继承权发生争议的，适用民法典第一千一百二十五条第一款和第二款的规定。

民法典施行前，受遗赠人有民法典第一千一百二十五条第一款规定行为之一，对受遗赠人是否丧失受遗赠权发生争议的，适用民法典第一千一百二十五条第一款和第三款的规定。

第十四条 被继承人在民法典施行前死亡，遗产无人继承又无人受遗赠，其兄弟姐妹的子女请求代位继承的，适用民法典第一千一百二十八条第二款和第三款的规定，但是遗产已经在民法典施行前处理完毕的除外。

第十五条 民法典施行前，遗嘱人以打印方式立的遗嘱，当事人对该遗嘱效力发生争议的，适用民法典第一千一百三十六条的规定，但是遗产已经在民法典施行前处理完毕的除外。

第十六条 民法典施行前，受害人自愿参加具有一定风险的文体活动受到损害引起的民事纠纷案件，适用民法典第一千一百七十六条的规定。

第十七条 民法典施行前，受害人为保护自己合法权益采取扣留侵权人的财物等措施引起的民事纠纷案件，适用民法典第一千一百七十七条的规定。

第十八条 民法典施行前，因非营运机动车发生交通事故造成无偿搭乘人损害引起的民事纠纷案件，适用民法典第一千二百一十七条的规定。

第十九条 民法典施行前，从建筑物中抛掷物品或者从建筑物上坠落的物品造成他人损害引起的民事纠纷案件，适用民法典第一千二百五十四条的规定。

三、衔接适用的具体规定

第二十条 民法典施行前成立的合同，依照法律规定或者当事人约定该合同的履行持续至民法典施行后，因民法典施行前履行合同发生争议的，适用当时的法律、司法解释的规定;因民法典施行后履行合同发生争议的,适用民法典第三编第四章和第五章的相关规定。

第二十一条 民法典施行前租赁期限届满,当事人主张适用民法典第七百三十四条第二款规定的,人民法院不予支持;租赁期限在民法典施行后届满,当事人主张适用民法典第七百三十四条第二款规定的,人民法院依法予以支持。

第二十二条 民法典施行前,经人民法院判决不准离婚后,双方又分居满一年,一方再次提起离婚诉讼的,适用民法典第一千零七十九条第五款的规定。

第二十三条 被继承人在民法典施行前立有公证遗嘱,民法典施行后又立有新遗嘱,其死亡后,因该数份遗嘱内容相抵触发生争议的,适用民法典第一千一百四十二条第三款的规定。

第二十四条 侵权行为发生在民法典施行前,但是损害后果出现在民法典施行后的民事纠纷案件,适用民法典的规定。

第二十五条 民法典施行前成立的合同,当时的法律、司法解释没有规定且当事人没有约定解除权行使期限,对方当事人也未催告的,解除权人在民法典施行前知道或者应当知道解除事由,自民法典施行之日起一年内不行使的,人民法院应当依法认定该解除权消灭;解除权人在民法典施行后知道或者应当知道解除事由的,适用民法典第五百六十四条第二款关于解除权行使期限的规定。

第二十六条 当事人以民法典施行前受胁迫结婚为由请求人民法院撤销婚姻的,撤销权的行使期限适用民法典第一千零五十二条第二款的规定。

第二十七条 民法典施行前成立的保证合同,当事人对保证期间约定不明确,主债务履行期限届满至民法典施行之日不满二年,当事人主张保证期间为主债务履行期限届满之日起二年的,人民法院依法予以支持;当事人对保证期间没有约定,主债务履行期限届满至民法典施行之日不满六个月,当事人主张保证期间为主债务履行期限届满之日起六个月的,人民法院依法予以支持。

四、附　则

第二十八条 本规定自 2021 年 1 月 1 日起施行。

本规定施行后,人民法院尚未审结的一审、二审案件适用本规定。

最高人民法院关于废止部分司法解释及相关规范性文件的决定

（2020 年 12 月 23 日最高人民法院审判委员会第 1823 次会议通过　2020 年 12 月 29 日最高人民法院公告公布　自 2021 年 1 月 1 日起施行　法释〔2020〕16 号）

为切实实施民法典，保证国家法律统一正确适用，根据《中华人民共和国民法典》等法律规定，结合审判实际，现决定废止《最高人民法院关于适用〈中华人民共和国民法总则〉诉讼时效制度若干问题的解释》等 116 件司法解释及相关规范性文件（目录附后）。

本决定自 2021 年 1 月 1 日起施行。

最高人民法院决定废止的部分司法解释及相关规范性文件的目录

序号	标题	发文日期及文号
1	最高人民法院关于人民法院司法统计工作的若干规定	1985 年 11 月 21 日
2	最高人民法院印发《处理涉台刑事申诉、民事案件座谈会纪要》的通知 附一：处理涉台刑事申诉、民事案件座谈会纪要（节录） 附二：关于人民法院处理涉台民事案件的几个法律问题	1988 年 8 月 5 日 法〔办〕发〔1988〕18 号
3	最高人民法院关于各级人民法院与港方签订有关法律事务协议的须先报经最高人民法院审查批准的通知	1988 年 8 月 25 日 高法明电〔1988〕62 号
4	最高人民法院关于学习宣传贯彻《中华人民共和国未成年人保护法》的通知	1991 年 12 月 24 日 法〔研〕发〔1991〕44 号

续表

序号	标题	发文日期及文号
5	最高人民法院关于印发《法官考评委员会暂行组织办法》和《初任审判员助理审判员考试暂行办法》的通知 附:法官考评委员会暂行 组织办法初任审判员、助理审判员考试暂行办法	1996年6月26日 法发〔1996〕20号
6	最高人民法院关于适用《中华人民共和国民法总则》诉讼时效制度若干问题的解释	2018年7月18日 法释〔2018〕12号
7	最高人民法院印发《关于贯彻执行〈中华人民共和国民法通则〉若干问题的意见(试行)》的通知 附:最高人民法院关于贯彻执行《中华人民共和国民法通则》若干问题的意见(试行)	1988年4月2日 法(办)发〔1988〕6号
8	最高人民法院关于适用《中华人民共和国物权法》若干问题的解释(一)	2016年2月22日 法释〔2016〕5号
9	最高人民法院关于适用《中华人民共和国担保法》若干问题的解释	2000年12月8日 法释〔2000〕44号
10	最高人民法院关于国有工业企业以机器设备等财产为抵押物与债权人签订的抵押合同的效力问题的批复	2002年6月18日 法释〔2002〕14号
11	最高人民法院关于审理出口退税托管账户质押贷款案件有关问题的规定	2004年11月22日 法释〔2004〕18号
12	最高人民法院关于执行《民事政策法律若干问题的意见》中几个涉及房屋典当问题的函	1985年2月24日 法〔民〕函〔1985〕8号
13	最高人民法院关于典当房屋被视为绝卖以后确认产权程序问题的批复	1989年7月24日 〔1989〕法民字第17号
14	最高人民法院关于私房改造中典当双方都是被改造户的回赎案件应如何处理问题的批复	1990年7月25日 法民〔1990〕6号
15	最高人民法院关于会计师事务所为企业出具虚假验资证明应如何承担责任问题的批复	1998年6月26日 法释〔1998〕13号
16	最高人民法院关于适用《中华人民共和国合同法》若干问题的解释(一)	1999年12月29日 法释〔1999〕19号

续表

序号	标题	发文日期及文号
17	最高人民法院关于适用《中华人民共和国合同法》若干问题的解释(二)	2009年4月24日 法释〔2009〕5号
18	最高人民法院关于单位负责人被追究刑事责任后单位应否承担返还其预收货款的责任问题的批复	1989年1月3日 法(经)复〔1989〕1号
19	最高人民法院关于逾期付款违约金应当按照何种标准计算问题的批复	1999年2月12日 法释〔1999〕8号
20	最高人民法院关于修改《最高人民法院关于逾期付款违约金应当按照何种标准计算问题的批复》的批复	2000年11月15日 法释〔2000〕34号
21	最高人民法院关于郑立本与青岛市建筑安装工程公司追索赔偿金纠纷一案的复函 附:山东省高级人民法院关于审理郑立本与青岛市建筑安装工程公司追索赔偿金纠纷一案的请示	1993年7月13日 〔1993〕民他字第14号
22	最高人民法院关于建设工程价款优先受偿权问题的批复	2002年6月20日 法释〔2002〕16号
23	最高人民法院关于审理建设工程施工合同纠纷案件适用法律问题的解释	2004年10月25日 法释〔2004〕14号
24	最高人民法院关于审理建设工程施工合同纠纷案件适用法律问题的解释(二)	2018年12月29日 法释〔2018〕20号
25	最高人民法院关于银行、信用社扣划预付货款收贷应否退还问题的批复	1994年3月9日 法复〔1994〕1号
26	最高人民法院关于乡政府与其他单位签订的联营协议效力问题的批复	1988年1月9日 法(经)复〔1988〕3号
27	最高人民法院关于印发《关于审理联营合同纠纷案件若干问题的解答》的通知 附:最高人民法院关于审理联营合同纠纷案件若干问题的解答	1990年11月12日 法(经)发〔1990〕27号
28	最高人民法院关于作为保证人的合伙组织被撤销后自行公告期限清理债权债务的,债权人在诉讼时效期间内有权要求合伙人承担保证责任问题的批复	1988年10月18日 法(经)复〔1988〕46号

续表

序号	标题	发文日期 及文号
29	最高人民法院关于审理经济合同纠纷案件有关保证的若干问题的规定	1994年4月15日 法发〔1994〕8号
30	最高人民法院关于因法院错判导致债权利息损失扩大保证人应否承担责任问题的批复	2000年8月8日 法释〔2000〕24号
31	最高人民法院关于涉及担保纠纷案件的司法解释的适用和保证责任方式认定问题的批复	2002年11月23日 法释〔2002〕38号
32	最高人民法院关于已承担保证责任的保证人向其他保证人行使追偿权问题的批复	2002年11月23日 法释〔2002〕37号
33	最高人民法院关于人民法院应当如何认定保证人在保证期间届满后又在催款通知书上签字问题的批复	2004年4月14日 法释〔2004〕4号
34	最高人民法院关于审理名誉权案件若干问题的解答	1993年8月7日 法发〔1993〕15号
35	最高人民法院关于审理名誉权案件若干问题的解释	1998年8月31日 法释〔1998〕26号
36	最高人民法院印发《关于人民法院审理离婚案件如何认定夫妻感情确已破裂的若干具体意见》《关于人民法院审理未办结婚登记而以夫妻名义同居生活案件的若干意见》的通知 附:最高人民法院关于人民法院审理离婚案件如何认定夫妻感情确已破裂的若干具体意见 关于人民法院审理未办结婚登记而以夫妻名义同居生活案件的若干意见	1989年12月13日 法〔民〕发〔1989〕38号
37	最高人民法院关于人民法院审理离婚案件处理财产分割问题的若干具体意见	1993年11月3日 法发〔1993〕32号
38	最高人民法院关于人民法院审理离婚案件处理子女抚养问题的若干具体意见	1993年11月3日 法发〔1993〕30号
39	最高人民法院印发《关于审理离婚案件中公房使用、承租若干问题的解答》的通知 附:最高人民法院关于审理离婚案件中公房使用、承租若干问题的解答	1996年2月5日 法发〔1996〕4号
40	最高人民法院关于适用《中华人民共和国婚姻法》若干问题的解释(一)	2001年12月24日 法释〔2001〕30号

续表

序号	标题	发文日期及文号
41	最高人民法院关于适用《中华人民共和国婚姻法》若干问题的解释(二)	2003年12月25日 法释〔2003〕19号
42	最高人民法院关于适用《中华人民共和国婚姻法》若干问题的解释(三)	2011年8月9日 法释〔2011〕18号
43	最高人民法院关于适用《中华人民共和国婚姻法》若干问题的解释(二)的补充规定	2017年2月28日 法释〔2017〕6号
44	最高人民法院关于审理涉及夫妻债务纠纷案件适用法律有关问题的解释	2018年1月16日 法释〔2018〕2号
45	最高人民法院关于违反计划生育政策的超生子女可否列为职工的供养直系亲属等问题的复函 附:劳动部保险福利司关于违反计划生育政策的超生子女可否列为职工的供养直系亲属等问题的征求意见函	1990年8月13日 〔1990〕法民字第17号
46	最高人民法院关于夫妻离婚后人工授精所生子女的法律地位如何确定的复函 附:河北省高级人民法院关于夫妻离婚后人工授精所生子女的法律地位如何确定的请示	1991年7月8日 〔1991〕民他字第12号
47	最高人民法院关于认真学习宣传和贯彻执行继承法的通知	1985年6月12日 法(民)发〔1985〕13号
48	最高人民法院关于贯彻执行《中华人民共和国继承法》若干问题的意见	1985年9月11日 法(民)发〔1985〕22号
49	最高人民法院关于保险金能否作为被保险人遗产的批复	1988年3月24日 〔1987〕民他字第52号
50	最高人民法院关于被继承人死亡后没有法定继承人分享遗产人能否分得全部遗产的复函	1992年10月11日 〔1992〕民他字第25号
51	最高人民法院关于如何处理农村五保对象遗产问题的批复	2000年7月25日 法释〔2000〕23号

续表

序号	标题	发文日期及文号
52	最高人民法院关于刊登侵害他人名誉权小说的出版单位在作者已被判刑后还应否承担民事责任的复函	1992年8月14日〔1992〕民他字第1号
53	最高人民法院关于审理中外合资经营合同纠纷案件如何清算合资企业问题的批复	1998年1月15日法释〔1998〕1号
54	最高人民法院关于审计(师)事务所执业审计师可以接受清算组的聘任参与企业破产清算的通知	1993年8月28日法〔1993〕72号
55	最高人民法院关于对企业法人破产还债程序终结的裁定的抗诉应否受理问题的批复	1997年7月31日法释〔1997〕2号
56	最高人民法院关于破产清算组在履行职责过程中违约或侵权等民事纠纷案件诉讼管辖问题的批复	2004年6月21日法释〔2004〕5号
57	最高人民法院关于信用社违反规定手续退汇给他人造成损失应承担民事责任问题的批复	1988年10月18日法(经)复〔1988〕45号
58	最高人民法院关于出借银行账户的当事人是否承担民事责任问题的批复	1991年9月27日法(经)复〔1991〕5号
59	最高人民法院经济审判庭关于代理发行企业债券的金融机构应否承担企业债券发行人债务责任问题的复函	1994年4月29日法经〔1994〕103号
60	最高人民法院关于审理涉及金融资产管理公司收购、管理、处置国有银行不良贷款形成的资产的案件适用法律若干问题的规定	2001年4月11日法释〔2001〕12号
61	最高人民法院关于如何确定证券回购合同履行地问题的批复	1996年7月4日法复〔1996〕9号
62	最高人民法院关于审理劳动争议案件适用法律若干问题的解释	2001年4月16日法释〔2001〕14号
63	最高人民法院关于审理劳动争议案件适用法律若干问题的解释(二)	2006年8月14日法释〔2006〕6号
64	最高人民法院关于审理劳动争议案件适用法律若干问题的解释(三)	2010年9月13日法释〔2010〕12号

续表

序号	标题	发文日期及文号
65	最高人民法院关于审理劳动争议案件适用法律若干问题的解释(四)	2013年1月18日 法释〔2013〕4号
66	最高人民法院关于银行工作人员未按规定办理储户挂失造成储户损失银行是否承担民事责任问题的批复	1990年9月11日 法(民)复〔1990〕13号
67	最高人民法院关于审理合伙型联营体和个人合伙对外债务纠纷案件应否一并确定合伙内部各方的债务份额的复函	1992年3月18日 法函〔1992〕34号
68	最高人民法院关于对私营客车保险期满后发生的车祸事故保险公司应否承担保险责任问题的请示的复函	1993年8月4日 法经〔1993〕161号
69	最高人民法院关于如何适用《中华人民共和国民法通则》第一百三十四条第三款的复函	1993年11月4日
70	最高人民法院关于企业开办的其他企业被撤销或者歇业后民事责任承担问题的批复	1994年3月30日 法复〔1994〕4号
71	最高人民法院关于市政府经济技术协作委员会能否作为诉讼主体独立承担民事责任问题的复函	1996年1月8日 法函〔1996〕9号
72	最高人民法院关于银行以折角核对方法核对印鉴应否承担客户存款被骗取的民事责任问题的复函	1996年3月21日 法函〔1996〕65号
73	最高人民法院关于金融机构为行政机关批准开办的公司提供注册资金验资报告不实应当承担责任问题的批复	1996年3月27日 法复〔1996〕3号
74	最高人民法院关于城市街道办事处是否应当独立承担民事责任的批复	1997年7月14日 法释〔1997〕1号
75	最高人民法院关于验资单位对多个案件债权人损失应如何承担责任的批复	1997年12月31日 法释〔1997〕10号
76	最高人民法院关于交通事故中的财产损失是否包括被损车辆停运损失问题的批复	1999年2月11日 法释〔1999〕5号
77	最高人民法院关于被盗机动车辆肇事后由谁承担损害赔偿责任问题的批复	1999年6月25日 法释〔1999〕13号
78	最高人民法院关于托运人主张货损货差而拒付运费应否支付滞纳金的答复	1992年2月12日 法函〔1992〕16号

续表

序号	标题	发文日期及文号
79	最高人民法院对在审判工作中有关适用民法通则时效的几个问题的批复	1987年5月22日法(研)复〔1987〕18号
80	最高人民法院关于企业或个人欠国家银行贷款逾期两年未还应当适用民法通则规定的诉讼时效问题的批复	1993年2月22日法复〔1993〕1号
81	最高人民法院关于超过诉讼时效期间当事人达成的还款协议是否应当受法律保护问题的批复	1997年4月16日法复〔1997〕4号
82	最高人民法院关于审理第一审专利案件聘请专家担任陪审员的复函	1991年6月6日法(经)函〔1991〕64号
83	最高人民法院关于在专利侵权诉讼中当事人均拥有专利权应如何处理问题的批复	1993年8月16日〔93〕经他字第20号
84	最高人民法院关于对诉前停止侵犯专利权行为适用法律问题的若干规定	2001年6月7日法释〔2001〕20号
85	最高人民法院关于诉前停止侵犯注册商标专用权行为和保全证据适用法律问题的解释	2002年1月9日法释〔2002〕2号
86	最高人民法院关于调整司法解释等文件中引用《中华人民共和国民事诉讼法》条文序号的决定	2008年12月16日法释〔2008〕18号
87	最高人民法院关于行政机关对土地争议的处理决定生效后一方不履行另一方不应以民事侵权向法院起诉的批复	1991年7月24日〔90〕法民字第2号
88	最高人民法院关于人民法院应否受理财政、扶贫办等非金融行政机构借款合同纠纷的批复	1993年8月28日法复〔1993〕7号
89	最高人民法院关于劳动仲裁委员会逾期不作出仲裁裁决或者作出不予受理通知的劳动争议案件，人民法院应否受理的批复	1998年9月2日法释〔1998〕24号
90	最高人民法院关于案件级别管辖几个问题的批复	1996年5月7日法复〔1996〕5号
91	最高人民法院关于经济合同的名称与内容不一致时如何确定管辖权问题的批复	1996年11月13日法复〔1996〕16号

续表

序号	标题	发文日期及文号
92	最高人民法院经济审判庭关于购销合同的双方当事人在合同中约定了交货地点，但部分货物没有在约定的交货地点交付，如何确定管辖权问题的复函	1995 年 7 月 11 日 法经〔1995〕206 号
93	最高人民法院关于如何确定委托贷款协议纠纷诉讼主体资格的批复	1996 年 5 月 16 日 法复〔1996〕6 号
94	最高人民法院关于第一审离婚判决生效后应出具证明书的通知	1991 年 10 月 24 日 法〔民〕发〔1991〕33 号
95	最高人民法院关于第二审法院裁定按自动撤回上诉处理的案件第一审法院能否再审问题的批复	1998 年 8 月 10 日 法释〔1998〕19 号
96	最高人民法院关于中级人民法院能否适用督促程序的复函	1993 年 11 月 9 日 〔1993〕法民字第 29 号
97	最高人民法院关于适用督促程序若干问题的规定	2001 年 1 月 8 日 法释〔2001〕2 号
98	最高人民法院关于人民法院发现已经受理的申请执行仲裁裁决或不服仲裁裁决而起诉的案件不属本院管辖应如何处理问题的批复	1988 年 1 月 13 日 法(研)复〔1988〕8 号
99	最高人民法院经济审判庭关于信用合作社责任财产范围问题的答复	1991 年 6 月 17 日 法经〔1991〕67 号
100	最高人民法院关于对因妨害民事诉讼被罚款拘留的人不服决定申请复议的期间如何确定问题的批复	1993 年 2 月 23 日 〔93〕法民字第 7 号
101	最高人民法院关于采取诉前保全措施的法院可否超越其级别管辖权限受理诉前保全申请人提起的诉讼问题的复函	1995 年 3 月 7 日 法经〔1995〕64 号
102	最高人民法院关于认真贯彻仲裁法依法执行仲裁裁决的通知	1995 年 10 月 4 日 法发〔1995〕21 号
103	最高人民法院关于当事人因对不予执行仲裁裁决的裁定不服而申请再审人民法院不予受理的批复	1996 年 6 月 26 日 法复〔1996〕8 号

续表

序号	标题	发文日期及文号
104	最高人民法院关于税务机关是否有义务协助人民法院直接划拨退税款问题的批复	1996年7月21日 法复〔1996〕11号
105	最高人民法院关于如何理解《关于适用〈中华人民共和国民事诉讼法〉若干问题的意见》第31条第2款的批复	1998年4月17日 法释〔1998〕5号
106	最高人民法院关于对案外人的财产能否进行保全问题的批复	1998年5月19日 法释〔1998〕10号
107	最高人民法院关于人民法院执行设定抵押的房屋的规定	2005年12月14日 法释〔2005〕14号
108	最高人民法院关于向外国公司送达司法文书能否向其驻华代表机构送达并适用留置送达问题的批复	2002年6月18日 法释〔2002〕15号
109	最高人民法院关于当事人对仲裁协议的效力提出异议由哪一级人民法院管辖问题的批复	2000年8月8日 法释〔2000〕25号
110	最高人民法院关于解除劳动合同的劳动争议仲裁申请期限应当如何起算问题的批复	2004年7月26日 法释〔2004〕8号
111	最高人民法院关于当事人持台湾地区有关行政或公证部门确认的离婚协议书向人民法院申请认可人民法院是否受理的复函	2000年12月26日 〔2000〕民他字第29号
112	最高人民法院关于印发国家统计局《关于对职工日平均工资计算问题的复函》的通知	1996年2月13日 〔1996〕法赔字第1号
113	最高人民法院关于民事、行政诉讼中司法赔偿若干问题的解释	2000年9月16日 法释〔2000〕27号
114	最高人民法院关于印发《马原副院长在全国民事审判工作座谈会上的讲话》和《全国民事审判工作座谈会纪要》的通知	1993年11月24日 法发〔1993〕37号
115	最高人民法院对国务院宗教事务局一司关于僧人遗产处理意见的复函	1994年10月13日
116	最高人民法院关于人民法院公开审判非涉外案件是否准许外国人旁听或采访问题的批复	1982年7月5日 〔1982〕法研究字第5号

最高人民法院关于适用《中华人民共和国民法典》婚姻家庭编的解释(一)

(2020 年 12 月 25 日最高人民法院审判委员会第 1825 次会议通过　2020 年 12 月 29 日最高人民法院公告公布　自 2021 年 1 月 1 日起施行　法释〔2020〕22 号)

为正确审理婚姻家庭纠纷案件,根据《中华人民共和国民法典》《中华人民共和国民事诉讼法》等相关法律规定,结合审判实践,制定本解释。

一、一般规定

第一条　持续性、经常性的家庭暴力,可以认定为民法典第一千零四十二条、第一千零七十九条、第一千零九十一条所称的“虐待”。

第二条　民法典第一千零四十二条、第一千零七十九条、第一千零九十一条规定的“与他人同居”的情形,是指有配偶者与婚外异性,不以夫妻名义,持续、稳定地共同居住。

第三条　当事人提起诉讼仅请求解除同居关系的,人民法院不予受理;已经受理的,裁定驳回起诉。

当事人因同居期间财产分割或者子女抚养纠纷提起诉讼的,人民法院应当受理。

第四条　当事人仅以民法典第一千零四十三条为依据提起诉讼的,人民法院不予受理;已经受理的,裁定驳回起诉。

第五条　当事人请求返还按照习俗给付的彩礼的,如果查明属于以下情形,人民法院应当予以支持:

(一)双方未办理结婚登记手续;

(二)双方办理结婚登记手续但确未共同生活;

(三)婚前给付并导致给付人生活困难。

适用前款第二项、第三项的规定,应当以双方离婚为条件。

二、结　婚

第六条　男女双方依据民法典第一千零四十九条规定补办结婚登记的，婚姻关系的效力从双方均符合民法典所规定的结婚的实质要件时起算。

第七条　未依据民法典第一千零四十九条规定办理结婚登记而以夫妻名义共同生活的男女，提起诉讼要求离婚的，应当区别对待：

（一）1994 年 2 月 1 日民政部《婚姻登记管理条例》公布实施以前，男女双方已经符合结婚实质要件的，按事实婚姻处理。

（二）1994 年 2 月 1 日民政部《婚姻登记管理条例》公布实施以后，男女双方符合结婚实质要件的，人民法院应当告知其补办结婚登记。未补办结婚登记的，依据本解释第三条规定处理。

第八条　未依据民法典第一千零四十九条规定办理结婚登记而以夫妻名义共同生活的男女，一方死亡，另一方以配偶身份主张享有继承权的，依据本解释第七条的原则处理。

第九条　有权依据民法典第一千零五十一条规定向人民法院就已办理结婚登记的婚姻请求确认婚姻无效的主体，包括婚姻当事人及利害关系人。其中，利害关系人包括：

（一）以重婚为由的，为当事人的近亲属及基层组织；

（二）以未到法定婚龄为由的，为未到法定婚龄者的近亲属；

（三）以有禁止结婚的亲属关系为由的，为当事人的近亲属。

第十条　当事人依据民法典第一千零五十一条规定向人民法院请求确认婚姻无效，法定的无效婚姻情形在提起诉讼时已经消失的，人民法院不予支持。

第十一条　人民法院受理请求确认婚姻无效案件后，原告申请撤诉的，不予准许。

对婚姻效力的审理不适用调解，应当依法作出判决。

涉及财产分割和子女抚养的，可以调解。调解达成协议的，另行制作调解书；未达成调解协议的，应当一并作出判决。

第十二条　人民法院受理离婚案件后，经审理确属无效婚姻的，应当将婚姻无效的情形告知当事人，并依法作出确认婚姻无效的判决。

第十三条　人民法院就同一婚姻关系分别受理了离婚和请求确认婚姻无效案件的，对于离婚案件的审理，应当待请求确认婚姻无效案件作出判决后进行。

第十四条 夫妻一方或者双方死亡后，生存一方或者利害关系人依据民法典第一千零五十一条的规定请求确认婚姻无效的，人民法院应当受理。

第十五条 利害关系人依据民法典第一千零五十一条的规定，请求人民法院确认婚姻无效的，利害关系人为原告，婚姻关系当事人双方为被告。

夫妻一方死亡的，生存一方为被告。

第十六条 人民法院审理重婚导致的无效婚姻案件时，涉及财产处理的，应当准许合法婚姻当事人作为有独立请求权的第三人参加诉讼。

第十七条 当事人以民法典第一千零五十一条规定的三种无效婚姻以外的情形请求确认婚姻无效的，人民法院应当判决驳回当事人的诉讼请求。

当事人以结婚登记程序存在瑕疵为由提起民事诉讼，主张撤销结婚登记的，告知其可以依法申请行政复议或者提起行政诉讼。

第十八条 行为人以给另一方当事人或者其近亲属的生命、身体、健康、名誉、财产等方面造成损害为要挟，迫使另一方当事人违背真实意愿结婚的，可以认定为民法典第一千零五十二条所称的“胁迫”。

因受胁迫而请求撤销婚姻的，只能是受胁迫一方的婚姻关系当事人本人。

第十九条 民法典第一千零五十二条规定的“一年”，不适用诉讼时效中止、中断或者延长的规定。

受胁迫或者被非法限制人身自由的当事人请求撤销婚姻的，不适用民法典第一百五十二条第二款的规定。

第二十条 民法典第一千零五十四条所规定的“自始没有法律约束力”，是指无效婚姻或者可撤销婚姻在依法被确认无效或者被撤销时，才确定该婚姻自始不受法律保护。

第二十一条 人民法院根据当事人的请求，依法确认婚姻无效或者撤销婚姻的，应当收缴双方的结婚证书并将生效的判决书寄送当地婚姻登记管理机关。

第二十二条 被确认无效或者被撤销的婚姻，当事人同居期间所得的财产，除有证据证明为当事人一方所有的以外，按共同共有处理。

三、夫妻关系

第二十三条 夫以妻擅自中止妊娠侵犯其生育权为由请求损害赔偿的，人民法院不予支持；夫妻双方因是否生育发生纠纷，致使感情确已破裂，一方请求离婚的，人民法院经调解无效，应依照民法典第一千零七十九条第三款第五项的规定处理。

第二十四条 民法典第一千零六十二条第一款第三项规定的"知识产权的收益",是指婚姻关系存续期间,实际取得或者已经明确可以取得的财产性收益。

第二十五条 婚姻关系存续期间,下列财产属于民法典第一千零六十二条规定的"其他应当归共同所有的财产":

(一)一方以个人财产投资取得的收益;

(二)男女双方实际取得或者应当取得的住房补贴、住房公积金;

(三)男女双方实际取得或者应当取得的基本养老金、破产安置补偿费。

第二十六条 夫妻一方个人财产在婚后产生的收益,除孳息和自然增值外,应认定为夫妻共同财产。

第二十七条 由一方婚前承租、婚后用共同财产购买的房屋,登记在一方名下的,应当认定为夫妻共同财产。

第二十八条 一方未经另一方同意出售夫妻共同所有的房屋,第三人善意购买、支付合理对价并已办理不动产登记,另一方主张追回该房屋的,人民法院不予支持。

夫妻一方擅自处分共同所有的房屋造成另一方损失,离婚时另一方请求赔偿损失的,人民法院应予支持。

第二十九条 当事人结婚前,父母为双方购置房屋出资的,该出资应当认定为对自己子女个人的赠与,但父母明确表示赠与双方的除外。

当事人结婚后,父母为双方购置房屋出资的,依照约定处理;没有约定或者约定不明确的,按照民法典第一千零六十二条第一款第四项规定的原则处理。

第三十条 军人的伤亡保险金、伤残补助金、医药生活补助费属于个人财产。

第三十一条 民法典第一千零六十三条规定为夫妻一方的个人财产,不因婚姻关系的延续而转化为夫妻共同财产。但当事人另有约定的除外。

第三十二条 婚前或者婚姻关系存续期间,当事人约定将一方所有的房产赠与另一方或者共有,赠与方在赠与房产变更登记之前撤销赠与,另一方请求判令继续履行的,人民法院可以按照民法典第六百五十八条的规定处理。

第三十三条 债权人就一方婚前所负个人债务向债务人的配偶主张权利的,人民法院不予支持。但债权人能够证明所负债务用于婚后家庭共同生活的除外。

第三十四条 夫妻一方与第三人串通,虚构债务,第三人主张该债务为夫妻共同债务的,人民法院不予支持。

夫妻一方在从事赌博、吸毒等违法犯罪活动中所负债务，第三人主张该债务为夫妻共同债务的，人民法院不予支持。

第三十五条 当事人的离婚协议或者人民法院生效判决、裁定、调解书已经对夫妻财产分割问题作出处理的，债权人仍有权就夫妻共同债务向男女双方主张权利。

一方就夫妻共同债务承担清偿责任后，主张由另一方按照离婚协议或者人民法院的法律文书承担相应债务的，人民法院应予支持。

第三十六条 夫或者妻一方死亡的，生存一方应当对婚姻关系存续期间的夫妻共同债务承担清偿责任。

第三十七条 民法典第一千零六十五条第三款所称"相对人知道该约定的"，夫妻一方对此负有举证责任。

第三十八条 婚姻关系存续期间，除民法典第一千零六十六条规定情形以外，夫妻一方请求分割共同财产的，人民法院不予支持。

四、父母子女关系

第三十九条 父或者母向人民法院起诉请求否认亲子关系，并已提供必要证据予以证明，另一方没有相反证据又拒绝做亲子鉴定的，人民法院可以认定否认亲子关系一方的主张成立。

父或者母以及成年子女起诉请求确认亲子关系，并提供必要证据予以证明，另一方没有相反证据又拒绝做亲子鉴定的，人民法院可以认定确认亲子关系一方的主张成立。

第四十条 婚姻关系存续期间，夫妻双方一致同意进行人工授精，所生子女应视为婚生子女，父母子女间的权利义务关系适用民法典的有关规定。

第四十一条 尚在校接受高中及其以下学历教育，或者丧失、部分丧失劳动能力等非因主观原因而无法维持正常生活的成年子女，可以认定为民法典第一千零六十七条规定的"不能独立生活的成年子女"。

第四十二条 民法典第一千零六十七条所称"抚养费"，包括子女生活费、教育费、医疗费等费用。

第四十三条 婚姻关系存续期间，父母双方或者一方拒不履行抚养子女义务，未成年子女或者不能独立生活的成年子女请求支付抚养费的，人民法院应予支持。

第四十四条 离婚案件涉及未成年子女抚养的，对不满两周岁的子女，按照民法典第一千零八十四条第三款规定的原则处理。母亲有下列情形之一，

父亲请求直接抚养的,人民法院应予支持:

(一)患有久治不愈的传染性疾病或者其他严重疾病,子女不宜与其共同生活;

(二)有抚养条件不尽抚养义务,而父亲要求子女随其生活;

(三)因其他原因,子女确不宜随母亲生活。

第四十五条 父母双方协议不满两周岁子女由父亲直接抚养,并对子女健康成长无不利影响的,人民法院应予支持。

第四十六条 对已满两周岁的未成年子女,父母均要求直接抚养,一方有下列情形之一的,可予优先考虑:

(一)已做绝育手术或者因其他原因丧失生育能力;

(二)子女随其生活时间较长,改变生活环境对子女健康成长明显不利;

(三)无其他子女,而另一方有其他子女;

(四)子女随其生活,对子女成长有利,而另一方患有久治不愈的传染性疾病或者其他严重疾病,或者有其他不利于子女身心健康的情形,不宜与子女共同生活。

第四十七条 父母抚养子女的条件基本相同,双方均要求直接抚养子女,但子女单独随祖父母或者外祖父母共同生活多年,且祖父母或者外祖父母要求并且有能力帮助子女照顾孙子女或者外孙子女的,可以作为父或者母直接抚养子女的优先条件予以考虑。

第四十八条 在有利于保护子女利益的前提下,父母双方协议轮流直接抚养子女的,人民法院应予支持。

第四十九条 抚养费的数额,可以根据子女的实际需要、父母双方的负担能力和当地的实际生活水平确定。

有固定收入的,抚养费一般可以按其月总收入的百分之二十至三十的比例给付。负担两个以上子女抚养费的,比例可以适当提高,但一般不得超过月总收入的百分之五十。

无固定收入的,抚养费的数额可以依据当年总收入或者同行业平均收入,参照上述比例确定。

有特殊情况的,可以适当提高或者降低上述比例。

第五十条 抚养费应当定期给付,有条件的可以一次性给付。

第五十一条 父母一方无经济收入或者下落不明的,可以用其财物折抵抚养费。

第五十二条 父母双方可以协议由一方直接抚养子女并由直接抚养方负担子女全部抚养费。但是,直接抚养方的抚养能力明显不能保障子女所需费用，影响子女健康成长的，人民法院不予支持。

第五十三条 抚养费的给付期限，一般至子女十八周岁为止。

十六周岁以上不满十八周岁，以其劳动收入为主要生活来源，并能维持当地一般生活水平的，父母可以停止给付抚养费。

第五十四条 生父与继母离婚或者生母与继父离婚时，对曾受其抚养教育的继子女，继父或者继母不同意继续抚养的，仍应由生父或者生母抚养。

第五十五条 离婚后，父母一方要求变更子女抚养关系的，或者子女要求增加抚养费的，应当另行提起诉讼。

第五十六条 具有下列情形之一，父母一方要求变更子女抚养关系的，人民法院应予支持：

（一）与子女共同生活的一方因患严重疾病或者因伤残无力继续抚养子女；

（二）与子女共同生活的一方不尽抚养义务或有虐待子女行为，或者其与子女共同生活对子女身心健康确有不利影响；

（三）已满八周岁的子女，愿随另一方生活，该方又有抚养能力；

（四）有其他正当理由需要变更。

第五十七条 父母双方协议变更子女抚养关系的，人民法院应予支持。

第五十八条 具有下列情形之一，子女要求有负担能力的父或者母增加抚养费的，人民法院应予支持：

（一）原定抚养费数额不足以维持当地实际生活水平；

（二）因子女患病、上学，实际需要已超过原定数额；

（三）有其他正当理由应当增加。

第五十九条 父母不得因子女变更姓氏而拒付子女抚养费。父或者母擅自将子女姓氏改为继母或继父姓氏而引起纠纷的，应当责令恢复原姓氏。

第六十条 在离婚诉讼期间，双方均拒绝抚养子女的，可以先行裁定暂由一方抚养。

第六十一条 对拒不履行或者妨害他人履行生效判决、裁定、调解书中有关子女抚养义务的当事人或者其他人，人民法院可依照民事诉讼法第一百一十一条的规定采取强制措施。

五、离　婚

第六十二条 无民事行为能力人的配偶有民法典第三十六条第一款规定行为，其他有监护资格的人可以要求撤销其监护资格，并依法指定新的监护人;变更后的监护人代理无民事行为能力一方提起离婚诉讼的,人民法院应予受理。

第六十三条 人民法院审理离婚案件,符合民法典第一千零七十九条第三款规定“应当准予离婚”情形的,不应当因当事人有过错而判决不准离婚。

第六十四条 民法典第一千零八十一条所称的“军人一方有重大过错”,可以依据民法典第一千零七十九条第三款前三项规定及军人有其他重大过错导致夫妻感情破裂的情形予以判断。

第六十五条 人民法院作出的生效的离婚判决中未涉及探望权,当事人就探望权问题单独提起诉讼的,人民法院应予受理。

第六十六条 当事人在履行生效判决、裁定或者调解书的过程中,一方请求中止探望的,人民法院在征询双方当事人意见后,认为需要中止探望的,依法作出裁定;中止探望的情形消失后,人民法院应当根据当事人的请求书面通知其恢复探望。

第六十七条 未成年子女、直接抚养子女的父或者母以及其他对未成年子女负担抚养、教育、保护义务的法定监护人,有权向人民法院提出中止探望的请求。

第六十八条 对于拒不协助另一方行使探望权的有关个人或者组织,可以由人民法院依法采取拘留、罚款等强制措施,但是不能对子女的人身、探望行为进行强制执行。

第六十九条 当事人达成的以协议离婚或者到人民法院调解离婚为条件的财产以及债务处理协议,如果双方离婚未成,一方在离婚诉讼中反悔的,人民法院应当认定该财产以及债务处理协议没有生效,并根据实际情况依照民法典第一千零八十七条和第一千零八十九条的规定判决。

当事人依照民法典第一千零七十六条签订的离婚协议中关于财产以及债务处理的条款,对男女双方具有法律约束力。登记离婚后当事人因履行上述协议发生纠纷提起诉讼的,人民法院应当受理。

第七十条 夫妻双方协议离婚后就财产分割问题反悔,请求撤销财产分割协议的,人民法院应当受理。

人民法院审理后,未发现订立财产分割协议时存在欺诈、胁迫等情形的,应当依法驳回当事人的诉讼请求。

第七十一条 人民法院审理离婚案件,涉及分割发放到军人名下的复员费、自主择业费等一次性费用的,以夫妻婚姻关系存续年限乘以年平均值,所得数额为夫妻共同财产。

前款所称年平均值,是指将发放到军人名下的上述费用总额按具体年限均分得出的数额。其具体年限为人均寿命七十岁与军人入伍时实际年龄的差额。

第七十二条 夫妻双方分割共同财产中的股票、债券、投资基金份额等有价证券以及未上市股份有限公司股份时，协商不成或者按市价分配有困难的，人民法院可以根据数量按比例分配。

第七十三条 人民法院审理离婚案件，涉及分割夫妻共同财产中以一方名义在有限责任公司的出资额，另一方不是该公司股东的，按以下情形分别处理：

（一）夫妻双方协商一致将出资额部分或者全部转让给该股东的配偶，其他股东过半数同意，并且其他股东均明确表示放弃优先购买权的，该股东的配偶可以成为该公司股东；

（二）夫妻双方就出资额转让份额和转让价格等事项协商一致后，其他股东半数以上不同意转让，但愿意以同等条件购买该出资额的，人民法院可以对转让出资所得财产进行分割。其他股东半数以上不同意转让，也不愿意以同等条件购买该出资额的，视为其同意转让，该股东的配偶可以成为该公司股东。

用于证明前款规定的股东同意的证据，可以是股东会议材料，也可以是当事人通过其他合法途径取得的股东的书面声明材料。

第七十四条 人民法院审理离婚案件，涉及分割夫妻共同财产中以一方名义在合伙企业中的出资，另一方不是该企业合伙人的，当夫妻双方协商一致，将其合伙企业中的财产份额全部或者部分转让给对方时，按以下情形分别处理：

（一）其他合伙人一致同意的，该配偶依法取得合伙人地位；

（二）其他合伙人不同意转让，在同等条件下行使优先购买权的，可以对转让所得的财产进行分割；

（三）其他合伙人不同意转让，也不行使优先购买权，但同意该合伙人退伙或者削减部分财产份额的，可以对结算后的财产进行分割；

（四）其他合伙人既不同意转让，也不行使优先购买权，又不同意该合伙人退伙或者削减部分财产份额的，视为全体合伙人同意转让，该配偶依法取得合伙人地位。

第七十五条 夫妻以一方名义投资设立个人独资企业的，人民法院分割夫妻在该个人独资企业中的共同财产时，应当按照以下情形分别处理：

（一）一方主张经营该企业的，对企业资产进行评估后，由取得企业资产所有权一方给予另一方相应的补偿；

（二）双方均主张经营该企业的，在双方竞价基础上，由取得企业资产所有权的一方给予另一方相应的补偿；

（三）双方均不愿意经营该企业的，按照《中华人民共和国个人独资企业法》等有关规定办理。

第七十六条 双方对夫妻共同财产中的房屋价值及归属无法达成协议时，人民法院按以下情形分别处理：

（一）双方均主张房屋所有权并且同意竞价取得的，应当准许；

（二）一方主张房屋所有权的，由评估机构按市场价格对房屋作出评估，取得房屋所有权的一方应当给予另一方相应的补偿；

（三）双方均不主张房屋所有权的，根据当事人的申请拍卖、变卖房屋，就所得价款进行分割。

第七十七条 离婚时双方对尚未取得所有权或者尚未取得完全所有权的房屋有争议且协商不成的，人民法院不宜判决房屋所有权的归属，应当根据实际情况判决由当事人使用。

当事人就前款规定的房屋取得完全所有权后，有争议的，可以另行向人民法院提起诉讼。

第七十八条 夫妻一方婚前签订不动产买卖合同，以个人财产支付首付款并在银行贷款，婚后用夫妻共同财产还贷，不动产登记于首付款支付方名下的，离婚时该不动产由双方协议处理。

依前款规定不能达成协议的，人民法院可以判决该不动产归登记一方，尚未归还的贷款为不动产登记一方的个人债务。双方婚后共同还贷支付的款项及其相对应财产增值部分，离婚时应根据民法典第一千零八十七条第一款规定的原则，由不动产登记一方对另一方进行补偿。

第七十九条 婚姻关系存续期间，双方用夫妻共同财产出资购买以一方父母名义参加房改的房屋，登记在一方父母名下，离婚时另一方主张按照夫妻共同财产对该房屋进行分割的，人民法院不予支持。购买该房屋时的出资，可以作为债权处理。

第八十条 离婚时夫妻一方尚未退休、不符合领取基本养老金条件，另一方请求按照夫妻共同财产分割基本养老金的，人民法院不予支持；婚后以夫妻共同财产缴纳基本养老保险费，离婚时一方主张将养老金账户中婚姻关系存续期间个人实际缴纳部分及利息作为夫妻共同财产分割的，人民法院应予支持。

第八十一条 婚姻关系存续期间，夫妻一方作为继承人依法可以继承的遗产，在继承人之间尚未实际分割，起诉离婚时另一方请求分割的，人民法院应当告知当事人在继承人之间实际分割遗产后另行起诉。

第八十二条 夫妻之间订立借款协议，以夫妻共同财产出借给一方从事个人经营活动或者用于其他个人事务的，应视为双方约定处分夫妻共同财产的行为，离婚时可以按照借款协议的约定处理。

第八十三条 离婚后，一方以尚有夫妻共同财产未处理为由向人民法院起诉请求分割的，经审查该财产确属离婚时未涉及的夫妻共同财产，人民法院应当依法予以分割。

第八十四条 当事人依据民法典第一千零九十二条的规定向人民法院提起诉讼，请求再次分割夫妻共同财产的诉讼时效期间为三年，从当事人发现之日起计算。

第八十五条 夫妻一方申请对配偶的个人财产或者夫妻共同财产采取保全措施的，人民法院可以在采取保全措施可能造成损失的范围内，根据实际情况，确定合理的财产担保数额。

第八十六条 民法典第一千零九十一条规定的“损害赔偿”，包括物质损害赔偿和精神损害赔偿。涉及精神损害赔偿的，适用《最高人民法院关于确定民事侵权精神损害赔偿责任若干问题的解释》的有关规定。

第八十七条 承担民法典第一千零九十一条规定的损害赔偿责任的主体，为离婚诉讼当事人中无过错方的配偶。

人民法院判决不准离婚的案件，对于当事人基于民法典第一千零九十一条提出的损害赔偿请求，不予支持。

在婚姻关系存续期间，当事人不起诉离婚而单独依据民法典第一千零九十一条提起损害赔偿请求的，人民法院不予受理。

第八十八条 人民法院受理离婚案件时，应当将民法典第一千零九十一条等规定中当事人的有关权利义务，书面告知当事人。在适用民法典第一千零九十一条时，应当区分以下不同情况：

（一）符合民法典第一千零九十一条规定的无过错方作为原告基于该条规定向人民法院提起损害赔偿请求的，必须在离婚诉讼的同时提出。

（二）符合民法典第一千零九十一条规定的无过错方作为被告的离婚诉讼案件，如果被告不同意离婚也不基于该条规定提起损害赔偿请求的，可以就此单独提起诉讼。

（三）无过错方作为被告的离婚诉讼案件，一审时被告未基于民法典第一千零九十一条规定提出损害赔偿请求，二审期间提出的，人民法院应当进行调解；调解不成的，告知当事人另行起诉。双方当事人同意由第二审人民法院一并审理的，第二审人民法院可以一并裁判。

第八十九条 当事人在婚姻登记机关办理离婚登记手续后，以民法典第一千零九十一条规定为由向人民法院提出损害赔偿请求的，人民法院应当受理。但当事人在协议离婚时已经明确表示放弃该项请求的，人民法院不予支持。

第九十条 夫妻双方均有民法典第一千零九十一条规定的过错情形，一方或者双方向对方提出离婚损害赔偿请求的，人民法院不予支持。

六、附 则

第九十一条 本解释自2021年1月1日起施行。

最高人民法院关于适用《中华人民共和国民法典》继承编的解释（一）

（2020年12月25日最高人民法院审判委员会第1825次会议通过 2020年12月29日最高人民法院公告公布 自2021年1月1日起施行 法释〔2020〕23号）

为正确审理继承纠纷案件，根据《中华人民共和国民法典》等相关法律规定，结合审判实践，制定本解释。

一、一般规定

第一条 继承从被继承人生理死亡或者被宣告死亡时开始。

宣告死亡的，根据民法典第四十八条规定确定的死亡日期，为继承开始的时间。

第二条 承包人死亡时尚未取得承包收益的，可以将死者生前对承包所投入的资金和所付出的劳动及其增值和孳息，由发包单位或者接续承包合同的人合理折价、补偿。其价额作为遗产。

第三条 被继承人生前与他人订有遗赠扶养协议，同时又立有遗嘱的，继承开始后，如果遗赠扶养协议与遗嘱没有抵触，遗产分别按协议和遗嘱处理；如果有抵触，按协议处理，与协议抵触的遗嘱全部或者部分无效。

第四条 遗嘱继承人依遗嘱取得遗产后，仍有权依照民法典第一千一百三十条的规定取得遗嘱未处分的遗产。

第五条 在遗产继承中，继承人之间因是否丧失继承权发生纠纷，向人民法院提起诉讼的，由人民法院依据民法典第一千一百二十五条的规定，判决确认其是否丧失继承权。

第六条 继承人是否符合民法典第一千一百二十五条第一款第三项规定的"虐待被继承人情节严重"，可以从实施虐待行为的时间、手段、后果和社会影响等方面认定。

虐待被继承人情节严重的，不论是否追究刑事责任，均可确认其丧失继承权。

第七条 继承人故意杀害被继承人的，不论是既遂还是未遂，均应当确认其丧失继承权。

第八条 继承人有民法典第一千一百二十五条第一款第一项或者第二项所列之行为，而被继承人以遗嘱将遗产指定由该继承人继承的，可以确认遗嘱无效，并确认该继承人丧失继承权。

第九条 继承人伪造、篡改、隐匿或者销毁遗嘱，侵害了缺乏劳动能力又无生活来源的继承人的利益，并造成其生活困难的，应当认定为民法典第一千一百二十五条第一款第四项规定的"情节严重"。

二、法定继承

第十条 被收养人对养父母尽了赡养义务，同时又对生父母扶养较多的，除可以依照民法典第一千一百二十七条的规定继承养父母的遗产外，还可以依照民法典第一千一百三十一条的规定分得生父母适当的遗产。

第十一条 继子女继承了继父母遗产的，不影响其继承生父母的遗产。

继父母继承了继子女遗产的，不影响其继承生子女的遗产。

第十二条 养子女与生子女之间、养子女与养子女之间，系养兄弟姐妹，可以互为第二顺序继承人。

被收养人与其亲兄弟姐妹之间的权利义务关系，因收养关系的成立而消除，不能互为第二顺序继承人。

第十三条 继兄弟姐妹之间的继承权，因继兄弟姐妹之间的扶养关系而发生。没有扶养关系的，不能互为第二顺序继承人。

继兄弟姐妹之间相互继承了遗产的，不影响其继承亲兄弟姐妹的遗产。

第十四条 被继承人的孙子女、外孙子女、曾孙子女、外曾孙子女都可以代位继承,代位继承人不受辈数的限制。

第十五条 被继承人的养子女、已形成扶养关系的继子女的生子女可以代位继承;被继承人亲生子女的养子女可以代位继承;被继承人养子女的养子女可以代位继承;与被继承人已形成扶养关系的继子女的养子女也可以代位继承。

第十六条 代位继承人缺乏劳动能力又没有生活来源,或者对被继承人尽过主要赡养义务的,分配遗产时,可以多分。

第十七条 继承人丧失继承权的,其晚辈直系血亲不得代位继承。如该代位继承人缺乏劳动能力又没有生活来源,或者对被继承人尽赡养义务较多的,可以适当分给遗产。

第十八条 丧偶儿媳对公婆、丧偶女婿对岳父母,无论其是否再婚,依照民法典第一千一百二十九条规定作为第一顺序继承人时,不影响其子女代位继承。

第十九条 对被继承人生活提供了主要经济来源,或者在劳务等方面给予了主要扶助的,应当认定其尽了主要赡养义务或主要扶养义务。

第二十条 依照民法典第一千一百三十一条规定可以分给适当遗产的人,分给他们遗产时,按具体情况可以多于或者少于继承人。

第二十一条 依照民法典第一千一百三十一条规定可以分给适当遗产的人,在其依法取得被继承人遗产的权利受到侵犯时,本人有权以独立的诉讼主体资格向人民法院提起诉讼。

第二十二条 继承人有扶养能力和扶养条件,愿意尽扶养义务,但被继承人因有固定收入和劳动能力,明确表示不要求其扶养的,分配遗产时,一般不应因此而影响其继承份额。

第二十三条 有扶养能力和扶养条件的继承人虽然与被继承人共同生活,但对需要扶养的被继承人不尽扶养义务,分配遗产时,可以少分或者不分。

三、遗嘱继承和遗赠

第二十四条 继承人、受遗赠人的债权人、债务人,共同经营的合伙人,也应当视为与继承人、受遗赠人有利害关系,不能作为遗嘱的见证人。

第二十五条 遗嘱人未保留缺乏劳动能力又没有生活来源的继承人的遗产份额,遗产处理时,应当为该继承人留下必要的遗产,所剩余的部分,才可参照遗嘱确定的分配原则处理。

继承人是否缺乏劳动能力又没有生活来源,应当按遗嘱生效时该继承人的具体情况确定。

第二十六条 遗嘱人以遗嘱处分了国家、集体或者他人财产的，应当认定该部分遗嘱无效。

第二十七条 自然人在遗书中涉及死后个人财产处分的内容，确为死者的真实意思表示，有本人签名并注明了年、月、日，又无相反证据的，可以按自书遗嘱对待。

第二十八条 遗嘱人立遗嘱时必须具有完全民事行为能力。无民事行为能力人或者限制民事行为能力人所立的遗嘱，即使其本人后来具有完全民事行为能力，仍属无效遗嘱。遗嘱人立遗嘱时具有完全民事行为能力，后来成为无民事行为能力人或者限制民事行为能力人的，不影响遗嘱的效力。

第二十九条 附义务的遗嘱继承或者遗赠，如义务能够履行，而继承人、受遗赠人无正当理由不履行，经受益人或者其他继承人请求，人民法院可以取消其接受附义务部分遗产的权利，由提出请求的继承人或者受益人负责按遗嘱人的意愿履行义务，接受遗产。

四、遗产的处理

第三十条 人民法院在审理继承案件时，如果知道有继承人而无法通知的，分割遗产时，要保留其应继承的遗产，并确定该遗产的保管人或者保管单位。

第三十一条 应当为胎儿保留的遗产份额没有保留的，应从继承人所继承的遗产中扣回。

为胎儿保留的遗产份额，如胎儿出生后死亡的，由其继承人继承；如胎儿娩出时是死体的，由被继承人的继承人继承。

第三十二条 继承人因放弃继承权，致其不能履行法定义务的，放弃继承权的行为无效。

第三十三条 继承人放弃继承应当以书面形式向遗产管理人或者其他继承人表示。

第三十四条 在诉讼中，继承人向人民法院以口头方式表示放弃继承的，要制作笔录，由放弃继承的人签名。

第三十五条 继承人放弃继承的意思表示，应当在继承开始后、遗产分割前作出。遗产分割后表示放弃的不再是继承权，而是所有权。

第三十六条 遗产处理前或者在诉讼进行中，继承人对放弃继承反悔的，由人民法院根据其提出的具体理由，决定是否承认。遗产处理后，继承人对放弃继承反悔的，不予承认。

第三十七条 放弃继承的效力，追溯到继承开始的时间。

第三十八条 继承开始后，受遗赠人表示接受遗赠，并于遗产分割前死亡的，其接受遗赠的权利转移给他的继承人。

第三十九条 由国家或者集体组织供给生活费用的烈属和享受社会救济的自然人，其遗产仍应准许合法继承人继承。

第四十条 继承人以外的组织或者个人与自然人签订遗赠扶养协议后，无正当理由不履行，导致协议解除的，不能享有受遗赠的权利，其支付的供养费用一般不予补偿；遗赠人无正当理由不履行，导致协议解除的，则应当偿还继承人以外的组织或者个人已支付的供养费用。

第四十一条 遗产因无人继承又无人受遗赠归国家或者集体所有制组织所有时，按照民法典第一千一百三十一条规定可以分给适当遗产的人提出取得遗产的诉讼请求，人民法院应当视情况适当分给遗产。

第四十二条 人民法院在分割遗产中的房屋、生产资料和特定职业所需要的财产时，应当依据有利于发挥其使用效益和继承人的实际需要，兼顾各继承人的利益进行处理。

第四十三条 人民法院对故意隐匿、侵吞或者争抢遗产的继承人，可以酌情减少其应继承的遗产。

第四十四条 继承诉讼开始后，如继承人、受遗赠人中有既不愿参加诉讼，又不表示放弃实体权利的，应当追加为共同原告；继承人已书面表示放弃继承、受遗赠人在知道受遗赠后六十日内表示放弃受遗赠或者到期没有表示的，不再列为当事人。

五、附　　则

第四十五条 本解释自2021年1月1日起施行。

最高人民法院关于适用《中华人民共和国民法典》物权编的解释(一)

(2020年12月25日最高人民法院审判委员会第1825次会议通过 2020年12月29日最高人民法院公告公布 自2021年1月1日起施行 法释〔2020〕24号)

为正确审理物权纠纷案件,根据《中华人民共和国民法典》等相关法律规定,结合审判实践,制定本解释。

第一条 因不动产物权的归属,以及作为不动产物权登记基础的买卖、赠与、抵押等产生争议,当事人提起民事诉讼的,应当依法受理。当事人已经在行政诉讼中申请一并解决上述民事争议,且人民法院一并审理的除外。

第二条 当事人有证据证明不动产登记簿的记载与真实权利状态不符、其为该不动产物权的真实权利人,请求确认其享有物权的,应予支持。

第三条 异议登记因民法典第二百二十条第二款规定的事由失效后,当事人提起民事诉讼,请求确认物权归属的,应当依法受理。异议登记失效不影响人民法院对案件的实体审理。

第四条 未经预告登记的权利人同意,转让不动产所有权等物权,或者设立建设用地使用权、居住权、地役权、抵押权等其他物权的,应当依照民法典第二百二十一条第一款的规定,认定其不发生物权效力。

第五条 预告登记的买卖不动产物权的协议被认定无效、被撤销,或者预告登记的权利人放弃债权的,应当认定为民法典第二百二十一条第二款所称的"债权消灭"。

第六条 转让人转让船舶、航空器和机动车等所有权,受让人已经支付合理价款并取得占有,虽未经登记,但转让人的债权人主张其为民法典第二百二十五条所称的"善意第三人"的,不予支持,法律另有规定的除外。

第七条 人民法院、仲裁机构在分割共有不动产或者动产等案件中作出并依法生效的改变原有物权关系的判决书、裁决书、调解书,以及人民法院在执行程序中作出的拍卖成交裁定书、变卖成交裁定书、以物抵债裁定书,应当认定为民法典第二百二十九条所称导致物权设立、变更、转让或者消灭的人民法院、仲裁机构的法律文书。

第八条 依据民法典第二百二十九条至第二百三十一条规定享有物权，但尚未完成动产交付或者不动产登记的权利人，依据民法典第二百三十五条至第二百三十八条的规定，请求保护其物权的，应予支持。

第九条 共有份额的权利主体因继承、遗赠等原因发生变化时，其他按份共有人主张优先购买的，不予支持，但按份共有人之间另有约定的除外。

第十条 民法典第三百零五条所称的"同等条件"，应当综合共有份额的转让价格、价款履行方式及期限等因素确定。

第十一条 优先购买权的行使期间，按份共有人之间有约定的，按照约定处理；没有约定或者约定不明的，按照下列情形确定：

（一）转让人向其他按份共有人发出的包含同等条件内容的通知中载明行使期间的，以该期间为准；

（二）通知中未载明行使期间，或者载明的期间短于通知送达之日起十五日的，为十五日；

（三）转让人未通知的，为其他按份共有人知道或者应当知道最终确定的同等条件之日起十五日；

（四）转让人未通知，且无法确定其他按份共有人知道或者应当知道最终确定的同等条件的，为共有份额权属转移之日起六个月。

第十二条 按份共有人向共有人之外的人转让其份额，其他按份共有人根据法律、司法解释规定，请求按照同等条件优先购买该共有份额的，应予支持。其他按份共有人的请求具有下列情形之一的，不予支持：

（一）未在本解释第十一条规定的期间内主张优先购买，或者虽主张优先购买，但提出减少转让价款、增加转让人负担等实质性变更要求；

（二）以其优先购买权受到侵害为由，仅请求撤销共有份额转让合同或者认定该合同无效。

第十三条 按份共有人之间转让共有份额，其他按份共有人主张依据民法典第三百零五条规定优先购买的，不予支持，但按份共有人之间另有约定的除外。

第十四条 受让人受让不动产或者动产时，不知道转让人无处分权，且无重大过失的，应当认定受让人为善意。

真实权利人主张受让人不构成善意的，应当承担举证证明责任。

第十五条 具有下列情形之一的，应当认定不动产受让人知道转让人无处分权：

（一）登记簿上存在有效的异议登记；

（二）预告登记有效期内，未经预告登记的权利人同意；

（三）登记簿上已经记载司法机关或者行政机关依法裁定、决定查封或者以其他形式限制不动产权利的有关事项；

（四）受让人知道登记簿上记载的权利主体错误；

（五）受让人知道他人已经依法享有不动产物权。

真实权利人有证据证明不动产受让人应当知道转让人无处分权的，应当认定受让人具有重大过失。

第十六条 受让人受让动产时，交易的对象、场所或者时机等不符合交易习惯的，应当认定受让人具有重大过失。

第十七条 民法典第三百一十一条第一款第一项所称的“受让人受让该不动产或者动产时”，是指依法完成不动产物权转移登记或者动产交付之时。

当事人以民法典第二百二十六条规定的方式交付动产的，转让动产民事法律行为生效时为动产交付之时；当事人以民法典第二百二十七条规定的方式交付动产的，转让人与受让人之间有关转让返还原物请求权的协议生效时为动产交付之时。

法律对不动产、动产物权的设立另有规定的，应当按照法律规定的时间认定权利人是否为善意。

第十八条 民法典第三百一十一条第一款第二项所称“合理的价格”，应当根据转让标的物的性质、数量以及付款方式等具体情况，参考转让时交易地市场价格以及交易习惯等因素综合认定。

第十九条 转让人将民法典第二百二十五条规定的船舶、航空器和机动车等交付给受让人的，应当认定符合民法典第三百一十一条第一款第三项规定的善意取得的条件。

第二十条 具有下列情形之一，受让人主张依据民法典第三百一十一条规定取得所有权的，不予支持：

（一）转让合同被认定无效；

（二）转让合同被撤销。

第二十一条 本解释自2021年1月1日起施行。

最高人民法院关于审理建设工程施工合同纠纷案件适用法律问题的解释(一)

(2020年12月25日最高人民法院审判委员会第1825次会议通过 2020年12月29日最高人民法院公告公布 自2021年1月1日起施行 法释〔2020〕25号)

为正确审理建设工程施工合同纠纷案件,依法保护当事人合法权益,维护建筑市场秩序,促进建筑市场健康发展,根据《中华人民共和国民法典》《中华人民共和国建筑法》《中华人民共和国招标投标法》《中华人民共和国民事诉讼法》等相关法律规定,结合审判实践,制定本解释。

第一条 建设工程施工合同具有下列情形之一的,应当依据民法典第一百五十三条第一款的规定,认定无效:

(一)承包人未取得建筑业企业资质或者超越资质等级的;

(二)没有资质的实际施工人借用有资质的建筑施工企业名义的;

(三)建设工程必须进行招标而未招标或者中标无效的。

承包人因转包、违法分包建设工程与他人签订的建设工程施工合同,应当依据民法典第一百五十三条第一款及第七百九十一条第二款、第三款的规定,认定无效。

第二条 招标人和中标人另行签订的建设工程施工合同约定的工程范围、建设工期、工程质量、工程价款等实质性内容,与中标合同不一致,一方当事人请求按照中标合同确定权利义务的,人民法院应予支持。

招标人和中标人在中标合同之外就明显高于市场价格购买承建房产、无偿建设住房配套设施、让利、向建设单位捐赠财物等另行签订合同,变相降低工程价款,一方当事人以该合同背离中标合同实质性内容为由请求确认无效的,人民法院应予支持。

第三条 当事人以发包人未取得建设工程规划许可证等规划审批手续为由,请求确认建设工程施工合同无效的,人民法院应予支持,但发包人在起诉前取得建设工程规划许可证等规划审批手续的除外。

发包人能够办理审批手续而未办理,并以未办理审批手续为由请求确认建设工程施工合同无效的,人民法院不予支持。

第四条 承包人超越资质等级许可的业务范围签订建设工程施工合同，在建设工程竣工前取得相应资质等级，当事人请求按照无效合同处理的，人民法院不予支持。

第五条 具有劳务作业法定资质的承包人与总承包人、分包人签订的劳务分包合同，当事人请求确认无效的，人民法院依法不予支持。

第六条 建设工程施工合同无效，一方当事人请求对方赔偿损失的，应当就对方过错、损失大小、过错与损失之间的因果关系承担举证责任。

损失大小无法确定，一方当事人请求参照合同约定的质量标准、建设工期、工程价款支付时间等内容确定损失大小的，人民法院可以结合双方过错程度、过错与损失之间的因果关系等因素作出裁判。

第七条 缺乏资质的单位或者个人借用有资质的建筑施工企业名义签订建设工程施工合同，发包人请求出借方与借用方对建设工程质量不合格等因出借资质造成的损失承担连带赔偿责任的，人民法院应予支持。

第八条 当事人对建设工程开工日期有争议的，人民法院应当分别按照以下情形予以认定：

（一）开工日期为发包人或者监理人发出的开工通知载明的开工日期；开工通知发出后，尚不具备开工条件的，以开工条件具备的时间为开工日期；因承包人原因导致开工时间推迟的，以开工通知载明的时间为开工日期。

（二）承包人经发包人同意已经实际进场施工的，以实际进场施工时间为开工日期。

（三）发包人或者监理人未发出开工通知，亦无相关证据证明实际开工日期的，应当综合考虑开工报告、合同、施工许可证、竣工验收报告或者竣工验收备案表等载明的时间，并结合是否具备开工条件的事实，认定开工日期。

第九条 当事人对建设工程实际竣工日期有争议的，人民法院应当分别按照以下情形予以认定：

（一）建设工程经竣工验收合格的，以竣工验收合格之日为竣工日期；

（二）承包人已经提交竣工验收报告，发包人拖延验收的，以承包人提交验收报告之日为竣工日期；

（三）建设工程未经竣工验收，发包人擅自使用的，以转移占有建设工程之日为竣工日期。

第十条 当事人约定顺延工期应当经发包人或者监理人签证等方式确认，承包人虽未取得工期顺延的确认，但能够证明在合同约定的期限内向发包人或者监理人申请过工期顺延且顺延事由符合合同约定，承包人以此为由主张工期顺延的，人民法院应予支持。

当事人约定承包人未在约定期限内提出工期顺延申请视为工期不顺延的，按照约定处理，但发包人在约定期限后同意工期顺延或者承包人提出合理抗辩的除外。

第十一条 建设工程竣工前，当事人对工程质量发生争议，工程质量经鉴定合格的，鉴定期间为顺延工期期间。

第十二条 因承包人的原因造成建设工程质量不符合约定，承包人拒绝修理、返工或者改建，发包人请求减少支付工程价款的，人民法院应予支持。

第十三条 发包人具有下列情形之一，造成建设工程质量缺陷，应当承担过错责任：

（一）提供的设计有缺陷；

（二）提供或者指定购买的建筑材料、建筑构配件、设备不符合强制性标准；

（三）直接指定分包人分包专业工程。

承包人有过错的，也应当承担相应的过错责任。

第十四条 建设工程未经竣工验收，发包人擅自使用后，又以使用部分质量不符合约定为由主张权利的，人民法院不予支持；但是承包人应当在建设工程的合理使用寿命内对地基基础工程和主体结构质量承担民事责任。

第十五条 因建设工程质量发生争议的，发包人可以以总承包人、分包人和实际施工人为共同被告提起诉讼。

第十六条 发包人在承包人提起的建设工程施工合同纠纷案件中，以建设工程质量不符合合同约定或者法律规定为由，就承包人支付违约金或者赔偿修理、返工、改建的合理费用等损失提出反诉的，人民法院可以合并审理。

第十七条 有下列情形之一，承包人请求发包人返还工程质量保证金的，人民法院应予支持：

（一）当事人约定的工程质量保证金返还期限届满；

（二）当事人未约定工程质量保证金返还期限的，自建设工程通过竣工验收之日起满二年；

（三）因发包人原因建设工程未按约定期限进行竣工验收的，自承包人提交工程竣工验收报告九十日后当事人约定的工程质量保证金返还期限届满；当事人未约定工程质量保证金返还期限的，自承包人提交工程竣工验收报告九十日后起满二年。

发包人返还工程质量保证金后，不影响承包人根据合同约定或者法律规定履行工程保修义务。

第十八条 因保修人未及时履行保修义务，导致建筑物毁损或者造成人身损害、财产损失的,保修人应当承担赔偿责任。

保修人与建筑物所有人或者发包人对建筑物毁损均有过错的,各自承担相应的责任。

第十九条 当事人对建设工程的计价标准或者计价方法有约定的,按照约定结算工程价款。

因设计变更导致建设工程的工程量或者质量标准发生变化,当事人对该部分工程价款不能协商一致的,可以参照签订建设工程施工合同时当地建设行政主管部门发布的计价方法或者计价标准结算工程价款。

建设工程施工合同有效,但建设工程经竣工验收不合格的,依照民法典第五百七十七条规定处理。

第二十条 当事人对工程量有争议的,按照施工过程中形成的签证等书面文件确认。承包人能够证明发包人同意其施工,但未能提供签证文件证明工程量发生的,可以按照当事人提供的其他证据确认实际发生的工程量。

第二十一条 当事人约定,发包人收到竣工结算文件后,在约定期限内不予答复,视为认可竣工结算文件的,按照约定处理。承包人请求按照竣工结算文件结算工程价款的,人民法院应予支持。

第二十二条 当事人签订的建设工程施工合同与招标文件、投标文件、中标通知书载明的工程范围、建设工期、工程质量、工程价款不一致,一方当事人请求将招标文件、投标文件、中标通知书作为结算工程价款的依据的,人民法院应予支持。

第二十三条 发包人将依法不属于必须招标的建设工程进行招标后,与承包人另行订立的建设工程施工合同背离中标合同的实质性内容,当事人请求以中标合同作为结算建设工程价款依据的,人民法院应予支持,但发包人与承包人因客观情况发生了在招标投标时难以预见的变化而另行订立建设工程施工合同的除外。

第二十四条 当事人就同一建设工程订立的数份建设工程施工合同均无效,但建设工程质量合格,一方当事人请求参照实际履行的合同关于工程价款的约定折价补偿承包人的,人民法院应予支持。

实际履行的合同难以确定,当事人请求参照最后签订的合同关于工程价款的约定折价补偿承包人的,人民法院应予支持。

第二十五条 当事人对垫资和垫资利息有约定,承包人请求按照约定返还垫资及其利息的,人民法院应予支持,但是约定的利息计算标准高于垫资时的同类贷款利率或者同期贷款市场报价利率的部分除外。

当事人对垫资没有约定的,按照工程欠款处理。

当事人对垫资利息没有约定,承包人请求支付利息的,人民法院不予支持。

第二十六条 当事人对欠付工程价款利息计付标准有约定的,按照约定处理。没有约定的,按照同期同类贷款利率或者同期贷款市场报价利率计息。

第二十七条 利息从应付工程价款之日开始计付。当事人对付款时间没有约定或者约定不明的,下列时间视为应付款时间:

(一)建设工程已实际交付的,为交付之日;

(二)建设工程没有交付的,为提交竣工结算文件之日;

(三)建设工程未交付,工程价款也未结算的,为当事人起诉之日。

第二十八条 当事人约定按照固定价结算工程价款,一方当事人请求对建设工程造价进行鉴定的,人民法院不予支持。

第二十九条 当事人在诉讼前已经对建设工程价款结算达成协议,诉讼中一方当事人申请对工程造价进行鉴定的,人民法院不予准许。

第三十条 当事人在诉讼前共同委托有关机构、人员对建设工程造价出具咨询意见,诉讼中一方当事人不认可该咨询意见申请鉴定的,人民法院应予准许,但双方当事人明确表示受该咨询意见约束的除外。

第三十一条 当事人对部分案件事实有争议的,仅对有争议的事实进行鉴定,但争议事实范围不能确定,或者双方当事人请求对全部事实鉴定的除外。

第三十二条 当事人对工程造价、质量、修复费用等专门性问题有争议,人民法院认为需要鉴定的,应当向负有举证责任的当事人释明。当事人经释明未申请鉴定,虽申请鉴定但未支付鉴定费用或者拒不提供相关材料的,应当承担举证不能的法律后果。

一审诉讼中负有举证责任的当事人未申请鉴定,虽申请鉴定但未支付鉴定费用或者拒不提供相关材料,二审诉讼中申请鉴定,人民法院认为确有必要的,应当依照民事诉讼法第一百七十条第一款第三项的规定处理。

第三十三条 人民法院准许当事人的鉴定申请后,应当根据当事人申请及查明案件事实的需要,确定委托鉴定的事项、范围、鉴定期限等,并组织当事人对争议的鉴定材料进行质证。

第三十四条 人民法院应当组织当事人对鉴定意见进行质证。鉴定人将当事人有争议且未经质证的材料作为鉴定依据的,人民法院应当组织当事人就该部分材料进行质证。经质证认为不能作为鉴定依据的,根据该材料作出的鉴定意见不得作为认定案件事实的依据。

第三十五条 与发包人订立建设工程施工合同的承包人,依据民法典第八百零七条的规定请求其承建工程的价款就工程折价或者拍卖的价款优先受偿的，人民法院应予支持。

第三十六条 承包人根据民法典第八百零七条规定享有的建设工程价款优先受偿权优于抵押权和其他债权。

第三十七条 装饰装修工程具备折价或者拍卖条件，装饰装修工程的承包人请求工程价款就该装饰装修工程折价或者拍卖的价款优先受偿的，人民法院应予支持。

第三十八条 建设工程质量合格，承包人请求其承建工程的价款就工程折价或者拍卖的价款优先受偿的，人民法院应予支持。

第三十九条 未竣工的建设工程质量合格，承包人请求其承建工程的价款就其承建工程部分折价或者拍卖的价款优先受偿的，人民法院应予支持。

第四十条 承包人建设工程价款优先受偿的范围依照国务院有关行政主管部门关于建设工程价款范围的规定确定。

承包人就逾期支付建设工程价款的利息、违约金、损害赔偿金等主张优先受偿的，人民法院不予支持。

第四十一条 承包人应当在合理期限内行使建设工程价款优先受偿权，但最长不得超过十八个月，自发包人应当给付建设工程价款之日起算。

第四十二条 发包人与承包人约定放弃或者限制建设工程价款优先受偿权，损害建筑工人利益，发包人根据该约定主张承包人不享有建设工程价款优先受偿权的，人民法院不予支持。

第四十三条 实际施工人以转包人、违法分包人为被告起诉的，人民法院应当依法受理。

实际施工人以发包人为被告主张权利的，人民法院应当追加转包人或者违法分包人为本案第三人，在查明发包人欠付转包人或者违法分包人建设工程价款的数额后，判决发包人在欠付建设工程价款范围内对实际施工人承担责任。

第四十四条 实际施工人依据民法典第五百三十五条规定，以转包人或者违法分包人怠于向发包人行使到期债权或者与该债权有关的从权利，影响其到期债权实现，提起代位权诉讼的，人民法院应予支持。

第四十五条 本解释自2021年1月1日起施行。

最高人民法院关于审理劳动争议案件适用法律问题的解释(一)

(2020 年 12 月 25 日最高人民法院审判委员会第 1825 次会议通过　2020 年 12 月 29 日最高人民法院公告公布　自 2021 年 1 月 1 日起施行　法释〔2020〕26 号)

为正确审理劳动争议案件,根据《中华人民共和国民法典》《中华人民共和国劳动法》《中华人民共和国劳动合同法》《中华人民共和国劳动争议调解仲裁法》《中华人民共和国民事诉讼法》等相关法律规定,结合审判实践,制定本解释。

第一条　劳动者与用人单位之间发生的下列纠纷,属于劳动争议,当事人不服劳动争议仲裁机构作出的裁决,依法提起诉讼的,人民法院应予受理:

(一)劳动者与用人单位在履行劳动合同过程中发生的纠纷;

(二)劳动者与用人单位之间没有订立书面劳动合同,但已形成劳动关系后发生的纠纷;

(三)劳动者与用人单位因劳动关系是否已经解除或者终止,以及应否支付解除或者终止劳动关系经济补偿金发生的纠纷;

(四)劳动者与用人单位解除或者终止劳动关系后,请求用人单位返还其收取的劳动合同定金、保证金、抵押金、抵押物发生的纠纷,或者办理劳动者的人事档案、社会保险关系等移转手续发生的纠纷;

(五)劳动者以用人单位未为其办理社会保险手续,且社会保险经办机构不能补办导致其无法享受社会保险待遇为由,要求用人单位赔偿损失发生的纠纷;

(六)劳动者退休后,与尚未参加社会保险统筹的原用人单位因追索养老金、医疗费、工伤保险待遇和其他社会保险待遇而发生的纠纷;

(七)劳动者因为工伤、职业病,请求用人单位依法给予工伤保险待遇发生的纠纷;

(八)劳动者依据劳动合同法第八十五条规定,要求用人单位支付加付赔偿金发生的纠纷;

(九)因企业自主进行改制发生的纠纷。

第二条 下列纠纷不属于劳动争议：

（一）劳动者请求社会保险经办机构发放社会保险金的纠纷；

（二）劳动者与用人单位因住房制度改革产生的公有住房转让纠纷；

（三）劳动者对劳动能力鉴定委员会的伤残等级鉴定结论或者对职业病诊断鉴定委员会的职业病诊断鉴定结论的异议纠纷；

（四）家庭或者个人与家政服务人员之间的纠纷；

（五）个体工匠与帮工、学徒之间的纠纷；

（六）农村承包经营户与受雇人之间的纠纷。

第三条 劳动争议案件由用人单位所在地或者劳动合同履行地的基层人民法院管辖。

劳动合同履行地不明确的，由用人单位所在地的基层人民法院管辖。

法律另有规定的，依照其规定。

第四条 劳动者与用人单位均不服劳动争议仲裁机构的同一裁决，向同一人民法院起诉的，人民法院应当并案审理，双方当事人互为原告和被告，对双方的诉讼请求，人民法院应当一并作出裁决。在诉讼过程中，一方当事人撤诉的，人民法院应当根据另一方当事人的诉讼请求继续审理。双方当事人就同一仲裁裁决分别向有管辖权的人民法院起诉的，后受理的人民法院应当将案件移送给先受理的人民法院。

第五条 劳动争议仲裁机构以无管辖权为由对劳动争议案件不予受理，当事人提起诉讼的，人民法院按照以下情形分别处理：

（一）经审查认为该劳动争议仲裁机构对案件确无管辖权的，应当告知当事人向有管辖权的劳动争议仲裁机构申请仲裁；

（二）经审查认为该劳动争议仲裁机构有管辖权的，应当告知当事人申请仲裁，并将审查意见书面通知该劳动争议仲裁机构；劳动争议仲裁机构仍不受理，当事人就该劳动争议事项提起诉讼的，人民法院应予受理。

第六条 劳动争议仲裁机构以当事人申请仲裁的事项不属于劳动争议为由，作出不予受理的书面裁决、决定或者通知，当事人不服依法提起诉讼的，人民法院应当分别情况予以处理：

（一）属于劳动争议案件的，应当受理；

（二）虽不属于劳动争议案件，但属于人民法院主管的其他案件，应当依法受理。

第七条 劳动争议仲裁机构以申请仲裁的主体不适格为由，作出不予受理的书面裁决、决定或者通知，当事人不服依法提起诉讼，经审查确属主体不适格的，人民法院不予受理；已经受理的，裁定驳回起诉。

第八条 劳动争议仲裁机构为纠正原仲裁裁决错误重新作出裁决，当事人不服依法提起诉讼的，人民法院应当受理。

第九条 劳动争议仲裁机构仲裁的事项不属于人民法院受理的案件范围，当事人不服依法提起诉讼的，人民法院不予受理；已经受理的，裁定驳回起诉。

第十条 当事人不服劳动争议仲裁机构作出的预先支付劳动者劳动报酬、工伤医疗费、经济补偿或者赔偿金的裁决，依法提起诉讼的，人民法院不予受理。

用人单位不履行上述裁决中的给付义务，劳动者依法申请强制执行的，人民法院应予受理。

第十一条 劳动争议仲裁机构作出的调解书已经发生法律效力，一方当事人反悔提起诉讼的，人民法院不予受理；已经受理的，裁定驳回起诉。

第十二条 劳动争议仲裁机构逾期未作出受理决定或仲裁裁决，当事人直接提起诉讼的，人民法院应予受理，但申请仲裁的案件存在下列事由的除外：

（一）移送管辖的；

（二）正在送达或者送达延误的；

（三）等待另案诉讼结果、评残结论的；

（四）正在等待劳动争议仲裁机构开庭的；

（五）启动鉴定程序或者委托其他部门调查取证的；

（六）其他正当事由。

当事人以劳动争议仲裁机构逾期未作出仲裁裁决为由提起诉讼的，应当提交该仲裁机构出具的受理通知书或者其他已接受仲裁申请的凭证、证明。

第十三条 劳动者依据劳动合同法第三十条第二款和调解仲裁法第十六条规定向人民法院申请支付令，符合民事诉讼法第十七章督促程序规定的，人民法院应予受理。

依据劳动合同法第三十条第二款规定申请支付令被人民法院裁定终结督促程序后，劳动者就劳动争议事项直接提起诉讼的，人民法院应当告知其先向劳动争议仲裁机构申请仲裁。

依据调解仲裁法第十六条规定申请支付令被人民法院裁定终结督促程序后，劳动者依据调解协议直接提起诉讼的，人民法院应予受理。

第十四条 人民法院受理劳动争议案件后，当事人增加诉讼请求的，如该诉讼请求与讼争的劳动争议具有不可分性，应当合并审理；如属独立的劳动争议，应当告知当事人向劳动争议仲裁机构申请仲裁。

第十五条 劳动者以用人单位的工资欠条为证据直接提起诉讼，诉讼请求不涉及劳动关系其他争议的，视为拖欠劳动报酬争议，人民法院按照普通民事纠纷受理。

第十六条 劳动争议仲裁机构作出仲裁裁决后，当事人对裁决中的部分事项不服，依法提起诉讼的，劳动争议仲裁裁决不发生法律效力。

第十七条 劳动争议仲裁机构对多个劳动者的劳动争议作出仲裁裁决后，部分劳动者对仲裁裁决不服，依法提起诉讼的，仲裁裁决对提起诉讼的劳动者不发生法律效力；对未提起诉讼的部分劳动者，发生法律效力，如其申请执行的，人民法院应当受理。

第十八条 仲裁裁决的类型以仲裁裁决书确定为准。仲裁裁决书未载明该裁决为终局裁决或者非终局裁决，用人单位不服该仲裁裁决向基层人民法院提起诉讼的，应当按照以下情形分别处理：

（一）经审查认为该仲裁裁决为非终局裁决的，基层人民法院应予受理；

（二）经审查认为该仲裁裁决为终局裁决的，基层人民法院不予受理，但应告知用人单位可以自收到不予受理裁定书之日起三十日内向劳动争议仲裁机构所在地的中级人民法院申请撤销该仲裁裁决；已经受理的，裁定驳回起诉。

第十九条 仲裁裁决书未载明该裁决为终局裁决或者非终局裁决，劳动者依据调解仲裁法第四十七条第一项规定，追索劳动报酬、工伤医疗费、经济补偿或者赔偿金，如果仲裁裁决涉及数项，每项确定的数额均不超过当地月最低工资标准十二个月金额的，应当按照终局裁决处理。

第二十条 劳动争议仲裁机构作出的同一仲裁裁决同时包含终局裁决事项和非终局裁决事项，当事人不服该仲裁裁决向人民法院提起诉讼的，应当按照非终局裁决处理。

第二十一条 劳动者依据调解仲裁法第四十八条规定向基层人民法院提起诉讼，用人单位依据调解仲裁法第四十九条规定向劳动争议仲裁机构所在地的中级人民法院申请撤销仲裁裁决的，中级人民法院应当不予受理；已经受理的，应当裁定驳回申请。

被人民法院驳回起诉或者劳动者撤诉的，用人单位可以自收到裁定书之日起三十日内，向劳动争议仲裁机构所在地的中级人民法院申请撤销仲裁裁决。

第二十二条 用人单位依据调解仲裁法第四十九条规定向中级人民法院申请撤销仲裁裁决，中级人民法院作出的驳回申请或者撤销仲裁裁决的裁定为终审裁定。

第二十三条 中级人民法院审理用人单位申请撤销终局裁决的案件，应当组成合议庭开庭审理。经过阅卷、调查和询问当事人,对没有新的事实、证据或者理由,合议庭认为不需要开庭审理的,可以不开庭审理。

中级人民法院可以组织双方当事人调解。达成调解协议的,可以制作调解书。一方当事人逾期不履行调解协议的,另一方可以申请人民法院强制执行。

第二十四条 当事人申请人民法院执行劳动争议仲裁机构作出的发生法律效力的裁决书、调解书,被申请人提出证据证明劳动争议仲裁裁决书、调解书有下列情形之一,并经审查核实的,人民法院可以根据民事诉讼法第二百三十七条规定,裁定不予执行:

(一)裁决的事项不属于劳动争议仲裁范围,或者劳动争议仲裁机构无权仲裁的;

(二)适用法律、法规确有错误的;

(三)违反法定程序的;

(四)裁决所根据的证据是伪造的;

(五)对方当事人隐瞒了足以影响公正裁决的证据的;

(六)仲裁员在仲裁该案时有索贿受贿、徇私舞弊、枉法裁决行为的;

(七)人民法院认定执行该劳动争议仲裁裁决违背社会公共利益的。

人民法院在不予执行的裁定书中,应当告知当事人在收到裁定书之次日起三十日内,可以就该劳动争议事项向人民法院提起诉讼。

第二十五条 劳动争议仲裁机构作出终局裁决,劳动者向人民法院申请执行,用人单位向劳动争议仲裁机构所在地的中级人民法院申请撤销的,人民法院应当裁定中止执行。

用人单位撤回撤销终局裁决申请或者其申请被驳回的,人民法院应当裁定恢复执行。仲裁裁决被撤销的,人民法院应当裁定终结执行。

用人单位向人民法院申请撤销仲裁裁决被驳回后,又在执行程序中以相同理由提出不予执行抗辩的,人民法院不予支持。

第二十六条 用人单位与其它单位合并的,合并前发生的劳动争议,由合并后的单位为当事人;用人单位分立为若干单位的,其分立前发生的劳动争议,由分立后的实际用人单位为当事人。

用人单位分立为若干单位后,具体承受劳动权利义务的单位不明确的,分立后的单位均为当事人。

第二十七条 用人单位招用尚未解除劳动合同的劳动者,原用人单位与劳动者发生的劳动争议,可以列新的用人单位为第三人。

原用人单位以新的用人单位侵权为由提起诉讼的,可以列劳动者为第三人。

原用人单位以新的用人单位和劳动者共同侵权为由提起诉讼的，新的用人单位和劳动者列为共同被告。

第二十八条 劳动者在用人单位与其他平等主体之间的承包经营期间，与发包方和承包方双方或者一方发生劳动争议，依法提起诉讼的，应当将承包方和发包方作为当事人。

第二十九条 劳动者与未办理营业执照、营业执照被吊销或者营业期限届满仍继续经营的用人单位发生争议的，应当将用人单位或者其出资人列为当事人。

第三十条 未办理营业执照、营业执照被吊销或者营业期限届满仍继续经营的用人单位，以挂靠等方式借用他人营业执照经营的，应当将用人单位和营业执照出借方列为当事人。

第三十一条 当事人不服劳动争议仲裁机构作出的仲裁裁决，依法提起诉讼，人民法院审查认为仲裁裁决遗漏了必须共同参加仲裁的当事人的，应当依法追加遗漏的人为诉讼当事人。

被追加的当事人应当承担责任的，人民法院应当一并处理。

第三十二条 用人单位与其招用的已经依法享受养老保险待遇或者领取退休金的人员发生用工争议而提起诉讼的，人民法院应当按劳务关系处理。

企业停薪留职人员、未达到法定退休年龄的内退人员、下岗待岗人员以及企业经营性停产放长假人员，因与新的用人单位发生用工争议而提起诉讼的，人民法院应当按劳动关系处理。

第三十三条 外国人、无国籍人未依法取得就业证件即与中华人民共和国境内的用人单位签订劳动合同，当事人请求确认与用人单位存在劳动关系的，人民法院不予支持。

持有《外国专家证》并取得《外国人来华工作许可证》的外国人，与中华人民共和国境内的用人单位建立用工关系的，可以认定为劳动关系。

第三十四条 劳动合同期满后，劳动者仍在原用人单位工作，原用人单位未表示异议的，视为双方同意以原条件继续履行劳动合同。一方提出终止劳动关系的，人民法院应予支持。

根据劳动合同法第十四条规定，用人单位应当与劳动者签订无固定期限劳动合同而未签订的，人民法院可以视为双方之间存在无固定期限劳动合同关系，并以原劳动合同确定双方的权利义务关系。

第三十五条 劳动者与用人单位就解除或者终止劳动合同办理相关手续、支付工资报酬、加班费、经济补偿或者赔偿金等达成的协议，不违反法律、行政法规的强制性规定，且不存在欺诈、胁迫或者乘人之危情形的，应当认定有效。

前款协议存在重大误解或者显失公平情形，当事人请求撤销的，人民法院应予支持。

第三十六条 当事人在劳动合同或者保密协议中约定了竞业限制，但未约定解除或者终止劳动合同后给予劳动者经济补偿，劳动者履行了竞业限制义务，要求用人单位按照劳动者在劳动合同解除或者终止前十二个月平均工资的30%按月支付经济补偿的，人民法院应予支持。

前款规定的月平均工资的30%低于劳动合同履行地最低工资标准的，按照劳动合同履行地最低工资标准支付。

第三十七条 当事人在劳动合同或者保密协议中约定了竞业限制和经济补偿，当事人解除劳动合同时，除另有约定外，用人单位要求劳动者履行竞业限制义务，或者劳动者履行了竞业限制义务后要求用人单位支付经济补偿的，人民法院应予支持。

第三十八条 当事人在劳动合同或者保密协议中约定了竞业限制和经济补偿，劳动合同解除或者终止后，因用人单位的原因导致三个月未支付经济补偿，劳动者请求解除竞业限制约定的，人民法院应予支持。

第三十九条 在竞业限制期限内，用人单位请求解除竞业限制协议的，人民法院应予支持。

在解除竞业限制协议时，劳动者请求用人单位额外支付劳动者三个月的竞业限制经济补偿的，人民法院应予支持。

第四十条 劳动者违反竞业限制约定，向用人单位支付违约金后，用人单位要求劳动者按照约定继续履行竞业限制义务的，人民法院应予支持。

第四十一条 劳动合同被确认为无效，劳动者已付出劳动的，用人单位应当按照劳动合同法第二十八条、第四十六条、第四十七条的规定向劳动者支付劳动报酬和经济补偿。

由于用人单位原因订立无效劳动合同，给劳动者造成损害的，用人单位应当赔偿劳动者因合同无效所造成的经济损失。

第四十二条 劳动者主张加班费的，应当就加班事实的存在承担举证责任。但劳动者有证据证明用人单位掌握加班事实存在的证据，用人单位不提供的，由用人单位承担不利后果。

第四十三条 用人单位与劳动者协商一致变更劳动合同，虽未采用书面形式，但已经实际履行了口头变更的劳动合同超过一个月，变更后的劳动合同内容不违反法律、行政法规且不违背公序良俗，当事人以未采用书面形式为由主张劳动合同变更无效的，人民法院不予支持。

第四十四条 因用人单位作出的开除、除名、辞退、解除劳动合同、减少劳动报酬、计算劳动者工作年限等决定而发生的劳动争议，用人单位负举证责任。

第四十五条 用人单位有下列情形之一，迫使劳动者提出解除劳动合同的，用人单位应当支付劳动者的劳动报酬和经济补偿，并可支付赔偿金：

（一）以暴力、威胁或者非法限制人身自由的手段强迫劳动的；

（二）未按照劳动合同约定支付劳动报酬或者提供劳动条件的；

（三）克扣或者无故拖欠劳动者工资的；

（四）拒不支付劳动者延长工作时间工资报酬的；

（五）低于当地最低工资标准支付劳动者工资的。

第四十六条 劳动者非因本人原因从原用人单位被安排到新用人单位工作，原用人单位未支付经济补偿，劳动者依据劳动合同法第三十八条规定与新用人单位解除劳动合同，或者新用人单位向劳动者提出解除、终止劳动合同，在计算支付经济补偿或赔偿金的工作年限时，劳动者请求把在原用人单位的工作年限合并计算为新用人单位工作年限的，人民法院应予支持。

用人单位符合下列情形之一的，应当认定属于"劳动者非因本人原因从原用人单位被安排到新用人单位工作"：

（一）劳动者仍在原工作场所、工作岗位工作，劳动合同主体由原用人单位变更为新用人单位；

（二）用人单位以组织委派或任命形式对劳动者进行工作调动；

（三）因用人单位合并、分立等原因导致劳动者工作调动；

（四）用人单位及其关联企业与劳动者轮流订立劳动合同；

（五）其他合理情形。

第四十七条 建立了工会组织的用人单位解除劳动合同符合劳动合同法第三十九条、第四十条规定，但未按照劳动合同法第四十三条规定事先通知工会，劳动者以用人单位违法解除劳动合同为由请求用人单位支付赔偿金的，人民法院应予支持，但起诉前用人单位已经补正有关程序的除外。

第四十八条 劳动合同法施行后，因用人单位经营期限届满不再继续经营导致劳动合同不能继续履行，劳动者请求用人单位支付经济补偿的，人民法院应予支持。

第四十九条 在诉讼过程中，劳动者向人民法院申请采取财产保全措施，人民法院经审查认为申请人经济确有困难，或者有证据证明用人单位存在欠薪逃匿可能的，应当减轻或者免除劳动者提供担保的义务，及时采取保全措施。

人民法院作出的财产保全裁定中，应当告知当事人在劳动争议仲裁机构的裁决书或者在人民法院的裁判文书生效后三个月内申请强制执行。逾期不申请的，人民法院应当裁定解除保全措施。

第五十条 用人单位根据劳动合同法第四条规定，通过民主程序制定的规章制度，不违反国家法律、行政法规及政策规定，并已向劳动者公示的，可以作为确定双方权利义务的依据。

用人单位制定的内部规章制度与集体合同或者劳动合同约定的内容不一致，劳动者请求优先适用合同约定的，人民法院应予支持。

第五十一条 当事人在调解仲裁法第十条规定的调解组织主持下达成的具有劳动权利义务内容的调解协议，具有劳动合同的约束力，可以作为人民法院裁判的根据。

当事人在调解仲裁法第十条规定的调解组织主持下仅就劳动报酬争议达成调解协议，用人单位不履行调解协议确定的给付义务，劳动者直接提起诉讼的，人民法院可以按照普通民事纠纷受理。

第五十二条 当事人在人民调解委员会主持下仅就给付义务达成的调解协议，双方认为有必要的，可以共同向人民调解委员会所在地的基层人民法院申请司法确认。

第五十三条 用人单位对劳动者作出的开除、除名、辞退等处理，或者因其他原因解除劳动合同确有错误的，人民法院可以依法判决予以撤销。

对于追索劳动报酬、养老金、医疗费以及工伤保险待遇、经济补偿金、培训费及其他相关费用等案件，给付数额不当的，人民法院可以予以变更。

第五十四条 本解释自2021年1月1日起施行。

最高人民法院关于新民间借贷司法解释适用范围问题的批复

（2020年11月9日最高人民法院审判委员会第1815次会议通过 2020年12月29日最高人民法院公告公布 自2021年1月1日起施行 法释〔2020〕27号）

广东省高级人民法院：

你院《关于新民间借贷司法解释有关法律适用问题的请示》（粤高法〔2020〕108号）收悉。经研究，批复如下：

一、关于适用范围问题。经征求金融监管部门意见,由地方金融监管部门监管的小额贷款公司、融资担保公司、区域性股权市场、典当行、融资租赁公司、商业保理公司、地方资产管理公司等七类地方金融组织,属于经金融监管部门批准设立的金融机构,其因从事相关金融业务引发的纠纷,不适用新民间借贷司法解释。

二、其它两问题已在修订后的司法解释中予以明确,请遵照执行。

三、本批复自2021年1月1日起施行。

最高人民法院关于适用《中华人民共和国民法典》有关担保制度的解释

(2020年12月25日最高人民法院审判委员会第1824次会议通过　2020年12月31日最高人民法院公告公布　自2021年1月1日起施行　法释〔2020〕28号)

为正确适用《中华人民共和国民法典》有关担保制度的规定,结合民事审判实践,制定本解释。

一、关于一般规定

第一条　因抵押、质押、留置、保证等担保发生的纠纷,适用本解释。所有权保留买卖、融资租赁、保理等涉及担保功能发生的纠纷,适用本解释的有关规定。

第二条　当事人在担保合同中约定担保合同的效力独立于主合同,或者约定担保人对主合同无效的法律后果承担担保责任,该有关担保独立性的约定无效。主合同有效的,有关担保独立性的约定无效不影响担保合同的效力;主合同无效的,人民法院应当认定担保合同无效,但是法律另有规定的除外。

因金融机构开立的独立保函发生的纠纷,适用《最高人民法院关于审理独立保函纠纷案件若干问题的规定》。

第三条　当事人对担保责任的承担约定专门的违约责任,或者约定的担保责任范围超出债务人应当承担的责任范围,担保人主张仅在债务人应当承担的责任范围内承担责任的,人民法院应予支持。

担保人承担的责任超出债务人应当承担的责任范围，担保人向债务人追偿，债务人主张仅在其应当承担的责任范围内承担责任的，人民法院应予支持；担保人请求债权人返还超出部分的，人民法院依法予以支持。

第四条 有下列情形之一，当事人将担保物权登记在他人名下，债务人不履行到期债务或者发生当事人约定的实现担保物权的情形，债权人或者其受托人主张就该财产优先受偿的，人民法院依法予以支持：

（一）为债券持有人提供的担保物权登记在债券受托管理人名下；

（二）为委托贷款人提供的担保物权登记在受托人名下；

（三）担保人知道债权人与他人之间存在委托关系的其他情形。

第五条 机关法人提供担保的，人民法院应当认定担保合同无效，但是经国务院批准为使用外国政府或者国际经济组织贷款进行转贷的除外。

居民委员会、村民委员会提供担保的，人民法院应当认定担保合同无效，但是依法代行村集体经济组织职能的村民委员会，依照村民委员会组织法规定的讨论决定程序对外提供担保的除外。

第六条 以公益为目的的非营利性学校、幼儿园、医疗机构、养老机构等提供担保的，人民法院应当认定担保合同无效，但是有下列情形之一的除外：

（一）在购入或者以融资租赁方式承租教育设施、医疗卫生设施、养老服务设施和其他公益设施时，出卖人、出租人为担保价款或者租金实现而在该公益设施上保留所有权；

（二）以教育设施、医疗卫生设施、养老服务设施和其他公益设施以外的不动产、动产或者财产权利设立担保物权。

登记为营利法人的学校、幼儿园、医疗机构、养老机构等提供担保，当事人以其不具有担保资格为由主张担保合同无效的，人民法院不予支持。

第七条 公司的法定代表人违反公司法关于公司对外担保决议程序的规定，超越权限代表公司与相对人订立担保合同，人民法院应当依照民法典第六十一条和第五百零四条等规定处理：

（一）相对人善意的，担保合同对公司发生效力；相对人请求公司承担担保责任的，人民法院应予支持。

（二）相对人非善意的，担保合同对公司不发生效力；相对人请求公司承担赔偿责任的，参照适用本解释第十七条的有关规定。

法定代表人超越权限提供担保造成公司损失，公司请求法定代表人承担赔偿责任的，人民法院应予支持。

第一款所称善意，是指相对人在订立担保合同时不知道且不应当知道法定代表人超越权限。相对人有证据证明已对公司决议进行了合理审查，人民法院应当认定其构成善意,但是公司有证据证明相对人知道或者应当知道决议系伪造、变造的除外。

第八条 有下列情形之一,公司以其未依照公司法关于公司对外担保的规定作出决议为由主张不承担担保责任的,人民法院不予支持:

(一)金融机构开立保函或者担保公司提供担保;

(二)公司为其全资子公司开展经营活动提供担保;

(三)担保合同系由单独或者共同持有公司三分之二以上对担保事项有表决权的股东签字同意。

上市公司对外提供担保,不适用前款第二项、第三项的规定。

第九条 相对人根据上市公司公开披露的关于担保事项已经董事会或者股东大会决议通过的信息,与上市公司订立担保合同,相对人主张担保合同对上市公司发生效力,并由上市公司承担担保责任的,人民法院应予支持。

相对人未根据上市公司公开披露的关于担保事项已经董事会或者股东大会决议通过的信息,与上市公司订立担保合同,上市公司主张担保合同对其不发生效力,且不承担担保责任或者赔偿责任的,人民法院应予支持。

相对人与上市公司已公开披露的控股子公司订立的担保合同,或者相对人与股票在国务院批准的其他全国性证券交易场所交易的公司订立的担保合同,适用前两款规定。

第十条 一人有限责任公司为其股东提供担保,公司以违反公司法关于公司对外担保决议程序的规定为由主张不承担担保责任的,人民法院不予支持。公司因承担担保责任导致无法清偿其他债务,提供担保时的股东不能证明公司财产独立于自己的财产,其他债权人请求该股东承担连带责任的,人民法院应予支持。

第十一条 公司的分支机构未经公司股东(大)会或者董事会决议以自己的名义对外提供担保,相对人请求公司或者其分支机构承担担保责任的,人民法院不予支持,但是相对人不知道且不应当知道分支机构对外提供担保未经公司决议程序的除外。

金融机构的分支机构在其营业执照记载的经营范围内开立保函,或者经有权从事担保业务的上级机构授权开立保函,金融机构或者其分支机构以违反公司法关于公司对外担保决议程序的规定为由主张不承担担保责任的,人民法院不予支持。金融机构的分支机构未经金融机构授权提供保函之外的担保,金融机构或者其分支机构主张不承担担保责任的,人民法院应予支持,但是相对人不知道且不应当知道分支机构对外提供担保未经金融机构授权的除外。

担保公司的分支机构未经担保公司授权对外提供担保，担保公司或者其分支机构主张不承担担保责任的，人民法院应予支持，但是相对人不知道且不应当知道分支机构对外提供担保未经担保公司授权的除外。

公司的分支机构对外提供担保，相对人非善意，请求公司承担赔偿责任的，参照本解释第十七条的有关规定处理。

第十二条 法定代表人依照民法典第五百五十二条的规定以公司名义加入债务的，人民法院在认定该行为的效力时，可以参照本解释关于公司为他人提供担保的有关规则处理。

第十三条 同一债务有两个以上第三人提供担保，担保人之间约定相互追偿及分担份额，承担了担保责任的担保人请求其他担保人按照约定分担份额的，人民法院应予支持；担保人之间约定承担连带共同担保，或者约定相互追偿但是未约定分担份额的，各担保人按照比例分担向债务人不能追偿的部分。

同一债务有两个以上第三人提供担保，担保人之间未对相互追偿作出约定且未约定承担连带共同担保，但是各担保人在同一份合同书上签字、盖章或者按指印，承担了担保责任的担保人请求其他担保人按照比例分担向债务人不能追偿部分的，人民法院应予支持。

除前两款规定的情形外，承担了担保责任的担保人请求其他担保人分担向债务人不能追偿部分的，人民法院不予支持。

第十四条 同一债务有两个以上第三人提供担保，担保人受让债权的，人民法院应当认定该行为系承担担保责任。受让债权的担保人作为债权人请求其他担保人承担担保责任的，人民法院不予支持；该担保人请求其他担保人分担相应份额的，依照本解释第十三条的规定处理。

第十五条 最高额担保中的最高债权额，是指包括主债权及其利息、违约金、损害赔偿金、保管担保财产的费用、实现债权或者实现担保物权的费用等在内的全部债权，但是当事人另有约定的除外。

登记的最高债权额与当事人约定的最高债权额不一致的，人民法院应当依据登记的最高债权额确定债权人优先受偿的范围。

第十六条 主合同当事人协议以新贷偿还旧贷，债权人请求旧贷的担保人承担担保责任的，人民法院不予支持；债权人请求新贷的担保人承担担保责任的，按照下列情形处理：

（一）新贷与旧贷的担保人相同的，人民法院应予支持；

（二）新贷与旧贷的担保人不同，或者旧贷无担保新贷有担保的，人民法院不予支持，但是债权人有证据证明新贷的担保人提供担保时对以新贷偿还旧贷的事实知道或者应当知道的除外。

主合同当事人协议以新贷偿还旧贷,旧贷的物的担保人在登记尚未注销的情形下同意继续为新贷提供担保,在订立新的贷款合同前又以该担保财产为其他债权人设立担保物权,其他债权人主张其担保物权顺位优先于新贷债权人的,人民法院不予支持。

第十七条 主合同有效而第三人提供的担保合同无效,人民法院应当区分不同情形确定担保人的赔偿责任:

(一)债权人与担保人均有过错的,担保人承担的赔偿责任不应超过债务人不能清偿部分的二分之一;

(二)担保人有过错而债权人无过错的,担保人对债务人不能清偿的部分承担赔偿责任;

(三)债权人有过错而担保人无过错的,担保人不承担赔偿责任。

主合同无效导致第三人提供的担保合同无效,担保人无过错的,不承担赔偿责任;担保人有过错的,其承担的赔偿责任不应超过债务人不能清偿部分的三分之一。

第十八条 承担了担保责任或者赔偿责任的担保人,在其承担责任的范围内向债务人追偿的,人民法院应予支持。

同一债权既有债务人自己提供的物的担保,又有第三人提供的担保,承担了担保责任或者赔偿责任的第三人,主张行使债权人对债务人享有的担保物权的,人民法院应予支持。

第十九条 担保合同无效,承担了赔偿责任的担保人按照反担保合同的约定,在其承担赔偿责任的范围内请求反担保人承担担保责任的,人民法院应予支持。

反担保合同无效的,依照本解释第十七条的有关规定处理。当事人仅以担保合同无效为由主张反担保合同无效的,人民法院不予支持。

第二十条 人民法院在审理第三人提供的物的担保纠纷案件时,可以适用民法典第六百九十五条第一款、第六百九十六条第一款、第六百九十七条第二款、第六百九十九条、第七百条、第七百零一条、第七百零二条等关于保证合同的规定。

第二十一条 主合同或者担保合同约定了仲裁条款的,人民法院对约定仲裁条款的合同当事人之间的纠纷无管辖权。

债权人一并起诉债务人和担保人的,应当根据主合同确定管辖法院。

债权人依法可以单独起诉担保人且仅起诉担保人的,应当根据担保合同确定管辖法院。

第二十二条　人民法院受理债务人破产案件后,债权人请求担保人承担担保责任,担保人主张担保债务自人民法院受理破产申请之日起停止计息的,人民法院对担保人的主张应予支持。

第二十三条　人民法院受理债务人破产案件,债权人在破产程序中申报债权后又向人民法院提起诉讼,请求担保人承担担保责任的,人民法院依法予以支持。

担保人清偿债权人的全部债权后,可以代替债权人在破产程序中受偿;在债权人的债权未获全部清偿前,担保人不得代替债权人在破产程序中受偿,但是有权就债权人通过破产分配和实现担保债权等方式获得清偿总额中超出债权的部分,在其承担担保责任的范围内请求债权人返还。

债权人在债务人破产程序中未获全部清偿,请求担保人继续承担担保责任的,人民法院应予支持;担保人承担担保责任后,向和解协议或者重整计划执行完毕后的债务人追偿的,人民法院不予支持。

第二十四条　债权人知道或者应当知道债务人破产,既未申报债权也未通知担保人,致使担保人不能预先行使追偿权的,担保人就该债权在破产程序中可能受偿的范围内免除担保责任,但是担保人因自身过错未行使追偿权的除外。

二、关于保证合同

第二十五条　当事人在保证合同中约定了保证人在债务人不能履行债务或者无力偿还债务时才承担保证责任等类似内容,具有债务人应当先承担责任的意思表示的,人民法院应当将其认定为一般保证。

当事人在保证合同中约定了保证人在债务人不履行债务或者未偿还债务时即承担保证责任、无条件承担保证责任等类似内容,不具有债务人应当先承担责任的意思表示的,人民法院应当将其认定为连带责任保证。

第二十六条　一般保证中,债权人以债务人为被告提起诉讼的,人民法院应予受理。债权人未就主合同纠纷提起诉讼或者申请仲裁,仅起诉一般保证人的,人民法院应当驳回起诉。

一般保证中,债权人一并起诉债务人和保证人的,人民法院可以受理,但是在作出判决时,除有民法典第六百八十七条第二款但书规定的情形外,应当在判决书主文中明确,保证人仅对债务人财产依法强制执行后仍不能履行的部分承担保证责任。

债权人未对债务人的财产申请保全,或者保全的债务人的财产足以清偿债务，债权人申请对一般保证人的财产进行保全的，人民法院不予准许。

第二十七条 一般保证的债权人取得对债务人赋予强制执行效力的公证债权文书后，在保证期间内向人民法院申请强制执行，保证人以债权人未在保证期间内对债务人提起诉讼或者申请仲裁为由主张不承担保证责任的，人民法院不予支持。

第二十八条 一般保证中，债权人依据生效法律文书对债务人的财产依法申请强制执行，保证债务诉讼时效的起算时间按照下列规则确定：

（一）人民法院作出终结本次执行程序裁定，或者依照民事诉讼法第二百五十七条第三项、第五项的规定作出终结执行裁定的，自裁定送达债权人之日起开始计算；

（二）人民法院自收到申请执行书之日起一年内未作出前项裁定的，自人民法院收到申请执行书满一年之日起开始计算，但是保证人有证据证明债务人仍有财产可供执行的除外。

一般保证的债权人在保证期间届满前对债务人提起诉讼或者申请仲裁，债权人举证证明存在民法典第六百八十七条第二款但书规定情形的，保证债务的诉讼时效自债权人知道或者应当知道该情形之日起开始计算。

第二十九条 同一债务有两个以上保证人，债权人以其已经在保证期间内依法向部分保证人行使权利为由，主张已经在保证期间内向其他保证人行使权利的，人民法院不予支持。

同一债务有两个以上保证人，保证人之间相互有追偿权，债权人未在保证期间内依法向部分保证人行使权利，导致其他保证人在承担保证责任后丧失追偿权，其他保证人主张在其不能追偿的范围内免除保证责任的，人民法院应予支持。

第三十条 最高额保证合同对保证期间的计算方式、起算时间等有约定的，按照其约定。

最高额保证合同对保证期间的计算方式、起算时间等没有约定或者约定不明，被担保债权的履行期限均已届满的，保证期间自债权确定之日起开始计算；被担保债权的履行期限尚未届满的，保证期间自最后到期债权的履行期限届满之日起开始计算。

前款所称债权确定之日，依照民法典第四百二十三条的规定认定。

第三十一条 一般保证的债权人在保证期间内对债务人提起诉讼或者申请仲裁后，又撤回起诉或者仲裁申请，债权人在保证期间届满前未再行提起诉讼或者申请仲裁，保证人主张不再承担保证责任的，人民法院应予支持。

连带责任保证的债权人在保证期间内对保证人提起诉讼或者申请仲裁

后，又撤回起诉或者仲裁申请，起诉状副本或者仲裁申请书副本已经送达保证人的，人民法院应当认定债权人已经在保证期间内向保证人行使了权利。

第三十二条 保证合同约定保证人承担保证责任直至主债务本息还清时为止等类似内容的，视为约定不明，保证期间为主债务履行期限届满之日起六个月。

第三十三条 保证合同无效，债权人未在约定或者法定的保证期间内依法行使权利，保证人主张不承担赔偿责任的，人民法院应予支持。

第三十四条 人民法院在审理保证合同纠纷案件时，应当将保证期间是否届满、债权人是否在保证期间内依法行使权利等事实作为案件基本事实予以查明。

债权人在保证期间内未依法行使权利的，保证责任消灭。保证责任消灭后，债权人书面通知保证人要求承担保证责任，保证人在通知书上签字、盖章或者按指印，债权人请求保证人继续承担保证责任的，人民法院不予支持，但是债权人有证据证明成立了新的保证合同的除外。

第三十五条 保证人知道或者应当知道主债权诉讼时效期间届满仍然提供保证或者承担保证责任，又以诉讼时效期间届满为由拒绝承担保证责任或者请求返还财产的，人民法院不予支持；保证人承担保证责任后向债务人追偿的，人民法院不予支持，但是债务人放弃诉讼时效抗辩的除外。

第三十六条 第三人向债权人提供差额补足、流动性支持等类似承诺文件作为增信措施，具有提供担保的意思表示，债权人请求第三人承担保证责任的，人民法院应当依照保证的有关规定处理。

第三人向债权人提供的承诺文件，具有加入债务或者与债务人共同承担债务等意思表示的，人民法院应当认定为民法典第五百五十二条规定的债务加入。

前两款中第三人提供的承诺文件难以确定是保证还是债务加入的，人民法院应当将其认定为保证。

第三人向债权人提供的承诺文件不符合前三款规定的情形，债权人请求第三人承担保证责任或者连带责任的，人民法院不予支持，但是不影响其依据承诺文件请求第三人履行约定的义务或者承担相应的民事责任。

三、关于担保物权

（一）担保合同与担保物权的效力

第三十七条 当事人以所有权、使用权不明或者有争议的财产抵押，经审查构成无权处分的，人民法院应当依照民法典第三百一十一条的规定处理。

当事人以依法被查封或者扣押的财产抵押，抵押权人请求行使抵押权，经审查查封或者扣押措施已经解除的，人民法院应予支持。抵押人以抵押权设立时财产被查封或者扣押为由主张抵押合同无效的，人民法院不予支持。

以依法被监管的财产抵押的，适用前款规定。

第三十八条 主债权未受全部清偿，担保物权人主张就担保财产的全部行使担保物权的，人民法院应予支持，但是留置权人行使留置权的，应当依照民法典第四百五十条的规定处理。

担保财产被分割或者部分转让，担保物权人主张就分割或者转让后的担保财产行使担保物权的，人民法院应予支持，但是法律或者司法解释另有规定的除外。

第三十九条 主债权被分割或者部分转让，各债权人主张就其享有的债权份额行使担保物权的，人民法院应予支持，但是法律另有规定或者当事人另有约定的除外。

主债务被分割或者部分转移，债务人自己提供物的担保，债权人请求以该担保财产担保全部债务履行的，人民法院应予支持；第三人提供物的担保，主张对未经其书面同意转移的债务不再承担担保责任的，人民法院应予支持。

第四十条 从物产生于抵押权依法设立前，抵押权人主张抵押权的效力及于从物的，人民法院应予支持，但是当事人另有约定的除外。

从物产生于抵押权依法设立后，抵押权人主张抵押权的效力及于从物的，人民法院不予支持，但是在抵押权实现时可以一并处分。

第四十一条 抵押权依法设立后，抵押财产被添附，添附物归第三人所有，抵押权人主张抵押权效力及于补偿金的，人民法院应予支持。

抵押权依法设立后，抵押财产被添附，抵押人对添附物享有所有权，抵押权人主张抵押权的效力及于添附物的，人民法院应予支持，但是添附导致抵押财产价值增加的，抵押权的效力不及于增加的价值部分。

抵押权依法设立后，抵押人与第三人因添附成为添附物的共有人，抵押权人主张抵押权的效力及于抵押人对共有物享有的份额的，人民法院应予支持。

本条所称添附，包括附合、混合与加工。

第四十二条 抵押权依法设立后，抵押财产毁损、灭失或者被征收等，抵押权人请求按照原抵押权的顺位就保险金、赔偿金或者补偿金等优先受偿的，人民法院应予支持。

给付义务人已经向抵押人给付了保险金、赔偿金或者补偿金，抵押权人请求给付义务人向其给付保险金、赔偿金或者补偿金的，人民法院不予支持，但是给付义务人接到抵押权人要求向其给付的通知后仍然向抵押人给付的除外。

抵押权人请求给付义务人向其给付保险金、赔偿金或者补偿金的,人民法院可以通知抵押人作为第三人参加诉讼。

第四十三条 当事人约定禁止或者限制转让抵押财产但是未将约定登记,抵押人违反约定转让抵押财产,抵押权人请求确认转让合同无效的,人民法院不予支持;抵押财产已经交付或者登记,抵押权人请求确认转让不发生物权效力的,人民法院不予支持,但是抵押权人有证据证明受让人知道的除外;抵押权人请求抵押人承担违约责任的,人民法院依法予以支持。

当事人约定禁止或者限制转让抵押财产且已经将约定登记,抵押人违反约定转让抵押财产,抵押权人请求确认转让合同无效的,人民法院不予支持;抵押财产已经交付或者登记,抵押权人主张转让不发生物权效力的,人民法院应予支持,但是因受让人代替债务人清偿债务导致抵押权消灭的除外。

第四十四条 主债权诉讼时效期间届满后,抵押权人主张行使抵押权的,人民法院不予支持;抵押人以主债权诉讼时效期间届满为由,主张不承担担保责任的,人民法院应予支持。主债权诉讼时效期间届满前,债权人仅对债务人提起诉讼,经人民法院判决或者调解后未在民事诉讼法规定的申请执行时效期间内对债务人申请强制执行,其向抵押人主张行使抵押权的,人民法院不予支持。

主债权诉讼时效期间届满后,财产被留置的债务人或者对留置财产享有所有权的第三人请求债权人返还留置财产的,人民法院不予支持;债务人或者第三人请求拍卖、变卖留置财产并以所得价款清偿债务的,人民法院应予支持。

主债权诉讼时效期间届满的法律后果,以登记作为公示方式的权利质权,参照适用第一款的规定;动产质权、以交付权利凭证作为公示方式的权利质权,参照适用第二款的规定。

第四十五条 当事人约定当债务人不履行到期债务或者发生当事人约定的实现担保物权的情形,担保物权人有权将担保财产自行拍卖、变卖并就所得的价款优先受偿的,该约定有效。因担保人的原因导致担保物权人无法自行对担保财产进行拍卖、变卖,担保物权人请求担保人承担因此增加的费用的,人民法院应予支持。

当事人依照民事诉讼法有关“实现担保物权案件”的规定,申请拍卖、变卖担保财产,被申请人以担保合同约定仲裁条款为由主张驳回申请的,人民法院经审查后,应当按照以下情形分别处理:

(一)当事人对担保物权无实质性争议且实现担保物权条件已经成就的,应当裁定准许拍卖、变卖担保财产;

(二)当事人对实现担保物权有部分实质性争议的,可以就无争议的部分裁定准许拍卖、变卖担保财产,并告知可以就有争议的部分申请仲裁;

(三)当事人对实现担保物权有实质性争议的,裁定驳回申请,并告知可以向仲裁机构申请仲裁。

债权人以诉讼方式行使担保物权的,应当以债务人和担保人作为共同被告。

(二)不动产抵押

第四十六条 不动产抵押合同生效后未办理抵押登记手续,债权人请求抵押人办理抵押登记手续的,人民法院应予支持。

抵押财产因不可归责于抵押人自身的原因灭失或者被征收等导致不能办理抵押登记,债权人请求抵押人在约定的担保范围内承担责任的,人民法院不予支持;但是抵押人已经获得保险金、赔偿金或者补偿金等,债权人请求抵押人在其所获金额范围内承担赔偿责任的,人民法院依法予以支持。

因抵押人转让抵押财产或者其他可归责于抵押人自身的原因导致不能办理抵押登记,债权人请求抵押人在约定的担保范围内承担责任的,人民法院依法予以支持,但是不得超过抵押权能够设立时抵押人应当承担的责任范围。

第四十七条 不动产登记簿就抵押财产、被担保的债权范围等所作的记载与抵押合同约定不一致的,人民法院应当根据登记簿的记载确定抵押财产、被担保的债权范围等事项。

第四十八条 当事人申请办理抵押登记手续时,因登记机构的过错致使其不能办理抵押登记,当事人请求登记机构承担赔偿责任的,人民法院依法予以支持。

第四十九条 以违法的建筑物抵押的,抵押合同无效,但是一审法庭辩论终结前已经办理合法手续的除外。抵押合同无效的法律后果,依照本解释第十七条的有关规定处理。

当事人以建设用地使用权依法设立抵押,抵押人以土地上存在违法的建筑物为由主张抵押合同无效的,人民法院不予支持。

第五十条 抵押人以划拨建设用地上的建筑物抵押,当事人以该建设用地使用权不能抵押或者未办理批准手续为由主张抵押合同无效或者不生效的,人民法院不予支持。抵押权依法实现时,拍卖、变卖建筑物所得的价款,应当优先用于补缴建设用地使用权出让金。

当事人以划拨方式取得的建设用地使用权抵押，抵押人以未办理批准手续为由主张抵押合同无效或者不生效的，人民法院不予支持。已经依法办理抵押登记，抵押权人主张行使抵押权的，人民法院应予支持。抵押权依法实现时所得的价款，参照前款有关规定处理。

第五十一条 当事人仅以建设用地使用权抵押，债权人主张抵押权的效力及于土地上已有的建筑物以及正在建造的建筑物已完成部分的，人民法院应予支持。债权人主张抵押权的效力及于正在建造的建筑物的续建部分以及新增建筑物的，人民法院不予支持。

当事人以正在建造的建筑物抵押，抵押权的效力范围限于已办理抵押登记的部分。当事人按照担保合同的约定，主张抵押权的效力及于续建部分、新增建筑物以及规划中尚未建造的建筑物的，人民法院不予支持。

抵押人将建设用地使用权、土地上的建筑物或者正在建造的建筑物分别抵押给不同债权人的，人民法院应当根据抵押登记的时间先后确定清偿顺序。

第五十二条 当事人办理抵押预告登记后，预告登记权利人请求就抵押财产优先受偿，经审查存在尚未办理建筑物所有权首次登记、预告登记的财产与办理建筑物所有权首次登记时的财产不一致、抵押预告登记已经失效等情形，导致不具备办理抵押登记条件的，人民法院不予支持；经审查已经办理建筑物所有权首次登记，且不存在预告登记失效等情形的，人民法院应予支持，并应当认定抵押权自预告登记之日起设立。

当事人办理了抵押预告登记，抵押人破产，经审查抵押财产属于破产财产，预告登记权利人主张就抵押财产优先受偿的，人民法院应当在受理破产申请时抵押财产的价值范围内予以支持，但是在人民法院受理破产申请前一年内，债务人对没有财产担保的债务设立抵押预告登记的除外。

（三）动产与权利担保

第五十三条 当事人在动产和权利担保合同中对担保财产进行概括描述，该描述能够合理识别担保财产的，人民法院应当认定担保成立。

第五十四条 动产抵押合同订立后未办理抵押登记，动产抵押权的效力按照下列情形分别处理：

（一）抵押人转让抵押财产，受让人占有抵押财产后，抵押权人向受让人请求行使抵押权的，人民法院不予支持，但是抵押权人能够举证证明受让人知道或者应当知道已经订立抵押合同的除外；

（二）抵押人将抵押财产出租给他人并移转占有，抵押权人行使抵押权的，租赁关系不受影响，但是抵押权人能够举证证明承租人知道或者应当知道已经订立抵押合同的除外；

（三）抵押人的其他债权人向人民法院申请保全或者执行抵押财产，人民法院已经作出财产保全裁定或者采取执行措施，抵押权人主张对抵押财产优先受偿的，人民法院不予支持；

（四）抵押人破产，抵押权人主张对抵押财产优先受偿的，人民法院不予支持。

第五十五条 债权人、出质人与监管人订立三方协议，出质人以通过一定数量、品种等概括描述能够确定范围的货物为债务的履行提供担保，当事人有证据证明监管人系受债权人的委托监管并实际控制该货物的，人民法院应当认定质权于监管人实际控制货物之日起设立。监管人违反约定向出质人或者其他人放货、因保管不善导致货物毁损灭失，债权人请求监管人承担违约责任的，人民法院依法予以支持。

在前款规定情形下，当事人有证据证明监管人系受出质人委托监管该货物，或者虽然受债权人委托但是未实际履行监管职责，导致货物仍由出质人实际控制的，人民法院应当认定质权未设立。债权人可以基于质押合同的约定请求出质人承担违约责任，但是不得超过质权有效设立时出质人应当承担的责任范围。监管人未履行监管职责，债权人请求监管人承担责任的，人民法院依法予以支持。

第五十六条 买受人在出卖人正常经营活动中通过支付合理对价取得已被设立担保物权的动产，担保物权人请求就该动产优先受偿的，人民法院不予支持，但是有下列情形之一的除外：

（一）购买商品的数量明显超过一般买受人；

（二）购买出卖人的生产设备；

（三）订立买卖合同的目的在于担保出卖人或者第三人履行债务；

（四）买受人与出卖人存在直接或者间接的控制关系；

（五）买受人应当查询抵押登记而未查询的其他情形。

前款所称出卖人正常经营活动，是指出卖人的经营活动属于其营业执照明确记载的经营范围，且出卖人持续销售同类商品。前款所称担保物权人，是指已经办理登记的抵押权人、所有权保留买卖的出卖人、融资租赁合同的出租人。

第五十七条 担保人在设立动产浮动抵押并办理抵押登记后又购入或者以融资租赁方式承租新的动产，下列权利人为担保价款债权或者租金的实现而订立担保合同，并在该动产交付后十日内办理登记，主张其权利优先于在先设立的浮动抵押权的，人民法院应予支持：

（一）在该动产上设立抵押权或者保留所有权的出卖人；

（二）为价款支付提供融资而在该动产上设立抵押权的债权人；

（三）以融资租赁方式出租该动产的出租人。

买受人取得动产但未付清价款或者承租人以融资租赁方式占有租赁物但是未付清全部租金，又以标的物为他人设立担保物权，前款所列权利人为担保价款债权或者租金的实现而订立担保合同，并在该动产交付后十日内办理登记，主张其权利优先于买受人为他人设立的担保物权的，人民法院应予支持。

同一动产上存在多个价款优先权的，人民法院应当按照登记的时间先后确定清偿顺序。

第五十八条　以汇票出质，当事人以背书记载“质押”字样并在汇票上签章，汇票已经交付质权人的，人民法院应当认定质权自汇票交付质权人时设立。

第五十九条　存货人或者仓单持有人在仓单上以背书记载“质押”字样，并经保管人签章，仓单已经交付质权人的，人民法院应当认定质权自仓单交付质权人时设立。没有权利凭证的仓单，依法可以办理出质登记的，仓单质权自办理出质登记时设立。

出质人既以仓单出质，又以仓储物设立担保，按照公示的先后确定清偿顺序；难以确定先后的，按照债权比例清偿。

保管人为同一货物签发多份仓单，出质人在多份仓单上设立多个质权，按照公示的先后确定清偿顺序；难以确定先后的，按照债权比例受偿。

存在第二款、第三款规定的情形，债权人举证证明其损失系由出质人与保管人的共同行为所致，请求出质人与保管人承担连带赔偿责任的，人民法院应予支持。

第六十条　在跟单信用证交易中，开证行与开证申请人之间约定以提单作为担保的，人民法院应当依照民法典关于质权的有关规定处理。

在跟单信用证交易中，开证行依据其与开证申请人之间的约定或者跟单信用证的惯例持有提单，开证申请人未按照约定付款赎单，开证行主张对提单项下货物优先受偿的，人民法院应予支持；开证行主张对提单项下货物享有所有权的，人民法院不予支持。

在跟单信用证交易中，开证行依据其与开证申请人之间的约定或者跟单信用证的惯例，通过转让提单或者提单项下货物取得价款，开证申请人请求返还超出债权部分的，人民法院应予支持。

前三款规定不影响合法持有提单的开证行以提单持有人身份主张运输合同项下的权利。

第六十一条 以现有的应收账款出质,应收账款债务人向质权人确认应收账款的真实性后,又以应收账款不存在或者已经消灭为由主张不承担责任的,人民法院不予支持。

以现有的应收账款出质,应收账款债务人未确认应收账款的真实性,质权人以应收账款债务人为被告,请求就应收账款优先受偿,能够举证证明办理出质登记时应收账款真实存在的,人民法院应予支持;质权人不能举证证明办理出质登记时应收账款真实存在,仅以已经办理出质登记为由,请求就应收账款优先受偿的,人民法院不予支持。

以现有的应收账款出质,应收账款债务人已经向应收账款债权人履行了债务,质权人请求应收账款债务人履行债务的,人民法院不予支持,但是应收账款债务人接到质权人要求向其履行的通知后,仍然向应收账款债权人履行的除外。

以基础设施和公用事业项目收益权、提供服务或者劳务产生的债权以及其他将有的应收账款出质,当事人为应收账款设立特定账户,发生法定或者约定的质权实现事由时,质权人请求就该特定账户内的款项优先受偿的,人民法院应予支持;特定账户内的款项不足以清偿债务或者未设立特定账户,质权人请求折价或者拍卖、变卖项目收益权等将有的应收账款,并以所得的价款优先受偿的,人民法院依法予以支持。

第六十二条 债务人不履行到期债务,债权人因同一法律关系留置合法占有的第三人的动产,并主张就该留置财产优先受偿的,人民法院应予支持。第三人以该留置财产并非债务人的财产为由请求返还的,人民法院不予支持。

企业之间留置的动产与债权并非同一法律关系,债务人以该债权不属于企业持续经营中发生的债权为由请求债权人返还留置财产的,人民法院应予支持。

企业之间留置的动产与债权并非同一法律关系,债权人留置第三人的财产,第三人请求债权人返还留置财产的,人民法院应予支持。

四、关于非典型担保

第六十三条 债权人与担保人订立担保合同,约定以法律、行政法规尚未规定可以担保的财产权利设立担保,当事人主张合同无效的,人民法院不予支持。当事人未在法定的登记机构依法进行登记,主张该担保具有物权效力的,人民法院不予支持。

第六十四条 在所有权保留买卖中,出卖人依法有权取回标的物,但是与买受人协商不成,当事人请求参照民事诉讼法“实现担保物权案件”的有关规定,拍卖、变卖标的物的,人民法院应予准许。

出卖人请求取回标的物,符合民法典第六百四十二条规定的,人民法院应予支持;买受人以抗辩或者反诉的方式主张拍卖、变卖标的物,并在扣除买受人未支付的价款以及必要费用后返还剩余款项的,人民法院应当一并处理。

第六十五条 在融资租赁合同中,承租人未按照约定支付租金,经催告后在合理期限内仍不支付,出租人请求承租人支付全部剩余租金,并以拍卖、变卖租赁物所得的价款受偿的,人民法院应予支持;当事人请求参照民事诉讼法“实现担保物权案件”的有关规定,以拍卖、变卖租赁物所得价款支付租金的,人民法院应予准许。

出租人请求解除融资租赁合同并收回租赁物,承租人以抗辩或者反诉的方式主张返还租赁物价值超过欠付租金以及其他费用的,人民法院应当一并处理。当事人对租赁物的价值有争议的,应当按照下列规则确定租赁物的价值:

(一)融资租赁合同有约定的,按照其约定;

(二)融资租赁合同未约定或者约定不明的,根据约定的租赁物折旧以及合同到期后租赁物的残值来确定;

(三)根据前两项规定的方法仍然难以确定,或者当事人认为根据前两项规定的方法确定的价值严重偏离租赁物实际价值的,根据当事人的申请委托有资质的机构评估。

第六十六条 同一应收账款同时存在保理、应收账款质押和债权转让,当事人主张参照民法典第七百六十八条的规定确定优先顺序的,人民法院应予支持。

在有追索权的保理中,保理人以应收账款债权人或者应收账款债务人为被告提起诉讼,人民法院应予受理;保理人一并起诉应收账款债权人和应收账款债务人的,人民法院可以受理。

应收账款债权人向保理人返还保理融资款本息或者回购应收账款债权后,请求应收账款债务人向其履行应收账款债务的,人民法院应予支持。

第六十七条 在所有权保留买卖、融资租赁等合同中,出卖人、出租人的所有权未经登记不得对抗的“善意第三人”的范围及其效力,参照本解释第五十四条的规定处理。

第六十八条 债务人或者第三人与债权人约定将财产形式上转移至债权人名下,债务人不履行到期债务,债权人有权对财产折价或者以拍卖、变卖该财产所得价款偿还债务的,人民法院应当认定该约定有效。当事人已经完成财产权利变动的公示，债务人不履行到期债务，债权人请求参照民法典关于担保物权的有关规定就该财产优先受偿的，人民法院应予支持。

债务人或者第三人与债权人约定将财产形式上转移至债权人名下，债务人不履行到期债务，财产归债权人所有的，人民法院应当认定该约定无效，但是不影响当事人有关提供担保的意思表示的效力。当事人已经完成财产权利变动的公示，债务人不履行到期债务，债权人请求对该财产享有所有权的，人民法院不予支持；债权人请求参照民法典关于担保物权的规定对财产折价或者以拍卖、变卖该财产所得的价款优先受偿的，人民法院应予支持；债务人履行债务后请求返还财产，或者请求对财产折价或者以拍卖、变卖所得的价款清偿债务的，人民法院应予支持。

债务人与债权人约定将财产转移至债权人名下，在一定期间后再由债务人或者其指定的第三人以交易本金加上溢价款回购，债务人到期不履行回购义务，财产归债权人所有的，人民法院应当参照第二款规定处理。回购对象自始不存在的，人民法院应当依照民法典第一百四十六条第二款的规定，按照其实际构成的法律关系处理。

第六十九条 股东以将其股权转移至债权人名下的方式为债务履行提供担保，公司或者公司的债权人以股东未履行或者未全面履行出资义务、抽逃出资等为由，请求作为名义股东的债权人与股东承担连带责任的，人民法院不予支持。

第七十条 债务人或者第三人为担保债务的履行，设立专门的保证金账户并由债权人实际控制，或者将其资金存入债权人设立的保证金账户，债权人主张就账户内的款项优先受偿的，人民法院应予支持。当事人以保证金账户内的款项浮动为由，主张实际控制该账户的债权人对账户内的款项不享有优先受偿权的，人民法院不予支持。

在银行账户下设立的保证金分户，参照前款规定处理。

当事人约定的保证金并非为担保债务的履行设立，或者不符合前两款规定的情形，债权人主张就保证金优先受偿的，人民法院不予支持，但是不影响当事人依照法律的规定或者按照当事人的约定主张权利。

五、附　则

第七十一条 本解释自 2021 年 1 月 1 日起施行。

附：

一、2020年12月份报国务院备案并予以登记的地方性法规、自治条例、单行条例和地方政府规章目录

地方性法规

法规名称	公布日期	备案登记编号
天津市网络虚假信息治理若干规定	2020年12月1日	国司备字〔2020003295〕
天津市工会劳动法律监督条例	2020年12月1日	国司备字〔2020003297〕
天津市道路交通安全若干规定	2020年12月1日	国司备字〔2020003301〕
天津市社会信用条例	2020年12月1日	国司备字〔2020003302〕
天津市养老服务促进条例	2020年12月1日	国司备字〔2020003303〕
河北省多元化解纠纷条例	2020年11月27日	国司备字〔2020003382〕
石家庄市人民代表大会常务委员会关于修改《石家庄市供热用热条例》的决定	2020年11月28日	国司备字〔2020003383〕
保定市城市公共汽车客运条例	2020年12月7日	国司备字〔2020003384〕
秦皇岛市沿海防护林条例	2020年12月4日	国司备字〔2020003385〕
张家口市河道和水库管理条例	2020年12月8日	国司备字〔2020003386〕
承德市快递市场管理条例	2020年12月3日	国司备字〔2020003387〕

续表

法规名称	公布日期	备案登记编号
承德市村容村貌管理条例	2020 年 12 月 3 日	国司备字［2020003388］
沧州市禁止燃放烟花爆竹规定	2020 年 12 月 3 日	国司备字［2020003389］
衡水市节约用水管理条例	2020 年 12 月 11 日	国司备字［2020003390］
衡水市物业管理条例	2020 年 12 月 11 日	国司备字［2020003391］
山西省人民代表大会常务委员会关于废止《山西省城市房屋权属登记条例》和《山西省产品质量监督管理条例》的决定	2020 年 3 月 31 日	国司备字［2020003197］
山西省促进中小企业发展条例	2020 年 7 月 31 日	国司备字［2020003198］
山西省人民代表大会常务委员会关于废止《山西省农业环境保护条例》的决定	2020 年 7 月 31 日	国司备字［2020003250］
山西省禁毒条例	2020 年 7 月 31 日	国司备字［2020003269］
山西省人民代表大会常务委员会关于我省机构改革涉及地方性法规规定的行政机关职责调整问题的决定	2020 年 7 月 31 日	国司备字［2020003332］
山西省标准化条例	2020 年 9 月 30 日	国司备字［2020003366］
山西省机关运行保障条例	2020 年 9 月 30 日	国司备字［2020003367］
山西省人民代表大会常务委员会关于废止《山西省重点工业污染监督条例》的决定	2020 年 9 月 30 日	国司备字［2020003399］
太原市博物馆促进条例	2020 年 8 月 3 日	国司备字［2020003333］
太原市人民代表大会常务委员会关于废止《太原市城镇企业职工失业保险条例》等三件地方性法规的决定	2020 年 8 月 3 日	国司备字［2020003334］

续表

法规名称	公布日期	备案登记编号
太原市城市绿化条例	2020 年 10 月 10 日	国司备字〔2020003400〕
大同古城保护条例	2020 年 8 月 3 日	国司备字〔2020003335〕
大同市文明行为条例	2020 年 8 月 3 日	国司备字〔2020003336〕
大同土林保护条例	2020 年 8 月 3 日	国司备字〔2020003337〕
大同市人民代表大会常务委员会关于废止《大同市酒类商品监督管理条例》的决定	2020 年 8 月 3 日	国司备字〔2020003338〕
晋城市电动车管理条例	2020 年 8 月 10 日	国司备字〔2020003368〕
吕梁市河道管理条例	2020 年 8 月 4 日	国司备字〔2020003339〕
晋中市养犬管理条例	2020 年 8 月 10 日	国司备字〔2020003361〕
晋中市中小学校幼儿园规划建设条例	2020 年 8 月 12 日	国司备字〔2020003362〕
临汾市农村环境卫生综合治理促进条例	2020 年 6 月 3 日	国司备字〔2020003195〕
阳泉市住宅专项维修资金管理办法	2020 年 8 月 7 日	国司备字〔2020003363〕
内蒙古自治区反家庭暴力条例	2020 年 4 月 1 日	国司备字〔2020003180〕
吉林省林木种子条例	2020 年 7 月 30 日	国司备字〔2020003196〕
吉林省节约用水条例修正案	2020 年 7 月 30 日	国司备字〔2020003311〕
吉林省行政执法监督条例	2020 年 9 月 29 日	国司备字〔2020003312〕

续表

法规名称	公布日期	备案登记编号
吉林市文明行为促进条例	2020年8月7日	国司备字［2020003313］
吉林市城区供热管理条例	2020年8月7日	国司备字［2020003314］
辽源市河道垃圾治理条例	2020年8月10日	国司备字［2020003315］
白山市杨靖宇将军殉国地保护条例	2020年8月7日	国司备字［2020003316］
白山市燃放烟花爆竹管理条例	2020年10月9日	国司备字［2020003317］
松原市农村人居环境治理条例	2020年8月12日	国司备字［2020003318］
黑龙江省中医药条例	2020年10月22日	国司备字［2020003144］
哈尔滨市人民代表大会常务委员关于修改和废止《哈尔滨市劳动保障监察条例》等二十七部地方性法规的两个决定	2020年10月23日	国司备字［2020003165］
佳木斯市文明祭祀条例	2020年10月28日	国司备字［2020003145］
伊春市城市绿化条例	2020年10月28日	国司备字［2020003146］
黑河市饮用水水源保护条例	2020年10月23日	国司备字［2020003147］
鹤岗市河道管理条例	2020年10月22日	国司备字［2020003148］
浙江省人民代表大会常务委员会关于修改《浙江省人民代表大会常务委员会议事规则》的决定	2020年11月27日	国司备字［2020003348］
浙江省人民代表大会常务委员会关于修改《浙江省见义勇为人员奖励和保障条例》等五件地方性法规的决定	2020年11月27日	国司备字［2020003349］

续表

法规名称	公布日期	备案登记编号
浙江省人民代表大会常务委员会关于修改《浙江省港口管理条例》等七件地方性法规的决定	2020 年 11 月 27 日	国司备字［2020003350］
浙江省人民代表大会常务委员会关于修改《浙江省水文管理条例》等五件地方性法规的决定	2020 年 11 月 27 日	国司备字［2020003351］
浙江省人民代表大会常务委员会关于修改《浙江省大气污染防治条例》等六件地方性法规的决定	2020 年 11 月 27 日	国司备字［2020003352］
浙江省人民代表大会常务委员会关于废止《浙江省滩涂围垦管理条例》等六件地方性法规的决定	2020 年 11 月 27 日	国司备字［2020003353］
杭州城市大脑赋能城市治理促进条例	2020 年 12 月 9 日	国司备字［2020003393］
杭州市公安机关警务辅助人员管理规定	2020 年 12 月 9 日	国司备字［2020003394］
宁波市公安机关警务辅助人员管理规定	2020 年 12 月 9 日	国司备字［2020003395］
台州市荣誉市民条例	2020 年 12 月 16 日	国司备字［2020003396］
绍兴市物业管理条例	2020 年 12 月 4 日	国司备字［2020003397］
厦门经济特区地方金融条例	2020 年 10 月 30 日	国司备字［2020003166］
厦门经济特区知识产权促进和保护条例	2020 年 10 月 30 日	国司备字［2020003167］
江西省优化营商环境条例	2020 年 11 月 25 日	国司备字［2020003239］
江西省中小企业促进条例	2020 年 9 月 29 日	国司备字［2020003401］

续表

法规名称	公布日期	备案登记编号
江西省标准化条例	2020年7月24日	国司备字［2020003404］
江西省县级以上地方各级人民代表大会代表建议、批评和意见办理规定	2020年11月25日	国司备字［2020003406］
江西省地方金融监督管理条例	2020年11月25日	国司备字［2020003407］
九江市物业管理条例	2020年12月4日	国司备字［2020003408］
赣州市水土保持条例	2020年5月26日	国司备字［2020003409］
宜春市城市市容和环境卫生管理条例	2019年10月18日	国司备字［2020003150］
宜春市文明行为促进条例	2020年12月8日	国司备字［2020003411］
上饶市住宅物业管理条例	2019年12月16日	国司备字［2020003151］
吉安市住宅物业管理条例	2019年12月23日	国司备字［2020003152］
抚州市烟花爆竹销售燃放管理条例	2019年4月29日	国司备字［2020003153］
抚州市抚河流域水污染防治条例	2019年12月20日	国司备字［2020003154］
抚州市电动自行车通行管理条例	2020年10月28日	国司备字［2020003412］
萍乡市城市绿化条例	2019年12月13日	国司备字［2020003155］
新余市农村房屋建设管理条例	2019年8月6日	国司备字［2020003156］
鹰潭市户外广告设置管理条例	2019年12月24日	国司备字［2020003157］

续表

法规名称	公布日期	备案登记编号
德州市烟花爆竹燃放管理条例	2020 年 10 月 26 日	国司备字［2020003305］
河南省优化营商环境条例	2020 年 11 月 28 日	国司备字［2020003330］
郑州航空港经济综合实验区条例	2020 年 11 月 28 日	国司备字［2020003331］
河南省人民代表大会常务委员会关于向郑州市 洛阳市下放部分省级经济社会管理权限的决定	2020 年 9 月 26 日	国司备字［2020003398］
郑州市房屋使用安全管理条例	2020 年 11 月 9 日	国司备字［2020003270］
南阳市中小学校幼儿园规划建设条例	2020 年 11 月 6 日	国司备字［2020003271］
焦作市全域旅游促进条例	2020 年 11 月 5 日	国司备字［2020003275］
平顶山市城市公共汽车客运条例	2020 年 11 月 20 日	国司备字［2020003276］
开封古城保护条例	2020 年 10 月 22 日	国司备字［2020003277］
安阳市文明行为促进条例	2020 年 10 月 16 日	国司备字［2020003278］
鹤壁市浚县古城保护条例	2020 年 10 月 28 日	国司备字［2020003279］
濮阳市文明行为促进条例	2020 年 10 月 22 日	国司备字［2020003280］
三门峡市文明行为促进条例	2020 年 11 月 19 日	国司备字［2020003282］
许昌市文明行为促进条例	2020 年 10 月 29 日	国司备字［2020003283］
信阳市文明行为促进条例	2020 年 10 月 20 日	国司备字［2020003284］

续表

法规名称	公布日期	备案登记编号
湖北省人民代表大会常务委员会关于进一步加强新时代检察机关法律监督工作的决定	2020 年 6 月 3 日	国司备字［2020003369］
湖北省各级人民代表大会常务委员会规范性文件备案审查工作条例	2020 年 11 月 27 日	国司备字［2020003370］
湖北省公共法律服务条例	2020 年 11 月 27 日	国司备字［2020003371］
湖北省人力资源市场条例	2020 年 11 月 27 日	国司备字［2020003372］
孝感市府澴河流域保护条例	2020 年 12 月 11 日	国司备字［2020003373］
湖南省实施《中华人民共和国中医药法》办法	2020 年 9 月 25 日	国司备字［2020003240］
湖南省乡镇人民代表大会工作条例	2020 年 6 月 12 日	国司备字［2020003319］
湖南省人民代表大会常务委员会关于修改《湖南省人民代表大会常务委员会人事任免办法》决定	2020 年 6 月 12 日	国司备字［2020003320］
湖南省实施《中华人民共和国反恐怖主义法》办法	2020 年 7 月 30 日	国司备字［2020003321］
湖南省人民代表大会常务委员会关于修改《湖南省实施〈中华人民共和国广告法〉办法》决定	2020 年 7 月 30 日	国司备字［2020003322］
湖南省实施《中华人民共和国公共文化服务保障法》办法	2020 年 7 月 30 日	国司备字［2020003323］
湖南省人民代表大会常务委员会关于修改《湖南省实施〈中华人民共和国城市居民委员会组织法〉办法》等二十一件地方性法规的决定	2020 年 6 月 12 日	国司备字［2020003355］
湖南省人民代表大会常务委员会关于修改《湖南省燃气管理条例》等十件地方性法规的决定	2020 年 7 月 30 日	国司备字［2020003356］

续表

法规名称	公布日期	备案登记编号
湖南省人民代表大会常务委员会关于修改《湖南省野生动植物资源保护条例》的决定	2020 年 3 月 31 日	国司备字［2020003419］
湖南省长株潭国家自主创新示范区条例	2020 年 3 月 31 日	国司备字［2020003421］
湖南省人民代表大会常务委员会关于废止部分地方性法规的决定	2020 年 6 月 12 日	国司备字［2020003427］
湖南省现场救护条例	2020 年 7 月 30 日	国司备字［2020003428］
湖南省人民代表大会常务委员会关于修改《湖南省统计管理条例》等十六件地方性法规的决定	2020 年 9 月 25 日	国司备字［2020003430］
湖南省人民代表大会常务委员会关于修改《湖南省实施〈中华人民共和国道路交通安全法〉办法》的决定	2020 年 11 月 27 日	国司备字［2020003431］
衡阳市扬尘污染防治条例	2020 年 10 月 25 日	国司备字［2020003241］
岳阳市文明行为促进条例	2020 年 10 月 13 日	国司备字［2020003242］
益阳市扬尘污染防治条例	2020 年 10 月 20 日	国司备字［2020003243］
郴州市文明行为促进条例	2020 年 10 月 21 日	国司备字［2020003244］
邵阳市大气颗粒物污染防治条例	2020 年 10 月 29 日	国司备字［2020003245］
邵阳市乡村清洁条例	2020 年 7 月 10 日	国司备字［2020003374］
张家界市农村村民住房规划建设管理规定	2020 年 10 月 15 日	国司备字［2020003246］
永州市古树名木保护条例	2020 年 8 月 21 日	国司备字［2020003375］

续表

法规名称	公布日期	备案登记编号
怀化市村庄规划和村民建房管理条例	2020 年 6 月 22 日	国司备字［2020003376］
娄底市大熊山国家森林公园条例	2020 年 7 月 13 日	国司备字［2020003377］
湘西土家族苗族自治州农村村民住房建设若干规定	2020 年 9 月 30 日	国司备字［2020003247］
湘西土家族苗族自治州人民代表大会及其常务委员会制定地方性法规条例	2020 年 6 月 22 日	国司备字［2020003378］
湘西土家族苗族自治州生物多样性保护条例	2020 年 8 月 7 日	国司备字［2020003379］
广东省人民代表大会常务委员会关于修改《广东省促进科学技术进步条例》等九项地方性法规的决定	2020 年 11 月 27 日	国司备字［2020003285］
广东省水污染防治条例	2020 年 11 月 27 日	国司备字［2020003286］
广东省人民代表大会常务委员会关于制止餐饮浪费的决定	2020 年 11 月 27 日	国司备字［2020003287］
广东省高危险性体育项目经营活动管理规定	2020 年 11 月 27 日	国司备字［2020003288］
广东省志愿服务条例	2020 年 11 月 27 日	国司备字［2020003289］
广东省城乡生活垃圾管理条例	2020 年 11 月 27 日	国司备字［2020003290］
广东省湿地保护条例	2020 年 11 月 27 日	国司备字［2020003291］
广州市人民代表大会常务委员会关于修改《广州经济技术开发区条例》等三十二件地方性法规的决定	2020 年 8 月 20 日	国司备字［2020003187］
广州市烟花爆竹安全管理规定	2020 年 11 月 4 日	国司备字［2020003188］

续表

法规名称	公布日期	备案登记编号
深圳经济特区优化营商环境条例	2020 年 11 月 5 日	国司备字［2020003168］
深圳经济特区商事登记若干规定	2020 年 11 月 5 日	国司备字［2020003169］
深圳经济特区养老服务条例	2020 年 11 月 5 日	国司备字［2020003170］
深圳经济特区绿色金融条例	2020 年 11 月 5 日	国司备字［2020003171］
深圳经济特区健康条例	2020 年 11 月 5 日	国司备字［2020003172］
深圳经济特区排水条例	2020 年 11 月 5 日	国司备字［2020003173］
深圳市人民代表大会常务委员会关于修改《深圳经济特区文明行为条例》的决定	2020 年 11 月 5 日	国司备字［2020003174］
珠海市人民代表大会常务委员会关于修改《珠海经济特区出租车管理条例》等四项法规的决定	2020 年 5 月 28 日	国司备字［2020003433］
韶关市农村住房建设管理条例	2020 年 12 月 8 日	国司备字［2020003340］
梅州市红色资源保护条例	2020 年 12 月 4 日	国司备字［2020003343］
惠州市扬尘污染防治条例	2020 年 10 月 19 日	国司备字［2020003189］
江门市历史文化街区和历史建筑保护条例	2020 年 11 月 2 日	国司备字［2020003190］
清远市文明行为促进条例	2020 年 10 月 19 日	国司备字［2020003191］
揭阳市市容管理条例	2020 年 10 月 20 日	国司备字［2020003192］
茂名市危险化学品道路运输管理条例	2020 年 10 月 28 日	国司备字［2020003193］

续表

法规名称	公布日期	备案登记编号
汕尾市扬尘污染防治条例	2020 年 10 月 14 日	国司备字［2020003194］
海南省华侨权益保护条例	2020 年 12 月 2 日	国司备字［2020003233］
海南省人民代表大会常务委员会关于修改《海南省电信设施建设与保护条例》的决定	2020 年 12 月 2 日	国司备字［2020003324］
海南省生态保护补偿条例	2020 年 12 月 2 日	国司备字［2020003380］
海南热带雨林国家公园特许经营管理办法	2020 年 12 月 2 日	国司备字［2020003381］
重庆市人民代表大会常务委员会关于废止《重庆市经纪人条例》等四部地方性法规的决定	2020 年 12 月 3 日	国司备字［2020003267］
重庆市实施《中华人民共和国国旗法》办法	2020 年 12 月 3 日	国司备字［2020003268］
重庆市河长制条例	2020 年 12 月 3 日	国司备字［2020003304］
黔南布依族苗族自治州人民代表大会常务委员会关于修改《黔南布依族苗族自治州 500 米口径球面射电望远镜电磁波宁静区环境保护条例》的决定	2019 年 6 月 20 日	国司备字［2020003199］
云南省艾滋病防治条例	2020 年 11 月 25 日	国司备字［2020003182］
云南省反家庭暴力条例	2020 年 11 月 25 日	国司备字［2020003234］
云南省人民代表大会常务委员会关于修改部分地方性法规的决定	2020 年 11 月 25 日	国司备字［2020003251］
昆明市大气污染防治条例	2020 年 12 月 11 日	国司备字［2020003306］
昆明市老年人权益保障条例	2020 年 12 月 11 日	国司备字［2020003307］

续表

法规名称	公布日期	备案登记编号
丽江市集中式饮用水水源地保护条例	2020 年 12 月 4 日	国司备字［2020003235］
临沧市集中式饮用水水源地保护条例	2020 年 12 月 1 日	国司备字［2020003236］
陕西省林业有害生物防治检疫条例	2020 年 9 月 29 日	国司备字［2020003354］
陕西省优化营商环境条例	2020 年 11 月 26 日	国司备字［2020003364］
陕西省人民代表大会代表建议、批评和意见办理的规定	2020 年 11 月 26 日	国司备字［2020003365］
延安市延河流域水污染防治条例	2020 年 10 月 20 日	国司备字［2020003175］
青海省高原美丽城镇建设促进条例	2020 年 12 月 2 日	国司备字［2020003325］
青海省各级人民代表大会常务委员会规范性文件备案审查条例	2020 年 12 月 17 日	国司备字［2020003326］
海东市美丽乡村建设条例	2020 年 12 月 15 日	国司备字［2020003327］
宁夏回族自治区全民阅读促进条例	2020 年 11 月 25 日	国司备字［2020003254］
宁夏回族自治区促进民族团结进步工作条例	2020 年 11 月 25 日	国司备字［2020003255］
宁夏回族自治区中医药条例	2020 年 11 月 25 日	国司备字［2020003256］
宁夏回族自治区技术市场促进条例	2020 年 11 月 25 日	国司备字［2020003257］
宁夏回族自治区人民代表大会常务委员会关于修改《宁夏回族自治区实施〈中华人民共和国消防法〉办法》的决定	2020 年 11 月 25 日	国司备字［2020003258］
宁夏回族自治区人民代表大会常务委员会关于修改《宁夏回族自治区旅游条例》的决定	2020 年 11 月 25 日	国司备字［2020003259］

续表

法规名称	公布日期	备案登记编号
宁夏回族自治区人民代表大会常务委员会关于修改《宁夏回族自治区实施〈中华人民共和国城市居民委员会组织法〉办法》的决定	2020年11月25日	国司备字［2020003260］
宁夏回族自治区人民代表大会常务委员会关于修改《宁夏回族自治区气象条例》的决定	2020年11月25日	国司备字［2020003261］
宁夏回族自治区人民代表大会常务委员会关于修改《宁夏回族自治区气象灾害防御条例》的决定	2020年11月25日	国司备字［2020003262］
吴忠市村庄规划条例	2020年12月4日	国司备字［2020003263］
固原市城市环境卫生管理条例	2020年11月27日	国司备字［2020003264］
中卫市文明行为促进条例	2020年9月29日	国司备字［2020003434］
新疆维吾尔自治区人民代表大会常务委员会关于修改《新疆维吾尔自治区村民委员会选举办法》等十二部地方性法规的决定	2020年9月19日	国司备字［2020003184］
新疆维吾尔自治区人民代表大会常务委员会关于废止《新疆维吾尔自治区预防职务犯罪工作条例》的决定	2020年10月28日	国司备字［2020003185］
新疆维吾尔自治区乡、民族乡、镇人民代表大会工作条例	2020年10月28日	国司备字［2020003186］
新疆维吾尔自治区地质环境保护条例	2020年11月25日	国司备字［2020003212］
乌鲁木齐经济技术开发区管理条例	2020年11月19日	国司备字［2020003213］
乌鲁木齐高新技术产业开发区管理条例	2020年11月18日	国司备字［2020003214］
克拉玛依市人民代表大会常务委员会关于修改《克拉玛依市制定地方性法规条例》的决定	2020年11月16日	国司备字［2020003215］

自治州、自治县的自治和单行条例

条例名称	公布日期	备案登记编号
围场满族蒙古族自治县旅游条例	2020 年 12 月 1 日	国司备字［2020003392］
江华瑶族自治县人民代表大会关于废止《江华瑶族自治县林业管理条例》的决定	2020 年 8 月 19 日	国司备字［2020003432］
云南省耿马傣族佤族自治县自治条例修正案	2020 年 8 月 28 日	国司备字［2020003158］
云南省漾濞彝族自治县自治条例修正案	2020 年 8 月 28 日	国司备字［2020003176］
云南省双江拉祜族佤族布朗族傣族自治县自治条例修正案	2020 年 9 月 10 日	国司备字［2020003177］
海西蒙古族藏族自治州促进中小微企业发展条例	2020 年 6 月 29 日	国司备字［2020003178］

地方政府规章

规章名称	公布日期	备案登记编号
北京市小客车数量调控暂行规定	2020 年 10 月 29 日	国司备字［2020003142］
河北省人民政府关于废止和修改部分省政府规章的决定	2020 年 10 月 31 日	国司备字［2020003159］
河北省铁路安全管理规定	2020 年 12 月 15 日	国司备字［2020003418］
河北省有限空间作业安全管理规定	2020 年 12 月 23 日	国司备字［2020003425］
石家庄市人民政府规章制定办法	2020 年 11 月 6 日	国司备字［2020003161］

续表

规章名称	公布日期	备案登记编号
邯郸市邮政快递管理办法	2020年12月8日	国司备字［2020003435］
张家口市人民政府关于修改《张家口市滑雪场所安全管理办法》的决定	2020年9月18日	国司备字［2020003183］
山西省大型群众性活动安全管理办法	2020年11月23日	国司备字［2020003206］
山西省政府投资管理办法	2020年11月23日	国司备字［2020003207］
晋城市人民政府规章制定程序实施办法	2020年12月10日	国司备字［2020003413］
呼和浩特市消防车通道管理办法	2020年11月11日	国司备字［2020003218］
呼和浩特市城市轨道交通运营管理办法	2020年11月19日	国司备字［2020003219］
赤峰市人民政府拟定地方性法规草案和制定政府规章程序规定	2020年11月25日	国司备字［2020003298］
辽宁省古塔保护办法	2020年11月25日	国司备字［2020003292］
大连市人民政府关于废止和修改部分政府规章的决定	2020年12月5日	国司备字［2020003429］
长春市人民政府关于修改和废止部分政府规章的决定	2020年10月21日	国司备字［2020003143］
长春市建设工程造价管理办法	2020年12月11日	国司备字［2020003357］
上海市人民政府关于废止《上海市内河港口管理办法》的决定	2020年11月11日	国司备字［2020003226］
江苏省城乡网格化服务管理办法	2020年11月22日	国司备字［2020003210］
江苏省工业企业安全生产风险报告规定	2020年11月21日	国司备字［2020003211］

续表

规章名称	公布日期	备案登记编号
常州市测绘地理信息管理办法	2020 年 11 月 5 日	国司备字［2020003141］
扬州市市区集体土地上房屋搬迁管理暂行办法	2020 年 11 月 9 日	国司备字［2020003202］
泰州市市区城镇垃圾处理费征收管理办法	2020 年 11 月 26 日	国司备字［2020003249］
泰州市生活垃圾分类管理办法	2020 年 12 月 8 日	国司备字［2020003414］
浙江省公共体育设施管理办法	2020 年 10 月 29 日	国司备字［2020003205］
滁州市人民政府关于修改《滁州市爱国卫生工作管理办法》的决定	2020 年 11 月 26 日	国司备字［2020003221］
滁州市城市生活垃圾分类管理办法	2020 年 12 月 1 日	国司备字［2020003222］
安徽省人民政府关于修改《安徽省社会保险费征缴暂行规定》的决定	2020 年 11 月 25 日	国司备字［2020003328］
安徽省人民政府关于废止部分规章的决定	2020 年 11 月 25 日	国司备字［2020003344］
福建省人民政府关于修改部分规章的决定	2020 年 11 月 12 日	国司备字［2020003294］
宁德市城市生活垃圾分类管理暂行办法	2020 年 12 月 7 日	国司备字［2020003410］
抚州市城市建成区户外广告设施和招牌设置管理办法	2020 年 11 月 25 日	国司备字［2020003209］
山东省规章和行政规范性文件备案规定	2020 年 12 月 6 日	国司备字［2020003216］
山东省重大行政决策程序规定	2020 年 11 月 12 日	国司备字［2020003217］
济南市人民政府关于废止《济南市河道管理办法》的决定	2020 年 12 月 2 日	国司备字［2020003424］

续表

规章名称	公布日期	备案登记编号
烟台市市政公共资源有偿使用管理办法	2020年11月27日	国司备字［2020003223］
烟台市城市公共安全管理办法	2020年11月27日	国司备字［2020003224］
烟台市政府立法公众参与规定	2020年11月27日	国司备字［2020003225］
潍坊市人民政府关于修改部分市政府规章的决定	2020年12月17日	国司备字［2020003402］
潍坊市人民政府关于修改《潍坊市人民政府规章制定程序规定》的决定	2020年12月17日	国司备字［2020003403］
潍坊市户外广告和招牌设置管理办法	2020年12月17日	国司备字［2020003405］
威海市行政执法监督办法	2020年11月19日	国司备字［2020003164］
日照市气象设施和气象探测环境保护办法	2020年11月20日	国司备字［2020003220］
德州市燃煤污染防治办法	2020年11月30日	国司备字［2020003346］
滨州市院前医疗急救服务管理办法	2020年12月16日	国司备字［2020003417］
河南省铁路安全管理规定	2020年11月25日	国司备字［2020003248］
河南省地震预警管理办法	2020年11月28日	国司备字［2020003420］
洛阳市服务型行政执法实施办法	2020年9月27日	国司备字［2020003299］
驻马店市城市户外广告和招牌设置管理办法	2020年11月30日	国司备字［2020003358］
湖北省人民政府关于修改《湖北省水库管理办法》的决定	2020年11月9日	国司备字［2020003201］

续表

规章名称	公布日期	备案登记编号
武汉市应急项目管理办法	2020 年 11 月 30 日	国司备字［2020003310］
湖南省政务信息资源共享管理办法	2020 年 11 月 28 日	国司备字［2020003281］
广东省快递市场管理办法	2020 年 11 月 28 日	国司备字［2020003422］
汕头市第三届亚洲青年运动会知识产权保护办法	2020 年 11 月 17 日	国司备字［2020003204］
汕头市人民政府关于废止和修改部分规章的决定	2020 年 12 月 4 日	国司备字［2020003416］
惠州市户外广告和招牌设置管理办法	2020 年 11 月 26 日	国司备字［2020003359］
中山市人民政府关于修改《中山市城乡建设档案管理办法》的决定	2020 年 11 月 10 日	国司备字［2020003149］
肇庆市人民政府起草地方性法规草案和制定政府规章程序规定	2020 年 11 月 17 日	国司备字［2020003266］
云浮市城乡建设档案管理办法	2020 年 11 月 27 日	国司备字［2020003360］
梧州市人民政府关于修改部分政府规章的决定	2020 年 12 月 3 日	国司备字［2020003415］
海南省公共场所外语标识管理规定	2020 年 7 月 16 日	国司备字［2020003253］
海南省价格监测管理规定	2020 年 9 月 22 日	国司备字［2020003272］
海南省人民政府关于废止《海南省第二轮土地承包若干规定》等三个省政府规章的决定	2020 年 10 月 23 日	国司备字［2020003273］
海南省行政执法过错责任追究办法	2020 年 7 月 23 日	国司备字［2020003274］
重庆市政府投资管理办法	2020 年 11 月 30 日	国司备字［2020003300］

续表

规章名称	公布日期	备案登记编号
成都龙泉驿汽车产业功能区管理暂行办法	2020 年 11 月 19 日	国司备字［2020003329］
成都交子公园金融商务区管理暂行办法	2020 年 11 月 20 日	国司备字［2020003341］
成都邛崃市天府新区新能源新材料产业功能区管理暂行办法	2020 年 11 月 19 日	国司备字［2020003342］
达州市违法建设治理办法	2020 年 12 月 11 日	国司备字［2020003265］
普洱市城市建筑垃圾管理办法	2020 年 10 月 26 日	国司备字［2020003423］
西藏自治区行政规范性文件制定和备案监督管理办法(修订)	2020 年 11 月 12 日	国司备字［2020003200］
陕西省铁路安全管理办法	2020 年 12 月 8 日	国司备字［2020003347］
咸阳市人民政府起草地方性法规草案制定政府规章程序规定	2020 年 12 月 4 日	国司备字［2020003296］
兰州市城乡建设档案管理办法	2020 年 12 月 9 日	国司备字［2020003345］
酒泉市养犬管理办法	2020 年 10 月 26 日	国司备字［2020003162］
陇南市机动车停车场管理办法	2020 年 11 月 12 日	国司备字［2020003163］
新疆维吾尔自治区地震预警管理办法	2020 年 11 月 17 日	国司备字［2020003426］
乌鲁木齐市人民政府关于修改和废止部分政府规章的决定	2020 年 11 月 13 日	国司备字［2020003309］

二、2020年12月份公布，本汇编未收的司法解释目录

序号	标题	公布文号	发文日期
1	最高人民法院关于修改《最高人民法院关于在民事审判工作中适用〈中华人民共和国工会法〉若干问题的解释》等二十七件民事类司法解释的决定	法释〔2020〕17号	2020年12月29日
2	最高人民法院关于修改《最高人民法院关于破产企业国有划拨土地使用权应否列入破产财产等问题的批复》等二十九件商事类司法解释的决定	法释〔2020〕18号	2020年12月29日
3	最高人民法院关于修改《最高人民法院关于审理侵犯专利权纠纷案件应用法律若干问题的解释(二)》等十八件知识产权类司法解释的决定	法释〔2020〕19号	2020年12月29日
4	最高人民法院关于修改《最高人民法院关于人民法院民事调解工作若干问题的规定》等十九件民事诉讼类司法解释的决定	法释〔2020〕20号	2020年12月29日
5	最高人民法院关于修改《最高人民法院关于人民法院扣押铁路运输货物若干问题的规定》等十八件执行类司法解释的决定	法释〔2020〕21号	2020年12月29日

三、2020年明令废止的法律

中华人民共和国中外合资经营企业法

（1979年7月1日第五届全国人民代表大会第二次会议通过　根据1990年4月4日第七届全国人民代表大会第三次会议《关于修改〈中华人民共和国中外合资经营企业法〉的决定》第一次修正　根据2001年3月15日第九届全国人民代表大会第四次会议《关于修改〈中华人民共和国中外合资经营企业法〉的决定》第二次修正　根据2016年9月3日第十二届全国人民代表大会常务委员会第二十二次会议《关于修改〈中华人民共和国外资企业法〉等四部法律的决定》第三次修正）

中华人民共和国外资企业法

（1986年4月12日第六届全国人民代表大会第四次会议通过　根据2000年10月31日第九届全国人民代表大会常务委员会第十八次会议《关于修改〈中华人民共和国外资企业法〉的决定》第一次修正　根据2016年9月3日第十二届全国人民代表大会常务委员会第二十二次会议《关于修改〈中华人民共和国外资企业法〉等四部法律的决定》第二次修正）

中华人民共和国中外合作经营企业法

（1988年4月13日第七届全国人民代表大会第一次会议通过　根据2000年10月31日第九届全国人民代表大会常务委员会第十八次会议《关于修改〈中华人民共和国中外合作经营企业法〉的决定》第一次修正　根据2016年9月3日第十二届全国人民代表大会常务委员会第二十二次会议《关于修改〈中华人民共和国外资企业法〉等四部法律的决定》第二次修正　根据2016年11月7日第十二届全国人民代表大会常务委员会第二十四次会议《关于修改〈中华人民共和国对外贸易法〉等十二部法律的决定》第三次修正　根据2017年11月4日第十二届全国人民代表大会常务委员会第三十次会议《关于修改〈中华人民共和国会计法〉等十一部法律的决定》第四次修正）

四、2020年明令废止的行政法规

中华人民共和国资源税暂行条例

(1993年12月25日中华人民共和国国务院令第139号发布　根据2011年9月30日《国务院关于修改〈中华人民共和国资源税暂行条例〉的决定》修订)

中华人民共和国中外合资经营企业法实施条例

(1983年9月20日国发[1983]148号发布　根据1986年1月15日国务院《关于〈中华人民共和国中外合资经营企业法实施条例〉第一百条的修订》第一次修订　根据1987年12月21日《国务院关于修订〈中华人民共和国中外合资经营企业法实施条例〉第八十六条第三款的通知》第二次修订　根据2001年7月22日《国务院关于修改〈中华人民共和国中外合资经营企业法实施条例〉的决定》第三次修订　根据2011年1月8日《国务院关于废止和修改部分行政法规的决定》第四次修订　根据2014年2月19日《国务院关于废止和修改部分行政法规的决定》第五次修订　根据2019年3月2日《国务院关于修改部分行政法规的决定》第六次修订)

中外合资经营企业合营期限暂行规定

(1990年9月30日国务院批准　1990年10月22日对外经济贸易部[1990]外经贸法字第56号发布　根据2011年1月8日《国务院关于废止和修改部分行政法规的决定》修订)

中华人民共和国外资企业法实施细则

(1990年10月28日国务院批准　1990年12月12日对外经济贸易部令第1号发布　根据2001年4月12日《国务院关于修改〈中华人民共和国外资企业法实施细则〉的决定》第一次修订　根据2014年2月19日《国务院关于废止和修改部分行政法规的决定》第二次修订)

中华人民共和国中外合作经营企业法实施细则

(1995年8月7日国务院批准　1995年9月4日对外贸易经济合作部令第6号发布　根据2014年2月19日《国务院关于废止和修改部分行政法规的决定》第一次修订　根据2017年3月1日《国务院关于修改和废止部分行政法规的决定》第二次修订　根据2017年11月17日《国务院关于修改部分行政法规的决定》第三次修订)

防治布氏杆菌病暂行办法

（1979年12月22日国务院批准　1980年1月31日卫生部、农业部发布）

中华人民共和国公民出境入境管理法实施细则

（1986年12月3日国务院批准　1986年12月26日公安部、外交部、交通部发布　1994年7月13日国务院批准第一次修订　1994年7月15日公安部、外交部、交通部发布　根据2011年1月8日《国务院关于废止和修改部分行政法规的决定》第二次修订）

开发建设晋陕蒙接壤地区水土保持规定

（1988年9月1日国务院批准　1988年10月1日国家计划委员会、水利部令第1号发布　根据2011年1月8日《国务院关于废止和修改部分行政法规的决定》修订）

药品行政保护条例

（1992年12月12日国务院批准　1992年12月19日国家医药管理局令第12号发布）

卖淫嫖娼人员收容教育办法

（1993年9月4日中华人民共和国国务院令第127号公布　根据2011年1月8日《国务院关于废止和修改部分行政法规的决定》修订）

外国公司船舶运输收入征税办法

（1996年9月18日国务院批准　1996年10月24日财政部、国家税务总局发布　根据2011年1月8日《国务院关于废止和修改部分行政法规的决定》修订）

中华人民共和国中医药条例

（2003年4月7日中华人民共和国国务院令第374号公布　自2003年10月1日起施行）

中华人民共和国行政监察法实施条例

（2004年9月17日中华人民共和国国务院令第419号公布　自2004年10月1日起施行）

疫苗流通和预防接种管理条例

（2005年3月24日中华人民共和国国务院令第434号公布　根据2016年4月23日《国务院关于修改〈疫苗流通和预防接种管理条例〉的决定》修订）

行政学院工作条例

（2009年12月22日中华人民共和国国务院令第568号公布　自2010年1月1日起施行）

外国企业或者个人在中国境内设立合伙企业管理办法

（2009年11月25日中华人民共和国国务院令第567号公布　自2010年3月1日起施行）

五、2020 年明令废止的部门规章

各类监控化学品名录

（1996 年 5 月 15 日化学工业部令第 11 号）

中华人民共和国海船船员适任考试和发证规则

（2011 年 12 月 27 日交通运输部令 2011 年第 12 号发布　2013 年 12 月 24 日交通运输部令 2013 年第 18 号第一次修订　2017 年 3 月 28 日交通运输部令 2017 年第 8 号第二次修订）

中华人民共和国船员注册管理办法

（2008 年 5 月 4 日交通运输部令 2008 第 1 号公布　2018 年 8 月 28 日交通运输部令 2018 年第 12 号修订）

道路旅客运输及客运站管理规定

（2005 年 7 月 12 日交通运输部令 2005 年第 10 号发布　2008 年 7 月 23 日交通运输部令 2008 年第 10 号第一次修订　2009 年 4 月 20 日交通运输部令 2009 年第 4 号第二次修订　2012 年 3 月 14 日交通运输部令 2012 年第 2 号第三次修订　2012 年 12 月 11 日交通运输部令第 8 号第四次修订　2016 年 4 月 11 日交通运输部令 2016 年第 34 号第五次修订　2016 年 12 月 6 日交通运输部令 2016 年第 82 号第六次修订）

成品油市场管理办法

（2006 年 12 月 4 日商务部令 2006 年第 23 号公布　2015 年 10 月 28 日商务部令 2015 年第 2 号第一次修订　2019 年 11 月 30 日商务部令 2019 年第 1 号第二次修订）

原油市场管理办法

（2006 年 12 月 4 日商务部令 2006 年第 24 号公布　2015 年 10 月 28 日商务部令 2015 年第 2 号修订）

中国银监会行政处罚办法

（2015 年 7 月 9 日中国银监会令 2015 年第 8 号）

中国保险监督管理委员会行政处罚程序规定

（2017 年 1 月 25 日中国保监会令 2017 年第 1 号）

证券发行上市保荐业务管理办法

（2008 年 10 月 17 日中国证券监督管理委员会令第 58 号公布　2009 年 5 月 13 日中国证券监督管理委员会令第 63 号第一次修订　2017 年 12 月 7 日中国证券监督管理委员会令第 137 号第二次修订）

创业板上市公司证券发行管理暂行办法

（2014 年 5 月 14 日中国证券监督管理委员会令第 100 号公布　2020 年 2 月 14 日中国证券监督管理委员会令第 164 号修订）

首次公开发行股票并在创业板上市管理办法
(2014年5月14日中国证券监督管理委员会令第99号公布 2015年12月30日中国证券监督管理委员会令第123号第一次修订 2018年6月6日中国证券监督管理委员会令第142号第二次修订)
中华人民共和国渔业船舶验船师资格考评管理规定
(1998年12月16日农渔发〔1998〕11号)
动物疫情报告管理办法
(1999年10月19日农牧发〔1999〕18号)
草畜平衡管理办法
(2005年1月19日农业部令第48号)
草原征占用审核审批管理办法
(2006年1月27日农业部第58号公布 2014年4月25日农业部令2014年第3号第一次修订 2016年5月30日农业部令2016年第3号第二次修订)
质量监督检验检疫统计管理办法
(2012年8月2日国家质量监督检验检疫总局令第147号)
工商行政管理机关行政赔偿实施办法
(1995年8月1日国家工商行政管理局令第34号公布 2011年12月12日国家工商行政管理总局令第58号修订)
中华人民共和国私营企业暂行条例施行办法
(1989年1月16日国家工商行政管理局令第2号公布 1996年12月17日国家工商行政管理局令第64号第一次修订 1998年12月3日国家工商行政管理局令第86号第二次修订)
企业登记程序规定
(2004年6月10日国家工商行政管理总局令第9号)
关于禁止公用企业限制竞争行为的若干规定
(1993年12月24日国家工商行政管理局令第20号)
关于禁止串通招标投标行为的暂行规定
(1998年1月6日国家工商行政管理局令第82号)
网络商品和服务集中促销活动管理暂行规定
(2015年9月2日国家工商行政管理总局令第77号)
广告语言文字管理暂行规定
(1998年1月15日国家工商行政管理局令第84号 1998年12月3日国家工商行政管理局令第86号修订)
食品生产加工企业质量安全监督管理实施细则(试行)
(2005年9月1日国家质量监督检验检疫总局令第79号)

食品生产许可管理办法

（2010年4月7日国家质量监督检验检疫总局令第129号）

食品召回管理规定

（2007年8月27日国家质量监督检验检疫总局令第98号）

食品添加剂生产监督管理规定

（2010年4月4日国家质量监督检验检疫总局令第127号）

食品安全抽样检验管理办法

（2014年12月31日国家食品药品监督管理总局令第11号）

气瓶安全监察规定

（2003年4月24日国家质量监督检验检疫总局令第46号　2015年8月25日国家质量监督检验检疫总局令第166号修订）

起重机械安全监察规定

（2006年12月29日国家质量监督检验检疫总局令第92号）

社会公正计量行（站）监督管理办法

（1995年7月5日国家技术监督局令第41号）

计量检定人员管理办法

（2007年12月29日国家质量监督检验检疫总局令第105号发布　2015年8月25日国家质量监督检验检疫总局令第166号修订）

标准档案管理办法

（1991年10月28日国家技术监督局令第25号）

食品检验机构资质认定管理办法

（2010年8月5日国家质量监督检验检疫总局令第131号公布　2015年6月19日国家质量监督检验检疫总局令第165号修订）

奥林匹克标志备案及管理办法

（2002年4月22日国家工商行政管理总局令第2号）

关于中国实施《专利合作条约》的规定

（1993年11月23日中华人民共和国专利局令第5号公布　1995年5月28日中华人民共和国专利局令第7号修订）

亚洲运动会标志保护办法

（2010年4月2日国家工商行政管理总局令第48号）

世界博览会标志备案办法

（2004年12月24日国家工商行政管理总局令第19号）

药物临床试验质量管理规范

（2003年8月6日国家食品药品监督管理局令第3号）

证券投资基金托管业务管理办法

（2013年4月2日中国证券监督管理委员会、中国银行业监督管理委员会令第92号）

国家工程研究中心管理办法

（2007年3月5日国家发展和改革委员会令第52号）

国家工程实验室管理办法（试行）

（2007年7月23日国家发展和改革委员会令第54号）

收容教育所管理办法

（2000 年 4 月 24 日公安部令第 50 号公布　2014 年 6 月 29 日公安部令第 132 号修订）

养老机构管理办法

（2013 年 6 月 28 日民政部令第 49 号）

商务部外商投资企业投诉工作暂行办法

（2006 年 9 月 1 日商务部令第 2 号）

证券投资基金销售管理办法

（2013 年 3 月 15 日中国证券监督管理委员会令第 91 号）

审计署关于审计机关办理交办事项的暂行规定

（1996 年 8 月 29 日审法发〔1996〕217 号）

审计机关审计统计工作的规定

（1996 年 12 月 12 日审综发〔1996〕369 号）

审计机关审计行政应诉管理的规定

（1996 年 12 月 16 日审法发〔1996〕357 号）

审计机关审计管辖范围划分的暂行规定

（1996 年 12 月 17 日审综发〔1996〕370 号）

审计机关监督社会审计组织审计业务质量的暂行规定

（1999 年 4 月 1 日审计署令第 1 号）

审计机关审计复议的规定

（2000 年 1 月 28 日审计署令第 1 号）

审计机关审计项目质量检查暂行规定

（2000 年 1 月 28 日审计署令第 1 号）

农业基本建设项目管理办法

（2004 年 7 月 12 日农业部令第 39 号）

关于禁止有奖销售活动中不正当竞争行为的若干规定

（1993 年 12 月 24 日国家工商行政管理局令第 19 号）

建设项目审计处理暂行规定

（1996 年 4 月 5 日审投发〔1996〕105 号）

关于证券交易所报告制度的若干规定

（1997 年 11 月 19 日证监交字〔1997〕21 号）

文化统计管理办法

（2012 年 7 月 11 日文化部令第 53 号）

旅游统计管理办法

（1998 年 5 月 15 日国家旅游局令第 10 号）

化肥淡季商业储备管理办法

（2005 年 1 月 12 日国家发展和改革委员会、财政部令第 26 号）

远洋渔业管理规定

（2003 年 4 月 18 日农业部令第 27 号公布　2004 年 7 月 1 日农业部令第 38 号第一次修订　2016 年 5 月 30 日农业部令 2016 年第 3 号第二次修订）

国家农业综合开发资金和项目管理办法

（2005 年 8 月 22 日财政部令第 29 号公布　2010 年 9 月 4 日财政部令第 60 号第一次修订　2016 年 9 月 6 日财政部令第 84 号第二次修订）

会计从业资格管理办法
（2012年12月10日财政部令第73号公布　2016年5月11日财政部令第82号修订）
资产评估机构审批和监督管理办法
（2011年8月11日财政部令第64号）
中华人民共和国营业税暂行条例实施细则
（2008年12月15日财政部、国家税务总局令第52号公布　2011年10月28日财政部令第65号修订）
中华人民共和国耕地占用税暂行条例实施细则
（2008年2月26日财政部、国家税务总局令第49号）
国际金融组织和外国政府贷款赠款管理办法
（2006年7月3日财政部令第38号）
中外合作经营企业外国合作者先行回收投资审批办法
（2005年6月9日财政部令第28号）
会计师事务所审批和监督暂行办法
（2005年1月18日财政部令第24号）
政府采购供应商投诉处理办法
（2004年8月11日财政部令第20号）
政府采购信息公告管理办法
（2004年8月11日财政部令第19号）
政府采购货物和服务招标投标管理办法
（2004年8月11日财政部令第18号）
排污费资金收缴使用管理办法
（2003年3月20日财政部、环保总局令第17号）
广播电影电视立法程序规定
（2004年6月18日国家广播电影电视总局令第23号）
外商投资建筑业企业管理规定
（2002年9月27日建设部、对外贸易经济合作部令第113号）
《外商投资建筑业企业管理规定》的补充规定
（2003年12月29日建设部、商务部令第121号）
地方标准管理办法
（1990年9月6日国家技术监督局令第15号）
中国民用航空仪表着陆系统II类运行规定
（1996年10月16日中国民用航空总局令第57号）
民用航空科学技术成果鉴定办法
（1997年8月12日中国民用航空总局令第65号）
中国民用航空总局科学技术进步奖励办法
（1997年8月12日中国民用航空总局令第66号）
邮政行业安全监督管理办法
（2011年1月4日交通运输部令2011年第2号公布　2013年4月12日交通运输部令2013年第6号修订）
民用航空器事故和飞行事故征候调查规定
（2007年3月15日中国民用航空总局令第179号）

邮政行政执法监督办法
(2014 年 12 月 7 日交通运输部令 2014 年第 18 号)
民用航空器维修人员执照管理规则
(2016 年 4 月 7 日交通运输部令 2016 年第 32 号)
农业行政处罚程序规定
(2006 年 4 月 25 日农业部令第 63 号公布　2011 年 12 月 31 日农业部令 2011 年第 4 号修订)
食品生产许可管理办法
(2015 年 8 月 31 日国家食品药品监督管理总局令第 16 号公布　2017 年 11 月 7 日国家食品药品监督管理总局令第 37 号修订)
保险消费投诉处理管理办法
(2013 年 7 月 1 日中国保险监督管理委员会令 2013 年第 8 号)
对外援助标识使用管理办法(试行)
(2016 年 5 月 23 日商务部令 2016 年第 1 号)
建设工程消防监督管理规定
(2009 年 4 月 30 日发布公安部令第 106 号公布　2012 年 7 月 17 日公安部令第 119 号修订)
关于委托山西省等 6 个省级国土资源主管部门实施原由国土资源部实施的部分矿产资源勘查开采审批登记的决定
(2017 年 6 月 7 日国土资源部令第 75 号)
证券期货规章制定程序规定
(2008 年 10 月 21 日中国证券监督管理委员会令第 59 号)
中国人民银行行政许可实施办法
(2004 年 9 月 13 日中国人民银行令〔2004〕第 3 号)
广播电影电视行业统计管理办法
(2005 年 1 月 27 日国家广播电影电视总局令第 47 号公布　2016 年 5 月 4 日国家新闻出版广电总局令第 8 号修订)
教育系统内部审计工作规定
(2004 年 4 月 13 日教育部令第 17 号)
药品注册管理办法
(2007 年 7 月 10 日国家食品药品监督管理局令第 28 号)
药品生产监督管理办法
(2004 年 8 月 5 日国家食品药品监督管理局令第 14 号公布　2017 年 11 月 17 日国家食品药品监督管理总局令第 37 号修订)

图书在版编目(CIP)数据

中华人民共和国新法规汇编.2021年.第1辑:总第287辑/司法部编.—北京:中国法制出版社,2021.3

ISBN 978-7-5216-1768-9

Ⅰ.①中… Ⅱ.①司… Ⅲ.①法规-汇编-中国-2021 Ⅳ.①D920.9

中国版本图书馆CIP数据核字(2021)第053870号

中华人民共和国新法规汇编

ZHONGHUA RENMIN GONGHEGUO XIN FAGUI HUIBIAN

(2021年第1辑)

编者/司法部

经销/新华书店

印刷/三河市紫恒印装有限公司

开本/850毫米×1168毫米 32开　　印张/13.25　字数/333千

版次/2021年3月第1版　　2021年3月第1次印刷

中国法制出版社出版

书号 ISBN 978-7-5216-1768-9　　定价:18.00元

北京西单横二条2号

邮政编码100031　　传真:010-66031119

网址:http://www.zgfzs.com　　**编辑部电话:010-66066621**

市场营销部电话:010-66033393　　**邮购部电话:010-66033288**

(如有印装质量问题,请与本社印务部联系调换。电话:010-66032926)